Miguel Rodríguez de Peñaranda

EL BUDISMO:
UNA PERSPECTIVA HISTÓRICO-FILOSÓFICA

editorial Kairós

Numancia, 117-121, 08029 Barcelona, España
www.editorialkairos.com

Primera edición: Octubre 2012
ISBN: 978-84-9988-187-4
Depósito legal: B 27.245-2012

Fotocomposición: Beluga & Mleka, s.c.p., Córcega, 267. 08008 Barcelona
Tipografía: Times, Times New Roman, cuerpo 11, interlineado 12,8
Impresión y encuadernación: Romanyà-Valls. Verdaguer, 1. 08786 Capellades

Este libro ha sido impreso con papel certificado FSC, proviene de fuentes respetuosas con la sociedad y el medio ambiente y cuenta con los requisitos necesarios para ser considerado un "libro amigo de los bosques".

SUMARIO

PARTE II: NĀGĀRJUNA

PARTE IV: CIENCIA E INTERSUBJETIVIDAD

A David Kalupahana,
quien me abrió los ojos al corazón de la filosofía budista,
y cuya espontánea generosidad recordaré siempre,
dedico este trabajo.

A Ignacio Gómez de Liaño,
por su amistad, apoyo moral y estímulo intelectual;

a Manuel Suances Marcos,
porque *me vio* y creyó en mí;

a Antonio García-Trevijano y los amigos del MCRC,
fuente inagotable de inspiración y aprendizaje;

y a Tasha, mi mujer,
por tantas conversaciones, aventuras y años juntos,

les quedo eternamente agradecidos.

PROEMIO

I

Una de las tesis principales que propongo en esta obra es relativamente sencilla de plantear. Pero cuando se contrasta con nuestro pasado filosófico, tanto oriental como occidental, tal sencillez torna en problemáticas laberínticas. No obstante, como todo recorredor de laberintos sabe, esta es precisamente la naturaleza del conocimiento. Por el camino se han encontrado soluciones (provisionales) a problemas antes aparentemente irresolubles.

La tesis es la siguiente: que existe una relación directa, como quien dice de potencia a acto, entre la idea clásica de la relatividad radical, entendida como negación de un principio ontológico unívoco y absoluto, tal como se manifiesta en ciertas corrientes del pensamiento occidental y en el budismo primigenio, y lo que hoy, de un modo suficientemente articulado (sobre todo por Jürgen Habermas), aunque aún por desarrollar en muchas de sus facetas, se denomina paradigma intersubjetivo de entendimiento. A lo largo de las próximas páginas iremos puntualizando esta relación, para lo cual tendremos no solo que abrir las ventanas a parte del horizonte filosófico de la actualidad, sino, sobre todo, a la historia filosófica del budismo, en la que nos centraremos.

Demostrar que existe una conexión significativa entre la idea de "relatividad radical" y un paradigma de entendimiento intersubjetivo requiere, pues, al menos, dos pasos previos que, al acometerlos, obligan a sacar a la superficie numerosas cuestiones de antiguos veneros filosóficos. En primer lugar, supone explicar, en su verdadera dimensión y en contraste con otras concepciones a las que combatía, la teoría primigenia de la causalidad budista, muy distinta a otras subsiguientes dentro del budismo. Examinaremos el concepto central de la originación dependiente (*paticcasamuppāda*, pāli; *pratītyasamutpāda*, sánscrito), que Gautama el Buddha (siglos VI-V a. C.) acuñó en el momento preciso de su iluminación como síntesis perfecta y acabada de su periplo. Como veremos, la idea de la originación dependiente tal como fue concebida por el Buddha histórico fue desdibujándose progresivamente hasta abrazar concepciones ajenas, si no antitéticas, a su intención original.

Comprobaremos asimismo que la doctrina central del budismo –cuyo epítome, repetimos, es la idea de la originación o causalidad dependiente– no es mística ni contemplativa, como suele asumirse tanto entre legos como entre muchos expertos, sino que, en cambio, fue una solución eminentemente racional y susceptible de verificación experimental a los callejones sin salida en que entonces se había metido la filosofía india. En tiempos del Buddha, esta debía escoger entre diversas formas de materialismo (fisicalismo más bien) o de absolutismo filosófico, este último basado en un paradigma de conocimiento místico-iluminativo. La alternativa que ofreció el Buddha –una vía media, la llamó– escapó a ambos extremos, que consideró reduccionistas y peligrosos, y en su prodigiosa articulación se vislumbra un sentido de la libertad (*nibbāṇa* en pāli; *nirvāṇa* en sánscrito) hasta entonces inaudito, más cercano a lo científico e intersubjetivo, y por tanto a lo racional, que a lo místico. Así, pues, en un primer momento bucearemos tanto en el contexto filosófico pre-búdico como en la historia del budismo primigenio. Después analizaremos la dificultad de mantener la doctrina original budista en desarrollos filosóficos budistas posteriores, y nos detendremos en uno de sus momentos y obras filosóficas clave: las *Mūlamadhyamikākarikā* (*MMK* de ahora en adelante) de Nāgārjuna (siglo II d. C.).

Un tercer y último paso consistirá en reconocer qué problemas resuelve un paradigma de entendimiento intersubjetivo con respecto a una historia metafísica previa predominantemente subjetivista, tanto en Oriente como en Occidente, y hasta qué punto coincide este proyecto con el budismo original. Una vez realizadas estas dos operaciones, las similitudes entre ambos, así como sus diferencias, saldrán a relucir. Y, aunque las problemáticas revisadas –por ejemplo originación dependiente vs. monismo filosófico– podrían retocarse en mil y un puntos, la línea que divide ambas concepciones es, como veremos, lo suficientemente nítida como para arrojar tremenda luz sobre problemáticas filosóficas de la máxima trascendencia práctica, también hoy.

II

El budismo se desconoce todavía mucho en países de lengua española. Salvando quizá el trabajo de Fernando Tola y Carmen Dragonetti y la obra *El silencio del Buddha* de Raimon Panikkar, que ni siquiera fue escrita y publicada originalmente en nuestra lengua, apenas hay obras autoritativas, de origen hispano, sobre la materia. Y la mayor parte de los filósofos y pensadores españoles no tienen la información más elemental acerca de los contornos básicos del budismo. Para ser exactos, se diría que existe una fuerte tendencia a desconsiderar el pensamiento indio como todavía no filosófico. Gustavo Bueno, acaso el pensador español más sobresaliente de las últimas décadas, por ejemplo, señala que: «la filosofía es, ante todo, como las Matemáticas, una institución de tradición helénica. Esta tradición comporta, entre otras cosas, un vocabulario característico, que, en nuestro caso, puede concretarse en un amplio conjunto de nombres que designan ciertas ideas: Categoría, Sustancia, Cosmos, Lógica, Organismo, Dialéctica, etcétera. [...] Todo es *Weltanschauung*, pero sólo cuando opera con las ideas de Dialéctica, Categoría, Causa, es Filosofía en sentido estricto».[1]

Nada que objetar a esta definición de la filosofía, como contradistinta de la filología, las matemáticas o la poesía. Pero comprobaremos que no solo el budismo, sino el incipiente pensamiento pre-búdico indio, manejaba, si no todas, casi todas estas ideas filosóficas, y que el budismo no solo puede considerarse pensamiento, sino pensamiento *crítico* en el sentido que Gustavo Bueno desea para la filosofía. No deja de ser cierto que la filosofía india no contó con el desarrollo –crucial para la filosofía– de las matemáticas, o con aquellos dos impresionantes torreones filosóficos (Platón y Aristóteles) que marcaron las principales rutas del pensamiento occidental, o, tal vez aún más importante, con la *polis* griega. Esto explicaría que más tarde, sobre todo a partir de la modernidad, la India (u Oriente) no alcanzara a desarrollar como Occidente dos ámbitos del pensamiento ya aparentes en la filosofía griega clásica: la ciencia y la dialéctica (cuya relación con un paradigma intersubjetivo de entendimiento es obvia). Por último, la India careció del encuentro con esa tradición simbólica única, decisiva para el destino occidental: el judaísmo.

Para romper con concepciones vagas e imprecisas del budismo, basadas en ideas de segunda o tercera mano, he querido delinear sus rasgos filosóficos o doctrinales básicos repasando, a veces con mucho detalle, su historia y los sistemas de pensamiento a los que combatía. Lo esbozado constituye un resumen bastante completo de mis estudios en esta materia más heterogénea de lo que suele asumirse, y, a mi juicio, tan carente todavía de un tratamiento filosófico adecuado. Supongo que alguien ya familiarizado con la literatura budista aprovechará más esta obra, aunque sea solo porque, sin pretenderlo, tal vez se dan algunos conocimientos por asimilados. Con todo, esta no es una obra "para budistas". Más bien, al contrario, se dirige a un público amplio pero cultivado en materias filosóficas. Confío, pues, en que un puñado de pensadores, allende los tecnicismos y vericuetos en los que me he adentrado, sientan interés por mi exposición y comprendan el sentido de mi tesis. Me refiero, ante todo, a lo filosóficamente revolucionario de la concepción de la originación dependiente, muy mal comprendida incluso entre budistas, así como al desvelamiento de algunos de los motivos por los que emergió el espíritu crítico que debería ser parte de la empresa científica y de los estudios intersubjetivos –materialismo dialéctico inclusive–, siendo ya ambos una parte integral e irrenunciable de nuestro bagaje intelectual.

III

La dificultad de comprender el concepto de la originación dependiente budista se manifiesta, para empezar, en el hecho de que el propio Gautama, el Buddha, dudó acerca de la posibilidad de enseñarlo tras haberlo aprehendido el día de su despertar. Y, sin embargo, quien lo comprende, se nos dice en los discursos tempranos (*sutta*),[2] comprende el corazón de su enseñanza o ley (*dhamma*).[3]

Su sólido asimiento a una vía media entre el absolutismo filosófico, al que la tradición había ido acostumbrando al pensamiento, y el nihilismo (acausalismo) en que muchos cayeron por no poder soportar más lo primero, sigue confundiendo a muchos, hasta el punto de que aún hoy el budismo tibetano, por ejemplo, atribuye a Nāgārjuna –considerado el filósofo budista más importante de todos los tiempos–, de mano de la distorsionada interpretación de Chandrakīrti, la falsa idea de que tanto él como el Buddha sostuvieron una posición de "no-visiones" o "no-concepciones". Una posición, por tanto, mística y cercana al nihilismo.

A partir de este punto, muchos errores se suceden. Empezando, en cierto budismo tardío, por el encumbramiento de una etérea Nada última, y, junto con este, una nueva recaída en el absolutismo y dogmatismo del monismo filosófico, de tronco subjetivo. Tanto Gautama el Buddha como Nāgārjuna evitaron los extremos del absolutismo y del nihilismo (lo que en el *Sutta de Kaccayana* se vierte en los así llamados "extremos del ser y del no-ser"), no para dejar las cosas suspendidas en una mística inefable allende las palabras y las denominaciones, más allá del ser mismo y del no-ser, o algo parecido, sino para adelantar una vía media basada en la concepción general de la causalidad dependiente, en la que por fin puede darse cuenta cabal del mundo tal como se manifiesta en su devenir, y asimismo cómo irlo transformando.

En este sentido, en un episodio que veremos con cierto detenimiento, la interpretación chandrakirtiana de Nāgārjuna que ha adoptado la ortodoxia del budismo tibetano en virtualmente todas sus versiones oficiales, no coincide con la concepción original del Buddha, que es anti-absolutista (y anti-nihilista, claro está). El budismo tibetano, y con él la mayor parte del budismo *mahāyāna* (el *ch'an* chino, *zen* japonés, etcétera), autodenominado "gran vehículo" (*mahāyāna*) por oposición a un "vehículo inferior" (*hīnayāna*) que se asignaba a las enseñanzas de los discursos (*sutta*) tempranos del Buddha histórico, retoma su asiento en una metafísica absolutista calcada del monismo clásico de la India, y palpablemente explicitada, por ejemplo, en el budismo *yogācāra* de Asaṅga.

Reconozco que esta tesis puede ser, de buenas a primeras, algo chocante para el budista, y por eso quiero declararla desde el inicio. Pero si reflexionamos el asunto allende las nubes del prejuicio y la simple costumbre, y prescindimos de acríticos acatamientos de la tradición, aunque naturalmente con el debido respeto por ella, comprenderemos que de este modo encajan mejor muchas piezas de este rompecabezas filosófico.

IV

La solución a problemas filosóficos fundamentales aportada por la vía media no es siempre fácil de percibir. La resistencia principal consiste en retornar semiinconscientemente a un modo de pensar sustancialista o absolutista. De acuerdo con el Buddha, el magnetismo de una comprensión absolutista del mundo (y del yo) se explica por la (falsa) seguridad que nos proporciona. La dificultad de sortear el absolutismo filosófico en sus diversas formas se pone, así, de manifiesto una y otra vez. Tales formas incluirían, por supuesto, las principales trayectorias de la filosofía postmoderna, en las que el relativismo moral o intelectual se impone a ultranza, absolutamente. Tras haber asistido al ensayo de sus vistosos experimentos intelectuales, a nadie puede escapársele ya que, tras su fachada de apertura, se esconde una gran ambición absolutizante, del mismo modo que a nadie puede ocultársele, sobre todo tras los trabajos de Habermas,[4] su raíz subjetivista.

Para el Buddha, el absolutismo filosófico sería tan solo la mascarada de una insatisfacción (*dukkha*) más esencial y subyacente, incapaz de aceptar el cambio constante de todo: un devenir radical que no admite sustantificación ninguna, pero que no por ello tiene que renunciar a la comprensión efectiva de lo que sucede. A pesar de las apariencias, el absolutismo incrementa la insatisfacción en vez de aliviarla, aunque solo sea porque necesariamente ignora todo lo que deja de contemplar. De acuerdo con el Buddha, nuestra tarea sería en primer lugar permanecer, por así decir, en un espacio de apertura ante el devenir de la existencia y, en segundo lugar, intentar comprenderla echando mano de un análisis de causas objetivo y realista. Aunque sea acaso una concepción algo extraña para el buscador espiritual, la libertad (*nibbāṇa*, pali; *nirvāṇa*, sánscrito) budista original sería más una comprensión racional de lo que sucede que un escape subjetivo a determinado reino trascendental, formúlese como se formule.

Es importante notar que, aunque el concepto de la originación dependiente –síntesis orgánica de la vía media– que hemos de tratar fue vislumbrado, acuñado y practicado en la medida de sus posibilidades por la persona histórica del Buddha, se deduce de su propio principio que no todo lo que él dijese o hiciese sea la última palabra en la materia. La idea misma de originación dependiente, por considerar que lo manifiesto consiste en una masa infinita de causas y condiciones, muchas de las cuales no podemos conocer y por tanto continuamente engendradoras de otras nuevas, implica asumir desde el inicio humildad en nuestro siempre limitado y provisional conocimiento. Algo, por lo demás, muy propio de la mentalidad científica. El Buddha, como es lógico, no desarrolló en la práctica *todas* las posibilidades de esta concepción, por la sencilla razón de que nadie puede adelantarse a su tiempo. Sin embargo, nos legó una herramienta de valor incalculable para el alumbramiento del mundo en sus aspectos más diversos, desde psicológicos hasta políticos, pasando por físicos, de mano de una concepción que niega a pronunciarse a favor de un Principio metafísico definitivo porque no podemos conocerlo con ninguna certeza. No obstante, el giro iniciado durante el *mahāyāna* hacia el absolutismo filosófico anuló esta actitud humilde (o "escéptica") hacia cuestiones metafísicas últimas, y retornó a la arrogancia absolutista del monismo filosófico, en la que un Sabio –llámese Buddha o cualquiera que sea nuestra proyección– supuestamente conoce, a través de una experiencia trascendental (subjetiva), no solo el Principio y el Final, sino todo lo que existe entre medias (omnisciencia).

La originación dependiente implica percibir, allende las más arraigadas costumbres –que incluyen este ideal de omnisciencia–, relaciones causales hasta ahora desapercibidas, lo cual procura un ensanche de la objetividad y de la intersubjetividad. Gautama el Buddha, y con él la inmensa mayoría del budismo, se centró en lo psicológico de esta intuición, pero ello no significa que nosotros debamos atenernos exclusivamente a ello. El mundo moderno, de hecho, exige que expandamos este tipo de investigación de causas hacia terrenos que el pensamiento oriental nunca ha tratado suficientemente. Mas lo clave aquí es que, gracias a la concepción original de la causalidad dependiente budista, podría *potencialmente* incorporarlos. A condición, claro está, de que esta se entienda correctamente y no bajo los mantos de un monismo absolutista que en último término impone orden exclusivamente desde la subjetividad.

La profundidad y exhaustividad de la psicología budista, a su vez deudora de la sabiduría y práctica yóguica desarrollada hasta entonces en la India, están sin duda aún por reconocerse como es debido en Occidente. Pero la inmensa mayoría de los comentaristas exageran al diseminar una concepción inflada místicamente de la iluminación budista, y por ello distorsionan la realidad no ya solo histórica, sino contemporánea, como cuando se atribuyen cualidades deísticas a ciertos personajes religiosos, gurúes o maestros espirituales.

Históricamente, como veremos, existe un punto más o menos concreto en que la persona de carne y hueso de Siddhārta Gautama pasa a ser una deidad supraceleste y omnisciente. La póstuma atribución de ciertas cualidades divinas por parte de un colectivo semiinstitucionalizado que el Buddha histórico negó enfáticamente como de posible adquisición para cualquier humano, y mucho menos pertenecientes a su propio elenco, tiene dramáticas consecuencias en la práctica espiritual de todos aquellos que, bien por nacimiento o libre elección, adoptan tal modo de vida. En concreto, contribuye a prolongar la distancia entre lo que es posible e imposible conseguir. Y, cuanto mayor la distancia, mayor la impotencia y mayor la necesidad de intercalar supersticiones entre las instancias de realismo espiritual que orientaron las enseñanzas originales del Buddha. Si lo que el Buddha consiguió realizar es algo que solo él, por ser un ser privilegiado, puede conseguir, mientras que los demás están condenados a seguirlo muy de lejos, sin comprenderlo realmente, entonces solo puede deducirse de ello algo irracional. Si, en cambio, como parece ser el caso, al menos 500 monjes y monjas contemporáneos al Buddha consiguieron una comprensión y realización espiritual similar a la suya propia, entonces estamos asistiendo a un mundo comprensible, asequible y realista que no necesita acudir a la superstición para conquistar la libertad.

V

Las tres primeras partes de esta obra están dedicadas casi exclusivamente al budismo y su desarrollo doctrinal, mientras que la cuarta se centra en el encuentro del budismo con la modernidad y postmodernidad occidental. Para la composición del capítulo central de la obra, el tercero, hemos partido de una tesis no original mía, pero sí inusual y todavía por desarrollar. El objetivo aquí será comprender correctamente el pensamiento revolucionario de la originación dependiente. De este hito único del pensamiento queremos extraer la esencia, aplicable a cualquier tiempo y lugar, así como despojarla de sus elementos accidentales y de sus posos míticos y metafísicos (Parte I). Solo bajo este trasfondo podremos calibrar hasta qué punto los desarrollos metafísicos ulteriores del budismo están en consonancia con esta intuición primera y en qué medida constituyen una regresión o una evolución con respecto a ella (Partes II y III).

Tomar la idea de la originación dependiente como piedra angular del budismo está, como veremos, más que justificada, si bien sorprendentemente la idea como tal apenas se ha escudriñado. A mi juicio, una de las razones por las que no se ha comprendido bien la idea de la originación dependiente es que ni en la historia metafísica oriental ni en la occidental habíamos alcanzado un punto capaz de atisbar su potencial, amén de que solo hasta hace poco hemos podido leer los textos budistas fundamentales críticamente y de primera mano. Hoy especialmente, cuando el agotamiento de lo que Jürgen Habermas ha denominado "paradigma de la conciencia" es tan patente, podemos tantear otras posibilidades interpretativas con mayor hondura. Es decir, una vez que los requisitos de un entendimiento científico comprehensivo y no estrecho (lo mejor de la modernidad), y una vez que los requisitos de un entendimiento capaz de incorporar la esfera intersubjetiva sin reducirla a la subjetividad –lo cual ha sido la tendencia más habitual del pensamiento tanto en Oriente como en Occidente– han sido planteados como indirimibles, estaríamos en circunstancias de plantear hasta qué punto algunas viejas nociones como la originación dependiente budista pasan precisamente los exámenes sucesivos de la modernidad (ciencia) y postmodernidad (intersubjetividad) (Parte IV).

Entre medias –desde la concepción de la originación dependiente tal como la formuló Gautama el Buddha hasta la modernidad occidental– se han sucedido muchos siglos de pensamiento budista. Este ha retenido en mayor o menor medida –a veces mucho, a veces casi nada– su descubrimiento original. Y hemos de estudiar este proceso con sus pros y sus contras. Lo haremos tomando como marco de referencia un modelo que Hans Küng ha aplicado con gran éxito en sus estudios del judaísmo, el cristianismo y el islam. Pues, tal como nosotros queremos realizar aquí, Küng ha partido de un centro incontrovertible, la sustancia misma de la religión, centro no solo espiritual sino históricamente primigenio (la Torá, el Nuevo Testamento y el Corán en el judaísmo, cristianismo e islam, respectivamente), y su despliegue a lo largo de los siglos posteriores. Lo llamamos "despliegue" y no "evolución" porque estrictamente hablando hay elementos tanto regresivos como progresivos en cada uno de los momentos históricos que le siguen, que Küng llama paradigmas siguiendo a Thomas Kuhn y su idea de las revoluciones científicas paradigmáticas. Nosotros, para distinguirlo del uso que Habermas da al término "paradigma" (paradigma de la conciencia *vs*. paradigma intersubjetivo), los denominaremos "constelaciones paradigmáticas" (capítulo 1).

La virtud de este modelo küngiano es que, sin perder nunca la referencia del centro a partir del cual se puso en movimiento históricamente todo un proceso religioso y filosófico, puede dar cuenta de cada una de las constelaciones que le siguieron, planteando "preguntas críticas" a cada una de ellas. Además, Küng ha confrontado directamente la cuestión de qué demandas impone, a las respectivas religiones, el encuentro con la modernidad –cuyo centro filosófico para nosotros será la comprehensibilidad científica– y la post- o transmodernidad –cuyo meollo filosófico para nosotros será la comprehensibilidad intersubjetiva–. Es posible que el hecho de que el budismo gane cada día más adeptos, o cuando menos simpatías en nuestra sociedad occidental contemporánea, debe tener que ver con la flexibilidad y fortaleza de su centro motriz, a saber, con la capacidad por parte de la originación dependiente de incorporar, sin forzar, los descubrimientos propiamente occidentales de los tres últimos siglos (cientificidad e intersubjetividad). De otro modo, el budismo no podría ser más que una reliquia. Y, para reliquias, ya tenemos las nuestras propias.

Lo inusual de mi tesis sobre la originación dependiente y su desarrollo histórico se debe a que las historias habituales del budismo no parten en realidad de ninguna piedra angular. Hemos de recordar de paso que la historia como disciplina es un invento –o necesidad– occidental. Nunca existió en Oriente una preocupación básica por describir un desarrollo lógico y orgánico en el tiempo de acontecimientos e ideas. De ahí que se confundieran fácilmente unos con otros, sin percibir apenas hasta qué punto se contradicen entre sí; en nuestro caso, sin preguntarse con perspectiva histórica suficiente de qué manera ciertas cosmologías budistas responden a un modo de investigación acorde con la originación dependiente. Salvo la excepción de David Kalupahana, la inmensa mayoría de las historias del budismo, todas ellas muy recientes y casi siempre elaboradas por occidentales, conciben un desarrollo sin centro –o uno demasiado vago, como la "Iluminación", que puede significar tantas cosas–, y, por ello, a largo del curso de los siglos se pueden añadir o sustraer determinados pensamientos o dogmas sin (supuestamente) dañar su coherencia interna. Este es un acercamiento, a nuestro juicio, muy poco crítico; suficiente quizá para el interesado en lo soteriológico, pero insuficiente tanto para el filósofo como para el historiador. Este tipo de narraciones que, a pesar de tocar dominios históricos y filosóficos, obedecen a propósitos más bien espirituales, no carecen de su lógica peculiar, que es más propia de la vida instintiva. Todo sentimiento, más todavía el religioso, aglomera y dispersa de acuerdo con las necesidades y voluntad del momento. Pero filosóficamente estamos obligados a detectar sus razones de ser en cada tiempo y lugar, y, con ellas, algunos de sus inconvenientes e incoherencias.

Uno de los principales inconvenientes de no contemplar el asunto filosóficamente, sin centro rector, es que aquello que constituía una intuición resplandeciente y única de mirar y transformar el mundo (sobre todo interior, pero no exclusivamente) pierde su peculiar brillo y acaba hundiéndose en la ciénaga de tantas otras aproximaciones, ahora ya indistintas, y por eso mismo menos potentes. El hinduismo –tan capaz de incorporar el budismo en su seno, como cuando coloca a Gautama el Buddha como la décima encarnación de Viṣṇu– o el budismo del último *mahāyāna* (*vijñānavāda*, *yogācāra*), ya prácticamente indistinguible de los sistemas filosóficos clásicos indios, son claros ejemplos de hasta qué punto cierta turbiedad filosófica incuba justamente aquellas sombras que otros se esforzaron por desalojar de sus cuevas, impidiendo así hacer plena justicia a sus visiones y dedicación. Finalmente, otro inconveniente es que, de conservar *no* la aprehensión primigenia de la originación dependiente *sino* desarrollos ulteriores del budismo que tienen más que ver con el monismo filosófico al que el Buddha se opuso explícitamente, no seremos capaces de incorporar adecuadamente, o lo más adecuadamente posible, los descubrimientos ineludibles de la modernidad y la postmodernidad.

PARTE I:
LA ORIGINACIÓN DEPENDIENTE

1. MARCO METODOLÓGICO GENERAL

«Misipo: Sería mejor seguir esta senda: es un camino agradable y placentero.
Filipo: De ninguna manera. Nada más cómodo y seguro que el camino real. Con tantos y tan torcidos caminos como se cruzan por aquí, perderíamos a los compañeros, sobre todo que –si mal no recuerdo– esa senda tiene muchas vueltas y revueltas.»

JUAN LUIS VIVES, *El viaje y el caballo* (*Diálogo Noveno*).

I. LAS SEIS CONSTELACIONES PARADIGMÁTICAS

En uno de los trabajos más sobresalientes de las últimas décadas en el terreno de la historia de las religiones, Hans Küng ha desarrollado un modelo de descripción y explicación para el judaísmo, el cristianismo y el islam que puede adoptarse cómodamente también para el budismo.

Este modelo concibe la religión como generada a partir de un centro irrenunciable, sin el cual la religión al completo carece de sentido. A la vez que enfatiza la necesidad de un centro al que es no solo legítimo sino necesario acudir si quiere mantenerse la coherencia y el corazón del mensaje original, tampoco renuncia a la obviedad histórica del cambio y la transformación, obedientes a las necesidades de su propio tiempo así como a las deficiencias de la configuración histórica inmediatamente anterior. En distintos lugares y épocas, pues, un mensaje original, en sí mismo no exento de ciertas ambigüedades inevitables, así como perteneciente también a un contexto histórico, se conforma en lo que hemos llamado, con Hans Küng, constelaciones paradigmáticas. En sus propias palabras:

> Pensar en paradigmas significa aquí entender la historia en sus estructuras dominantes con sus figuras acuñantes. Pensar en paradigmas sig-

> nifica analizar las diversas constelaciones globales: su nacimiento, maduración y anquilosamiento (aunque en una descripción breve). Pensar en paradigmas significa describir el perdurar de paradigmas endurecidos de forma tradicionalista en el presente.[5]

Tales constelaciones, históricamente desarrolladas, son cualitativamente diferentes entre sí. La diferencia cualitativa entre unas constelaciones y otras a menudo ocasionó cruentas luchas intestinas, descalificaciones absolutas y escisiones irreparables. La novedad y bondad de la aproximación küngiana es que, sin prescindir de las diferencias entre las distintas constelaciones paradigmáticas, las cuales no solo llevan inscritas en sus carnes la contingencia histórica, sino un potencial explicativo de algo hasta entonces pasado por alto, sabe referirse también a un suelo común que los engendra, favoreciendo la posibilidad de un acercamiento mutuo. El centro no queda esclarecido nunca por completo, y cada generación, a partir de él, puede proporcionar una nueva razón de su ser, diferente de las anteriores. Pero del mismo modo que puede hablarse de una *superación* (en el sentido hegeliano) de cada paradigma o constelación histórica por el siguiente, existe también, en cada una, cierta tendencia a renegar del centro de un modo nuevo. Cada constelación tiende a considerar que ella y solo ella es precisamente ese centro. Ambos aspectos están íntimamente ligados.

Brevemente, y como ilustración, las constelaciones paradigmáticas a las que nos referimos fueron, de acuerdo con Hans Küng, las siguientes:

En el judaísmo: **PI**: Paradigma Tribus de la era pre-Estatal (Moisés, Jueces); **PII**: Paradigma Reino de la era monárquica (David, Salomón); **PIII**: Paradigma Teocracia del judaísmo postexílico (Nehemías, Esdras); **PIV**: Paradigma Rabínico-sinagogal de la Edad Media (Raschi, Maimónides); **PV**: Paradigma asimilación a la Modernidad (Mendelssohn); **PVI**: Paradigma de la Postmodernidad (en vías de construcción).

En el cristianismo: **PI**: Paradigma protocristiano-apocalíptico (Jesucristo); **PII**: Paradigma veteroeclesial-helenista (Patrística: Orígenes, Tertuliano, Atanasio, Capadocios); **PIII**: Paradigma católico-romano medieval (Buenaventura, Tomás de Aquino); **PIV**: Paradigma de la Reforma Protestante (Lutero, Erasmo, Calvino); **PV**: Paradigma moderno ilustrado (Schleiermacher, teología liberal); **PVI**: ¿Paradigma ecuménico contemporáneo (transmoderno)?

Y, finalmente, en el islam: **PI**: Paradigma de la comunidad protoislámica (Mahoma); **PII**: Paradigma del imperio árabe; **PIII**: Paradigma del islam clásico como religión universal; **PIV**: Paradigma de ulemas y sufíes; **PV**: Paradigma de la modernización; **PVI**: ¿Paradigma contemporáneo (transmoderno)?

Una de las consecuencias que se derivan de esta aproximación (en consonancia con las investigaciones filosóficas de Ken Wilber, de quien hablaremos más tarde) es que la postmodernidad (o transmodernidad, como prefiere llamarla Hans Küng en *El Islam: historia, presente, futuro*, el último volumen de la trilogía) necesita, para ser fecunda y estar a la altura de las circunstancias, *integrar* todas las constelaciones precedentes en una visión armónica. Armonía significa aquí capacidad de distinguir sus aspectos indefectibles, así como los más críticos de cada una de las constelaciones bajo la luz de un origen que subyace de forma más o menos latente o consecuente a lo largo de todo el proceso, amén de otras continuidades.

No voy a presentar pruebas exhaustivas de mi división en cuatro constelaciones similares para el budismo, más la modernidad y postmodernidad, tal como habría hecho el propio Hans Küng, porque escapa a mis principales intereses en esta obra. Pero cro que el marco es lo suficientemente consistente como para darlo por hecho y, por tanto, para tenerlo presente como trasfondo. Confío en que la investigación que realizo en las próximas páginas, muy meticulosa en algunos de sus momentos más decisivos –como la crisis que dio lugar a la segunda constelación, y el nacimiento del *mahāyāna*–, sirva para afianzar una tesis de amplio rango como esta; la única, a mi juicio, capaz de explicar la unidad en la diversidad de esta peculiar religión, y sobre todo el tipo de controversias internas a ella.

Las cuatro constelaciones que propongo para el budismo, además de su encuentro con la modernidad y la postmodernidad, serían:

PI: Determinación del centro: la concepción general de originación dependiente. Vida y enseñanzas de Gautama el Buddha[6] (s. V a. C.). La primera comunidad (*saṅgha*).

PII: Podríamos llamarlo provisionalmente "el paradigma de las Escuelas". Elaboración y constitución del canon pāli y chino temprano (*sutta* y *āgama*). Período que va desde la muerte de Gautama (siglo V a. C.) hasta la división en Dieciocho Escuelas. Incluye la transformación de la facción *mahāsangika* escindida durante el Segundo Concilio (ocurrido en el siglo III a. C.) en una forma distintiva propia (s. I a. C. - I d. C.), que eventualmente dará lugar al **PIII**. Incluiría también la expansión del budismo gracias al imperio de Aśoka (siglo III a. C.). Predominancia de lo que luego, tras la escisión, se llamará "la doctrina de los Ancianos" (*theravāda*). Territorios: Sri Lanka, Myanmar, Camboya, Laos y Tailandia.

PIII: Elaboración del *mahāyāna*. Desde la composición de los primeros *sūtras* de la *Prajñapāramitā* (s. I-III d. C.) hasta la expansión del budismo hacia el centro-norte del continente asiático: Norte de la India, China, Corea, Vietnam, Japón, Tíbet y Mongolia (s. V-VIII d. C.). Procesos de mitificación y deificación, influencia de la metafísica occidental, estabilización escolástica, medievalismo, idealismo filosófico (*yogācāra*).

PIV: Elaboración los *tantras* budistas (*vajrayāna*), y el más allá de la razón –*ch'an*, *zen*– (s. VII-XIII). China, Japón, Tíbet.

PV: Modernidad. Movimiento "revivalista" del budismo en la India moderna: la inclusión de los descastados; el budismo socialmente comprometido (*socially engaged Buddhism*). Introducción del budismo en Occidente: primeros estudios históricos de textos sagrados. Premisas ilustrado-humanistas. Encuentros con el secularismo occidental moderno. Diálogos ciencia-budismo.

PVI: Postmodernidad. El budismo en la sociedad occidental contemporánea a partir del exilio tibetano y la contracultura estadounidense de los años sesenta. El reto de Nietzsche y los estudios intersubjetivos. En vías de construcción.

Lo esbozado más arriba es solo un marco de referencia que puede (y debe) ser reformado en muchos puntos, pero su configuración no es en absoluto aleatoria. Obedece a ciertas leyes de crecimiento naturales en la historia, cuyo desvelamiento nos ayuda a comprender las razones de ser de cada uno de sus momentos, sin entrar en polémicas estériles sobre qué momento es "más verdadero", pero, a la vez, si comprendemos el centro, con un criterio definitorio de cuánto se separan las constelaciones paradigmáticas subsiguientes del centro original, o cuánto lo enriquecemos con nuevas aportaciones.

Aunque dentro de una constelación encontramos ya algunos de los rasgos que conformarán la siguiente, la coherencia y unidad, así como las tensiones internas de cada constelación que devendrán en algo nuevo e insospechado, permanecen.

Así, por ejemplo, la aparente fragmentación sin fin de la segunda constelación paradigmática (**PII**), muchas de cuyas numerosas escuelas se resuelven a sustantificar las premisas que el Buddha había enseñado simplemente como guías heurísticas a través de las marañas creadas por la metafísica absolutista, es muy poco posterior –en realidad podría decirse que muchas veces simultánea– a la elaboración de las Tres Cestas (*tipiṭaka*) principales,[7] que son los textos más tempranos de los que disponemos, y que, como veremos, reflejan sin duda con bastante precisión la visión del Buddha histórico (**PI**).

Y, por poner otro ejemplo, en este mismo período que va desde la muerte del Buddha hasta la composición de los *sūtras* de la *Prajñapāramitā* (**PII**) pueden encontrarse ya las semillas que darán lugar a la tercera constelación (**PIII**): la Gran Mayoría (*maha saṅgha*), escindida de la Escuela de los Ancianos (*sthaviravāda*, sánscrito; *theravāda*, pāli), comenzará a urdir mitos ya muy afines al *mahāyāna*. Se trata de un salto cualitativo, cuando el populismo de *mahasaṅghika* inunde una buena porción del budismo establecido y re-introduzca la fantasía y el mito como elementos no accidentales, sino fundamentales, de expresión y comprensión. Y junto con la fantasía y el mito entra también, en carrera imparable, el idealismo filosófico.

Por su parte, la tercera constelación (**PIII**), la elaboración y consolidación del *mahāyāna*, contiene las semillas de un peculiar escolasticismo que originará un renovado interés por el idealismo filosófico, apenas diferente del vedántico en presupuestos básicos; algo más tarde, por el esoterismo tántrico en el norte de las actuales India, Afganistán, Pakistán y Tíbet; y finalmente por métodos iluminativos más de corte místico-intuitivos (como en la escuela *sōtō* del *zen*) que racionales (**PIV**). El medievalismo del *mahāyāna*, con sus jerarquías del Ser, ha cristalizado tanto en el modo mítico-filosófico de sus tratados (*śāstras*) como en cierto populismo que encontró asiento definitivo en el budismo de la Tierra Pura, con mucho la forma cultual budista más masiva, aunque quizá la menos estudiada (y la menos atractiva para los occidentales).

Aunque el **PV** (modernidad) y su asociación con las premisas de objetividad que acarrea la ciencia empiezan a poner coto a la carrera idealista, su detención verdadera no puede producirse hasta la crítica postmoderna (**PVI**), que toma como paradigma de entendimiento la intersubjetividad y comprende el pluralismo ontológico. De este modo se produciría una suerte de regreso a la doctrina original, solo que más fundamentada y de acuerdo con los desarrollos históricos del saber en el máximo posible de dominios gnoseológicos. Del mismo modo que el paradigma moderno (**PV**) tiene que zafarse del positivismo filosófico como el modo exclusivo de validez, la postmodernidad (**PVI**) no puede permitirse entender el pluralismo ontológico de un modo relativista, ignorando que este es el resultado de una concepción filosófica integral, es decir, capaz de entender la necesidad y limitaciones de cada uno de los campos del saber y sus evoluciones históricas. Sin constituir un regreso al monismo reductor, típico del paradigma de la conciencia, el filósofo actual debe ser capaz de comprehender la variedad de discursos específicos dentro de un marco general explicitable.

Lo más decisivo para nosotros será diferenciar la segunda constelación (**PII**) de la primera (**PI**), justamente porque esta solo la conocemos a partir de los textos que nos ha dejado aquella. A pesar de este solapamiento, la consistencia de todas las fuentes, bastante diversas, de la segunda constelación (**PII**) nos conduce a concluir sin riesgo de equivocarnos cuáles fueron los elementos esenciales, si bien no siempre absolutamente literales, de las enseñanzas de Gautama Siddhārta, el Buddha histórico (**PI**). Dado que, de acuerdo con nuestro punto de vista, la doctrina original de Gautama rompió radicalmente con las vías filosóficas de su tiempo y produjo un modo distinto y coherente de comprender la realidad que puede sostenerse en sus rasgos principales incluso hoy, distinguirla meridianamente del segundo paradigma (**PII**), que regresa a constituciones metafísicas de las que el Buddha se había querido desprender, tales como la subsistencia o permanencia del ente (ya sea absoluto o atómico), resulta especialmente clave. Esto es tanto así que, de hecho, las constelaciones paradigmáticas segunda, tercera y cuarta (**PII**, **PIII** y **PIV**) tienen más en común entre sí desde el punto de vista metafísico que el primero con el segundo, a pesar de haberse sucedido inmediata y muy estrechamente.

Hemos de tomar muy en serio la admonición de Gautama sobre la dificultad de comprender su doctrina (*dhamma*), aunque no, como se ha afirmado tan a menudo, por su supuesto carácter inefable (lo que se empeñan en defender las constelaciones paradigmáticas tercera y cuarta, sobre todo), que lo emparentaría con toda suerte de ambigüedades místicas. Lo que define la diferencia entre la doctrina original y las constelaciones paradigmáticas subsiguientes es el marcado corte antimetafísico de la primera. En un momento filosófico, como el nuestro, en que la metafísica está puesta en entredicho es revelador retroceder hacia momentos históricos que divisaron un corte parecido con presupuestos metafísicos, sin que supusiese renunciar al saber en cuanto tal. Por lo mismo, resulta instructivo detectar cómo se produce el movimiento de regreso hacia la metafísica, y analizar por qué es tan difícil sostener una posición no metafísica pero tampoco nihilista (que el Buddha caracterizó de *vía media* entre los extremos, representada y expresada precisamente por la originación dependiente).

Es interesante comprobar, por último, la correspondencia entre las constelaciones paradigmáticas de las distintas religiones. En concreto, en todas ellas hallamos: un origen esencial (**PI**) que opera como centro inexcusable para el resto de constelaciones, por más que a veces se empeñen en olvidarlo; primeras diferencias interpretativas, derivaciones y desarrollos materiales y filosóficos, que dan lugar a las primeras escisiones entre escuelas, dinastías o entendimientos (**PII**); intento de una sistematización general (escolasticismo) bajo presupuestos metafísicos que, tras un período grandioso de desarrollo intelectual, conduce eventualmente a la esterilidad (**PIII**); de donde nace un movimiento de protesta y de revivificación que procura retornar a aspectos más vivos de la experiencia (**PIV**); tras ello, y sobre todo en Occidente aunque ya *todas* las religiones del mundo están obligadas a enfrentarse a ello, un encuentro con los valores humanistas ilustrados y con los problemas que propone un entendimiento científico no solo de la naturaleza, sino también de los textos sagrados mismos (**PV**), y, finalmente, la situación en que nos encontramos hoy, todavía en vías de creación, que procura integrar todo lo antecedente, en especial el centro original, y enfrentarse a los retos del presente desde un paradigma tácitamente postmetafísico (**PVI**).[8]

El nuestro no quiere ser, pues, un intento de reafirmar un paradigma concreto del budismo para deslegitimar otros. Aunque hemos tenido que navegar a contracorriente para averiguar cuál es el centro esencial e irrenunciable del budismo (a saber, la doctrina del Buddha histórico, la originación dependiente), y, precisamente por ello, aunque a partir de este centro somos capaces de ver hasta qué punto las constelaciones históricas subsiguientes se adhieren o separan del mismo, no se trata en ningún caso de declarar hasta qué punto una constelación paradigmática concreta es "budista" o no lo es en un sentido cultual, social o religioso, sino tan solo de saber hasta qué punto concuerda filosóficamente con el centro. Este modo de proceder está especialmente justificado porque el centro al que nos referimos es esencialmente filosófico.

Del mismo modo que uno puede cuestionar hasta qué punto la Iglesia católica se conforma al espíritu del Nuevo Testamento, pero no decidir que el catolicismo no es, sin más, cristianismo, en el budismo se puede también observar crítica y filosóficamente hasta qué punto la doctrina de las Tres Kāyas (*dharmakāya*, *sambogakāya* y *nirmāṇakāya*) o niveles de manifestación búdica son coherentes con la causalidad y la vía media del budismo original. No nos mueve ningún ánimo sectario de purificación religiosa; en este ámbito, cada cual encontrará afinidades con escuelas o formas cultuales de acuerdo con sus propias disposiciones personales o tantas otras causas externas. Sí, en cambio, aspiramos al máximo de clarificación conceptual, que opera mediante comparaciones entre ideas (tesis-antítesis) y mediante un estudio lo más crítico y cuidadoso posible de su historia. No creo que lo que sigue esta libre de errores, y seré el primero en alegrarme de que se señalen cuando proceda. Pero sí creo que ofrece un marco de comprensión relativamente novedoso y fértil con el que pensar las prolongaciones filosóficas, sapienciales y espirituales de una religión que va cobrando cada vez más relevancia en el mundo occidental. Tan solo lamento de antemano que, por su brevedad y la concisión que precisan mis objetos principales de estudio, no haya podido hacer plena justicia a todos los elementos que configuran cada constelación.

II. NUESTROS OBJETOS DE ESTUDIO

El estudio de la historia budista se hace especialmente complicado no solo por sus rápidos cambios, si lo comparamos con la duración de buena parte de los paradigmas en otras religiones, sino por la variedad de regiones geográficas en que acaecen tales cambios, por otra parte ocurriendo a muy distinta velocidad.

Y no solo eso: al contrario de lo que sucede con las religiones monoteístas, que tienden a desplazar las religiones mágicas y míticas nativas en su expansión,[9] el budismo tendió casi siempre a la convivencia y la asimilación, un rasgo de patente origen indio. Así, por ejemplo, el Bon en Tíbet, el Shinto en Japón o el Tao en China pasaron hasta cierto punto (aunque no sin conflictos puntuales) a formar parte del estilo de vida y filosofía budista, en sus áreas respectivas. Ello produce, en principio, un efecto, más aparente que real, de diversificación e idiosincrasia casi insistematizable. Pero, miradas las cosas con más detenimiento, comprendemos que bajo esta capa de diferencias nativas, y –creemos– sin ánimo ninguno de sistematización ajeno a la experiencia y la evidencia, las constelaciones en tanto que agrupaciones orgánicas y coherentes de formas filosóficas y de expresión religiosa mantienen pleno vigor. A pesar de cierta moda filosófica de la postmodernidad que enfatiza la diferencia sin prestar atención a la universalidad de la que por otro lado depende –le guste o no, lo admita o no–, el desarrollo histórico del budismo es un proceso natural, obviamente único, pero del que se desprende un legado que tiende a lo universal. Semejante legado es similar al de tantos otros desarrollos, de los cuales se desprenden conceptos y prácticas válidas en la actualidad, y del que además se pueden deducir ciertas leyes del crecimiento. Nietzsche, que gusta de ser enarbolado por los susodichos postmodernos como el pionero de la diferencia, ya había detectado en sus análisis un proceso de crecimiento (o deterioro) en la metafísica occidental que se atiene a fases definidas,[10] no muy diferentes a las que nosotros proponemos aquí. Un análisis que no es ni completo ni tal vez suficientemente imparcial, pero que en todo caso habla de las leyes internas de cada fase y de los motivos por los que una fase se abandona por la siguiente.

No obstante, lo que nos interesará en las próximas páginas no es tanto el tránsito de un paradigma o constelación a otro, sino algunos intentos de ruptura que acaecieron en la historia del budismo para retornar al centro (**PI**). Solo bajo esta luz puede comprenderse el trabajo de un filósofo sobre el que nos centraremos con singular cuidado: Nāgārjuna (siglo II d. C.). Este filósofo –si es que fue solo uno, asunto sobre el que volveremos– ha sido interpretado de tantos modos diferentes como ha habido épocas configuradoras de interpretaciones diversas e incluso adversas, si bien sigue retornándose a él como una voz indispensable en el budismo y se le honra a menudo como "el segundo Buddha". Esto constituye un signo de hasta qué punto su voz quiere remontarse al origen; mas, sin embargo, las distintas interpretaciones de su obra hablan también de cuánto hay de prejuicio temporal y de intento de justificación del paradigma presente. O, en nuestra diversa actualidad, de hasta qué punto cada intérprete se asocia con una tradición budista concreta.

Algo parecido puede decirse de tantos otros reformadores que, al ser incomprendidos en su intento genuino, fueron reabsorbidos dentro de las coordenadas del paradigma entonces imperante. Otro ejemplo clásico es Vasubhandu (siglo IV d. C.), habitualmente asociado con el idealismo filosófico de su hermanastro Asaṅga, a quien la tradición (*yogācāra*, claro está) dibuja convirtiendo al primero al idealismo que este último profesó. Mas tanto la interpretación chandrakīrtiana (siglo VII d. C.) de Nāgārjuna como la idealista de Vasubhandu pueden ponerse en tela de juicio si comprendemos, en primer lugar, el centro del pensamiento budista; en segundo lugar, si nos damos cuenta de que estos pensadores estaban intentando retornar a él y no "trascenderlo"; y, en tercer lugar, que lo hicieron desde un nuevo lugar con nuevas necesidades y horizontes. Si prescindimos de lo primero y de lo segundo, no solo estaremos distorsionando la intención de los mayores adalides del pensamiento budista, sino, sobre todo, estaremos hundiendo en el olvido el potencial liberador, residente en el centro original, que ellos intentaron recuperar al ver que crecían sus enemigos en el propio seno del budismo.

No podemos obviar que el realismo filosófico y el idealismo moral del Buddha histórico se ven paulatinamente transformados en idealismo filosófico y relativismo moral; que la dependencia condicional o causalidad original cede el paso a concepciones decididamente monistas donde el mundo de la experiencia se consume en la absolutidad del Yo o la Conciencia; y que los intentos de algunos autores budistas (Nāgārjuna, Vasubhandu, Dignāga) estaban dirigidos a retomar las riendas de la visión filosófica original, si bien ciertos intereses metafísicos posteriores recondujeron las propuestas de aquellos para confirmar sus propias premisas. Y, así, lo que era una protesta se convierte casi inadvertidamente en la constatación del sistema que se vino a combatir.

Tres son, pues, los aspectos concretos de la historia del budismo que más van a interesarnos, en correspondencia respectiva y aproximadamente con las constelaciones **PI**, **PII** y **PIII-IV**: 1) la doctrina original del *surgimiento condicionado, causalidad dependiente* o, más laxamente (en realidad, incorrectamente), interdependencia: el centro original y único del budismo (Parte I); 2) detectar los intentos genuinos de regreso al centro a lo largo de la historia del budismo, en especial Nāgārjuna (Parte II), y 3), más en general, el desarrollo filosófico posterior con la mirada puesta siempre en el centro (Parte III). Una vez que hayamos repasado lo que David Kalupahana con gran acierto denominó las continuidades y las discontinuidades de la doctrina original de Gautama el Buddha, estaremos capacitados para distinguir el potencial científico (objetivo) e intersubjetivo de su concepto primordial, que son las condiciones principales impuestas, respectivamente, por la modernidad (**PV**) y la postmodernidad (**PVI**), no solo al budismo, sino a todas las religiones del mundo. Podremos así apuntar el hilo filosófico común entre la originación dependiente y algunas de las soluciones ofrecidas por la postmodernidad a problemas metafísicos de imposible irresolución.

Una vez más advierto que no pretendo hacer apologética budista ninguna. Tampoco me interesa forzar encaje alguno entre el budismo y nuestro mundo actual. Me propongo tan solo mostrar, bajo la luz de la evidencia, que, de mantener el corazón de la doctrina de la originación dependiente, a menudo desechada aunque de modo inconsciente y aunque sea poco comprendida, el budismo puede fácilmente entenderse con los retos principales de la modernidad y la postmodernidad occidental; y que, de no hacerlo, estará condenado a vivir en una forma u otra, quizá superficialmente actualizada, de las constelaciones precedentes, lo cual no resulta ni satisfactorio ni mínimamente cercano a la realidad.

Esta tarea me ha interesado desde que empecé a colegir en qué puede consistir verdaderamente la originación dependiente, cuya presentación a menudo queda oscurecida debido al hecho de que quien la realiza mezcla concepciones incompatibles provenientes de distintas constelaciones paradigmáticas. Por el momento me gustaría simplemente constatar que el centro budista (la concepción general de la originación dependiente) es un caso único en el mundo. Las tres grandes religiones monoteístas también pueden presumir de poder entenderse, dados sus centros neurálgicos respectivos, con las demandas de nuestro tiempo en todas sus dimensiones. Esto lo ha establecido Hans Küng sin ningún género de dudas, a pesar de los nada desdeñables retos que se alzan ante todas ellas. Los tres grandes monoteísmos pueden dar ese paso de entendimiento mutuo porque son religiones más de corazón que de cabeza, siendo la filosofía algo secundario para ellas. Si la filosofía no se amolda al amor o al vértigo de la trascendencia personal, tanto peor para ella. Aunque el filósofo, y mucho más el pensador corriente contemporáneo, tenderá a ver en la predominancia del corazón sobre lo intelectual una desventaja que hay que corregir cuanto antes, y sin obviar en modo alguno las consecuencias nefastas que pueden seguirse de no conformarse a criterios de racionalidad, lo cierto es que un origen basado en la experiencia de trascendencia radical de Dios (sin descontar, por supuesto, su inmanencia) tiene la ventaja de poder abrirse siempre a lo nuevo; algo notoriamente más difícil para aquellos sistemas religiosos o filosóficos que apuran el último trago en una categoría cerrada y absolutamente inmanente, sin lugar para la trascendencia o lo creativo.

El budismo, por su parte, fue desde su origen un modelo práctico de liberación tan enraizado en la filosofía india que la respuesta del Buddha a los enigmas intemporales de la existencia no puede entenderse sin el trasfondo filosófico de su tiempo (el cual, a su vez, claro está, es tan solo el reverso de la acción). Que la originación dependiente, siendo el centro del budismo, se trate de una respuesta eminentemente filosófica lo considero una característica única e incomparable con, que yo sepa, ninguna otra religión. Pero no por ello el budismo puede dejar de considerarse una religión, ni muchísimo menos pretendo disimular el hecho de que el budismo es “una práctica vital”. Pues tanto su énfasis en lo existencial antes que en lo teórico, expresado de modo impecable en la famosa analogía de la flecha,[11] como su consideración casi se diría que prioritaria de lo ético sobre lo ontológico (si seguimos el sentido que da a estos términos Emmanuel Levinas), hablan de ello.

Mas no conviene, en todo caso, liarse demasiado con las palabras. Si el practicante de yoga es seguidor de una “religión” o no lo es, o si el estoicismo puede o no considerarse *ídem*, son cuestiones de relativa importancia práctica o filosófica. Lo más decisivo es que la originación dependiente pruebe ser una respuesta *filosófica* universalmente válida, es decir, esencialmente tan válida entonces como hoy dentro de determinadas coordenadas conceptuales, y en todo caso más válida que las alternativas que entonces se debatían. También importa reconocer que esta concepción de la causalidad resulta más adecuada que la propugnada por las constelaciones paradigmáticas que la siguieron, las cuales fueron metafísicas en contra del espíritu original de las proposiciones de Gautama. *Más válida*, no solo por la suerte de soluciones que produjo el debate racional originario contra posiciones metafísicas o corporeístas, sino por el hecho de que es capaz de resistir ampliamente las críticas filosóficas de la modernidad (cientificidad) y postmodernidad (intersubjetividad), cosa de la que no pueden presumir las teorías que entonces competían en el fértil suelo indo-nepalí, ni tampoco las constelaciones paradigmáticas propiamente budistas subsiguientes.

2. TRASFONDO HISTÓRICO-FILOSÓFICO

«Todo lo desconocido se magnifica.»
TÁCITO, *Agrícola* (20).

I. LA DIVERGENCIA

Antes de entrar en los detalles de la concepción central del budismo, a saber, en la así llamada originación o causalidad dependiente (*paṭicca-samuppāda* en pāli; *pratītyasamutpāda* en sánscrito), es necesario que fijemos nuestra atención en el trasfondo histórico-filosófico del cual surgió esta idea, y sin el que la esencia de su revolución pierde sentido. Pues aunque toda creación genuina, ya sea en el dominio científico, del arte, o religioso, tiene algo de *ex nihilo* o de milagroso, resulta incuestionable que la creación surge de ciertas condiciones dadas a las que pretende superar, o de problemas a los que quiere aportar una solución. Esta es la razón por la que tales creaciones a duras penas se abren paso al inicio y por lo que después son tan mal –o variadamente– interpretadas, aunque su triunfo en la épica del conocer humano sea ya indiscutible.

Lo revolucionario del judaísmo incipiente –el monoteísmo– con respecto a las religiones tradicionales que lo circundaban resulta bastante obvio; así como los respectivos mensajes de Jesús de Nazaret y Muhammad constituyeron en su tiempo un verdadero revulsivo no solo religioso sino social. Lamentablemente, el caso del budismo no ha sido presentado por muchos historiadores con el mismo relieve, y ello seguramente debido a que la religión y filosofía hindú de la que partió ha aspirado siempre a integrar el mensaje búdico dentro su propio cuerpo doctrinal. Muchas de las constelaciones históricas budistas volvieron por inercia a apoyarse en la metafísica monista clásica india, y numerosas presentaciones actuales están lastradas por esta tendencia dominante. Como tendremos la oportunidad de examinar con más detalle, la separación o ruptura del budismo con su antecesor doctrinal fue difícil durante el curso entero de su historia, por lo que no debe sorprendernos que, asimismo, lo sea hoy. Otra dificultad, también distintiva del budismo en comparación con otras religiones, asoma: los primeros documentos que poseemos del budismo original fueron transcritos desde la tradición oral aproximadamente tres siglos después de la enseñanza de su fundador, cuando ya existían divergencias notables entre unos seguidores y otros, unas escuelas y otras, e incluso cuando algunos grupos ya se habían acercado a posiciones que, con perspectiva histórica, podemos determinar más bien como colindantes con un cuerpo doctrinal previo al propio budismo.

En realidad, existen muy pocas historias filosóficas del budismo dignas de tal nombre. Como si las doctrinas surgiesen del vacío y no respondiesen a problemas factuales de su tiempo (y vigentes también hoy si son genuinos), la mayor parte de los autores que emprenden el relato de la historia del budismo parten de la saga personal de Gautama el Buddha, y no del contexto social, histórico y filosófico en que él estaba inmerso. La razón para ello, aunque no sea muy buena, es que, por el momento, y quizá porque el budismo tan solo ahora empieza a ser conocido, lo que interesa al gran público es el aspecto soteriológico; es decir, de qué me pueden valer *a mí* las enseñanzas espirituales de aquel hombre, según dicen, sobresaliente. El principal inconveniente de esta aproximación es que es poco riguroso. Desde un punto de vista subjetivo es perfectamente legítimo, y satisface cierto tipo de hambre espiritual. Pero si queremos llegar al fondo de la realización búdica sin sintetizarlo en el universalismo metafísico-religioso del que la religión hindú en concreto es paladina, entonces es necesario que descubramos más específicamente qué combatió Gautama el Buddha y por qué se diferenció claramente de otros *yogīn* de su tiempo. Pues aunque la opinión vulgar tienda a concebir que el Buddha fue simplemente alguien "más iluminado" que los demás, la iluminación consistiendo en una cosa o bien unívoca o bien completamente diversa (según convenga), sin importar el tiempo o el lugar, lo cierto es que nadie que piense acerca del budismo con cierta seriedad puede contentarse con algo tan tosco y parcial.

El budismo es una religión, o, si se prefiere, una forma de vida y una filosofía distintiva, porque presentó un reto a las concepciones y modos de vida de su propio tiempo. Esto no le roba ni un ápice de originalidad o universalidad. Porque las problemáticas existenciales del ser humano se mueven dentro de un círculo acotado, por muy hondas que estas sean, las soluciones del pasado son también en cierto modo válidas para el presente, aunque el mundo haya cambiado muchísimo. ¿No resulta obvio que, si su aproximación no fuese distinta, jamás se habría separado, para empezar, de aproximaciones espirituales o filosóficas coetáneas? A pesar de esta observación elemental, los documentos más tempranos que poseemos de las enseñanzas búdicas, donde podemos percibir tales rasgos únicos y distintivos, han sido y son frecuentemente desechados a favor de otros muy posteriores, con un tinte metafísico ajeno al descubrimiento original y en cambio próximo al antecedente que, sin duda, el Buddha histórico (y no el mítico creado *ex profeso* para fraudulentamente sintetizar doctrinas divergentes) quiso superar. Más adelante intentaremos separar la paja del grano para averiguar qué es lo distintivo del descubrimiento original budista, necesariamente enfrentado al trasfondo del que partió, aunque también obligatoriamente entrelazado con él.

De modo que antes de presentar el corazón de la enseñanza búdica debemos retrotraernos un paso todavía más atrás, hacia el contexto histórico y filosófico que lo vio nacer. El famoso despertar del Buddha cobrará de este modo una luz muy diferente a aquella con que se nos presenta habitualmente, más de naturaleza mística que conceptual, más espiritual que filosófica, y más subjetiva que ética y científica. Con ello no pretendo negar que la iluminación de Gautama el Buddha no contenga elementos místicos, espirituales y subjetivos, sino afirmar que no son los únicos, y tal vez ni siquiera los más decisivos.

Nuestra presentación de la historia del budismo será, pues, principalmente filosófica, y no, como tantas otras, psicológica o "espiritual", que después, sin mayor solución de continuidad, salta a la descripción de un cuerpo de premisas soteriológicas capaces en teoría de apaciguar nuestras desdichas. Aunque, como decimos, esta aproximación es perfectamente legítima para cierto tipo de público en busca de soluciones a problemas personales, no puede satisfacer una inquisición mínimamente racional, histórica y crítica. A pesar de que para muchas personas esto último es de poco o relativo interés, pretendo mostrar que, sin una comprensión filosóficamente cabal de la originación dependiente, el descubrimiento propiamente soteriológico de Gautama el Buddha también nos pasará desapercibido.

II. UN TEXTO VÉDICO

Dado que los *Veda* son la fuente principal y más antigua de la sabiduría india, anterior a la sistematización filosófica que después vendrá a llamarse brahmanismo, y porque en los discursos tempranos budistas, los *Veda*, que Gautama estudió de niño como en Occidente antaño se estudiaba la Biblia, están muy presentes (siempre observados críticamente), empezar con una discusión de estos textos parece inexcusable.

Una de las cosas que más nos llama la atención en estos comienzos de la especulación filosófica, inmersa todavía en la evocación poética y mítica, es la inocencia. En otras palabras, la ausencia absoluta de un intento de coherencia intelectual. Uno de los textos védicos más tempranos y acaso más significativos, que presentamos a continuación, da testimonio de un buen puñado de visiones acerca del origen del mundo –una de las cuestiones centrales sobre las que ha girado el conocer humano–, cuyas variadas interpretaciones constituirán paulatinamente una regla segura para medir divergencias entre las diversas escuelas del pensamiento indio. Nótese la nota sorprendentemente escéptica con que termina el texto, que más tarde tenderá a desvanecerse con la sistematización brahmánica, aunque no deje de asomar en textos más tardíos como la *Bhagavad Gītā*.

He aquí lo que dice el *Nāsadīya Sūkta* (*Ṛgveda* X, 129):

1. En el principio no había ni Ser ni No-Ser. No había ni aire ni todavía el cielo más allá. ¿Qué existía? ¿Dónde? ¿Quién lo protegía? ¿Existía el agua, profunda y abismal?
2. Entonces no había ni muerte ni inmortalidad; de la noche y el día no había señales. El Uno respiraba sin respiración, por su propio impulso. Aparte de Eso no había nada en absoluto.
3. La oscuridad estaba allí, recubierta a su vez de oscuridad, y todo era Agua indiscriminada. Entonces Aquello que estaba oculto por el Vacío, ese Uno, emergiendo, agitándose mediante el poder del ardor, nació.
4. En el principio surgió el Amor (Deseo), que fue la primera célula-germen de la mente. Los sabios descubrieron la conexión entre la existencia y la inexistencia tras haber indagado con la sabiduría en sus corazones.
5. Una línea atravesada cortó el Ser del No-Ser. ¿Estaba Aquello abajo, o estaba arriba? Portadores de la semilla eran, poderes eran: energía potencial abajo, impulso arriba.

6. ¿Quién sabe en realidad? ¿Quién puede presumir de poder contarlo? ¿De dónde nació? ¿De dónde surgió esta creación? Incluso los dioses vinieron después de su surgimiento. Entonces, ¿quién puede decir de dónde provino?
7. Este mundo –de dónde proviene, si fue engendrado o si no lo fue– Aquél que lo contempla desde los más altos cielos lo conoce... ¡o quizá no![12]

El fragmento citado plantea, pues, la cuestión del origen del mundo. Aparte de la tremenda nota escéptica final, que han notado en particular los filósofos budistas,[13] y que trataremos inmediatamente, podemos rastrear en él varias concepciones, no del todo disimilares a las de la Grecia antigua.

Lo que para nosotros es cardinal es que, aunque la inmensa mayoría de la filosofía india posterior haya pretendido que el conocimiento del origen del mundo es posible –que el mundo fue creado, ya fuese por el Ser (*sat*), por el No-Ser (*asat*), por ambos (*sat-asat*) o por ninguno (*na-sat-na-sat*)–, el texto citado introduce al final un elemento de duda radical, que suspende un juicio definitivo al respecto. Esto es importante porque a pesar de que cierto budismo tardío, sobre todo el *yogācāra*, arguyese que el mundo carece de principio y es eterno (dando así por hecho que *se tiene conocimiento* de que el mundo no tuvo un comienzo), la posición original del budismo es que *no se puede tener conocimiento del origen*, lo que ya está apuntado en el texto védico. ¡Quién lo hubiese sospechado!: quizá el *yogīn* más realizado, o ese Aquel que ni siquiera tiene por qué ser humano, no tenga ni la más remota idea del origen o fundamento del universo.

Aunque la cuestión del origen del mundo parezca de orden puramente teórico y carente de consecuencias prácticas, lo cierto es que embalsama todo lo referente al sentido de la vida y cómo darle cumplimiento, por no hablar de las aplicaciones científicas surgidas de supuestos creacionistas o aristotélicos, pongamos por caso. El conocimiento del verdadero fundamento de la existencia merodea en torno a toda aportación de sentido a esta y de los medios que ponemos en funcionamiento para conquistarlo. Por eso es preciso delinear un mapa de las diversas posibilidades a las que se enfrentó la filosofía india entonces con respecto a esta cuestión primordial, bosquejadas en el texto védico. Más tarde fijaremos nuestra atención concretamente en la posición adoptada por el budismo, que es en principio algo difícil de comprender. En este sondeo preliminar encontraremos ya el germen de la iluminación budista genuina, sobre la que han girado tantas confusiones y controversias.

El grueso de la filosofía india, el materialismo y el idealismo (prefigurado filosóficamente en algunas *Upaniṣad*), se decantó por la idea de que no solo *sí* puede conocerse el origen del universo, sino que además este reside en el Ser. En la tradición yóguica, patente en la mayor parte de las *Upaniṣad*, así como en la *Bhagavad Gītā*, este Ser acaba por tomar fundamento en el Yo (*Ātman*), necesariamente absoluto, pues es idéntico, desde el origen, al Ser susodicho. Se trata de la identidad *Ātman-Brahman* (Yo=Divinidad), que es, por otro lado, la piedra angular de lo que en la filosofía occidental contemporánea ha venido a denominarse "paradigma de la conciencia". En otras palabras, se trata de un idealismo subjetivo absoluto. El No-Ser como fundamento encontrará eco en ciertas *Upaniṣad*, que pronto formarán un conjunto indistinguible con la idea también upanishádica, aunque procedente del extremo del Ser como origen, de la aniquilación del Deseo como fin último y único modo de conocer la Realidad, que tanto atrajo a Schopenhauer. Por su parte, el jainismo defenderá la postura de que el origen reside en *ambos* el Ser y el No-Ser, mientras que la idea de que el origen no reside *ni* en el Ser *ni* en el No-Ser será prominente en el *vedānta*.[14]

Aunque puedan confundirse, esta última postura es distinta de la más radical todavía (budista) de que sencillamente *no es posible un conocimiento* objetivo del origen del universo; lo cual no significa, por otra parte, que no podamos conocer *nada* en absoluto, una tendencia de pensamiento anterior al Buddha alegada, por ejemplo, por el escéptico Sañjaya (cuyos principales discípulos –Sāriputta y Moggāllana– pasaron a engrosar las filas del budismo tan pronto como escucharon el meollo de la doctrina de Gautama).[15] El *vedānta*, de nuevo, *asume que sabe* que el origen no reside ni en el Ser ni en el No-Ser. El budismo, por su parte, afirma que es una cuestión que no puede conocerse con certeza, y que la especulación al respecto es vana. Es preciso, pues, tener presente la naturaleza cautelosa de este moderado escepticismo budista original, el cual más tarde recibiría un empujón con Nāgārjuna. En el capítulo 6 desarrollaremos la cuestión de hasta qué punto puede calificarse al budismo de filosofía escéptica.

El primer verso del *Nāsadīya Sūkta* anuncia el problema insertado en la cuestión del Origen, aunque ciertamente ya parece inclinarse por la posición trascendentalista típica del *vedānta*. Tras ella se suceden las alternativas posibles a una posición de tan claro corte negativo. La primera es recurrir al Pensamiento o Mente (idealismo) como sustrato primordial; la segunda sería recurrir a sustancias materiales elementales como el agua o el viento (fisicalismo). Con lo primero, asistiremos eventualmente a la cristalización del ideal yóguico monista, de cuerpo casi entero en las *Upaniṣad*. Con lo segundo se irá conformando el "naturalismo" indio, también monista, de muy variadas tendencias, entre las que se encuentran principalmente los materialistas y los ājīvikas. Existen, a su vez, variantes más o menos radicales de fisicalistas; lo que tienen en común es su decidido enfrentamiento a la ortodoxia brahmánica y la idea de que el último sustrato del universo, al que puede reducirse toda la manifestación, es la materia.[16] Los ājīvikas se distinguen de los materialistas en que aquellos asumen que la personalidad física de un ser humano sobrevive a la muerte (ibíd., pág. 14). Por último, el jainismo es una escuela heterodoxa que sintetiza las enseñanzas naturalistas de los ājīvikas con cierto ascetismo. Su sistematizador principal, Mahāvira, fue contemporáneo del Buddha, y existen diálogos entre ambos, el Buddha y Mahāvira –de dudosa procedencia histórica–, en los cuerpos doctrinales de ambas escuelas. La filosofía jainista quiere salir de la colisión entre el determinismo físico del naturalismo y la necesidad de afirmación del libre albedrío con la noción de acción (*kiriya*). No obstante, por un lado, el determinismo acaba por asomar aquí también, en tanto que para el jainismo las consecuencias de nuestras acciones son inevitables, sean cuales sean nuestras intenciones, y, por otro, el absolutismo toma asimismo la delantera en tanto que se acude a la omnisciencia subjetiva.

El budismo, por su parte, adoptará la postura de que la cuestión misma acerca del origen (tanto si el pensamiento o cualquier otro ente existió en el principio, no existió, ambos a la vez, o ninguno) debe ser sencillamente abandonada. El origen absoluto del mundo en cualesquiera formas que adoptemos es incognoscible e inconcebible (*anamatagga*), si bien, dentro de un campo limitado, podemos conocer las condiciones presentes de la existencia. El budismo no es, por ello, una filosofía determinista, y ofrece una salida plausible al problema de la libertad y las intenciones, sin olvidarse del problema de la causalidad, sobre el que ofrece una novedosa teoría a la vez más completa y más específica.

Como veremos más adelante, esta concepción, que quedará articulada filosóficamente (con énfasis especial en categorías psicológicas) en la idea de la originación dependiente o relatividad causal, contiene la semilla de la liberación de las cadenas del dogmatismo, pues al renunciar a lo que es imposible de conocer uno puede cesar de emplearse en búsquedas que solo pueden conducir a mayor ansiedad y sufrimiento (*dukkha*), por ser fundamentalmente irresolubles. Por otra parte, esta cesación no supondría el abandono de toda búsqueda (nihilismo), sino una delimitación más exacta de las problemáticas involucradas, y por tanto una definición más clara (y no metafísica) de la libertad. Si la tradición yóguica había enlazado el Ser absoluto con el Yo, de acuerdo con la perspectiva budista original de ahí solo podía seguirse una indefinida y en último término ilusoria búsqueda interior. El Buddha, pues, no predicaba un abandono literal de la búsqueda, sino del dogmatismo con que algunos filósofos absolutistas la encorsetaron, y habló sin cesar de la *vía media* entre los dos extremos (uno absolutista y otro nihilista), los cuales se suponen mutuamente.

La diferencia entre el budismo y el resto de las aproximaciones filosóficas indias contemporáneas y previas al Buddha es que, debido a su suspensión del juicio (*epojé* en griego, más o menos parejo al *śūnyatā* budista)[17] acerca de un posible conocimiento del origen del mundo, el budismo renuncia automáticamente a una concepción sustancialista de este. Dado que en la tradición filosófica occidental, en concreto desde Aristóteles y hasta Espinosa, el término "sustancia" tiene un significado que no es del todo equivalente, aunque sí similar, procede una aclaración. En el contexto de la antigua filosofía india, sustancia (*bhāva*, *svabhāva*) se refiere a la "naturaleza inherente" que pertenece a, y se sustrae de, todo ente o toda existencia concreta. La filosofía india no budista, puesto que apoya la noción de que es posible conocer el origen del mundo, se apoya inevitablemente sobre la noción de que tanto el mundo en general como cada uno de sus entes tienen una naturaleza inherente o sustancia subyacente. De ahí surge el problema que ha atormentado al monismo desde el inicio de su periplo, a saber, cómo es posible el mal, y si este es o no inherente. El budismo, por su parte, sin caer en el nihilismo –que es el reverso del absolutismo, en tanto que predica que *nada en absoluto* puede conocerse, acusación que no pocas veces ha planeado sobre autores estrictamente budistas, como Nāgārjuna–, renuncia a la idea de sustancia y abraza la vía media, en la que cada sujeto, ente o concepto, sin reducirse a la pura nada, está inextricable y causalmente enlazado con otro u otros, sin por ello perder sus atributos; los cuales no son, una vez más, independientes, eternos o absolutos.

III. CRÍTICA CUÁDRUPLE A LA CAUSALIDAD CLÁSICA

Sin entrar todavía de lleno en la discusión sobre la originación dependiente, que es la solución aportada por el Buddha al problema de la comprensión de lo que (nos) sucede, es imprescindible entender que preguntarse por el origen de las cosas (y contestar, obviamente) es equivalente a proponer una teoría de la causalidad.

El Buddha tuvo que enfrentarse a diversas teorías causales predominantes en su tiempo, que pueden resumirse en cuatro esenciales y que se corresponden con estrictas categorías lógicas. O bien explicamos la manifestación mediante 1) alguna suerte de autocausación, habitualmente referida a un principio yoico absoluto (*Ātman*); o bien mediante 2) una causación externa como el tiempo (*kāla*), Dios (*īśvarakṛtaka*), la naturaleza inherente o substancia (*svabhāva*), la acción o comportamiento (*karma*) o el destino (*niyati*); o bien mediante 3) ambos, una causación autogenerada y externa, por ejemplo la respuesta jainista; o bien, finalmente, 4) como algo ni autogenerado ni de procedencia externa, una teoría por tanto indeterminista, de la causalidad fortuita (*adhiccasamuppanna*) o del azar, que niega de hecho cualquier forma de causalidad.[18] Estas cuatro perspectivas acerca de la causalidad serán duramente criticadas por el Buddha y por muchos de sus sucesores, y su crítica será una de las armas principales del *madhyamikā* (medialismo) de Nāgārjuna (siglo II d. C.), más tarde retomada como motivo principal por Dignāga (siglo V-VI d. C.), el campeón de la lógica formal budista.

Aunque la aplicación de una crítica rigurosa a estas cuatro formas principales de teorización causal (en griego *tetralemma*; en sánscrito *catuṣkoṭi*), cuando ejecutadas en un conciso tratado filosófico (y estoy pensando especialmente en la *MMK* de Nāgārjuna) pueden dar lugar a un cierto aturdimiento que más tarde algunos interpretarán como signo de que lo que aquí se propone es una vía mística que ha tenido que destruir previamente todo lo mental o lo mundanal, el propósito no es otro, sin embargo, que, una vez desmentidas las otras teorías, avanzar la teoría propia en sentido estricto, es decir, racional. A saber, que mientras estas cuatro versiones de la causalidad dan por hecho que puede conocerse –positiva o negativamente– el origen último de la realidad, siendo en este sentido teorías metafísicas, el budismo no cae en, o no se limita a, ninguna de estas cuatro esquinas lógicas porque para empezar no considera que el Origen pueda ser conocido. El Buddha formuló, no obstante, una teoría completa capaz de explicar el origen (y el cese) de lo que sucede en la realidad del mundo (subjetivo u objetivo). La originación dependiente, que sería precisamente esta teoría, puede, por tanto, explicar las condiciones presentes del mundo sin recursos metafísicos a un Ser anterior y fundamental, un Vacío o No-Ser igualmente fundamental, una combinación dudosa de ambos, y por supuesto sin caer tampoco en el nihilismo de pretender que nada puede conocerse.

Si perdemos de vista esta idea-guía, la lógica budista se nos antojará como un desierto. O, peor aún, una *reductio ad absurdum* de estas cuatro formas teóricas de causación se verá, como le sucede a Chandrakīrti (s. VII d. C.), alegado sucesor de Nāgārjuna por la tradición *mahāyāna* del budismo, como un modo de expresar que el budismo no adelanta idea ninguna acerca de la realidad (y por tanto de la causalidad). No resulta extraño, pues, que del *madhyamikā* chandrakīrtiano conocido como *prāsaṅga*, por oposición al *svātantra* de Bhāvaviveka (s. VI d. C.), el grueso de la ortodoxia budista abrazase un patente absolutismo filosófico, pues el paso desde una supuesta ausencia de posición o visión filosófica al "vacío místico" –cómo no después rellenado con suculentos platos del idealismo– es tan natural como fácil de realizar. Del *prāsaṅga* de Chandrakīrti a la adopción del *yogācāra* (que es el idealismo subjetivo absoluto por antonomasia, indistinguible del upanishádico) como culminación del sistema budista apenas media un ápice, y eso que Chandrakīrti todavía se vio obligado a criticarlo.

Así, pues, la alternativa explicativa que ofreció el Buddha puede realizar una crítica de las cuatro opciones metafísicas y lógicas tradicionales, incrustadas dentro de un discurso que da por hecho que *sí* puede conocerse el origen del mundo, pretensión que para el Buddha es infundada tanto racional como empíricamente. La discusión de estas cuatro opciones aparece en no pocos *sutta* tempranos; a veces, como en el *Sutta Brahmajāla* (*Nikāya Dīgha*, 1),[19] de modo sistemático, y muchas otras como motivos de conversación con distintos personajes y en contextos muy diversos, seguramente históricos, que no siempre tienen que ver explícitamente con el origen del mundo. En efecto, la lógica llamada de "las cuatro esquinas" es aplicada a toda suerte de temas metafísicos, como el de si el alma sobrevive a la muerte, si el mundo es o no eterno, si es o no finito, y sobre la relación entre el alma y el cuerpo.[20] Dada su aplicabilidad general como palanca anti-metafísica, Nāgārjuna dedicará el primer capítulo de su *Mūlamadhyamikākarikā* a tratar sistemáticamente el *tetralemma*. Tal palanca aspiraría a destruir proposiciones metafísicas sobre las que, en realidad y bien examinadas, no existe certeza alguna, y que además son una pérdida de tiempo en lo que a lo espiritual, lo ético o lo científico se refiere. A pesar de la tendencia nihilista del *prāsaṅga* chandrakīrtiano, en estos dominios sí pueden establecerse verdades con una mínima certeza, y resulta incuestionable que el Buddha dedicó nada menos que cincuenta años de su existencia a predicarlas.

Por ello, a pesar del excepcional tratamiento de la lógica cuádruple que realiza Raimon Panikkar en *El silencio del Buddha: una introducción al ateísmo religioso* (en un capítulo llamado «Avyākṛtavastūni», págs. 135 y ss.), no podemos estar de acuerdo con su idea de que «el rechazo de los cuatro tipos de proposiciones comporta la superación de la ontología» (págs. 139-140), aunque simpatizamos con la idea de que este rechazo «no supone su negación o su destrucción», significando entonces «la liberación de la ontolotría» (pág. 140). Claro que depende de lo que entendamos por superación; en el caso de Panikkar existen fundadas sospechas de que la superación de la que habla es de tipo místico, pudiendo así reconectar con el absolutismo filosófico que el budismo había venido a superar.[21]

La doctrina de la originación dependiente es una teoría de la realidad (y por tanto ontológica) que no apela causalmente a sustratos metafísicos como el Ser o el No-Ser absolutos, o a una combinación o negación de ambos, para la explicación del todo y/o de las partes, y, por ello, permite un análisis más preciso, más científico y menos ideológico de lo dado. Pues, al fin y al cabo, como dice brillantemente el matrimonio Kalupahana en su biografía de Gautama, «the Buddha is not freed of views, but he is freed from views».[22] En otras palabras, el Buddha ciertamente tiene visiones de la realidad (ontología, si se quiere), pero no está apegado a ellas; siendo el apego la forma psicológica correspondiente al sustancialismo o dogmatismo filosófico. Las cuatro doctrinas metafísicas tradicionales tienen una razón de ser, si bien la pierden en el momento en que se hacen exclusivas y únicas (absolutas, sustanciales), negando la viabilidad de las demás. La teoría de la originación dependiente sería, entonces, la única manera de salvaguardar lo que cada una de estas cuatro tendencias tiene de verdadero, aunque no se sujeta a ninguna en exclusiva.

Lo que está fuera de duda, de nuevo en contra de Chandrakīrti, es que el Buddha tuvo visiones de la realidad y las estableció de modo determinante. En la *Nikāya Aṅguttara* 2.46, el Buddha indica que hay cuatro tipo de posibles respuestas a preguntas: 1) aquellas que pueden responderse categóricamente; 2) aquellas que pueden responderse tras un análisis de la pregunta; 3) aquellas que pueden responderse después de realizar contra-preguntas, y, por último, 4) aquellas que hay que dejar sin respuesta. Las tres primeras clases de respuestas implican *ipso facto* tener una visión de la realidad determinada, de la que parte la respuesta. El silencio aquí no cabe ni procede, como sería el caso de una aplicación omnímoda de una *reductio ad absurdum* de *todo* aserto, y no solo de aquellos con contenido metafísico. En el capítulo 6 examinaremos con más detalle el asunto del escepticismo y del nihilismo, y veremos el *prāsaṅga* de Chandrakīrti en plena acción.

Una discusión detallada de las cuatro formas de teorización sobre la causalidad en la filosofía tradicional india puede encontrarse en los dos primeros capítulos de *Causality: The Central Philosophy of Buddhism* ("Causalidad: la Filosofía central del Budismo") de David Kalupahana, así como el trabajo *Early Buddhist Theory of Knowledge* ("Teoría del Conocimiento en el Budismo Temprano") de su maestro K.N. Jayatilleke. Aquí nos hemos limitado a realizar un breve apunte sobre cada extremo con sus referentes históricos concretos, precisamente a los que se enfrentaba, y criticó, Gautama el Buddha. No puede olvidarse, en todo caso, que tales referentes fueron cambiando con el tiempo, de tal modo que cuando Nāgārjuna, por ejemplo, compuso sus *MMK*, los enemigos dialécticos que tendrá más presentes son las escuelas budistas *sautrāntika* y *sarvāstivāda*, que ya habían introducido una teoría sustancialista de los elementos y los momentos ajenos a la vía media y su corolario, la originación dependiente.

3. EL CONCEPTO DE LA ORIGINACIÓN DEPENDIENTE

«Ninguna cosa nace de la nada. No puede hacerlo la divina esencia, aunque reprime a todos los mortales el miedo de manera tal que se inclinan a creer producidas por los dioses muchas cosas del cielo y de la tierra, por no llegar a comprender sus causas. Por lo que cuando hubiéremos probado que de la nada nada puede hacerse, entonces quedaremos convencidos del origen que tiene cada cosa; y, sin la ayuda de los inmortales, de qué modo los seres son formados.»
LUCRECIO, *De la naturaleza de la cosas* (Libro I, 211-223)

«La naturaleza de las cosas no es sino su crecimiento en cierto tiempo y con ciertas condiciones, las cuales siempre que son tales, así, y no otras, nacen las cosas.»
GIAMBATTISTA VICO, *Ciencia nueva* (Libro I, II, XIV)

I. MITO, RAZÓN Y MUNDO SIMBÓLICO

a. Mito y símbolo en la tradición occidental

El culto y las religiones en tanto socialmente establecidas necesitan de mitos fundadores. En virtud de una sola imagen simbólica, miríadas de deseos y aspiraciones, verdades nuevas y pasadas, enseñanzas morales y otras intuiciones del mundo espiritual se reúnen del modo más eficaz, a pesar de que, a su vez, esta rebose problemas hermenéuticos. Se trata de una proeza de la conciencia labrada tras largos siglos de contacto con sus fuentes más profundas. Para nosotros, sus herederos, el poder del símbolo es incontestable incluso en nuestro mundo cuestionador de toda certeza, tradición o fijación mental. Los que niegan el poder atractivo del símbolo, magnetizador de toda una historia espiritual, son a menudo los primeros en verse atraídos por él, solo que, por inconsciente, de un modo peligrosamente dogmático: tras un afán de racionalización suele ocultarse un gran prejuicio, aún ignorante del origen del que parte su propia búsqueda.

El símbolo, como se han apresurado a demostrar tantos autores del pasado siglo (desde C.G. Jung hasta Ernst Cassirer, pasando por Paul Ricoeur y Mircea Elíade, entre tantísimos otros), es un elemento determinante que conforma y aglutina la tradición en cuanto vía viva de transmisión ética y espiritual. Ninguna tradición cultural, y menos una religiosa, vive sin símbolos. Con todo, el descubrimiento de una verdad en cuanto tal no es simbólico. El símbolo es el modo religioso y poético por antonomasia en que esa verdad es expresada. Llega, por tanto, después, y opera allí donde pervive un modo de entendimiento que hunde sus raíces en el mundo mítico (aunque no es idéntico a él), e incluso más allá.

Nuestro tema está lejos de ser la cuestión del simbolismo, pero es preciso que nos detengamos en él durante un momento porque no hay lugar donde cunda más la confusión que este, allí donde se cruzan materias religiosas y filosóficas, o, por decirlo de otro modo, simbolismo y razón. Una de las mayores dificultades con que topamos consiste en el hecho de que nuestra propia tradición cultural –"la occidental"– proviene de una composición no siempre bien avenida entre la tradición helénica y la hebrea. La tradición helénica –y también la india, como veremos– creció desde el mito hasta la razón natural con combinaciones desiguales, interpoladas aquí y allí, de filosofía metafísica. La tradición hebrea es, en cambio, simbólica de principio a fin, y ni las categorías filosóficas de "razón" o de "metafísica" le corresponden propiamente.[23] El cruce entre ambos mundos (el «Dios de Abraham, Isaac y Jacob, y el Dios de los filósofos e instruidos», Pascal) ha dado lugar, y sigue dando lugar, a híbridos de discursos no siempre compatibles entre sí.

La razón natural que surgió paulatinamente de las marismas del mundo mítico griego no puede comprender del todo, por sus propios medios, la simbología y en general el mundo espiritual hebreo que heredó el cristianismo. Los intentos de racionalización en este sentido, algunos de ellos prodigiosos (por ejemplo, Tomás de Aquino), dejan siempre la impresión de que algo esencial del mundo simbólico hebreo (y por tanto cristiano) está quedando fuera. Por otra parte, ni que decir tiene que sustituir una aplicación literal, y por tanto ilegítima, del orden simbólico por descubrimientos que pertenecen al terreno de la razón natural es también desastroso (fundamentalismo). Aunque ambos mundos estaban destinados a encontrarse, y una conexión entre la simbología del mundo hebreo y la razón natural helénica (e india, en otra medida y con coordenadas diferentes) era inevitable, lo cierto es que el problema de su incompatibilidad permanece. Una reducción del uno al otro no procede.

Es necesario recordar que este es *nuestro* problema a la hora de examinar la historia mítica y del pensamiento de otras culturas. En la India, el proceso puede entenderse como uno similar, aunque no idéntico, al griego hasta su encuentro con el cristianismo. A grandes rasgos, allí también puede observarse una emergencia de la razón a partir del mundo mítico provisto por los *Veda* y por la tradición dravídica previa a la invasión aria. En el presente capítulo, mi intención es demostrar que, del mismo modo que en el mundo helénico esta razón se manifiesta en filósofos de muchos nombres (desde Tales hasta Lucrecio, pongamos por caso), en el pensamiento indio se comienzan a producir casi simultáneamente (siglos VIII-V a. C.) cada vez más explicaciones racionalizantes (metafísicas), y no ya míticas, que culminan en la doctrina de Gautama el Buddha, en esencia racional. Entenderemos, pues, su teoría de la originación dependiente como la consumación de este proceso encaminado hacia una explicación natural y racional del mundo.

Lo que resulta indispensable es no confundir un *regreso* a formas explicativas mitificantes y metafísicas con esa suerte de incompatibilidad, a la que nos referíamos antes, entre la razón natural y el orden simbólico. Son fáciles de confundir porque ambas tienen el mismo origen: el mundo mítico. En él, mundo natural y simbolización coexistían sin apenas diferenciarse. Pero, tras siglos de discernimiento, tornan en cosas muy diferentes, y confundirlas equivale a pretender que la sabiduría óptima puede o debe hallarse mediante una regresión de este tipo mitificador en lugar de mediante un decidido progreso hacia lo racional-natural, si es que esa es la tendencia general de la tradición cultural concreta que estudiamos (la griega y la india; no tanto la hebrea, y no, pues, tampoco en buena medida el cristianismo). Quiero dejar claro, por tanto, que cuando hablo de *regresión mítica* lo hago considerando, como hizo Vico, la tradición hebrea como una excepción. En este último caso, la comprensión de todo lo humano exige lo simbólico (que, repetimos, no es exactamente lo mismo que lo mítico),[24] y en ese sentido la idea de regresión mítica desde lo racional carece de sentido. Ello no significa que aquí todo desarrollo o evolución esté obstruido por definición: una conclusión que se derivaría de haber confundido los discursos natural y simbólico. En los mundos culturales griego e indio, en cambio, las síntesis simbólicas propias del mito pueden dejarse a un lado –hasta cierto punto pero en gran medida– para ir descubriendo caminos más racionales, más sintéticos y conceptuales, de comprensión.

Dado que el sujeto occidental espiritualmente inquieto, lo sepa conscientemente o no, ha nacido en esta aguda confrontación entre un mundo simbólico irreductible en último término a la razón y una razón natural que avanza a pesar del poder redentor del mundo simbólico, es de suma importancia recordar que este no es un problema de las filosofías india y oriental, y que, en este último caso, debe hablarse propiamente de *regresión* cuando, desde posiciones conquistadas de racionalidad (examen concreto, y no metafísico, de causas), la mente se gira hacia el mundo fantástico del mito. El mito permanece –mal que les pese a los racionalistas– el fundamento de la razón, y el poeta y el artista retornará a ellos como fuente de inspiración para creaciones sucesivas. Pero, estrictamente hablando, cuando se habla de una creación genuina, se trata de un regreso que vuelve a ascender, a través de la razón –ya ineludible–, a lo Nuevo.

b. Mito, metafísica y razón en la tradición india

Es cierto que buena parte de la más elevada espiritualidad india se recoge en el círculo de un esoterismo que no es racional y que tampoco es mítico. Efectivamente, este estadio intermedio (metafísico), a nuestro modo ver representado por el *vedānta*, no alcanza el tipo de claridad conceptual, desasimiento de amparos metafísicos y libertad efectiva, alcanzado por la doctrina budista de la originación dependiente. Pero la originación dependiente, aun siendo una concepción del mundo racional-natural, y ya no metafísica, tampoco pudo escapar del todo a la suerte de su tiempo y su espacio, fundamentalmente míticos. Es decir, no existen tipos puros.

Tanto en la India como en Grecia observamos el mismo proceso de desprendimiento de la costra mítica para alumbrar de un modo nuevo la experiencia del mundo. Un proceso largo y costoso, y de ninguna manera completo: ni entonces ni hoy. En Grecia, el incipiente interés por las matemáticas –desde Pitágoras separadas de su función empresarial y de ingeniería, como había sido en Egipto y las culturas mesopotámicas– y la audacia del preguntar presocrático prefiguraron un modo de pensar e investigar que llamamos racional porque, antes que lo brindado por la tradición y la fantasía, predomina una inquisición crítica y conceptual, cara a cara con la experiencia. En la India, tanto las escuelas materialistas como la especulación metafísica de la tradición védica tardía (*Upaniṣad*), junto con la práctica del *yogā*, abrieron un mundo nuevo de investigación separado del ritual, la magia y el mito. Y en este singular proceso de fertilización de la razón allende la tradición y el mito, la concepción de la causalidad búdica merece un lugar de honor.

No obstante, como fue el caso con las especulaciones físicas de los presocráticos o las metafísicas de los autores de las *Upaniṣad*, todo lo desvelado y operado previamente sigue jugando un papel primordial, y de modos que a menudo pasan desapercibidos a los creadores de nuevos entendimientos, pues forman parte de un trasfondo que nunca podremos iluminar del todo. Es inevitable, pues, que un momento de descubrimiento racional, indudablemente novedoso, genuino, profundo y de tremendas consecuencias para una evaluación más correcta de nosotros mismos y del mundo, como es la causalidad budista, sea con el tiempo recubierto de leyenda. Tanto más si el mensaje se extiende hacia millares de personas, incapaces de levantarse aún al dominio de la razón y necesitados de figuras míticas para otorgar sentidos. Afirmar que las ampulosas leyendas sobre la iluminación búdica no aportan nada al descubrimiento de la originación dependiente en cuanto tal no implica estrechar la dimensión que verdaderamente le pertenece. Al revés, mediante la dispersión de las brumas míticas que rodean el descubrimiento original, lo levantan a un pedestal que merece veneración, no ya de tipo ritual o supersticioso, sino ese que todo buscador de la verdad genera espontáneamente dentro de sí cuando se topa con algo que merece su consideración. Las leyendas se elaboran para facilitar el recuerdo, para que el *homo religiosus* pueda realizar su periódico ritual, y tal vez para consuelo de esa parte más emocional nuestra, amiga de estupendas exageraciones, héroes y realizaciones espectaculares. Pero no hemos de pasar por alto que, en este caso, todo ello tiende a ocultar la esencia del descubrimiento, que fue eminentemente racional, y divierte la atención hacia fabulaciones que llenan en cierto modo el corazón ansioso y turbulento, pero no necesariamente sacian el deseo de verdad que ansía su ser más profundo.

La originación dependiente, pues, se desprende del sentimiento y concepción míticos del mundo para abrazar un fundamento racional, crítico y susceptible de experimentación. Pero ni sus sucesores e intérpretes, ni tan siquiera su propio autor, se ven del todo libres de la condimentación típicamente mítica de este nuevo guiso. Lo que hoy, en un mundo más anclado en lo racional, no deja de ser un descubrimiento genial (pongamos, por ejemplo, la teoría de la relatividad), en el mundo antiguo no podría haber sido sino insuflado de leyenda. Y todo es una cuestión de énfasis, pues ciertamente Einstein es y será admirado como uno de los grandes sabios del pasado siglo.

Resulta esencial que distingamos, pues, entre el descubrimiento como tal, en su dimensión universal teórica y práctica, y el ambiente que lo rodeaba. Dos ejemplos históricamente muy próximos del mundo griego ilustrarán el grado en que la pertenencia a un mundo mítico decide el acento que se pone a los descubrimientos. La figura de Pitágoras, por un lado, como la de tantos otros sabios de la antigüedad, se hunde en el olvido, y simultáneamente, para compensar, se yergue en lo legendario.[25] Por lo que sabemos, este hombre debió de ser genial, pero sabemos poco, y lo poco que sabemos está envuelto en brumas mistificantes, algunas de las cuales son por supuesto increíbles, añadidas más tarde para magnificarlo. Tan solo algo más de un siglo después estamos ya frente a un trasfondo completamente diferente. Entre medias ha acontecido algo milagroso, que la humanidad entera no dejará de admirar: la época clásica griega, tanto en las artes, las ciencias y la política como en la filosofía. Sin perder el hilo de la tradición, este pueblo mediterráneo ascendió a un lugar de comprensión que funda un nuevo mundo, más claramente nuestro mundo (racional). Sócrates ya vivió plenamente dentro de este mundo racional, y con él toda una serie de pensadores que hicieron descubrimientos asombrosos en lo científico, lo político y lo moral. Lo que se recuerda de ellos, ahora anotado con mayor exactitud, no tiene ya un tinte legendario sino racional.

El despertar de Gautama Siddhārta bajo la higuera índica, sucediese o no realmente –y no hay razón para dudar de que así fue–, se ve relativamente pronto rodeado de la niebla de un mito fundador. Su despertar es ante todo un descubrimiento que, sin anacronismos, podemos calificar de científico. Pero las brumas de la leyenda que necesita el espíritu religioso para preservarse acaban por poner más acento en lo mágico y mítico de una iluminación, ahora considerada ya casi sobrenatural y única, que en el descubrimiento en sí, cuyo autor compartió racionalmente y sin dificultades con sus contemporáneos con excelentes resultados: se afirma en los *sutta* que varios cientos[26] de *bikkhus* (monjes) alcanzaron una comprensión de la materia semejante a la del propio Gautama. Con el tiempo, como tendremos oportunidad de estudiar, en ciertos cuarteles la exageración de su iluminación crece desproporcionadamente, impulsada al principio por la portentosa imaginación india y después por las correspondientes formas mitificantes de los pueblos donde fue arraigando. Y podría decirse que aún hoy el budismo, incluido el occidental, permanece, por así decir, a caballo entre estos dos mundos, mítico y racional.

Tomada históricamente, la historia de la iluminación del Buddha es emocionante no solo por lo singular y permanente del descubrimiento de una causalidad no atada a dogmatismos o metafísicas de ninguna clase, sino precisamente porque emerge de un mundo que apenas lo atisbaba. Debemos desmigajar, de una vez por todas, la falacia de que lo decisivo de aquel momento es la cualidad inefable de una experiencia mística descomunal, la cual debemos resignarnos a no comprender verdaderamente jamás, o, en el mejor de los casos, en la que aplicar una regla de la experimentación limítrofe con la noexperimentación (caso típico: el *zen sōtō*), y por tanto arbitraria. Esto no es lo que su propio autor explicó de su iluminación, ni tampoco lo que quiso de sus receptores, si bien no pudo ocultar –ni existe razón para que lo hiciese– lo dificultoso de su parto, que sin duda narró una y otra vez a petición de sus discípulos.

Tampoco cabe menospreciar la dificultad de comprender la nueva doctrina, pero el misticismo hace un flaco favor a su justa comprensión cuando la devuelve a un medio mítico de entendimiento, en donde reina la ambigüedad propia del símbolo y falta la tensión dialéctica del pensamiento. La historia del despertar búdico es digna de ser recordada porque en ella se concibe una manera inteligente de entender el mundo allende las exageraciones de la disposición mítica precedente, y situándose asimismo más allá de los excesos metafísicos ya desarrollados entonces. Y aunque el desarrollo histórico del uso de la razón, sobre todo en el Occidente moderno, nos haya acostumbrado hasta cierto punto a su mundo, sigue resultando instructivo tantear sus orígenes porque en ellos descubrimos cuán difícil es su permanente constatación.

Para zafarme de la probable acusación de que racionalizo con esta aproximación al descubrimiento original budista, o de que se trata de una *metabasis eis allos genos*, señalaré que la depuración del mito a la que me refiero no es en nada distinta a la que realiza cualquier expositor contemporáneo (sobre todo en Occidente) de las enseñanzas espirituales budistas. Los conceptos de *anicca* (impermanencia) y *anatta* (no-yo, no-sustancia), que todo maestro budista está obligado a presentar a sus audiencias, son filosóficos y racionales de cabo a rabo (o, por lo menos, no es disparatado presentarlos así). Pero tienen que ser traducidos, primero haciéndolos comprensibles a nuestro mundo actual y después comprobando en la práctica su validez y efectividad, lo cual genera un cuerpo de ideas o discursos a su vez cada vez más tendentes a la precisión y cada vez más cargados de racionalidad.

Toda idea universal es obligatoriamente reinterpretada en cada época bajo su propia perspectiva, la cual cubre o aspira a cubrir necesidades históricas diferentes. Uno de los propósitos de nuestro trabajo sería, pues, hacer comprensible la originación dependiente en nuestra era; esto es, donde la ciencia (objetividad) y la idea de que todo conocimiento es construido históricamente mediante procesos dialécticos de cruce de significados (intersubjetividad) son requisitos *sine qua non*, pueden producirse saberes válidos. Es la consecuencia del abandono de la subjetividad como paradigma único, sin que ello signifique que los elementos subjetivos en cuanto tales queden desechados. Pero nuestra era exige que la aplicación de una teoría general como la de la originación dependiente no sea exclusivamente subjetiva, y por tanto que los saberes que genere contengan porciones sustanciosas de objetividad y cohesión crítica intersubjetiva.

Un examen de la historia budista completa nos enseña que su concepto original de la causalidad se desvanece en aras de conglomerados de ideas histórica y ontológicamente anteriores –típicos sobre todo del paradigma de la conciencia– antes que constituir un desarrollo de su potencial. La confusión que reina a este respecto es casi total. Salvo poquísimas excepciones, los historiadores budistas se acoplan a una tradición sumamente arraigada que considera al Buddha histórico como aquel que dio tan solo "el primer giro de la Rueda del Dharma", al cual todavía le seguirían dos giros más de mayor significación y profundidad (el del *mahāyāna* y del *vajrayāna*). Pero la profundidad a que se refieren, mirada objetivamente, no es a menudo más que la del pozo mítico del cual el Buddha histórico quiso sacar a sus contemporáneos y a las generaciones inmediatas por venir.

Un ejemplo típico es el trabajo de David Snellgrove. Este renombrado autor, que sentó las bases históricas del budismo tibetano con un rigor sin parangón y uno de los mayores expertos del mundo en el *vajrayāna* (literalmente "vehículo diamantino", en teoría superior al *hīnayāna* y al *mahāyāna*), despacha la cuestión de la evolución histórica de la doctrina budista en estas tres fases con asombrosa sencillez. Fijándose exclusivamente en los elementos míticos de los *sutta* tempranos, Snellgrove puede establecer un hilo de continuidad de un mito a otro, pasando por alto el realismo filosófico de la originación dependiente y su potencial racional. Se trata de un fácil y cómodo ascenso hacia el *vajrayāna –mahāyāna* mediante– a través de un examen no filosófico de los *sutta*, en el que no solo se exagera lo mítico, sino que se configura como lo primordial. Dado que el *vajrayāna*, como veremos, es más imaginativo que filosófico, más exagerado que realista y más mítico que racional, esta propuesta, sin analizar el potencial racional y realista de los *sutta*, y en concreto de la originación dependiente, resulta muy conveniente. Desenmascararemos el malentendido a su debido tiempo.

Por desgracia el caso de Snellgrove no es aislado; es la tónica general. Los grandes estudiosos del budismo del pasado siglo, casi sin excepción, avalan de un modo u otro la misma tesis: R.T.V. Murti, D.T. Suzuki, Edward Conze, Herbert Guenther, Gadgin M. Nagao, Fernando Tola y Carmen Dragonetti, Jeffrey Hopkins, Robert Thurman... por no hablar, naturalmente, de maestros budistas no occidentales anclados en alguna tradición concreta del *mahāyāna* o del *vajrayāna*. La lista es interminable. En casi todos los casos falta una lectura atenta de los *sutta*, los cuales fueron despreciados (sorprendentemente, deberíamos añadir) por el grueso de los estudiantes budistas desde antes incluso de la entrada del *mahāyāna*.[27]

No obstante, tampoco queremos desestimar el hecho de que los *sutta* contienen numerosos elementos míticos. Una cosa es afirmar, como hacemos rotundamente, que el espíritu del Buddha histórico era antimetafísico, realista y científico (cosa que no puede decirse ni remotamente de la mayor parte de los *sūtra* del *mahāyāna*, algo evidente por sí mismo a partir del momento en que allí el Buddha no es una persona, sino una simple manifestación corporal de un "principio búdico" absoluto), y otra pretender encontrar en los discursos tempranos o en los tratados del *abhidhamma* una teoría acabada y limada de todo aspecto mistificante.

Aunque hay numerosos ejemplos dispersos de mistificación en los discursos tempranos, el más relevante es quizá la reencarnación, cuyas consecuencias trataremos sobre todo en el capítulo 10, aunque también en el presente capítulo. Como venimos diciendo, la originación dependiente solo puede comprenderse como un desarrollo que parte de coordenadas filosóficas tradicionales. La reencarnación estaba muy arraigada en el pensamiento y religiosidad indios desde tiempos dravídicos, es decir, pre-védicos, y fue compartida no solo por los *ājīvikas* y jainistas, sino que, junto con la idea del alma inmortal, que es también pre-védica, pasó a formar parte de las *Upaniṣad*.[28] Esto explica que la descripción más habitual de la originación dependiente (llamada la "cadena causal duodécupla") tome como marco de referencia la reencarnación, que era, por decirlo así, un metamarco, algo que se daba por hecho. Pero que la reencarnación se diese por sentada como la figura metafórica por antonomasia de la realidad y que expresase a menudo el sentido que se otorgaba a la libertad no significa que la originación dependiente necesite de la reencarnación para ser comprendida. En cuanto teoría científica, la causalidad budista puede desprenderse de este contexto para aplicarse a otros, sin que queramos ignorar, al estudiar los textos donde se describe por primera vez, cómo vino a conformarse.

Cuando el Buddha habla de la libertad como una consecución en la que «ya no se darán más renacimientos», debemos trasladarnos, para comprender su significación, a un contexto general en que el ser mismo se entiende como una generación cíclica de vida que retorna sin cesar. La libertad es, pues, sobreentendida como liberación de ese ciclo interminable y del apego a este. En el *Sutta Ariyapariyesanā*, que citaremos en el próximo apartado, uno de los testimonios más antiguos que poseemos del despetar de Gautama, este declara tras su realización: «Mi libertad es inamovible; este será mi último nacimiento; ya no hay más renuevo del ser».[29] La explicación de este aserto, que a primera vista parece sobrecargado de mitologemas (inmovilidad, renacimiento), es relativamente sencilla: dado que el Buddha se ha deslindado del apego y de la aversión, el deseo de encarnarse nuevamente en, o de pertenecer exclusivamente a, alguna otra forma vital se ha asimismo esfumado. En otras palabras –que serán utilizadas por el mismo Buddha–, ya «no padece una inclinación ni hacia el ser ni hacia el no-ser». El proceso vital (*samsāra*) se seguirá dando con todas sus consecuencias, pero la propensión a aferrarse positiva o negativamente a algunos de sus aspectos (odio, deseo e ignorancia) o momentos (la enfermedad, la vejez y la muerte) desaparece. Esta es la libertad (*nirvāṇa*). No hace falta estar encuadrados dentro de la peculiar psicología del renacimiento para comprender que lo esencial de la libertad aquí es el desapego, vía media entre el aferramiento y la aversión. Es también fundamental comprender correctamente el sentido del "ser" y "no-ser" mencionados si no queremos hacer traducciones ilícitas de tipo metafísico, aquí inexistentes, como si estas denominaciones fuesen idénticas al ser y la nada, pongamos, de la Lógica hegeliana. Pero sobre todo es preciso darse cuenta de que es posible traducir el sentido de la libertad budista sin aceptar necesariamente el trasfondo bajo el que fue concebido, a saber, la reencarnación.

En todo caso, nos interesa delinear el contraste que existe entre una concepción mítica de la Iluminación, que es heroica, subjetiva, rozante en lo mágico y maravilloso, ambigua, apta para las más diversas interpretaciones, inspiradora y más bien emocional, y una concepción racional y analítica que se queda ante todo con su núcleo conceptual. Aunque el ser humano siempre poseerá necesidades de rellenar las estructuras mágicas y míticas de su conciencia (y ello de modos distintos de acuerdo con el trasfondo cultural, histórico, social y sexual de sus intérpretes), el budismo no tiene ni la más mínima posibilidad de sobrevivir en el futuro si no cumple con las condiciones impuestas por la modernidad y la postmodernidad, que pasan por la razón. Si la supervivencia es una meta del budismo, la originación dependiente ha de ser reconocida como un modelo de comprensión científicamente sólido, y ha de poder salir del paradigma de la conciencia y la subjetividad sin dañar su propio núcleo. Ello significa que lo racional, y la correspondiente inclusión de una teoría cabal de la causalidad en el resto de las esferas de valor (objetiva, intersubjetiva e interobjetiva), es lo más decisivo. Lo fue entonces como lo vuelve a ser hoy por razones no enteramente dispares, pues el budismo como un todo, que volvió a deslizarse por senderos míticos, se ve ahora retado por la racionalidad moderna occidental y le llama a encontrar de nuevo su núcleo, que fue racional.

c. Progresiones y regresiones

Es preciso constatar, pues, no solo lo que la doctrina budista pueda tener de universal, sino también las razones por las que el budismo encuentra hoy en Occidente una tierra tan fértil donde establecerse, cosa que no puede decirse ni de las religiones local-animistas de Oriente, ni tampoco del taoísmo o el jainismo. El *vedānta*, por su parte, ofrece una dosis a partes iguales de razón y emocionalismo, con el aderezo de cierta dificultad intelectual y de una sumisión personal al maestro (*guru*) que algunos encuentran estimulante. El budismo, sin ser impoluto, tiende menos a la superstición, y es, en su corazón, menos fantástico, más pragmático y menos jerárquico. Aquí se evidencia que, a pesar de desarrollos budistas posteriores que retornaron al caldo imaginativo indio o que descubrieron en la irracionalidad de la Iluminación una fuente extraordinaria de legitimación, la intención original del Buddha no puede desecharse nunca del todo. De entre las religiones orientales, el budismo es la que posee más potencial de racionalidad, y de ahí su particular atractivo en el Occidente moderno. Y, en Occidente, dada la pérdida gradual de identidad religiosa con la tradición judeo-cristiana, el surgimiento de formas racionales y no míticas de espiritualidad entronca bien con ese corazón racional budista que, si bien fue sepultado por las constelaciones **PII**, **PIII** y **PIV**, no puede ser ignorado, y sigue floreciendo en muchos rincones.

El uso evidente de la estructura “mental-racional” (Gebser/Wilber) por parte de los redactores de las *Upaniṣad*, por no hablar de los numerosísimos autores de tratados vedánticos hasta y después de Śaṅkara, no altera su relación de dependencia umbilical con la estructura mítica. Es decir, aquí se trata más bien de una justificación racionalista del mundo mítico. La originación dependiente, por su parte, constituye ante todo una ruptura con el centralismo típico del mito para abrazar la diversidad y la especificidad de la experiencia, haciéndose, a la vez, por eso mismo, más robusto en el dominio conceptual. Esto se manifiesta, como hemos visto en el capítulo anterior, en el enfoque de las correspondientes teorías causales. En el primer caso, auto-causación, todo termina en el Yo (idéntico a lo Divino, o viceversa). En el segundo, variedad virtualmente infinita –concatenada distintamente, en *symploké* (como diría Gustavo Bueno, siguiendo cierto fragmento de *El sofista* de Platón)– de causas, e ignorancia fundamental sobre lo último.

Hasta qué punto otra religión oriental como el taoísmo, cuya concepción se desplegó a lo largo y ancho de un imperio –no siendo por tanto un culto regional como las religiones mágicas orientales (bon, shinto, etcétera)–, es capaz de desarrollarse hasta lo racional sería cosa de un estudio independiente. Resulta llamativo, en todo caso, que el budismo logra superponerse tanto en las religiones locales como en las imperiales. Es decir, sin renunciar a la vitalidad religiosa de las estructuras mágicas y míticas de cada localidad o nación, el budismo ofrece una perspectiva superior que no es incompatible con ellas: simplemente se sobre-pone. Esto es lo que sucede a la razón con respecto al mito, y al mito con respecto a la estructura mágica.

Jean Gebser –y con él después Ken Wilber–[30] habló de la emergencia de una estructura capaz de incorporar todos los estadios previos, incluido el racional, que denominó *integral*. Esta estructura podría comprender el proceso completo de desarrollo de las estructuras previas (arcaica, mágica, mítica, racional) sin caer en las limitaciones de cada cual y dando a cada una el espacio y la dimensión que les corresponde. No sería, por supuesto, la perspectiva definitiva, pues toda interpretación responde a las necesidades históricas concretas, que se verán superadas por lo venidero. Lo integral, no obstante, logra recuperar todas las perspectivas pasadas hasta el *arjé* de la materia que trata, y, en este sentido, puede decirse que es la más completa hasta la fecha. Dado que el Buddha no fue un racionalista típico, ni mucho menos un mitómano o un metafísico, y expresó tanto en actos como en teorías una capacidad asombrosa de integración, podría afirmarse que, cuando menos, esta, la integral, era su posición de partida.

La originación dependiente es una concepción de la causalidad –ya de por sí un modo tendente a lo racional de comprender el mundo– que pertenece de lleno a la estructura mental-racional. Aunque los *sutta* contengan muchos posos de la estructura mítica, la causalidad budista se eleva a una comprensión racional de la subjetividad y del mundo que no necesita acudir a ningún ente de tipo metafísico para resolver el problema del origen causal. Y, en este sentido, la originación dependiente es, en sustancia, una teoría mucho más racional que la metafísica aristotélica, basada en el empujón de un intocable e incomprensible Primer Motor. Ello a pesar de que Aristóteles fuese una mente mucho más racional que la de los redactores de los *sutta*, y aun cuando aquel desarrollase las ciencias, la política y la crítica del arte de un modo en que ni los primeros budistas ni nadie en la India de su tiempo se había siquiera planteado.

La estructura mental-racional es la primera capaz de ciencia y de una interlocución crítica con el mundo mítico. En este sentido comienza la ruptura de un paradigma eminentemente monológico y se abre cada vez más a lo dialógico, que culmina con la inclusión de lo intersubjetivo. Mientras que la doctrina de la originación dependiente hay que localizarla con rotundidad dentro de este paradigma racional y crítico, el budismo del *mahāyāna* será más bien un intento de recuperación de la estructura y formas míticas. El *vajrayāna*, por su parte, irá aún más lejos al procurar recobrar la estructura mágica, e incluso la arcaica anterior. Esta regresión podría ser una empresa encomiable a condición de que en el proceso de recuperación no olvidemos el fundamento racional conquistado. Pero en estas regresiones (ya sean históricas o personales) lo racional suele pasar a un segundo plano, si es que aparece en absoluto, y abrazan formas mitificantes o mágicas de liberación. En el budismo, en concreto, surgen formas varias de culto al Buddha-dios (Tierra Pura); se elaboran historias extraterrestres –en sentido literal– de Iluminación (así numerosos *sūtra* del *mahāyāna*); se introduce "lo espontáneo" como modelo (en el *ch'an* o *zen*) de libertad, en la línea del taoísmo; se recuperan distintas formas de recitación mágica (*mantrayāna* o *vajrayāna*), como en las grandes corrientes de religiosidad india; y, en fin, se abraza una metafísica de tipo absolutista que condena el despertar búdico a cierto tipo de experiencia trascendental que ni puede describirse ni explicarse. En pocas palabras: se ha olvidado el análisis causal concreto de los fenómenos.

La búsqueda de estratos sucesivamente inferiores de la conciencia que protagonizaron el *mahāyāna* y el *vajrayāna* obedece a una necesidad de recuperación de fundamentos fisiológicos, ontogenéticos y quizá filogenéticos, que no puede pasarse por alto. Esta especie de perforación es una profundización en el sentido de que excava hacia lo pretérito y enterrado, pero no se justifica en su autoadjudicación de superioridad espiritual, sobre todo cuando ya ha olvidado que el estrato más desarrollado, con más capacidad comprehensiva y en este sentido siendo "el más profundo", es el racional. La renuncia mítica a lo racional en el *mahāyāna*, y la renuncia mágica en el *vajrayāna*, apuntan a un acceso a fuentes sapienciales cada vez más ignotas que ciertamente pueden conducir a distintas suertes de liberación y poder. Pero, sin la razón, ninguna de estas adquisiciones puede considerarse un progreso. Al revés, sus propuestas son regresivas, por más que se anuncien como métodos de liberación "inmediata" o en una sola vida.[31] Solo si se incluye la razón puede hablarse de una superación de esta, en el sentido de que ahora todos los estratos son tenidos en cuenta, y no solamente el racional, que ciertamente también puede independizarse y pretender ser la única fuente de conocimiento (como fue el caso del atomismo sustancialista post-*abhidhammika*).

Solo la razón misma puede decidir si se ve incluida. En el caso que estudiamos, solo la predominancia de un análisis causal nometafísico (la originación dependiente) puede decidir hasta qué punto otros métodos (mágicos o míticos) son útiles y válidos en determinadas instancias –aunque no como centros a partir de los cuales surgen las prácticas espirituales–, y hasta qué punto la razón se ve desplazada por ellos. "Superación", pues, en el sentido de una inclusión práctica y teórica (*integral*) que permite comprender mayor cantidad de aspectos de la realidad y mejor, más exactamente.

Una estructura de pensamiento integral debe ser capaz, entonces, de incorporar las necesidades que movieron sucesivamente al *mahāyāna* y el *vajrayāna* a descender hacia lo mítico y lo mágico, pero sin quedarse en ninguna de ellas ni aceptar sus verdades como definitivas, algo que sus partidarios, naturalmente, intentarán con denuedo. No obstante, están condenados al fracaso. Y en Occidente más, pues la fantástica inmersión que sugieren los programas *vajrayāna*, pongamos por caso, son tan ajenos a la conformación tradicional simbólica propia de Occidente que su practicidad resulta muy cuestionable. Un fenómeno interesante, en cualquier caso, que suscita cuestiones acerca de hasta qué punto la incorporación del budismo en Occidente puede producirse mediante la adopción de simbologías extrañas a nuestros propios veneros culturales, o, por otra parte, mediante el ascenso a una dimensión integral de la conciencia.

II. LA GESTA PERSONAL

Para comprender el sentido del concepto de la originación dependiente es preciso repasar, aunque sea sumariamente y aunque ya sea muy conocida, la trayectoria espiritual de Siddhārta Gautama, el Buddha ("el Despierto").

Que la originación dependiente es el concepto central de la filosofía budista queda atestiguado sobradamente por el hecho de que las primeras palabras emitidas tras su despertar fuesen su mismo y primer pronunciamiento. Pero antes de citarlas y de estudiar la trayectoria de inquisiciones que le condujeron a ellas, debemos apuntar una vez más que, aunque es verdad que las narraciones de la vida de Gautama en los discursos tempranos (*sutta*) tienen posos legendarios, lo predominante en ellas es, no obstante, el realismo. El hecho de que poseamos rasgos sustanciales y más que suficientes de una biografía constituye una extraordinaria novedad con respecto a las tradiciones orales o escritas conocidas previas, que además habitualmente ni siquiera tomaban como referencia a un ser humano real. Los discursos tempranos del Buddha son una prueba fehaciente del vuelco hacia un mundo racional antropocéntrico; más allá, por tanto, del tratamiento racional metafísico de las *Upaniṣad* subordinado a la tradición védica. Aunque los *sutta* no ofrecen nada que se parezca a una biografía sistemática de Gautama, pues el orden de su compilación no obedecía a criterios cronológicos sino doctrinales, esta no es imposible de reconstruir mediante el ingente material que poseemos. Es, pues, notable constatar que –tal vez más todavía que en el caso de Sócrates– los sucesos personales y biográficos de Gautama y algunos de sus discípulos tuviesen tanto relieve en los textos más tempranos que poseemos.

Siddhārta Gautama fue príncipe de un pequeño reino llamado Śākhya en lo que hoy constituye Nepal.[32] Su inclinación hacia lo espiritual debió de atormentar a sus padres desde el inicio, pues las leyendas nos transportan a una fabulosa situación en la que, a través de un sueño que tuvo su madre, una profecía le es transmitida a esta antes de que naciese. Los sabios de la corte no tienen dudas en la interpretación acertada: «Esta persona será importante: o un gran rey, o un gran maestro espiritual». Su padre, como es natural, quiso que fuese lo primero, pero en vano. La leyenda narra después cuatro encuentros claves que decidieron de una vez por todas su vocación: el encuentro con un anciano, un hombre enfermo, uno muerto y, finalmente, con un asceta o buscador solitario.

Debemos notar inmediatamente que los tres primeros encuentros llevan ya impresa la marca de una decidida ausencia de idealización espiritual. La degeneración vital y la muerte son hechos inalterables de la existencia que no podemos trascender mediante solipsismo espiritual o intelectual ninguno. La leyenda sugiere así que la libertad no puede consistir, como era patente entonces en grandes tramos de la filosofía india, en una suerte de evasión transmundana a un espacio o lugar sin forma donde estos hechos básicos de la existencia dejan de suceder. La libertad verdadera debe partir de ellos, no escapar de ellos. Esta idea, lejos de ser una presunción sin fundamento, está corroborada por incontables discursos tempranos, en los que el Buddha habla en términos de detectar y comprender *las causas* de estos y otros padeceres de la existencia,[33] y no, como habría sido el caso de haber seguido la espiritualidad clásica india, en términos de una fuga resuelta del mundo para abrazar lo Absoluto. El cuarto encuentro decisivo de Gautama, el del asceta, marca por otra parte el camino que ensayará al inicio de su andadura espiritual, y que, una vez alcanzado el despertar, revolucionará drásticamente.

Gautama parte por fin de palacio dejando atrás a Yasodharā, su mujer, y Rāhula, su hijo, en busca de un alivio para su creciente angustia. Aunque el simplismo legendario haya descrito su marcha como una cuestión decidida de la noche a la mañana (tras haber estado recluido en palacio durante toda su vida y sin haber advertido jamás enfermedad, vejez y muerte o cosa que se le parezca, y habiendo tenido solamente el día previo a su partida los susodichos encuentros), lo más lógico es no solo que Gautama hubiese observado continuamente en derredor procesos de generación y degeneración vitales, sino que, además, durante su adolescencia y juventud, la inquietud le hubiese llevado a hacer constantes preguntas y a entrevistarse con personas que tuviesen información fidedigna tanto sobre filosofía como acerca de la vida ascética. Sabemos por la leyenda que su educación en palacio había comprendido la sabiduría india acumulada hasta entonces, en particular los *Veda*, además de todas las enseñanzas cortesanas y militares correspondientes. Pero el desarrollo intelectivo que observamos en los *sutta* nos permite inferir un gran acopio de saberes filosóficos y una prodigiosa reflexión acerca de ellos, hasta desarrollar eventualmente un sistema propio. No hay duda tampoco de que, antes de partir de palacio, Gautama debió de estar muy bien informado sobre aquellos maestros espirituales habitantes en reinos vecinos (dónde y qué enseñaban). Su decisión de ir a estudiar con ellos debió de ser una madurada a lo largo de varios años.

Gautama se pone, pues, en camino con la idea (cada vez más corriente desde la pérdida de la sustancia sagrada cuya ingesta conducía a las maravillas narradas por algunos *Veda*)[34] de practicar el ascetismo y la meditación durante el tiempo que fuese necesario hasta alcanzar la solución al problema de la existencia, a saber, del "sufrimiento" o "insatisfacción" (*dukkha*). Y siguió a un maestro (Aḷāra Kālāna) y después a otro (Uddaka Rāmaputta), superándolos sucesivamente en las consecuciones meditativas que enseñaban.

Bajo las instrucciones del primero,[35] Gautama aprendió técnicas de meditación básicas que conducen a la pacificación mental. El primer paso, preparatorio, era eliminar las cinco trabas: 1) que este cuerpo es real, 2) la duda, 3) el apego a los rituales, 4) la lujuria, y 5) la malevolencia. Una vez dado este paso preliminar comienzan las instrucciones de meditación propiamente dichas: la primera fase consiste en adquirir la alegría nacida de la seclusión. La segunda fase consiste en la eliminación de pensamientos y discriminaciones mentales nacidas del apego a la alegría propia de la primera fase. La tercera fase está caracterizada por la purificación de la ecuanimidad y por la concentración derivada de la eliminación de la alegría. Estas tres primeras fases tienen como objetivo liberarse del mundo de los placeres sensoriales (reino de la forma), que está destinado a la corrupción. El siguiente paso trataría de entrar en el mundo sinforma o de la nada, simbolizado por la infinitud del espacio. En este punto se cuenta que Gautama tuvo algunas dificultades a pesar del rápido progreso que había hecho en las fases anteriores. Aḷāra recomienda al Buddha que abandone la confusión resultante de habitar en el espacio infinito, y una vez resuelto este problema podrá abalanzarse sobre la fase subsiguiente: el espacio infinito *es* la conciencia. Una vez que el Buddha alcanza este nivel, y tras pedir más instrucciones, Aḷāra confiesa que ya no tiene más que enseñarle y le invita a quedarse en su comunidad para enseñar juntos estas técnicas. Pero Gautama seguía insatisfecho: las consecuciones meditativas aquí conseguidas le resultaban irrelevantes para las cuestiones que lo atormentan, pues los efectos de la meditación y la concentración *también* perecen.

Así, pues, decide encaminarse hacia la ermita de Uddaka Rāmaputta para saber si él tiene algo más que enseñarle. Si Aḷāra había alcanzado el nivel de la nada, Uddaka había conseguido penetrar en un nivel más profundo de meditación denominado por los *sutta* "ni con percepción ni sin percepción". Pero Uddaka, al igual que Aḷāra con su correspondiente consecución, otorgaba a este nivel el rango de definitivo, lo cual no satisfizo tampoco a Gautama. La tradición más antigua atribuye a Gautama el alcance de un estadio meditativo aún más profundo y desconocido hasta entonces, llamado "cesación de la percepción y sentimientos".[36] Pero este tampoco le satisfizo como respuesta a los interrogantes que lo acosaban.

Frustrado, se le ocurrió someterse a ejercicios de automortificación, y buscó la compañía de cinco ascetas (quienes más tarde serán los destinatarios del primer sermón budista, ese que puso a girar la Rueda del Dhamma) que practicaban severos ayunos y vida de completo retiro, salvo para conseguir la poca comida que necesitaban. Pronto Gautama sorprendió a sus compañeros por el rigor y la auto-disciplina con que practicaba sus ejercicios. Tal fue la intensidad con que se dedicó al ayuno y la reclusión que la tradición le dibuja con el ombligo tocando la espina dorsal. Exhausto y moribundo, es rescatado por una mujer que le suministra varias porciones de arroz con leche, hasta recuperar un mínimo tono vital. Gautama ha comprendido que estos ejercicios mortificadores tampoco conducen a la solución que ansía.

Y así llegó el día en que se determinó a no levantarse de su asiento –un puñado de heno procurado por un gentil niño bajo un *aśvattha* o *ficus religiosa*– hasta haberla encontrado. Tras una cruenta batalla contra todo tipo de manifestaciones psíquicas, que Gautama resistió tenazmente, alcanzó por fin lo que buscaba. Uno de los textos más conocidos y tempranos, que habla en primera persona, lo narra así:

> El conocimiento despertó en mí, y una profunda comprensión: mi libertad es cierta, este es mi último nacimiento, ya no habrá más rena-

> cimientos (*ñānañ ca pan me dassanaṁ udapādi akuppa me cetovimutti ayaṁ antima jāti natthi dāni punabbhavo*).
>
> Y después pensé: he adquirido esta doctrina que es profunda, difícil de ver, difícil de comprender, verdadera, excelente, más allá de lo deductivo, sutil, y sólo desvelable por un hombre sabio (*dhammo gambhīro duddaso duranubodho santo panito atakkāvacaro nipuṇo pandito vedanīyo*). Pues una creación que así se deleita da la bienvenida a tal doctrina; a saber, la conexión causal concreta [(*idappaccayatā*, pāli; *idampratyayatā*, sánscrito), literalmente "esta-condicionalidad"], la originación condicionada (*paṭiccasamuppāda*, pāli; *pratītyasamutpāda*, sánscrito). Esta otra doctrina es también difícil de ver: la pacificación (*samatha*, pāli; *śamatha*, sánscrito) de todas las disposiciones (*samskara*), el rechazo de todos los apegos, la libertad (*nibbāṇa*, pāli; *nirvāṇa*, sánscrito). Si fuese a enseñar esta doctrina y no fuese comprendida, causaría muchos problemas.[37]

Dejemos a un lado por el momento el desentrañamiento de lo que pueda significar "el cese de los renacimientos"; ya hemos indicado algo y volveremos sobre ello más tarde. Sí es interesante ahora para nosotros constatar: 1) la importancia central de la doctrina de la originación dependiente en el despertar búdico, y 2) la dificultad de comprender, y por tanto de enseñar, esta doctrina, que le retuvo en las orillas de un río durante varias semanas antes de decidirse a compartirla. Esta dificultad cabe verla desde dos ángulos diferentes: como reflejo de una novedad en un mundo enquistado por cierta visión, y como algo inherente, tal vez como la dificultad de llevarla a la práctica incluso cuando la hemos comprendido de un modo, digamos, intelectual.

En cuanto al primer punto es importante percibir que el Buddha habla aquí de dos aspectos de la originación dependiente. Primero, lo concreto y experimental, que he expresado entre corchetes como "esta-condicionalidad", es decir, la descripción de la condicionalidad *de esto, esto y esto*, que definiremos más adelante con el término *causación* (dependiente). Y, en segundo lugar, tendríamos la teoría general que articula una explicación general de la cadena de causas o condiciones que jalonan la experiencia, para la que proponemos, con Kalupahana, el término *causalidad* (dependiente o relativa). Con ellas se establecería la doctrina de que es posible determinar las causas motivantes de nuestras emociones, pensamientos y acciones, y en especial las causas de nuestra insatisfacción (*dukkha*), sin recurso a una *causa prima* o absoluta, ya sea metafísica o material.

El primer aspecto, el empírico, es expresado en innumerables *sutta* del siguiente modo: «Cuando esto existe, aquello viene a ser. Cuando esto no existe, aquello no viene a ser. En la cesación de esto, aquello cesa (*imasmim sati, idam hoti; imassa upāddā, idam upajjati; imasim asati, idam na hoti; imassa nirodhā, idham nirujjhati*)».[38] Notamos, pues, el giro empírico y concreto, descriptivo, de la concepción. En la práctica, es la observación de una causación específica la que cuenta. De ella uno puede inferir una doctrina general –la causalidad dependiente–, que a su vez puede arrojar luz, por su carácter universal, sobre fenómenos de diversos tipos. Esta simple constatación tendrá gran importancia más adelante, cuando investiguemos la famosa cuestión de "las dos verdades" (relativa y absoluta) sobre la que pendula todo el budismo del *mahāyāna* (y posterior).

Asistimos, por tanto, a un instante de iluminación marcadamente filosófico, y en nada parecido a la conquista de un Absoluto místico o metafísico. Acerca de lo Absoluto no solo no encontramos referencia alguna –ni aquí ni en ningún otro lugar de los *sutta*–, sino que, de hecho, se establece como conclusión *la dependencia causal de todas las cosas*. Lo innovador del descubrimiento búdico está, por supuesto, íntimamente entrelazado con su dimensión espiritual. Como tendremos oportunidad de ver, resulta claro que la libertad (*nibbāṇa*) aquí conquistada tiene que ver con el reconocimiento y con el desapego –no rechazo– de, por un lado, ciertos condicionantes existenciales, y, por otro –indirectamente en este pasaje, pero explícitamente apuntado en otros lugares–, de las explicaciones absolutistas del sufrimiento y de la libertad. Aparte de esa dificultad inherente a la investigación de causas, las que sean, a que nos referimos anteriormente en el segundo punto, he aquí la gran dificultad de aprehender su novísima propuesta, que tanto le dio que pensar al propio Gautama tras su despertar. Se trata de una concepción de la libertad que no viene determinada por el abrazo o la fusión con un Absoluto, sino por, simultáneamente, la admisión de que este no puede conocerse y de que lo propio es ceñirse a investigar la naturaleza de las cosas tal como se van produciendo.

Se trata de un hallazgo marcado por un drástico cambio de perspectiva en el planteamiento acerca de cómo explicamos y comprendemos tanto el yo como el mundo, tanto lo interior como lo exterior. La libertad devenida de esta nueva perspectiva es la de quien, para empezar, se desprende de una carga innecesaria, a saber, la tendencia a explicar todo lo que sucede acudiendo a un absoluto. La gran revolución de Gautama, el Buddha histórico, es la de abstenerse de especular acerca de si hubo o no una Causa Primera, y, en su lugar, dirigirse a las cosas tal como se producen. Una observación tal del mundo y del yo posee ya en sí misma un potencial científico tremendo, aparente sin duda en la práctica del yoga –tal como hemos visto, por ejemplo, con los maestros del joven Gautama–, pero aún sometida a las presuposiciones absolutistas de la metafísica india. Dado que la preocupación de Gautama concernía principalmente al sufrimiento subjetivo y cómo aliviarlo, hallaremos en la mayor parte de sus discursos, así como en los relatos de su Despertar, un fuerte componente introspectivo. Pero aunque la filosofía y el misticismo indio nos hayan acostumbrado a pensar lo contrario, de aquí no se sigue la aceptación de una concepción subjetivista de la realidad y de la verdad. Más aún, la absolutización del subjetivismo o del conciencialismo es batallada a cada paso por el Buddha. Y, tal como iremos viendo a lo largo de las próximas páginas, lo objetivo de la concepción budista (*dharma*) es algo tan marcado como, si no más que, lo introspectivo (*buddha*), y sin tampoco menospreciar lo intersubjetivo (*saṅgha*).

En la iluminación búdica no hay nada de sobrenatural. Se trata de un examen cabal de aquello que nos condiciona a actuar como actuamos, que, cuando lastrado por pasiones irracionales, conduce a la falta de verdad y libertad, al sufrimiento. La libertad no es lo transmundano; es la vida aquí, con las condiciones presentes, tal como son, solo que miradas desde el desapego. Lo transmundano, de hecho, supondría de por sí una aversión al mundo que incrementa el sufrimiento en vez de menguarlo. Y, por ello, sin exageración ni mistificación ninguna, el Buddha pudo pronunciar, tras su descubrimiento de la originación dependiente, que «esta es la libertad: el nacimiento ha finalizado, la vida santa ha sido completada, ha sido hecho lo que tenía que ser hecho, y ya no hay nada más que hacer aquí».[39]

El resto de la trayectoria vital, doctrinal y docente de Gautama el Buddha será una constante elaboración de este motivo principal: la libertad a través de la comprensión de lo originado dependientemente. En el capítulo cuarto dedicaremos algunas páginas a examinar cómo se relaciona esta idea central con enseñanzas en virtud de las cuales el budismo es universalmente conocido, tales como las Cuatro Nobles Verdades. Por el momento, lo esencial es que captemos el corazón filosófico del budismo, el engranaje intelectual mediante el cual se mueve todo el discurso budista original.

Nos encontramos, pues, dispuestos a abordar de lleno la significación y el sentido de la originación dependiente.

III. DEFINICIÓN

a. Análisis del término

En un patente reto al trabajo académico budista acaso más influyente de todo el siglo pasado (*The Central Philosophy of Buddhism: A Study of the Madhyamika System* ["La Filosofía Central del Budismo: Un Estudio del Sistema Madhyamika"] de R.T.V. Murti, publicado en 1955), David Kalupahana escribe en el año 1966 su tesis doctoral, avalada por el también renombrado K.N. Jayatilleke: *Causality: The Central Philosophy of Buddhism* ("Causalidad: La Filosofía Central del Budismo"). Todavía demasiado ignorada, esta última obra constituye un giro decisivo en los estudios budistas, que culminará con su traducción de la *MMK* de Nāgārjuna y con su último trabajo: *A History of Buddhist Philosophy: Continuities and Discontinuities* ("Una Historia de la Filosofía Budista: Continuidades y Discontinuidades").

Mientras que Murti, haciéndose eco de centurias de filosofía budista y del pensamiento universalizante de su maestro Sarvepalli Radhakrishnan, aspira a situar el pensamiento central del budismo en una esfera de metafísica trascendental común al pensamiento clásico indio, Kalupahana percibe que el centro del budismo no puede encontrarse sino en las palabras de Gautama, quien no habló más que de lo dependientemente originado o relativamente causado. Una doctrina, en palabras del propio Gautama, ciertamente «profunda, difícil de ver, difícil de comprender, verdadera, excelente, sutil, y solo desvelable por un hombre sabio» (*vid. supra*), pero no por ello metafísica, monista, trascendentalista y de carácter inefable.

Murti quiere ver lo central del budismo en un *mādhyamaka* (literalmente "medialismo") de tinte chandrakirtiano y trascendentalista, no porque este sea común, y por tanto central a todo el budismo, sino porque lo considera superior (en el sentido de suntuosamente elevado, metafísico e idealista). En palabras del propio Murti, con la filosofía *mādhyamika* –vista con lentes transcedentalistas– se dio el segundo giro de la Rueda del Dharma; el primero lo dio el Buddha con el primer sermón a sus viejos compañeros de automortificación. De acuerdo con Murti, este segundo giro, que habría mejorado y ampliado las enseñanzas primitivas de Gautama, fue ejecutado por Nāgārjuna (siglo II d. C.). Pero, como tendremos oportunidad de examinar con detalle, la interpretación trascendentalista de la obra de Nāgārjuna está lejos de ser definitiva. Y la idea de que Gautama tan solo introdujo un budismo "primitivo", cuya teoría después fue superada por concepciones espirituales más amplias y comprehensivas (la de Nāgārjuna, en teoría, o la de Padmasambhava [siglo VIII d. C.] después), tiene que ser urgentemente revisada, por ser una manifiesta distorsión de la realidad histórica y filosófica, y por ser con mucho la más establecida.[40] En efecto, la teoría evolutiva de los Tres Vehículos (*hīnayāna* [literalmente "vehículo pequeño", al que los vindicadores de la susodicha teoría adscriben los *sutta* tempranos], *mahāyāna* ["gran vehículo"] y *vajrayāna* ["vehículo diamantino"]) ha sido apenas contestada, a pesar de que desprecia sistemáticamente los discursos tempranos, considerándolos "sobrepasados" por especulaciones posteriores de muy distinto carácter, y a pesar de estar apoyada en las sorprendentes tergiversaciones históricas que sus apologetas se vieron obligados a urdir para encumbrar los nuevos discursos (*sūtra*) como doctrinas "más elevadas" dimanadas del mismísimo Buddha histórico. Sus redactores debieron de verse atraídos por el enorme poderío de la metafísica trascendentalista india, y creyeron no hacer ningún daño, sino al revés, creyeron ensalzar el mensaje original de Gautama a la dimensión que merece una religión acabada, donde ya no se habla de personas lidiando con circunstancias concretas, sino de deidades y principios metafísicos últimos.

Aunque exista una fuerte tendencia en el pensamiento indio a considerar así *cualquier* culminación espiritual, las enseñanzas tradicionales y los discursos del Buddha histórico no ofrecen prueba ninguna de que esto fuese lo que tenía *in mente*. Más bien resulta obvio que la originación dependiente es una teoría de la causalidad que no recurre a ninguna entidad sobrenatural, absoluta o definitiva como Causa o Fundamento Último de lo dado. De ahí que surja para nosotros una pregunta legítima, de cara a los grandes movimientos budistas subsiguientes (*mahāyāna* y *vajrayāna*): ¿fue la metafísica trascendentalista una evolución con respecto al "primitivismo" de las enseñanzas originales, tal como sostiene la teoría de los Tres Vehículos, o fue más bien un regreso a un entendimiento pre-budista? Una vez que definamos la originación dependiente de acuerdo con los discursos originales de Gautama (cfr. próximo apartado), lo segundo caerá por su propio peso.

El Buddha, para evitar el dualismo filosófico o el extremismo gnoseológico, justo tras su iluminación bajo la higuera, y después de dudar mucho sobre si lo descubierto podía ser *transmitido* sin confusión (no pensado o expresado en palabras, como muchos han afirmado siguiendo la tendencia clásica en filosofía del inefabilismo místico), es decir, entendido sin las habituales distorsiones absolutistas o nihilistas, concibió lo que puede traducirse como originación o causación dependiente. Y como se repite hasta la saciedad en los discursos tempranos, esta concepción es el producto teórico de una observación empírica concreta: lo originado dependientemente. Más tarde, en el *mahāyāna*, estos dos aspectos gnoseológicos (teoría del conocimiento) –lo concreto y lo general; lo empírico y lo teórico- pasarán a ser ontológicos (teoría del ser). Se hablará, pues, de dos niveles del Ser, uno absoluto y otro relativo, exactamente igual que en la metafísica india.

Hemos de tomar muy en serio y literalmente el término con que Gautama acuñó su descubrimiento, pues no hay nada en él de arbitrario o descuidado. "Originación" habla de que la preocupación principal de Gautama es la causalidad, la relación causa-efecto. En concreto, lo que le preocupa es qué causa u origina el sufrimiento. Esta y no otra fue la pregunta que le lanzó hacia su búsqueda. Como hemos visto, las respuestas ensayadas precedentes nunca se le antojaron satisfactorias, incluso allí donde las consecuciones yóguico-meditativas eran de envergadura. La razón de su insatisfacción es simultáneamente espiritual y filosófica: las prácticas del yoga o de la automortificación eran extremistas y no parecían alcanzar nunca el fin deseado. ¿Por qué? Porque provienen o están empapadas de concepciones absolutistas de la realidad. En lugar, pues, de lanzarse a un universo de prácticas encaminadas a alcanzar un Absoluto que nos elude siempre, el Buddha descubrió que era más útil, más realista y más consonante con la verdad de las cosas detectar y comprender las causas concretas de lo que sucede, absteniéndose de contar con absolutos o explicaciones finales y definitivas. Esta comprensión sería la que procura la verdadera libertad.

La filosofía absolutista upanishádica del sujeto (*Ātman*) no le satisfizo porque, aun habiendo profundizado en la meditación como nadie en su tiempo, no pensó que, a partir de estas vivencias, se pudiese concluir, sin faltar a la verdad, que había por fin reconocido la naturaleza eterna del principio yoico como idéntico al divino.[41] Mas no por ello el Buddha cae en la posición nihilista de pretender que no existe explicación alguna a lo que (nos) sucede. Elabora y mantiene, así, una teoría de la causalidad (dependiente) que constituye una *vía media* entre el absolutismo (o "eternalismo" en la jerga budista) y el nihilismo (o "aniquilacionismo"). Asume, pues, todavía que el sufrimiento tiene una causa, solo que concreta y determinable (no metafísica e inalcanzable). Una vez descubierta esta, su raíz puede extirparse y así adquirir la libertad. En definitiva, la posición del Buddha se distingue, por una parte, de los que acuden a un absoluto como explicación de todo y como meta soteriológica definitiva, y, por otra parte, de los nihilistas de su tiempo, quienes mediante teorías del azar anticausalistas o mediante la simple negación de una solución a los problemas de la existencia se condenaban a sí mismos a la miseria.

Lo distintivo de la causalidad budista reside, pues, en el adjetivo "dependiente" o "relativo", que alude a la inextricable relación de unas causas con otras precedentes (y subsiguientes). Para ello el Buddha critica que pueda conocerse causa independiente, separada o sustancial alguna y consiguientemente que, en último término, pueda presumirse causa permanente, eterna, trascendental, más allá, Primera o Última, e inmóvil. La autocausación desde un principio metafísico eterno anclado en el Yo (necesariamente absoluto e hipostático) sería una falacia, y es, por eso, lo mismo que la idea de la nocausación, inútil en lo que a la libertad real y concreta se refiere. Cada acontecer tiene una o varias causas que lo producen, y aquel será causa de uno o varios sucesos más, en una cadena causal infinita de la que desconocemos tanto el principio como el final. De este modo puede hablarse de una perpetua transformación (causal); nada permanece (*anicca*). A partir de estos principios elementales se deducirá toda una filosofía, gnoseología y lógica antisubstancialista, que llegará a consolidarse primero en la filosofía del *abhidhamma*, y después en los trabajos del filósofo Nāgārjuna (siglo II d. C.), el psicólogo Vasubandhu (siglo IV d. C.) y el epistemólogo Dignāga (siglos V-VI d. C.).

b. Una concepción antisustancialista

Resulta imprescindible percibir que, de acuerdo con esta concepción, el entendimiento de la causa no puede ser sustancialista. La causa no persiste en cuanto tal. Hablar de "causa" puede resultar peligroso si no hemos dejado atrás un paradigma sustancialista del mundo, en tanto que pretende que *esta* causa existe en sí y por sí, y no dependientemente de otra causa anterior.[42] La causa no sería aquí un ente cerrado y por tanto sustancial, sino que depende de otras causas que, a su vez, dependen de otras más, y así indefinidamente. La causa (o el efecto, que será o podrá ser también causa de algo subsiguiente) no es un estrato superpuesto al modo la Ideas platónicas. No está separada de lo precedente y consecuente, ni es independiente o autosubsistente. Las causas (y los efectos) están sujetas a un cambio y transformación perpetuos. Por ello, no puede decirse que la causa *sea* sin más, pues así incurriríamos en el sustancialismo óntico, pero tampoco que *no es*, pues de este modo incurriríamos en el nihilismo.

El beneficio de una discriminación entre la causa y el efecto –sin sustantificación de ninguna, sin recursos a una *causa prima*, y sin la desesperación intelectual nihilista que los confunde– es evidente: sucede la comprensión del mundo (interior o exterior) tal como ha venido sucediendo. Si afirmásemos que causa y efecto son idénticos, o que, siendo diferentes en un devenir ilusorio, pueden finalmente identificarse en un Uno Total verdaderamente Real, estaríamos negando la relevancia del examen causal concreto (la causación), y por ello vedando la comprensión del mundo tal como se nos plantea. Es, como ya hemos señalado, por lo que el Buddha habló –y Nāgārjuna después– de la vía media entre los dos extremos (sustancialismo y nihilismo causal).

En cierta ocasión,[43] estos extremos fueron denominados por el Buddha los extremos del ser y del no-ser, denominación que servirá a Nāgārjuna como punto de partida para su exhaustiva dilucidación filosófica en la *MMK*. Pero dada una arraigada y casi irresistible tendencia metafísica que aspira a encontrar causas últimas e independientes para la erradicación del sufrimiento humano, esta vía media entre el ser y no-ser pronto se transformó en una especie de afirmación sobrenatural sobre lo más-allá-todavía del ser y del no-ser, lo cual es manifiestamente una infeliz incomprensión de la vía media. Los malabarismos escolástico-metafísicos en este punto, sobre todo partiendo de la deslumbrante dialéctica de la *MMK* de Nāgārjuna, se hacen en verdad prodigiosos.

De acuerdo con los términos aristotélicos, en esta teoría de la causación dependiente *sustancia* y *atributos* se suponen mutuamente; no pueden separarse, como si la sustancia pudiese entenderse independientemente de sus atributos concretos. Pero que no puedan separarse, o que no pueda entenderse la sustancia sin los atributos, no significa tampoco que no puedan hacerse, en general, distinciones. La teoría de la originación dependiente deja un amplio margen para consideraciones de este tipo, siempre y cuando no intenten sustantificarse. Tales distinciones no fueron propuestas exhaustivamente por el propio Buddha o sus discípulos inmediatos, aunque, partiendo de una gran diversidad de hilos discursivos, sí fueron muy desarrolladas después en los tratados del *abhidhamma*.

Por ser tal vez de cierta utilidad para los más familiarizados con la filosofía occidental, me gustaría detenerme durante un momento en algunos rasgos generales del sistema filosófico elaborado por Espinosa en su *Ética*, pues en él hallamos importantes coincidencias con la concepción de la originación dependiente, así como alguna diferencia de relieve, marcada más por la tradición filosófica en que se presentan sus ideas (principalmente la idea de sustancia) que por el contenido en cuanto tal. Espero que la comparación entre ambas concepciones ayude a comprender mejor la que nos ocupa.

De acuerdo con Espinosa, «de una causa definida dada se sigue necesariamente un efecto; y, por otra parte, si no puede hallarse una causa definida es imposible que se siga una causa» (Parte I, Axioma III).[44] Este axioma es idéntico al que repiten los *sutta* incontables veces, solo que en ellos de un modo más marcadamente empírico: «Cuando esto está presente, aquello aparece; del surgimiento de esto, surge aquello. Cuando esto está ausente, aquello no aparece; en la cesación de esto, aquello cesa». Asimismo, la concepción de la originación dependiente coincidiría con la idea de Espinosa de que «el conocimiento de un efecto depende de, e implica, el conocimiento de una causa» (Axioma IV), así como con la de que «las cosas que no tienen nada en común no pueden ser entendidas la una mediante la otra, y la concepción de una tampoco implica la concepción de la otra» (Axioma V). Aquí estaríamos también perfectamente en línea con la idea secuencial (y racional) de la causalidad que aparece en los discursos tempranos, así como con el principio de la *symploké* platónico («no todo está relacionado causalmente con todo») que hemos mencionado anteriormente. Algo parecido puede decirse del Axioma VI, que establece que «una idea verdadera debe corresponderse con lo ideado o con el objeto».

El problema podría surgir cuando nos acercamos a la idea de sustancia en Espinosa («aquello que es en sí mismo y es concebido a través de sí mismo», Parte I, Definición III), la cual, de acuerdo con la concepción budista original de la causalidad dependiente, tendería a una sustantificación eternalista que, de hecho, no permite la comprensión de los atributos o causas concretas. Si tomamos esta perspectiva, la definición de Espinosa entraría en contradicción con los axiomas mencionados más arriba, sobre todo con el Axioma III. Mas dado que la sustancia de Espinosa (eterna e infinita, Dios) es idéntica a todo lo manifiesto (los atributos, según la Definición IV), y no independiente de ello, el problema de la sustantificación o hipóstasis puede ser evadido.

Lo mismo sucede con los Axiomas I y II («Todo lo que existe, existe por sí mismo o por medio de otro»; «Aquello que no puede ser concebido por nada más debe ser concebido desde sí»). A primera vista, estos axiomas parecen no encajar bien con la originación dependiente, dado que de acuerdo con la teoría del Buddha nada existe por sí mismo o por medio de otro, pero cabría decir que la causación "desde sí" o "desde otro" no acude tampoco necesariamente a la idea de sustancia separada como explicación, y sí alude en cambio a la posibilidad de determinar causas concretas antecedentes tanto procedentes del interior como del exterior. Esto es admitido por el budismo original y por el *mādhyamaka* de Nāgārjuna, siempre y cuando lo interior y lo exterior no se sustantifiquen, pues, de otro modo, ¿cómo explicar que sucede algo en absoluto? Un medialismo filosófico consecuente debe garantizar la posibilidad de comprender las causas concretas de lo que sucede, vengan de donde vengan (desde sí o desde otro), aunque sin sustantificar su procedencia.

Como vimos en el capítulo anterior, la crítica budista a la causación desde sí o desde otro fue retomada una y otra vez por sus filósofos para refutar teorías causales sustancialistas en cualquiera de los cuatro polos posibles (desde sí, desde otro, desde ambos, desde ninguno), si bien no como un sistema de negación pura y simple, sino como un método antisustancialista (destructivo-constructivo) de la realidad. El budismo no niega que la causación concreta de algo provenga de determinadas disposiciones internas o de ciertas condiciones externas, sino que proceda *exclusivamente* de ellas o de alguna combinación exclusiva entre ellas. La originación dependiente procuraría escapar del sustancialismo congénito a estos tipos de explicación causal, ofreciendo una alternativa coherente a partir de su idea de *la vía media*.

Hemos de prescindir, en todo caso, de estrictas y demasiado literales comparaciones entre concepciones tan lejanas en el tiempo y el espacio, puesto que la idea de sustancia en Espinosa no es la misma que el Buddha consideró imperativo evadir para no fenecer en el dogmatismo. Lo central es percibir que la originación dependiente es una explicación del mundo que se produce sin necesidad de recurrir a un principio o un final totalizador, lo cual es en el fondo lo único que puede sostener la idea de una sustancia separada capaz de explicarse a sí misma *in extremis*. En este sentido, la originación dependiente constituiría una teoría nosustancialista en general y nosustancial en cada uno de sus eslabones de aplicación. Desde luego, el monismo sustancialista no es compatible con la idea de una causación concreta que no recurre a un absoluto subyacente como la explicación de todo y cada cosa, ni tampoco con el pluralismo ontológico en *symploké* (unas cosas sí se relacionan con otras, y otras no). Habría que examinar más de cerca hasta qué el sistema monista de Espinosa tiende a la totalización susodicha, tal vez mediante una puesta en entredicho de la identidad –asumida por Espinosa– entre la unidad y la infinitud en la sustancia, pero esto sería ya otra cuestión.

c. Linealidad y especifidad causal

La originación dependiente no es una filosofía pluralista en el sentido en que se comprendía el pluralismo en tiempos del Buddha, que combatía el monismo brahmánico. El pluralismo indio contemporáneo al Buddha era determinista (fisicalista), y acudía igualmente a explicaciones causales últimas tales como los elementos corpóreos. Al desdeñar la voluntad personal y la moralidad, el materialismo fisicalista indio no aportaba una respuesta satisfactoria al problema de la libertad, y además se veía obligado a dogmatizar sobre la "naturaleza última" de la realidad. La fundamentación última de los materialistas en elementos físicos, aunque plural y no monista, era, pues, igualmente sustancialista y eternalista. Y, en cuanto que no reconocía ninguna permanencia psíquica después de la muerte (sobre esto volveremos más adelante), era, de acuerdo con el Buddha, nihilista. Para el budismo temprano, tanto este tipo de pluralismo (*nanatta*) como el monismo (*ekatta*) eran visiones metafísicas asociadas a extremos filosóficos, y eran, por tanto, dogmáticas.

Así, pues, si la extirpación del sufrimiento –que es un efecto– no depende de una causa trascendental, única y autosubsistente –pues esta no puede conocerse y todo conocimiento, todo factor, es originado dependientemente–, ¿en qué consiste semejante extirpación? Solo puede consistir en la continua observación comprensiva de lo que nos ofrece la experiencia concreta; el permanente análisis de las causas que producen la insatisfacción (*dukkha*). Solo este puede ser el método de alcanzar la libertad (una vez, claro está, que nos hemos quitado las legañas metafísicas de soluciones definitivas o de una ausencia total de soluciones). Es decir, se trataría de la conquista de la libertad como una tarea permanente, en la medida en que vivimos en las condiciones siempre cambiantes y distintas del mundo (personal, social o físico). Pero se trata también de algo conquistable de un modo definitivo, no por haber reconocido cierta esencia espiritual eterna, sino porque la comprensión de que la causa del sufrimiento reside en el apego al odio, el deseo y la ignorancia no se desvanece una vez acaecida.

La iluminación de Gautama se nos revela, de esta manera, primero, como un momento crucial pero no enteramente desconectado de su carrera previa, jalonada por decepciones con las explicaciones sobrenaturales del sufrimiento. Y, segundo, como un momento que pone en funcionamiento la Rueda del Dhamma, a saber, la expresión del principio fundamental de la originación dependiente como método de inquisición acerca del modo en que se genera nuestra miseria o, en verdad, todo lo del mundo. Más tarde llegarán las numerosas clasificaciones budistas de apegos y de aversiones, de deseos y manchas, de eslabones causales y agregados de la conciencia. Pero lo esencial no son estas clasificaciones, sino la comprensión de la idea de que todo surge o se origina dependientemente, y de que nuestra percepción de este encadenamiento causal en cada caso es determinante a la hora de desenraizar la cepa del sufrimiento.

La teoría de la originación dependiente (*paṭiccasamuppāda*), o causalidad relativa, es por tanto la declaración teórica de un principio general derivado de observaciones específicas de la realidad –lo originado dependientemente o causación (*paṭiccasamuppanna*)– a partir de la cual podemos seguir atendiéndola, pensándola y transformándola. La observación de lo originado dependientemente es la observación de *esto*, *esto* y *esto* en sus sucesivos cambios y transformaciones. Todo suceder está condicionado de un modo dependiente porque ni mediante la observación ni mediante la razón podemos afirmar categórica y definitivamente que exista un sustrato independiente sobre el que todo se sustenta. Este no se niega, pues la negación implica conocimiento de causa, pero tampoco puede afirmarse.

Todo efecto o suceso o ente tiene su causa o causas. El plural aquí es importante, pues el budismo ni remotamente pretende aportar una teoría de la causación estrecha, aunque pudiera parecer lo contrario cuando examinamos algunos ejemplos concretos de causación que ofrecen los *sutta* (los eslabones *–nidāna–* de la cadena duodécupla, o los cinco agregados *–khandhas* en pāli, *skandhas* en sánscrito–). Al revés, tanto en los discursos tempranos como en una larga comentarística posterior se destaca que existen muy diferentes causas o condiciones en cada ocasión, que permiten –o no– la manifestación de un efecto, el cual producirá otro efecto y así sucesivamente, en secuencia infinita. Mas, como tendremos la oportunidad de ver en una próxima sección, por muy compleja que sea la relación causal, nada autoriza a disolverla en relaciones no causales de simple dependencia, así como tampoco a argüir que la originación dependiente consiste en una "causalidad mutua" que pone en entredicho la causalidad "lineal" convencional "de Occidente". Aunque bienintencionadas en el sentido de aspirantes a explorar las implicaciones de una noción tan vasta y profunda como la originación dependiente, las traducciones "causalidad mutua" (Macy) o "interdependencia" o "entre-ser" (Thich Naht Hanh) o "co-originación dependiente" o "reciprocidad" (Panikkar), tan frecuentes, erran porque sin quererlo o bien eliminan la noción de causalidad, que es lo central del concepto, o bien la causación concreta, que es de donde parte aquella. Como hemos señalado, «profundo y sutil» –las palabras literales del Buddha tras su iluminación– no significa invisible, ignoto e inefable. Pero es justamente en este tipo de interpretación mística y desintegradora de la causalidad donde se sustentan acepciones y concepciones incorrectas de la idea central del budismo. Estas no carecerán de cierto valor, pero corren el peligro de disolver concepciones sólidas y coherentes en fantasías puras y disparates conceptuales.

Más en concreto, la causalidad, tal como la explicó el Buddha, es incuestionablemente lineal, si es que entendemos por lineal una relación causal *secuencial* en la que la causa y el efecto no pueden intercambiarse. Por supuesto, eso no significa que, si *A* causa *B*, *B* no vuelva a tener un efecto sobre *A*. Con todo, estrictamente hablando, *A* ya no sería *A*, sino otra cosa distinta, pongamos, *A'*. Pues, si fuese todavía *A*, estaríamos concediendo que la causa permanece como entidad una vez que ha operado, cosa que se opone radicalmente a las enseñanzas budistas primigenias, en concreto la de la impermanencia de todas las cosas (*anicca*). La causalidad budista habla, pues, de una infinita concatenación *de carácter irreversible*, es decir, *producida en el tiempo*. Y, si volvemos sobre motivos anteriores (en nuestra vida personal, en el universo social y político, o en el físico) para intentar transformarlos, no podemos descuidar el hecho de que las condiciones ya son diferentes. En otras palabras, ya no lidiamos con *A*, *B* y *C*, sino con *A'*, *B'* y *C'* (o con *D*, *E* y *F*), aunque se preserven ciertas características.[45] No hay marcha atrás, y por eso la famosa "mutualidad causal" de Macy es tan confusa, lo mismo que conceptos no causales tales como "interdependencia" o "reciprocidad". Si *A* no causa *B* y la relación entre *A* y *B* es, como sugieren algunos, realmente otra (de contigüidad, por ejemplo, y, para más inri, en último término ilusoria), ¿entonces para qué hablar de causalidad o de originación (*uppāda*), y por qué colocar esta idea en el centro mismo del acontecimiento primordial del budismo, la iluminación de Gautama?

Hay un miedo terrible, y a mi juicio irracional, a esta supuesta linealidad de la causación, como si decir que "*A* causa *B*" fuese anatema espiritual; suponemos que debido a una irresistible inclinación de tipo estético –perfectamente legítima en este dominio– a considerar superiores a aquellas visiones "del Todo" que se plantan de golpe ante nuestra mirada atónita. De acuerdo con esta visión, que ha asumido sin más lo poético como filosófico, fijarse en lo concreto y analizar su razón de ser equivale a rebajarse. Lo espiritual, de acuerdo con esta perspectiva, debe ser ante todo la captura de la totalidad. Nosotros sostenemos no sólo que esta es una visión plagada de inconvenientes cuando fue trasladada al dominio filosófico, sino además que no fue la concepción original del Buddha. Sí quizá la que muchos comentaristas budistas a partir de *mahāyāna* nos han aportado, pero no la de Siddhārta Gautama, el Buddha histórico.

Es importantísimo recordar que lo más difícil de la concepción de la originación dependiente es comprender que *A* ha sido a su vez causada por otra cosa (por *Z*, si se quiere), y que por tanto *Z* y *A*, y después *B*, se interpenetran de tal modo que no pueden entenderse aisladamente. Pero que no puedan entenderse por separado, como si existiesen en sí y por sí, no significa que no puedan diferenciarse en absoluto, lo cual constituiría el otro extremo (nihilista), igualmente sustancialista. La dificultad de comprender la vía media reside precisamente aquí: en que ni la separabilidad completa de los *dharmas* o elementos (y por tanto un substancialismo atómico) ni su aniquilación son vías coherentes, a pesar de que hayan sido las proposiciones filosóficas más corrientes hasta la fecha.

Sin embargo, permanece el miedo a la linealidad en la causación, y desvía a muchos autores de la vía media y de la causalidad relativa. Pienso que se trata, en el fondo, de un miedo a lo determinado, pues en este concepto hay una expresa declaración científica y objetiva de saber la verdad de las cosas concretas, mientras que vaporizar su firme encadenamiento en digresiones metafísicas de otro género permite un (efímero) alivio en la conciencia, que confunde la vaga libertad de la indeterminación con la libertad efectiva de haber determinado la verdad, es decir, la causa o razón de algo.

Así, por ejemplo, Jeremy Hayward, en una discusión acerca de la relación entre la ciencia y el budismo, dice que: «aunque de acuerdo con el budismo todos los fenómenos son causados, ninguno siendo milagroso u ocurrido por azar [con lo que estamos de acuerdo], la idea budista de causa no es la lineal de "una causa–un efecto" típica de la ciencia».[46] Y cita con aprobación a Herbert Guenther:

> Los budistas nunca admitieron la regla "A causa a B" salvo como una cruda sugestión en cháchara no filosófica. De hecho, la concepción budista de la causación está, si queremos compararla con otras teorias de la causación, más en la línea de la visión de Hume de que en la causación no hay una relación definible, excepto una conjunción y sucesión, y que nuestra tendencia a aceptar tales proposiciones como "esto causa a aquello" debe ser explicada por las leyes del hábito y la asociación.[47]

Pero esto está en flagrante contradicción con todos los *sutta*, que declaran sin ambigüedades que “esto *causa* a aquello”. Y no es concebible una ciencia, a pesar del *Tratado* de Hume, sin que exista alguna suerte de causalidad, si bien no tiene por qué estar ceñida, como Hayward supone, a una sola causa produciendo un sólo efecto. Observamos aquí, primero, cómo la confusión entre el número posible de causas y efectos conduce a una visión errónea del propósito científico, que no es otro que determinar las causas de las cosas, y así, más tarde, a un rechazo de la causalidad en el budismo primigenio. Esta desfiguración, como veremos, dará paso a ulteriores visiones metafísicas en donde la originación dependiente es tan sólo un modo de proponer un mundo unificado de relaciones de todo con todo; o, algo más consecuentemente y rico en texturas, propuesto bajo la forma de un universo infinito de partes en el que cada una de ellas refleja el todo, tal como encontramos (según Nicolás de Cusa) en la teoría de Anaxágoras, que en el budismo pasará a conocerse como la Red de Indra gracias a un *sūtra* del *mahāyāna*, el *Avataṁsaka*.

d. Interpenetración del bien y el mal

De acuerdo con el Buddha, la realidad es una cadena virtualmente infinita de eslabones causales en los que no puede decirse que estos permanecen (contra el eternalismo) ni que no existen en absoluto (contra el nihilismo). Los eslabones causales, o los entes dependientemente originados, están “vacíos” (*suñña* en pāli; *śūnya* en sánscrito) porque ni puede decirse que existen en sí y por sí (como sustancias eternas), ni que no existen. De aquí partirá toda una crítica del lenguaje metafísico, ya aparente en los *sutta* y en la *Piṭaka Abhidhamma*, pero sobre todo lúcidamente desarrollada en la *Mūlamadhyamikākarikā* de Nāgārjuna, quien mediante un uso riguroso de este concepto de *śūnyatā* (vacuidad) se propuso evitar cualquier solidificación de conceptos que aspire a hacerlos aparecer bajo la luz de una suerte de eternidad, pero sin tampoco desdeñarlos como si careciesen de utilidad o sentido. Sin embargo, tampoco la idea misma de *suñña* se libró de ser hipostasiada: especialmente su traducción sánscrita, *śūnyatā*, acabó por conformar una espectacular cúspide espiritual, una experiencia trascendental que los adeptos deben conquistar si quieren ser libres o “iluminarse”.

Es el famoso Vacío budista –con mayúsculas–, acaso el concepto central del *mahāyāna*: una idealización y eternalización de aquello que precisamente había querido destruir toda idealización y eternalización.

Sin recurrir a conceptos metafísicos labrados a base de sempiternidad, la originación dependiente permite analizar (y transformar) toda una serie de causas o condiciones que dan lugar a ciertos efectos indeseables en principio en cualquiera de las esferas de la acción. Como hemos indicado, el budismo se centró sobre todo en los aspectos subjetivos e individuales de esta intuición, pero ello no impide ampliar su resonancia al resto de las esferas de valor (objetiva, intersubjetiva e interobjetiva). Cada vez resulta más evidente que en todo "efecto" existen componentes subjetivos (por ejemplo, disposiciones personales), intersubjetivos (por ejemplo, políticos), objetivos (por ejemplo, fisiológicos) e interobjetivos (por ejemplo, económicos). Mas, si recurrimos a cualquier tipo de entidad metafísica (ya se llame Yo o Vacío) como explicación última de la realidad, no estaremos sólo retornando a un entendimiento de claro corte subjetivista, y por tanto excluyente del resto de las esferas, sino que estaremos violando lo más fundamental de la originación dependiente, que es precisamente ofrecer una vía media de entendimiento entre tal mistificación y la pretensión de que no hay posible explicación para los fenómenos (de la clase que sea).

El concepto absolutista de Vacío implica, además, una relación lógicamente insostenible: ¿cómo es posible que esa sustancia eterna sea causante (idéntica en último término) del rencor o la ira o, en fin, del Mal? Este problema, que nos es familiar por la tradición metafísica aristotélica que quiso incorporar el cristianismo, y que, como descubrió Schelling, tocaba el centro mismo de cualquier filosofía digna de tal nombre,[48] encontró en la originación dependiente y la vía media una solución cabal, que por otro lado dejaba las puertas abiertas al misterio prístino. Si, por el contrario, uno afirma que bien y mal son dos cosas totalmente separadas, ¿cómo no caer en el dualismo radical? ¿Cómo explicar su relación? Recurrir a las diversas emanaciones plotinianas o gnósticas, como hizo buena parte de la escolástica cristiana, tuvo también sus atractivos en el budismo (por ejemplo, la filosofía *yogācāra* tardía y su teoría de las siete conciencias que surgen de la octava, el *ālaya-vijñāna* o "depósito de conciencia"), pero en el fondo no se trata más que de un aplazamiento de la cuestión que preserva el núcleo idealista y metafísico.

El análisis del Buddha deja abierta una puerta a la transformación del mundo (interior y exterior) sin caer en el solipsismo de postular una sustancia eterna empíricamente incierta e identificada con el Bien Puro, y, por otro lado, sin obviar la cuestión del mal real en el mundo. Tanto el bien como el mal son originados dependientemente, y es nuestra la tarea de facilitar lo uno y de evitar lo otro mediante una acción inteligente y atenta, así como soslayando la negligencia en la medida de lo posible. En la originación dependiente se pone, pues, de relieve la responsabilidad moral y las posibilidades de liberación que existen en cada precisa ocasión, lo opuesto a aquello que predican escuelas nihilistas, que niegan por principio toda habilidad rectora; o las deterministas, como el jainismo, que afirman que todo efecto está dado de antemano en la causa que lo antecede.

La originación dependiente evita también caer en la contradicción de postular la idealidad práctica de una unión con una sustancia eterna que en la experiencia nunca permanece, y capea la insalvable dualidad ilusión/realidad en la que todo monismo subjetivista acaba por perecer, por más que reitere aquello de que "realidad e ilusión son en último término idénticas". Idea metafísica que, en el contexto budista, se ha procurado legitimar mediante la re-interpretación y re-traducción trascendentalista de uno de los versos más famosos de Nāgārjuna: «El proceso vital (*samsāra*) no se distingue en absoluto de la libertad (*nirvāṇa*)» (*MMK*, XXV.18). No es que Nāgārjuna volviese a unir, en una suerte de misticismo dialéctico monista, lo que antes había estado separado (la esclavitud y la libertad, el *samsāra* y el *nirvāṇa*), afirmando metafísicamente un Origen Uno que nunca las había separado en términos absolutos, pero cuya separación hay que admitir en términos relativos (así reza la ortodoxia de las constelaciones paradigmáticas budistas **PIII** y **PIV**), sino simplemente proponía la idea, obvia si comprendemos la originación dependiente, de que ambos, *samsāra* y *nirvāṇa*, son mutuamente dependientes: no pueden entenderse el uno sin el otro, son no-dos. Es la constatación, en fin, de un realismo filosófico –el de la vía media– que se aleja de especulaciones metafísicas innecesarias en lo que a la experiencia respecta, y que por su sobriedad y lógica interna permite una mejor comprensión del mundo (interior y exterior) y facilita por eso mismo su óptima transformación.

e. Universalidad y felicidad

La concatenación causal se producirá sin importar lo que digamos o lo que hagamos, sin importar cuánto y cuán profundamente haya meditado uno. No existe ningún lugar fuera de ella; lo que no significa que podamos elevarla a un rango metafísico, ahora explicable sólo mediante la (i)lógica interna del monismo filosófico. La libertad no consiste en la fuga hacia ese estrato metafísico supremo y re-inventado, sino en la atención a, y comprensión de, los eslabones causales mismos. Todos los eslabones de la secuencia causal, cuando son comprendidos con imparcialidad y ecuanimidad, se liberan por sí mismos.[49] De ahí la contundente afirmación que sigue a prácticamente todas las descripciones de la vía de liberación mediante el análisis casual en los *sutta*: «Ya no hay más renacimientos»; «ha sido hecho lo que tenía que ser hecho, y ya no hay nada más que hacer aquí».

De este modo, el correcto decir, la acción correcta y la meditación correcta –tres de los Ocho Senderos que conforman el camino de liberación budista (Cuarta Noble Verdad)– cobran una dimensión en las enseñanzas budistas que, sin fenecer en exageraciones de tipo místico, prueban sin cesar su eficacia en la experiencia. Se trata de tres senderos, más otros cuatro (cfr. capítulo 4), que cobran sentido verdadero con un octavo y principal: la visión o comprensión (*paññā* en pāli, *prajñā* en sánscrito) correcta. ¿Comprensión de qué? De lo originado dependientemente.

Gautama es "el Despierto" porque, como en el caso del epicureísmo, el estocismo y el escepticismo pirrónico en Occidente, y salvando las distancias que existen entre ellos, no hay nadie más libre que quien ya no se aferra a consuelos metafísicos. Entonces puede vivir en paz. Y es el más libre no en términos absolutos; no porque él concluyó su desposorio místico con una "naturaleza de Buddha" absoluta, que "todos poseemos" aunque nadie, o casi nadie, lo sepa. Es el más libre porque, mediante un análisis racional basado en la experiencia, cultiva de modo realista lo que puede y lo que no puede ser cambiado, se adiestra en una vida moralmente elevada carente de histrionismo, vigila el cese de la autoimportancia y consolida su apertura al mundo. Se trata de una combinación espiritual de gran belleza y verdad.

> *Felix qui potuit rerum cognoscere causas*, dijo un poeta[50] que estuvo lo suficientemente cerca de las necesidades humanas fundamentales y de la gran respuesta que el arte y la civilización pueden darles para valorar la Vida de la Razón y concebirla como sublime. Discernir causas es tornar visión en conocimiento y movimiento en acción. Es fijar las asociaciones entre las cosas de tal modo que sus respectivas transformaciones queden recopiladas y sean así significativas las unas para las otras. En proporción al avance de este conocimiento cada momento de la experiencia se vuelve consecuente y profético del resto. Los espacios de paz en la vida se llenan de poder, y sus espasmos llenos de recursos.[51]

A pesar de lo que sugiere el misticismo, comprender o conocer las causas de las cosas es una culminación espiritual tan sublime, o más, que el retiro y la autoabsorción que devienen de la tradición liberación yóguica (unión) con lo Divino. La razón es que la comprensión no solo engendra libertad en la esfera subjetiva, como demuestran y proponen claramente las enseñanzas del Buddha histórico, sino que además alarga sus brazos al mundo, estrechándolo con el calor de lo que ahora se torna más cercano. Si el método yóguico puede ser incorporado a la práctica del análisis causal, con específica aplicación y resultados en la esfera subjetiva, lo opuesto no es igualmente cierto: el yoga opta por no conectar con el otro y por vaporizar las causas del sufrimiento en estados luminosos que, por lo demás, son impermanentes. La calma o la concentración que procura la meditación podrá tal vez facilitar una comprensión más ajustada de causas, pero por sí misma no procura la libertad.

IV. LA ORIGINACIÓN DEPENDIENTE DE ACUERDO CON LOS DISCURSOS TEMPRANOS

a. Autenticidad de los discursos

Hasta aquí he querido explicar con cierto detalle una idea de la originación dependiente de tipo racional y no místico, y creo que al menos he mostrado su legitimidad. Ahora toca, pues, contrastarla con los textos originales que poseemos. No obstante, dado que en el largo curso de la historia budista se ha producido una campaña, que aún perdura, dirigida a eliminar la posibilidad de que de hecho tengamos algo parecido a textos originales de lo que enseñó Gautama, el Buddha histórico, es preciso en primer lugar examinar la cuestión de la autenticidad de los textos más antiguos.

En efecto, partimos de que la Cesta de los Discursos (en pāli, *Piṭaka Sutta*) y la Cesta de la Disciplina o de la Educación (en pāli, *Piṭaka Vinaya*),[52] en ambos el canon pāli y chino, son los documentos más fidedignos que poseemos de lo que predicó el Buddha histórico. La exactitud con la que lo allí grabado se corresponde con las palabras reales del Buddha es, naturalmente, imposible de determinar. Pero la coincidencia casi literal, y por supuesto doctrinal, del canon pāli y chino, dos desarrollos tempranos independientes, en gran parte de las dos Cestas mencionadas de la *Tipiṭaka* (Tres Cestas), sobre todo en las partes más antiguas, apunta claramente a la idea de que aquí se han preservado sus enseñanzas originales con gran fidelidad.

En las cinco Colecciones (*nikāya*) de Discursos (*sutta*) se observa una paulatina diferenciación entre ambos cánones a medida que pasa el tiempo. La *Nikāya Dīgha*, o discursos largos,[53] y la *Nikāya Majjhima*, o discursos medianos –las colecciones más antiguas–, son prácticamente idénticas en ambos cánones, y empiezan a diferir levemente en la *Nikāya Saṃyutta*, o discursos conectados (o cortos), algo más tardía. En la *Nikāya Aṅguttara* (discursos numéricos) se preservan algunos *sutta* centrales que no se desvían del espíritu y la letra de los precedentes, aunque aumentan las divergencias literales entre los cánones. Y, finalmente, de la mayor parte de la quinta colección o *Nikāya Kuddhaka* (discursos misceláneos) no poseemos recensión china, y allí donde existe se dan algunas diferencias notables. Hay, por ejemplo, varias versiones del *Dhammapada*.[54] Son los textos más tardíos en este grupo de escritos tempranos, y aunque en muchos de ellos no hay afirmaciones que puedan considerarse del Buddha histórico, sí preservan la misma visión del mundo y del ser humano.

Por su parte, la todavía más tardía Tercera Cesta (*Piṭaka Addhidhamma*) es un intento muy extenso de traducción en términos filosóficos del material doctrinal aparecido en los discursos, consistente sobre todo en resúmenes y enumeraciones de los conceptos principales allí esgrimidos. Es, pues, un intento de sistematización de las enseñanzas de Gautama, que después, por las crecientes dificultades de interpretación, se coloreará de un modo u otro según las escuelas. Algunas escuelas, de hecho, llegaron a alterar los contenidos de la *Piṭaka Abhidhamma* según convenía a sus doctrinas. Estamos aquí ya en el segundo paradigma del budismo (**PII**), que examinaremos en el capítulo 5.

Así, pues, la fidelidad de las afirmaciones del Buddha histórico tal como quedaron grabadas en los *sutta* pāli y los *āgama* chinos puede presumirse sin ningún peligro serio, y es reconocida no sólo por los académicos actuales, sino incluso por los paradigmas tercero y cuarto (**PIII** y **PIV**). Mas, como vemos, tampoco podemos tomar la *Tipiṭaka* como un todo homogéneo y puro. En él se percibe un desarrollo doctrinal a lo largo de un período bastante dilatado de tiempo –unos tres siglos aproximadamente–, que tiende a una progresiva diversificación, pasando primero por el cisma entre la Gran Comunidad o la mayoría (*mahāsaṅgha*) y la escuela de los Ancianos (*theravāda*) en el siglo III a. C., y que culmina en la división entre las Dieciocho Escuelas durante el reino de Aśoka. Será el **PIII** (*mahāyāna*) –como en el judaísmo, cristianismo e islam– quien procure más tarde dar un sentido unitario a la doctrina budista, aunque para ello tenga que considerar la diversificación doctrinal previa como inferior (*hīnayāna*) y consiguientemente enterrar los discursos tempranos de los cánones pāli y chino bajo el mismo rótulo.

Rescatar, pues, los *sutta* no significa comulgar con las ruedas de molino filosóficas desarrolladas por las escuelas despectivamente llamadas *hīnayāna* (**PII**). Se trata, por el contrario, de una operación de recogida de aquello que con casi total seguridad fueron las enseñanzas reales, si bien no exactamente literales, del Buddha histórico,[55] para poder así fundamentar lo original del mensaje búdico sin pasarlo por el tamiz de ninguna de las escuelas o paradigmas subsiguientes. Y, a partir de este nudo central, ser capaces de detectar hasta qué punto estas y estos le fueron fieles. Esto es importante porque el modo principal de legitimación de los muy posteriores y en modo alguno históricos *sūtra* del *mahāyāna* es enjaretarse en la ficción de que efectivamente son históricos y que, por tanto, están en pie de igualdad con los *sutta*. Y aunque hoy no existe ningún académico que crea que los *sūtra* del *mahāyāna* contienen palabras del Buddha histórico, su legitimación espiritual descansa en gran parte en esta ficción, de tal modo que los amantes de la filosofía y espiritualidad del *mahāyāna* tenderán a menospreciar la historicidad de los *sutta* para compensar su propia deficiencia.

Encontramos un ejemplo clásico de esta tendencia en uno de los grandes pioneros de los estudios budistas en el siglo pasado, Edward Conze. Conze argumentó que: «la naturaleza de nuestros documentos literarios hace del intento de partir de las enseñanzas del mismo Buddha algo infructuoso e imposible».[56] Conze nunca prestó suficiente atención a la *Tipiṭaka* porque estaba ansioso por llegar a las enseñanzas del *mahāyāna*, que eran para él –y para muchos con él– las principales del budismo. Como decimos, desde esta perspectiva apriorística, resulta conveniente desfigurar la historicidad de los discursos tempranos para poder así colocar en pie de igualdad (histórica) los discursos de canon pāli y los posteriores del *mahāyāna*. Pero dejando a un lado que esto es históricamente insostenible, lo peor es que esta aproximación persiste en obviar las diferencias filosóficas entre los dos tipos de discurso (*sutta* y *sūtra*); o, de reconocerlas, simplemente asumir que la interpretación trascendentalista (*mahāyāna*) es espiritualmente superior y que todo lo contenido en los *sutta* es tosco y primario.

En lo estrictamente histórico, Conze ha argüido que, dado que no podemos contrastar los discursos pāli de la Escuela de los Ancianos (*sthaviravāda* en sánscrito) con los de la Gran Comunidad (*mahāsaṅgha*) (aludiendo al Primer Cisma, ocurrido algo más de un siglo de la muerte de Gautama), puesto que estos últimos han desaparecido, no tenemos evidencias suficientes para constatar su autenticidad. La ausencia de discursos *mahāsaṅghika* es cierta, pero ella no desvirtúa en ningún caso la veracidad e historicidad de los discursos en pāli llegados hasta nosotros, pues la *mahāsaṅgha* se escindió *después* de que se hubiese llegado a un acuerdo acerca del Canon completo en el Segundo Concilio, y el Código de Disciplina *mahāsaṅghika*, que sí se conserva, no refleja ninguna diferencia con respecto al *sthaviravāda*. (Recogeremos los avatares del desarrollo de los textos budistas principales en el capítulo 5.)

Además, Conze parece olvidar que poseemos los *āgama*, un desarrollo independiente de la Sthavira (concretamente *sarvāstivāda*), intacto en traducciones chinas, el cual confirma la práctica literalidad de las tres Colecciones principales de discursos, y casi todo de la *Aṅguttara* (la Colección *Kuddhaka*, como hemos dicho, o bien no se tradujo o bien se ha perdido). Un descubrimiento de textos reciente en Afganistán, el antiguo Gandhara, una de las zonas a las que Aśoka mandó emisarios con conocimiento memorizado del Canon completo (*sutta* y *vinaya*), ha venido también a confirmar la práctica identidad entre los textos. Escritos en gāndhārī, estos textos son, hoy por hoy, los escritos más antiguos del budismo (siglo I d. C.), casi contemporáneos a los recogidos en hojas de palma por la comunidad en Sri Lanka que dieron lugar al Canon Pāli.

Por lo demás, si admitimos, como hacen hoy todos los estudiosos, que la *mahāsaṅgha* es el antecedente directo del *mahāyāna*, podemos conjeturar que había un latente interés en no preservar los discursos originales, pues apartándolos se podría dar paso a la creación de otros nuevos, de tipo trascendentalista, que los sustituyesen.

b. Aspectos centrales

Hemos mostrado ya que la originación dependiente aparece en el momento mismo de la iluminación de Gautama precisamente como *el* descubrimiento que jalona todo un camino de búsqueda espiritual y filosófica inconformista con las visiones pretéritas y contemporáneas. Ahora corresponde hurgar en las Colecciones de Discursos principales para ver cómo se desarrolla esta idea. Huelga decir que, teniendo en cuenta la prodigiosa extensión del *corpus* budista temprano –solo la *Nikāya Saṃyutta* contiene nada menos que miles de discursos–, lo que aquí señalemos será mínimo, aunque confiamos en que sea suficiente.

Para empezar, podría afirmarse que el lema de la enseñanza budista, que encontramos en el *Sutta Mahāhatthipadopama*, es:

> Aquél que comprende la originación dependiente, comprende el *dhamma*; aquél que comprende el *dhamma* comprende la originación dependiente.[57]

Dhamma –*dhārma* en sánscrito– es un término polisémico y, en realidad, de imposible traducción, que puede denotar, entre otras cosas, la totalidad de las enseñanzas espirituales budistas, o la Ley.[58] Tomada así, por tanto, la afirmación del Buddha equivale a decir que el que comprende la originación dependiente comprende lo esencial de toda su doctrina. Una traducción alternativa interesante, no obstante, es la que apunta la *Aṭṭhakathā* o comentarística tradicional *theravāda*:

> Quien ve la originación dependiente ve los estados dependientemente originados (*paṭiccasamuppanne ca dhamme*); quien ve los estados dependientemente originados ve la originación dependiente.[59]

Aquí la traducción de *dhamma* es "estado", otra de las principales. Esta última traducción enfatizaría la relación inextricable, ya mencionada, entre lo empírico (*paṭiccasamuppanna*) y lo teórico (*paṭiccasamuppāda*); entre lo que encontramos en la experiencia inmediata y la doctrina formal y abstracta que elaboramos para dar cuenta del fenómeno. No puede entenderse lo uno sin lo otro.

Ambas traducciones no son incompatibles, y de hecho una formulación repetida numerosas veces a lo largo de los discursos tempranos, y utilizada como encabezamiento en las más variadas descripciones de cómo examinar la realidad (interior) –o explicaciones pormenorizadas acerca de cómo se produce la ignorancia y cómo transformarla en libertad, habitualmente la cadena causal duodécupla (doce eslabones o *nidānas*), que estudiaremos algo más adelante–, parece sintetizar ambas versiones:

> Os mostraré, oh monjes, la causalidad y los fenómenos causalmente condicionados (paticcasamuppadañ ca vo bhikkhave desissami paticcasamuppanne ca dhamme).[60]

Nótese aquí el establecimiento de la relación entre el aspecto teórico y el empírico, que es una de las ideas que guían el trabajo de Kalupahana sobre el budismo original: «El problema de la causalidad implica dos aspectos: la regla o el patrón de acuerdo con el cual las cosas cambian, y las cosas mismas que están sujetas al cambio».[61]

Y, como ya hemos mencionado, el principio de la causalidad se formula a menudo de la siguiente manera:

> Cuando esto está presente, aquello aparece;
> del surgimiento de esto, surge aquello.
> Cuando esto está ausente, aquello no aparece;
> en la cesación de esto, aquello cesa.[62]

Mientras que la primera y tercera afirmaciones sugieren una íntima relación o relatividad entre sucesos, caracterizada por la impermanencia (*anicca*), la segunda y la cuarta interrumpen la posibilidad de interpretar la causalidad budista como mero asociacionismo o contigüidad, y proponen claramente que la relación es aquí una de producción: los sucesos surgen y cesan *por una causa*. Tanto el "esto" como el "aquello" del texto pueden ser uno o varios, pero –y esto es relevante para una discusión que sostendremos en el próximo apartado– en ningún caso queda sugerido que la relación entre el esto y el aquello sea de simple dependencia (interdependencia o entre-ser), ni que puedan sin más revertirse (causalidad mutua), ni tampoco que en el "esto" yazca el todo (homeomería), ni, finalmente, que el esto y el aquello sean en último término idénticos (no-dualidad). Y ni por asomo se insinúa que el "esto" sea la mente o el sujeto, el "aquello" el objeto, y que la iluminación consiste en su inefable unidad.

Un tanto a contrapelo de vaguedades conceptuales y de cara a una confrontación con el discurso científico de la modernidad es interesante observar que los discursos tempranos indican que el nexo causal tiene cuatro características principales: 1) objetividad (*tathatā*); 2) necesidad (*avitathatā*); 3) invariabilidad (*anaññathatā*), y 4) condicionalidad (*idappaccayatā*).[63]

La objetividad está marcada en aquellos pasajes donde se afirma que, esté o no presente el *Tathāgata* –otra forma de nombrar a aquel que está iluminado–, la ley de la causalidad se mantiene inalterable. Es decir, que uno la perciba o comprenda (subjetividad) no decide la verdad de esta ley universal. En el *Āgama Samyukta*, cuando el Buddha es interrogado acerca de quién construye o fabrica esta teoría de la causalidad, este responde:

> No está hecha ni por mí ni por otro. Tanto si surgen los *tathāgatas* en este mundo como si no, este patrón de cosas (*dhammadhātu*) es eternamente existente. Este patrón el *tathāgata* ha comprendido, y está completamente iluminado.[64]

Como sucederá con tantos otros conceptos budistas tempranos, *dhammadhātu* más tarde pasará a ser una entidad metafísica separada del mundo pero fundacional y consustancial a este que el adepto debe conquistar introspectivamente. La idea comprensible y racional de una ley universal pasa a ser objeto de revelaciones subjetivas, cuando se trataba nada más, pero tampoco nada menos, que de una teoría acerca de una realidad empírica sujeta al cambio.

La necesidad, por su parte, se refiere a la ausencia de excepciones a la regla (ibíd., pág. 93). La invariabilidad no implica que de la misma causa surja un mismo efecto en todas las ocasiones, pues, como señala Kalupahana, esta característica no apunta a la naturaleza de las causas y de los efectos, sino a la naturaleza de la relación entre ambos. Lo que se pretende enfatizar aquí, por tanto, es la constancia de la relación, y no tanto la identidad de las causas y de los efectos (ibíd., pág. 94). La condicionalidad, aunque en muchos lugares figura como una de las características de la causalidad, es tan central a ésta que en otros lugares se utiliza como su equivalente. De acuerdo con Kalupahana, la razón es que la condicionalidad evita una concepción de la causalidad determinista, siendo así el término medio entre el fatalismo (*niyativāda*) y el accidentalismo (*yadṛcchāvāda*) (ibíd., pág. 94).

En todo caso, una (supuesta) distinción entre causa (*hetu*) y condición (*pratyaya*) ha sido materia de muchos debates entre escolásticos budistas, como si lo primero se refiriese a algo fundamental o sustancial y lo segundo, a algo secundario o atributivo. Mas el uso de ambos términos y tantos otros que denotan causalidad (*paccaya*, *kāraṇa*, *nidāna*, *sambhava*, *padhava*)[65] en los discursos tempranos no permite una distinción tan drástica y, de hecho, deben entenderse como equivalentes.[66] Debemos notar que esta discusión es todavía central a la hora de interpretar la *MMK* de Nāgārjuna, pues Nāgārjuna usa ambos términos a lo largo de este escrito. De acuerdo con Jay L. Garfield, traductor de la *MMK* en la tradición chandrakirtiana y por tanto mahayánica, Nāgārjuna hace una nítida distinción entre causa y condición; la primera siendo algo que «tiene poder para producir un efecto como parte de su esencia y naturaleza», mientras que lo segundo es «un estado o proceso al que se puede apelar para explicar otro estado o proceso sin compromisos metafísicos o conexiones ocultas».[67] De este modo, Garfield puede argüir que Nāgārjuna rechaza lo primero por metafísico y abraza lo segundo como la concepción verdadera de la originación dependiente, haciendo el camino expedito para diluir la causalidad en su sentido fuerte, hablar de explicaciones que dependen ante todo «de nuestros intereses y de nuestro lenguaje» (ibíd., pág. 113) –subjetivización–, y, no sin paradoja, sustentar el edificio nagarjuniano sobre un fundamento metafísico basado en la distinción entre la "naturaleza relativa" y la "naturaleza última" de las cosas (ibíd., pág. 114).

c. Mundo físico y personalidad

Aunque en los discursos tempranos la originación dependiente es aplicada mayormente a la subjetividad, pues al Buddha le preocupaba ante todo la libertad interior, de acuerdo con la comentarística tradicional (*Aṭṭhakathā*) y de acuerdo también con C.A.F. Rhys Davids –una de las grandes iniciadoras del estudio del canon pāli junto con su marido, T.W. Rhys Davids–, la originación dependiente es explorada en los *sutta* también en otras esferas de la realidad, que incluyen el mundo natural. Rhys Davids elaboró la siguiente clasificación:[68] 1) el mundo físico inorgánico, la materia (*utuniyāma*); 2) el mundo físico orgánico (*bījaniyāma*); 3) la vida mental o intelectual (*cittaniyāma*); 4) la esfera social y moral (*kammaniyāma*), y 5) la vida espiritual superior (*dhammaniyāma*).

Con respecto a las dos primeras, baste decir que los textos tempranos del budismo, entre ellos el *Aggañña-Suttanta*, que es el más explícito, establecen que nada puede conocerse del Principio, aunque indica que en la realidad existen procesos de evolución (*vivaṭṭa*) y disolución (*samvaṭṭa*).[69] Así, pues, aunque el budismo se ocupará ante todo de la esfera subjetiva (de un modo que combina lo fenomenológico y lo existencial equilibradamente), existió también al inicio una preocupación por la naturaleza del mundo natural exterior, que pudo haberse desarrollado en teorías más completas y científicas si otras condiciones hubiesen también asistido. Ni el budismo ni ninguna otra filosofía oriental dieron los pasos decisivos en esta dirección, que sí sucedieron con la filosofía griega; en particular, con el desarrollo de las matemáticas fuera del ámbito esotérico (Euclides) y con el desarrollo de los estudios de la naturaleza (desde Demócrito hasta Aristóteles).

Reservaremos una discusión de lo específicamente espiritual (5) para el próximo capítulo. El tercer dominio, por su parte, ocupó un grandísimo número de discursos, pues dado que el Buddha había negado la permanencia del yo (*atta*, o *ātman*), restaba explicar la causación de la personalidad y su continuación en el ciclo de la existencia (*samsāra*). Para ello, primero acudió a una explicación, seguramente la más primitiva, en términos de elementos (*dhātu*) originados dependientemente: tierra (*paṭhavi*), agua (*āpo*), fuego (*tejo*), aire (*vāyu*), espacio (*ākāsa*) y conciencia (*viññāna*), donde los cinco primeros son físicos y el último es psíquico.[70] Es significativa la deuda de esta clasificación no sólo con las especulaciones védicas, sino con el materialismo de su tiempo, que el Buddha aquí recoge, pero despojándolo de la asunción metafísica de que los elementos materiales son el sustrato o fundamento último de la realidad. Se contrapone también, por supuesto, a la metafísica inmortalista anclada en el Yo eterno de algunas *Upaniṣad* y así a la predominancia absoluta de lo psíquico. Para el Buddha existiría más bien una relación de producción dependiente entre lo físico y lo psíquico, cuyo origen ignoramos.

Más conocida es su clasificación de los agregados (*khandha*), que mantiene la relación causal entre lo físico y lo psíquico, pero reduciendo lo primero a un sólo elemento y expandiendo lo segundo a cuatro. La personalidad física aquí es representada por el primer agregado: la materia (*rūpa*), y la psíquica por los cuatro siguientes: sentimiento o sensación (*vedanā*), percepción (*saññā*), disposiciones (*saṇkhārā*) y conciencia (*viññāna*).[71] Con respecto a esta última clasificación, Kalupahana comenta:

> La conciencia (viññāna) puede ser descrita como algo que está condicionado así como algo que condiciona. De un lado, la conciencia surge a partir de ciertas condiciones, por ejemplo el contacto de los órganos sensoriales con los objetos sensoriales. De otro, sirve como causa en cuanto que condiciona la personalidad psíquica del individuo recién nacido. Así, en los textos budistas tempranos, tanto al problema de la percepción como al del renacimiento, que los pensadores upanishádicos habían resuelto mediante el postulado de un alma inmutable y perenne, fueron otorgadas explicaciones causales (Ibíd., pág. 121).

El Buddha mostró una gran preocupación por el proceso perceptivo sensorial, situando en él (o en sus distorsiones) una de las fuentes principales de sufrimiento. En muchísimos discursos de la *Nikāya Saṃyutta*, el Buddha elaboró una compleja psicología de la percepción que relaciona el órgano sensorial, el objeto sensorial y el contacto entre ambos de un modo empírico y realista, y sin rastro de la mojigatería o el ascetismo gratuito que algunos le atribuyen.

La riqueza de la concepción de los cinco agregados, a pesar de su aparente simplicidad, seguirá dando mucho qué pensar. Pues dentro del cuarto agregado, las disposiciones, que es de naturaleza eminentemente histórica, uno puede legítimamente pensarlas tanto desde un punto de vista personal como colectivo. Las disposiciones, a su vez, modifican, afectan y condicionan las nuevas sensaciones y percepciones surgidas en el momento presente que toman determinada forma en la conciencia, alterando asimismo y sucesivamente el dominio material o primer agregado, la materia, a veces traducido también como "forma" (por supuesto, no confundir con la forma tal como se entiende en el hilemorfismo aristotélico). Además, sensaciones y percepciones no tienen por qué ser siempre conscientes; algunas llegarán a la conciencia y otras, no.

Pero sólo es posible abundar en esta riqueza si prescindimos tanto del determinismo causal como del acausalismo o la causación externa, y, por tanto, si entendemos que toda la teorización búdica temprana está basada en la originación dependiente como la vía media entre explicaciones dogmáticas extremas (substancialismo y nihilismo) y lo originado dependientemente como dato empírico y experimental inmediato.

d. La cadena causal duodécupla

Mas, con mucho, la formulación más ampliamente difundida en los discursos tempranos de la originación dependiente de la personalidad es la de la cadena causal duodécupla (*dvādasāṅga*). Esta es, de nuevo, una explicación alternativa a, y vía media entre, el vedántico acudir a una entidad egoica eterna e imperecedera para explicar la continuidad de la personalidad, y el reduccionismo del corporeísmo materialista indio, que negaba cualquier tipo de supervivencia psíquica tras la muerte. De este modo, el Buddha abría espacio al libre albedrío y a una teoría coherente, no determinista pero tampoco basada en el azar, de la responsabilidad moral.

Aunque el ateísmo moderno pueda contestar que la responsabilidad moral es posible sin recurrir a ningún tipo de supervivencia tras la muerte, es difícil negar que la preservación de los ideales morales se efectúa mediante una supervivencia no corporal de estos a través de las generaciones, y es esto lo que el Buddha tenía principalmente presente. Como veremos en el próximo capítulo, no hay nada más ajeno al Buddha que la idea de una supervivencia del alma individual, pues para empezar el Buddha considera que esta es un mero constructo (*anatta*, no-yo). Creo, por tanto, que su teoría de los 12 *nidānas* o eslabones es una respuesta todo lo coherente que podía ser al problema de la continuidad de la persona con todos sus atributos y aspiraciones espirituales, cuando los estudios intersubjetivos en cuanto tales no habían salido todavía del cascarón. Volveremos sobre este importante asunto en el capítulo 10.

Sin caer en la subjetividad pura del *vedānta*, ni en un nihilismo que dictamina una falta absoluta de continuidad, el Buddha propuso una teoría –aún subjetiva, aunque ya efectuando un patente descentramiento del sujeto en cuanto ente absoluto sobre el que se fundamenta todo lo demás– que ofrece una explicación causal de la continuidad "psíquica" de una generación a otra. Por psíquico aquí ha de entenderse lo que no es meramente corpóreo, y englobaría en principio la transmisión de valores morales o instituciones de naturaleza colectiva e intersubjetiva (si bien, como digo, estos no se mencionan explícitamente). Más bien, bajo el trasfondo metafísico de la re-encarnación y por ello todavía sin salirse completamente de la subjetividad y de la aspiración de la libertad interior, el Buddha establece una notable explicación de la producción causal allende el principio y término de la vida de un individuo singular.

En los discursos tempranos pueden encontrarse incontables descripciones, e idénticas, de la cadena causal duodécupla. Hela aquí:

> Cuando esto existe, aquello existe o viene a ser; en el surgimiento de esto, surge aquello. Cuando esto no existe, esto no existe o viene a ser; en la cesación de esto, aquello cesa.
>
> Es decir, con la ignorancia (*avijjā*) como condición, las formaciones volitivas [o disposiciones] (*saṇkhārā*) vienen a ser;
>
> con las formaciones volitivas como condición, la conciencia (*viññaṇa*) viene a ser;
>
> con la conciencia como condición, la personalidad psicofísica (*nāmarūpa*) viene a ser;
>
> con la personalidad psicofísica como condición, las seis entradas (*saḷ'āyatana*) vienen a ser;

con los seis sentidos como condición, el contacto (*phassa*) viene a ser;
con el contacto como condición, el sentimiento o sensación (*vedanā*) viene a ser;
con el sentimiento como condición, la ansiedad (*taṇhā*) viene a ser;
con la ansiedad como condición, el apego (*upādāna*) viene a ser;
con el apego como condición, el ser (*bhava*) viene a ser;
con el ser como condición, el nacimiento (*jāti*) viene a ser;
con el nacimiento como condición, el envejecimiento y la muerte (*jarāmaranaṁ*) vienen a ser.
Éste es el origen de toda esta masa de sufrimiento (*dukkha*).[72]

Por razones obvias, no podemos detenernos a examinar con detalle cada uno de los eslabones,[73] cuya traducción no está exenta de problemas. Sí queremos indicar, en primer lugar, que las numerosas descripciones de los discursos tempranos no siempre empiezan con el mismo eslabón. El Buddha presumiblemente comienza la descripción en la conexión causal que le interesa enfatizar en cada momento. Habitualmente se trata de la ignorancia, pues a esta se contrapone la iluminación, precondición esencial de la libertad.[74] Pero en el *Sutta Mahānidāna* (*Nikāya Dīgha*, 15) la descripción empieza en el punto en que el apego origina el ser, un momento también especialmente relevante para la libertad, porque al fin y al cabo esta consiste en el desprendimiento del apego. En el *Sutta Mahātaṇhāsankhaya* (*Nikāya Majjhima*, 1.262), el Buddha parte del nacimiento, otro comienzo lógico, y después repasa la cadena hacia delante y hacia atrás, lo cual indica acaso que quiso que sus oyentes la memorizasen como un mapa de la conciencia para después poder recorrer sus cursos según dicte la experiencia.

Kalupahana ha llamado la atención también (ibíd., pág. 74) sobre la importancia de las disposiciones o formaciones volitivas, no sólo en la cadena causal duodécupla, sino también en los cinco agregados, que, como tal vez se habrá observado, ha sido aquí incorporada. Las tradiciones meditativas *theravāda* enfocan su atención sobre las disposiciones o formaciones volitivas como el lugar donde se produce la modificación real de la personalidad, y dado que este eslabón es el que denota mayor intencionalidad, es central para la vida moral del sujeto.

El Buddha tiene un motivo soteriológico en mente al proponer una clasificación como esta: la salida de "la masa del sufrimiento". Pero también es importante darse cuenta de que la respuesta que da al origen del principio egoico o de la personalidad es sumamente creativa, y sale de las aporías tanto del eternalismo del Yo vedántico como de la causación externa del materialismo indio. El Buddha no se inclina a postular un alma eterna para explicar las consecuencias de nuestras acciones (*kamma*, en pāli; *kārma*, en sánscrito) en el futuro, las cuales se le antojaban una evidencia obvia de la experiencia; mas tampoco le convence la teoría de la causación externa materialista, incapaz de explicar la continuidad de la personalidad o la responsabilidad moral de nuestros actos.[75] En este planteamiento no sólo hay cabida para el libre albedrío, sino también para una explicación no dualista o absolutista del sufrimiento.

e. Mundos moral y social

A pesar del lugar preeminente que ocupa la cadena causal duodécupla en los discursos originales, la originación dependiente y los fenómenos originados dependientemente no se ciñen tan solo a esta categorización. No pocos estudiosos han pretendido lo contrario, y han justificado así una supuesta superación de la estrechez del marco budista primitivo por parte de nuevas doctrinas, en teoría más avanzadas aunque en verdad de corte regresivo (si por progreso entendemos el paulatino desprendimiento de asunciones metafísicas en nuestras explicaciones). Pero no sólo encontramos aplicaciones de la doctrina en el mundo natural y en la generación de la personalidad, sino que hallamos una conexión inevitable con la esfera moral, así como explicaciones causales en los dominios social y espiritual.

Si las tradiciones védica y upanishádica, por su teoría del Yo Absoluto, no podían sino pensar que las causas de nuestras acciones repercuten solamente en el yo, y por tanto que la felicidad y el sufrimiento se debe exclusivamente a uno mismo, el Buddha, sin caer en el extremo opuesto de pensar que la felicidad y el sufrimiento se deben exclusivamente a causas ajenas a nuestro control, pudo abrir una vía media capaz de contemplar ambos aspectos sin reducirse a ninguno de ellos. En los *sutta*, el Buddha aparece criticando tanto la posición del absolutismo yoico como la materialista de una naturaleza inherente (*svabhāva*) externa al yo, como la posición *ājīvika* de Makkahli Gosāla, que atribuía responsabilidad última al destino (*niyati*), como a los teístas, que transferían la responsabilidad de sus actos a Dios (*issara*). Tampoco, como hemos visto, compartía la teoría moral jainista, que veía el comportamiento moral absolutamente determinado por el pasado.[76]

Aunque el Buddha enfatizó el aspecto psicológico de la cuestión, lo cual llevó a muchos a pensar que no tuvo en cuenta otros aspectos como el cuerpo y el habla, lo cierto es que para el Buddha el comportamiento puede dividirse en tres categorías principales: corporal (*kāya*), verbal (*vaci*) y mental (*mano*). En estos tres dominios existe responsabilidad ética, algo que será contemplado por los así llamados cinco preceptos o guías morales budistas: abstenerse de matar, de robar, de comportamiento sexual inapropiado, de mentir, y de intoxicarse. Y uno debe estar familiarizado con los discursos tempranos para darse cuenta de cuán abierto y a la vez sólido es este entendimiento, que se amolda a variadísimas circunstancias con las que el Buddha tuvo que enfrentarse. De ahí también la renuencia del Buddha a proponer un modelo formulaico y absoluto de la moralidad. De acuerdo con la propuesta budista, «el efecto (*phala*) de un acto (*kamma*) no está determinado solamente por el hecho mismo, sino también por la naturaleza de la persona que lo cometió y, debemos añadir, por las circunstancias en que es cometido» (ibíd., pág. 131). De este modo, tanto el pasado personal (*pubbekatahetu*), como una vida en un ambiente adecuado (*paṭirūpadesavāsa*), como el ser aplicado en el presente (*attasmmāpaṇidhi*), vendrían a configurar una vida éticamente digna.[77]

Una teoría de la vía media entre el absolutismo y el nihilismo no podía pasar por alto la situación social de la India. El *Puruṣa-sūkta* del *Ṛgveda* anuncia que la jerarquía social de las cuatro castas es inalterable, por haber sido ordenada por la divinidad, y la *Bhagavad Gītā*, un capítulo de la gran épica del *Mahābhārata*, nos presenta una batalla de gigantescas proporciones en las que se decidirá el futuro de esta institución. Kṛṣṇa (Krishna) vendrá a apoyar a Ārjuna, un guerrero que defiende el sistema de castas, y corregirá todos sus escrúpulos a la hora de matar a sus enemigos en la batalla. Los redactores budistas del *Dhammapada* budista no sólo combatieron explícitamente el idealismo absoluto de este texto fundacional del hinduismo, sino que debieron de ser conscientes de las prolongaciones sociales de su metafísica.

Es de gran importancia apuntar que el Buddha ofrece una explicación causal natural para el desarrollo de la sociedad de castas, pasando por alto una larguísima tradición de autoridad divinizante. En el *Agaññā-suttanta*, tras dar un prolegómeno sobre la evolución del mundo, el Buddha explica cómo las diferentes clases sociales fueron creadas:

> Y entonces aparecieron diferencias sexuales; los hogares fueron formados; los perezosos guardaron el arroz en lugar de cosecharlo cada mañana y cada tarde; aparecieron, pues, los derechos de propiedad, y fueron infringidos. Y cuando se sintió la codicia y se cometieron los robos, los hombres se reunieron, no distintos de ellos excepto en su virtud, (*dhamma*) para contener a los malhechores mediante la culpa, multas o expulsión. Estos fueron los primeros *khattiyas* (casta guerrera). Otros fueron elegidos para contener las malas disposiciones que llevan a actos nocivos. Estos fueron los primeros brahmanes, que se diferenciaban sólo por su virtud. Entonces otros, para mantener en funcionamiento sus hogares, comenzaron diversas ocupaciones. Y estos fueron los primeros *vessas* (agricultores y comerciantes). Y algunos abandonaron sus hogares y se convirtieron en los primeros proveedores de servicios (*samaṇa*). Pero todos eran iguales en origen, y la única diferencia entre ellos era la virtud.[78]

Esta versión de la evolución social no es muy distinta de la que ofrece Vico en su *Ciencia nueva*, si bien este hubiese hablado de fuerza antes que de virtud como la diferencia que marcó las primeras separaciones entre grupos.

No sólo a través de especulaciones naturalistas sobre el origen de la sociedad sino mediante acciones concretas, en el budismo primitivo se observa una marcada tendencia a la igualdad. El Buddha acepta en su comunidad (*saṅgha*) a hombres y mujeres de todas las castas sin excepción, y no permite que las reglas inconscientes de su rígido sistema desempeñen ningún papel en el funcionamiento de aquella. Es evidente que para el Buddha lo que cuenta es la talla moral del individuo en la vida presente; en esta, se dice, uno puede pasar de amo a esclavo, o viceversa.[79]

Aunque algunas tradiciones budistas se han aferrado al sistema que el Buddha elaboró para la separación entre *bikkhus* y *bikkhunis* (monjes y monjas) –estas últimas, por muy mayores o adelantadas que estén en su camino espiritual, siempre teniendo que permanecer supeditadas en todo al más novicio de los monjes varones–, a menudo se pasa por alto que la incorporación de mujeres a un grupo de buscadores de la verdad era algo absolutamente inusitado. Thich Nhat Hanh ha argumentado con sensatez que la sobrecarga de reglas que impuso el Buddha a las mujeres tenía el objeto de no escandalizar tanto a sus contemporáneos que pudiese significar el fin de la comunidad; lo cual no autoriza, como es el caso de algunas tradiciones budistas, a seguir manteniéndola hoy.

V. OTRAS CONCEPCIONES DE *PAṬICCASAMUPPĀDA*

> «¿De dónde ha brotado Eugenia? ¿Es ella una creación mía o soy creación suya yo? ¿O somos los dos creaciones mutuas, ella de mí, yo de ella? ¿No es acaso todo creación de cada cosa y cada cosa creación de todo? Y, ¿qué es creación?, ¿qué eres tú, Orfeo? ¿Qué soy yo?»
>
> MIGUEL DE UNAMUNO, *Niebla* (VII)

a. Etimología

Vale la pena detenerse a examinar interpretaciones de *paṭiccasamuppāda* incompatibles con la definición que hemos dado. La razón por la que utilizamos ahora el término pāli es que se han vertido otras interpretaciones de este concepto gracias a traducciones alternativas a "originación o causalidad dependiente": causalidad mutua, interdependencia, entre-ser, co-originación dependiente, relatividad, contigüidad, reciprocidad o, *last but not least*, no-dualidad.[80] Mediante un sucinto análisis de estas designaciones procuraremos exprimir la concepción que esconden y hasta qué punto se ajustan con la que nosotros hemos propuesto, que es, creemos, la más justa.

Etimológicamente, *paṭiccasamuppāda* es una novedosa acuñación que funde dos términos: *uppāda*, que es la forma sustantiva del verbo *uppajjati*, que significa "originar", "causar", "producir", "surgir", y *paṭicca*, que significa "estar anclado en", "por razón de", "haber provenido de".[81] El prefijo *sam-*, que Joanna Macy traduce como "co-", dando así lugar a una extendida traducción, "co-originación dependiente", contiene algunos problemas conceptuales que examinaremos dentro de un momento. Por su parte, Kalupahana traduce *samuppāda* (es decir, prefijo y sustantivo juntos) simplemente como "surgimiento" (*arising* en inglés), sin mediar el prefijo "co-". La razón es sencilla: en el concepto de causalidad está implícito el hecho de que causa y efecto se producen juntos ("co-"), que es como define *paṭiccasamuppāda* el gran comentarista Buddhaghosa (siglo V d. C.): «Cuando surgen, surgen juntos; esto es, coordinados, no individualmente o sin causa" definiendo el ente como "aquello que ha surgido dependiendo de condiciones».[82] En este sentido camina también el así llamado Tropo Generalísimo del escepticismo griego: "Todo es con relación a algo".[83] Si el prefijo "co-" pretendía en principio tan sólo resaltar que, como dice Buddhaghosa, «causa y efecto se dan juntos», dado que esto ya viene dado por el adjetivo "dependiente" la reiteración original bajo el prefijo "sam-" debe explicarse más bien por la fuerte tendencia a considerar causas y efectos de un modo sustancialista, es decir, como entes separados e independientes.

Como hemos señalado ya, esto no significa que no puedan existir varias causas (a menudo invisibles) para un solo efecto, o que muchos efectos no provengan de una sola causa. Si bien el uso del prefijo "co-" en tal caso de multiplicidad de causas y/o efectos podría estar justificado, lo cierto es que en general produce más confusión que aclara. Joanna Macy, por ejemplo, gracias al añadido de esta partícula, salta a una interpretación de la relación causal como '"mutualidad", no en el sentido de que causa y efecto dependen la una del otro, sino más bien en el sentido de que pueden revertirse, lo que constituye la aniquilación de la causalidad. La causalidad tiende así a convertirse en una relacionalidad vaga susceptible de enlazar cualquier cosa con cualquier otra sin que medie una producción objetiva, que es el sentido de la *originación* en que incide el Buddha. De ahí que sea más prudente traducir *paṭiccasamuppāda* como "originación dependiente", y cuando se pregunte qué pueda significar esta bizarra expresión, contestar simplemente que causalidad relativa, en tanto que no acude a absolutos.

Macy piensa, por el contrario, que una traducción simple de *paṭiccasamuppāda* es "relatividad".[84] Pero relatividad y causalidad pertenecen a dos categorías conceptuales de distinto nivel, la segunda estando subordinada a la primera. En otras palabras, la relatividad puede ser de muchos tipos, entre los que se cuenta la causal. Y esta última, y no cualquier otro tipo de relación, o una relación genérica, es la que se da a entender con el término *paṭiccasamuppāda*.

Cuando Macy, en su investigación pionera de *paṭiccasamuppāda* –concepto que quiso relacionar con la Teoría General de Sistemas de Ludwig von Bertalanffy–, pasa inadvertidamente de *causalidad* –que es un término filosófico fuerte que denota objetividad y necesidad– a simple *relatividad* sin apelativos –que puede ser de cualquier cosa con cualquier cosa– justifica con mayor facilidad relaciones arbitrarias de unas cosas con otras. Es decir, se diluye o pierde la clave científica del concepto de originación dependiente, abriendo la puerta a la introducción de vaguedades como teorías acreditadas por el Buddha.

b. Causalidad mutua

La relatividad a la que alude Macy, cuando deja de ser causal, es puro espejismo: uno ve solamente sus propias nociones de la realidad. "Causalidad mutua" es, tal como Macy describe el concepto, una reciprocidad no generativa en la que causa y efecto son mutuamente reversibles. Mas este no es el sentido de mutualidad indicado por Buddhaghosa que ella misma cita,[85] a saber, el hecho evidente de que causa y efecto se dan conjuntamente, sin dejar por ello, claro está, de ser causa y efecto. ¿Por qué pasa Macy de causalidad a relatividad?

A mi juicio, existen varias razones. En primer lugar, porque confunde la originación dependiente (*paṭiccasamuppāda*) con lo originado dependientemente (*paṭiccasamuppanna*); la inferencia abstracta con el hecho empírico; el patrón del cambio con el cambio mismo. Si nos atenemos a la designación de Kalupahana, quien propone el término "causalidad" para designar el aspecto teórico y "causación" para la producción efectiva de causas, la idea de "causalidad mutua" no es incorrecta, a condición de que en ella no se incluya la causación. Es decir, mientras que la causa y el efecto concretos no pueden revertirse (no son "mutuos") sin destruir la relación causal en cuanto tal, en abstracto puede legítimamente decirse, por ejemplo, que de acuerdo con el Buddha lo físico afecta causalmente a lo psíquico y lo psíquico a lo físico. Aquí podemos hablar de mutualidad no porque en la secuencia causal empírica o fenomenológica lo que era psíquico pueda sin más sustituirse por lo físico, y viceversa, sino porque, visto por encima, en abstracto, un elemento físico concreto puede repercutir causalmente sobre uno psíquico y este, a su vez, sobre *otro* elemento físico semejante.

En segundo lugar, Macy está empeñada en demostrar –como tantos otros autores– que Occidente ha tenido siempre una idea muy lineal de la causalidad, que la teoría de sistemas ofrece una alternativa revolucionaria, y que el Buddha ya había anticipado esta idea hace más de 2 500 años. Pero la teoría de sistemas, que es una teoría de relaciones entre objetos (interobjetiva), no tiene por qué renunciar –ni de hecho renuncia cuando es aplicada a la realidad concreta– a esa linealidad que tanto exaspera a Macy. Esto es, claro, si se diferencia entre lo teórico y lo empírico y se comprende que, mientras que en la causalidad abstracta puede hablarse de mutualidad, en la causación concreta no.

Toda causación es estrictamente lineal o secuencial: la dirección de la causa-efecto no puede revertirse sin destruir su sentido, o sin estar determinando una *nueva* relación entre una causa y un efecto que es también lineal. Lo que sucede es que la teoría de sistemas toma una perspectiva (abstracta) de conjuntos o relaciones en lugar de entidades concretas que aspira a detectar las relaciones entre los distintos elementos que los componen. Pero a la hora de averiguar la relación causal entre tales elementos dentro de un sistema concreto, no puede evitarse la linealidad de la causación (principio *sine qua non* habría ciencia), por más que el sistema completo, en abstracto, dé una impresión de circularidad o mutualidad (la *retroacción* o *retroalimentación* de la cibernética, o investigaciones propias de la ciencia china, que parte de relaciones).[86]

Que la causación, de acuerdo con el Buddha, no es reversible o mutua se muestra una y otra vez en los *sutta*:

> Del mismo modo que una hoja amarilla desprendida de su tallo es incapaz de tornarse verde otra vez, asimismo una persona que pone su voluntad en lo imperturbable se libera de las trabas y cebos de este mundo.
>
> Del mismo modo que una roca partida en dos no puede juntarse otra vez…
>
> Del mismo modo que una palmera con su cima talada no puede seguir creciendo…
>
> Etcétera.[87]

Sólo pueden pasarse por alto estas evidencias documentales si uno está guiado más por una preconcepción que por los datos experimentales acerca de cómo se producen las transformaciones de la naturaleza o la subjetividad; sin que ello sea óbice para que miremos el mundo desde un ángulo relacional (intersubjetivo o interobjetivo), o, en otras palabras, para que admiremos hasta qué punto un efecto determinado se convierte en causa de otro efecto que apunta a la misma categoría de la causa anterior, aunque lo efectuado en concreto sea ahora algo distinto. Dado que causación y causalidad tienden fácilmente a confundirse, la idea de la "causalidad mutua" puede pasar por alto la secuencialidad real de los fenómenos para albergarse en un dominio abstracto y relacional que se permite el lujo de revertir lo irreversible y de destruir, en último término, tanto la coherencia de la teoría general de la causalidad como su aplicación práctica en instancias concretas. La originación dependiente en cuanto teoría general no puede renunciar a sus principales características (objetividad, necesidad, invariabilidad y condicionalidad) sin perderse en ambigüedades.

Así, pues, una cosa es afirmar, como ilustra la propia Macy en su obra, que la originación dependiente encaja con la teoría general de sistemas (o con un paradigma de entendimiento interobjetivo), en tanto que explica las relaciones entre una o varias causas y uno o varios efectos, y en tanto que permite relacionar retroalimentativa o circularmente categorías diferentes (pongamos entorno natural, entorno laboral e individuo) allí donde existen márgenes de incertidumbre en un lado y otro, y otra es afirmar que causa y efecto pueden revertirse. La mesa no produce al carpintero; no, al menos, en el sentido fuerte de la expresión, aunque se pueda afirmar que cada mesa que hace el carpintero cambia su modo de trabajar, y, de un modo más confuso todavía, su "modo de ser". Mas aquí ya estaríamos frente a relaciones causales *posteriores y distintas*.

En tercer lugar señalaríamos que Macy, en su lucha contra una concepción "lineal" de la causalidad "típica de Occidente", como si esa concepción no estuviese tejida por monumentales complejidades acumuladas a lo largo de siglos de trabajo en numerosos flancos, ha confundido también teleología (todo tiende hacia la Causa Primera y/o Final) con la lógica interna de la causación concreta. El Buddha efectivamente cuestiona lo primero siempre que abrigue el absolutismo, pero ni, por un lado, renuncia a la concatenación causal como explicación de los fenómenos ni, por otro, desdice que la secuencia tenga un sentido, por ejemplo hacia la conquista de la libertad. Aquí observamos hasta qué punto la idea de "reversibilidad" de Macy, asociada a la originación dependiente, tiene que ser al menos matizada, pues el objetivo de la libertad no puede ser revertido sin que el sentido de la conquista se pierda por completo. No debemos dejarnos engañar por la teórica circularidad de la cadena causal duodécupla porque, primero, esta no es la única forma de entender la originación dependiente, pero además porque hay una evidente intención finalista subyacente (la libertad). De ahí que, aun concediendo que la cadena causal duodécupla sea un sistema cerrado que representa la totalidad de la originación dependiente (cosa que no estamos legitimados a hacer), el *telos* permanece intacto, y ni es reversible ni parte de un cosmos circular.

En cuarto lugar, hay en Macy otra intención programática más o menos oculta que guía su tesis, a saber, la desjerarquización en todas sus formas, idea tomada del feminismo y de la ecología. Al percatarse de que la originación dependiente prescinde de un Principio, Macy piensa que la Nueva Era, de la mano de un apoyo en la teoría general de sistemas –que Gregory Bateson saludaba como «lo más novedoso en 2000 años de pensamiento»–,[88] está al llegar: presumiblemente una era sin entendimientos jerárquicos de ninguna clase. Y sucede como en la identificación teleología-causación: que aun abriendo a una comprensión diferente, y por tanto potencialmente nutritiva de la realidad, reduce el mundo a sólo algunos de sus aspectos. Relación y no jerarquía es una simplificación tan peligrosa (y jerárquica) como jerarquización sin relación (o vertical sin horizontal).

Aunque la adquisición (subjetiva) de un sentido a algo sucedido en el universo moral puede extenderse mediante la integración de múltiples elementos externos y/o relacionales, estos no desempeñan un papel esencial en la comprensión del fenómeno, que es interior y subjetivo. En caso contrario, ello equivaldría a decir que sólo los adalides de la ecología profunda y la teoría de sistemas tienen capacidad para reconciliarse espiritualmente con el mundo. Mal que pese a quienes han transferido el paradigma interobjetivo al mundo subjetivo, la reconciliación interior sólo se produce en una dinámica de tipo jerárquico: se da una comprensión subjetiva que culmina –o no– en una expresión reconciliatoria que aclara el panorama interior. Y el sentido adquirido no sólo no es transferible sin más a otros sujetos u objetos, sino que además es incuestionablemente superior a la oscuridad en que nos hallábamos antes. Si esta adquisición de una visión superior es dibujada en un mapa, el resultado sería una jerarquía de comprensiones, tanto si añadimos un Sentido Definitivo como si no. En realidad, todas las esferas de valor (subjetividad, intersubjetividad, interobjetividad) implican, aunque no siempre asumen conscientemente, que existe un progreso jerárquico de comprensiones.

Lo verdaderamente decisivo de nuestro momento filosófico no es lo relacional *versus* lo jerárquico (una dicotomía improcedente en tanto que no sólo *no* son incompatibles, sino que de hecho coexisten en cada esfera), sino la introducción inexcusable, gracias al paradigma intersubjetivo, de la idea de que todo conocimiento es una construcción histórico-crítica, es decir, de que no hay entes dados (*datum*) para siempre. Construcción crítica: destrucción de conocimientos (causas) anteriores y construcción de otros nuevos, en un vastísimo proceso de comunicación entre sujetos interesados en tales materias que se tratan bajo los presupuestos de la creatividad, la objetividad y la adecuación de significados. Que no hay "ya-dados" puede ciertamente detectarse en la teoría de la originación dependiente. Pero la teoría de sistemas (interobjetividad) por sí misma no puede completar esta hazaña crítica porque carece de las herramientas filosóficas para declarar el motivo trascendente de la comunicación en la que se basa todo discurso: una apelación a una comunidad (otro) ideal-universal (K-O. Apel).

El pensamiento prerracional, aún incapaz de distinguir apropiadamente entre la causa y el efecto y envuelto en brumas asociacionistas, no puede ser la referencia del pensamiento contemporáneo. Aplicadas a la causalidad, las ideas de circularidad o reciprocidad retrasan nuestra comprensión de las cosas, incluidas las subjetivas. Por eso no podemos deshacernos sin más del pensamiento clásico griego y el pensamiento científico occidental como si fuesen los autores de una barbaridad que la magia de la circularidad vendrá a sanar. Si bien el cientifismo moderno ha promovido un espantoso reduccionismo objetivista, la causalidad científica es la piedra angular sobre la que se levanta el pensamiento racional, incluyendo una perspectiva de tipo interobjetivo. Prescindir de lo causal estrictamente hablando para abrazar un tipo vago de asociacionismo constituye en el fondo un regreso a las estructuras mítica y mágica. A este respecto, Macy cita con aprobación a Magoroh Mayurana cuando afirma que: «la causalidad mutua ha sido la visión del mundo de muchas culturas acientíficas», y añade que: «es hora de que Occidente, echando por tierra sus visiones trasnochadas, alcance al resto del mundo» (ibíd., pág. 17).

Desde luego, la originación dependiente no tiene que ver con el pensamiento acientífico y mágico al que aquí se alude. Por el contrario, se trata de una teoría que exige la determinación de relaciones fuertes entre una o varias causas concretas y unos efectos concretos, así como las verificaciones empíricas correspondientes. En tanto se pretenda convertir la originación dependiente en una teoría que aniquila la causalidad, deshacemos su potencial analítico para volver a la indiferenciación. Si existe una relación de potencia a acto entre la originación dependiente y la interobjetividad de la teoría general de sistemas, esta no puede ni suprimir la profundidad subjetiva antecedente ni el extraordinario desarrollo intersubjetivo y objetivo acaecido en el seno de la civilización occidental desde la filosofía griega.

c. Interdependencia, homeomería y no-dualidad

Como vemos, las consecuencias de una traducción inexacta de un concepto central pueden ser muy graves. Los términos "interdependencia", "relatividad radical", "entre-ser" o "co-originación dependiente" caminan por senderos parecidos: el aspecto causal es progresivamente suprimido para acoger una concepción más gaseosa de interconexión entre todas las cosas. Como ha señalado David Brazier en su excelente discusión de este asunto,[89] la idea de la "co-originación" sugiere un "surgimiento conjunto" que da pie más bien a lo sugerido por el siguiente gráfico:

o o o o o
↑ ↑ ↑ ↑ ↑

Aquí no existe relación causal entre los distintos objetos (o), sino más bien el azar de que surgen a la vez desde un suelo en sí ignoto. La causalidad budista, sin embargo, demanda que la relación sea de la siguiente guisa:

... → o → o → o → o → o → o → ...

Aquí la causa y el efecto no se originan mutuamente ni son originados conjuntamente desde un tercero (una sustancia eterna y subyacente como la sugerida en el primer gráfico). El Buddha histórico tampoco enseñó la relación de todo con todo o la interdependencia sin más, que es la idea mágica por excelencia, sino la relación causal entre cosas concretas. La idea de que "todo está relacionado con todo" presupone monismo filosófico. No avanza hasta el pluralismo ontológico, más distintivo y analítico-dialéctico, en donde las diferencias entre géneros son irreductibles: no todo se relaciona con todo, o por lo menos no de la misma manera. El comportamiento de las avispas en Alaska, por ejemplo, no está relacionado con la situación política española. Aquí acariciamos el concepto de la *symploké* platónica que Gustavo Bueno ha recuperado como motivo de meditación. La idea es que si todo estuviese relacionado con todo, sin más cualificación, entonces nada podría conocerse. Relación implica diferencia y distinción, y una de las tareas principales de la ciencia es determinarlas lo más exactamente (y cualitativamente) posible.[90]

> De acuerdo con esta teoría, las cosas parecen separadas, pero en realidad son parte de un mismo todo. La unidad es, por supuesto, lo No-Dual. Esta idea se hizo popular en China porque era de hecho una idea nativa china que se disfrazó de budismo. No era una idea budista original. La misma idea es hoy extremadamente conocida en Occidente. Esto se debe en parte a que coincide con versiones populares de la ecología que se han desarrollo en Occidente en las últimas décadas a medida que nos hemos dado más cuenta de las amenazas de una catástrofe medioambiental. El entre-ser ha tocado una fibra débil. (...) Esta fuente primaria de la que cosurgen dependientemente los efectos es, por supuesto, a lo que muchos se refieren con el término "No-Dual". En China se identificó también con el término *śūnyatā*, que significa "vacío", o, como probablemente deberíamos decir ahora, el Vacío. La llegada de las mayúsculas en muchos de estos términos y la transformación de palabras que designan cualidades en entidades nos permite comprender cómo funciona la reintroducción de la dimensión metafísica en la religión, que gran parte de la enseñanza original del Buddha quería eliminar.[91]

Estas traducciones alternativas de *paṭiccasamuppāda* pasan sin advertirlo de una concepción férreamente causal en la que no podemos afirmar (o desmentir) nada definitivo acerca de lo último, a una concepción, típica del paradigma de la conciencia, en la que el mundo se manifiesta entrelazadamente a partir de una base absoluta que llamaremos (o no) como parezca más conveniente. La distinción y análisis de lo causalmente condicionado ya es menos importante que el sentimiento de unidad cósmica con todo lo dado, a lo que pertenecemos y de lo que dependemos. Dentro de este conjunto de ideas, traspasadas más tarde a la originación dependiente, está la conocida concepción de la Red de Indra en el *Sūtra de Avataṁsaka*, similar a la concepción cósmica de Anaxágoras, según la cual cada parte contiene el todo: la homeomería.[92]

La homeomería no supone causalidad; no es, por tanto, la originación dependiente. La homeomería es una proposición mística, y no científica, que solo tiene sentido dentro del paradigma de la conciencia o en un ámbito poético. Pues no es posible de demostrar ni racional ni empíricamente que la pata de una avispa en Alaska contiene la historia cultural completa de España o la Segunda Parte del *Quijote*. El uso de los términos "todo" y "parte", cuando se dice que cada parte contiene el todo, es místico; o, por mejor decir, tiene una aplicabilidad exclusiva en la subjetividad, allí donde cada detalle de nuestra vida interior resuena en la conciencia entera. Si alguien ve la Segunda Parte del *Quijote* en el ala de una avispa alaskeña no es porque esté en ella objetivamente, sino porque tal sujeto la ha impuesto allí –un tanto arbitrariamente– desde su conciencia, la cual ha de haber asimilado el texto donde se encuentra realmente, en un libro. Además, estrictamente hablando, ni siquiera dentro de un dominio puede justificarse una concepción tal: ni la viga contiene el edificio, ni la pata de la avispa contiene el cuerpo entero, ni el primer capítulo del *Quijote* contiene la obra completa. Solo en ciertos casos y con determinadas coordenadas puede decirse que cierta parte contiene los elementos esenciales de un todo superior, en cuanto tales elementos están también presentes en otras partes análogas.

Otro aspecto decisivo de la cuestión es que estas traducciones no pueden explicar la aparición de lo nuevo. Tal cosa se evidencia en la traducción "reciprocidad total" que ofrece Raimon Panikkar en *El silencio del Buddha*.[93] Hablar de reciprocidad total es hablar de un todo incapaz de creatividad. Una vez más se da por sentado la idea de totalidad envolvente, tan objetable en lo que a la libertad se refiere. Pues, como ha mostrado Levinas con elegancia exquisita,[94] el Todo jamás podrá contemplar a lo Otro, a no ser que lo incorpore dentro de sí. Pero incluirlo significa eliminarlo, pues lo Otro (lo Nuevo) es irreductible. ¿Cómo reducir lo nuevo a lo ya conocido? Esto es lo que sucede justamente con la idea de la reciprocidad total, como si todas las relaciones posibles –por cierto sin determinar, puesto que tal cosa no es lo importante para este tipo de concepción– se produjesen dentro de un orden cerrado del que podemos hablar como si, de hecho, lo conociésemos.

Para terminar esta discusión me gustaría añadir unas palabras acerca de otro famoso concepto, enlazado con los que hemos visto en este apartado: la "no dualidad". Como sucede con las otras traducciones de *paṭiccasamuppāda*, que conservan hasta cierto punto la causalidad y asimismo la hunden en un mundo de relaciones imprecisas que piden a gritos un absoluto fundamental, la no dualidad puede entenderse de dos maneras principales, que son completamente distintas, aunque algunas corrientes de pensamiento espiritual las hayan mezclado.

Una, como realización mística definitiva en la que, según se dice, se disuelve la relación o dualidad sujeto-objeto en una suerte de unidad o conciencia última definitiva, inefable, inaccesible mediante la razón e innombrable. Es una noción, por tanto, que pertenece al ámbito de la subjetividad. Es la que predomina en algunas tradiciones budistas (sobre todo de los **PIII** y **PIV**) y en el *vedānta*. Y es paralela, como ha advertido Ken Wilber,[95] a la tradición neoplatónica –sobre todo Plotino– que lo culmina todo en lo Uno. Es el *summum* del paradigma de la conciencia. Por su naturaleza esencialmente ignota, que cabalga en la ambigüedad de ser y no ser experiencia (una ambigüedad conveniente, nótese, pues de no mantenerla descubre su contradicción interna: si hay experiencia, tiene que haber experimentador –o sujeto–; si no hay experiencia, se pierde el suelo sobre el que se levanta toda la enseñanza esotérica que debería conducir a tal aprehensión supraintelectual), sus apologetas pueden jugar indefinidamente, sin consecuencias, a capturar las consecuencias de semejante concepción, que van del todo a la nada y tienden, por tanto, en último término, a lo inane. Se trata de una concepción acrítica.

Pero existe otra forma de entender la no dualidad que, espero demostrar, no es otro que la originación dependiente, del mismo modo en que, limpiadas de magicismo y miticismo, las otras traducciones de *paṭiccasamuppāda* conservan la causalidad budista original. Aquí puede entenderse la voz "no dual" como un intento –no afortunado, porque termina en el extremo opuesto– de evitar una artificiosa comprensión de la causa y el efecto, como si estas fuesen entidades independientes. De ahí que David Loy, quien dedicó su tesis doctoral a la cuestión de la no dualidad[96] en el primer sentido mencionado de percepción ultrasensorial y ultraintelectual, haya seguido hablando en escritos subsiguientes de, por ejemplo, la no dualidad de la economía y la ecología.[97] Aquí quiere darse a entender que ecología y economía están causalmente conectadas, de tal modo que lo que se haga en la esfera económica tiene un impacto medioambiental, y viceversa. Pero obviamente Loy no quiere decir que la ecología y la economía son idénticas, aunque sea lo que la expresión "no dual" significa en sentido estricto. En todo caso, hay que notar que la cúspide supraintelectual de identidad sujeto-objeto aquí no se tiene en cuenta: estamos en un ámbito del pensamiento objetual.

El Buddha jamás habló de la no dualidad, ni en un sentido ni en el otro, y siempre concibió el sujeto (o la conciencia) en relación causal con otros tantos elementos de distinta naturaleza. De haber oído el término "no dual" para referirse a la culminación subjetiva mencionada, seguro que hubiese cuestionado si el que la introduce en el discurso la ha experimentado, y, si no es así, por qué habla entonces de ello. Es lo que hizo con los términos correspondientes en su época, ya establecidos en las primeras *Upaniṣad*, que apuntaban a un absoluto metafísico y subjetivo de este corte.

Aunque sean dos nociones muy distintas bajo un mismo término, los paradigmas budistas más cercanos al absolutismo de la conciencia (**PIII** y **PIV**) encontraron conveniente mezclarlas para así justificar teorías "nuevas" y opuestas a la posición antimetafísica original mediante el peso de una tradición ya establecida. Decir que sujeto y objeto son "no dos" significa dos cosas palpablemente distintas en cada caso que hemos descrito (como asunción de un sustrato metafísico de Unidad y como relación inextricable entre ambos), pero convenía ocultar la diferencia según se introducía subrepticiamente el paradigma de la conciencia dentro el budismo. Se pasó, pues, de lo segundo y original del budismo, a lo primero y típico de la metafísica monista, mística y más bien mítica. Que la conciencia (*viññana*) está causalmente relacionada con la materia (*rūpa*) de acuerdo con la teoría budista no significa que ambas sean idénticas, ni mucho menos que exista un sustrato metafísico de imposible definición y experiencia donde consigan por fin serlo.

La cosa se pone más peliaguda cuando pasamos al terreno moral y hablamos de la "no dualidad" entre el bien y el mal. Aquí también podemos observar que en la expresión subyace una intención no maniquea de lidiar con la realidad, a saber, de hacerla trabajable. Pues si mal y bien fuesen radicalmente distintos y no se tocasen, no habría manera de ir de lo primero a lo segundo. No obstante, la expresión, tomada literalmente –¿y por qué no habríamos de hacerlo?– es casi tan perversa como lo que venía a combatir, pues evidentemente mal y bien son distintos y es preciso distinguirlos.

En todo caso, la expresión "no dos" es la herencia de un modo de entender las relaciones, principalmente la del sujeto con el objeto en la subjetividad, que tiende a postular una unidad primera y última de la que nada puede decirse porque para empezar ni siquiera puede concebirse. (El cambio de expresión de "lo Uno" a "lo No-Dos" viene seguramente dado por una inyección de filosofía *advaita vedānta*, que hace énfasis en el "ni esto ni aquello" *–neti, neti–*, ni Ser ni No-Ser, por oposición al Ser Absoluto, ambas presentes en las *Upaniṣad*.) Si en la propia subjetividad esta idea es lógica y espiritualmente cuestionable, en el resto de las esferas (científica y moral, por ejemplo) es desastrosa, pues produce graves malentendidos sobre lo que, de hecho, está sucediendo.

4. EL TEJIDO SOTERIOLÓGICO BUDISTA

«Recuerde el alma dormida,
avive el seso y despierte
contemplando
cómo se pasa la vida,
cómo se viene la muerte
tan callando,
cuán presto se va el placer;
cómo, después de acordado,
da dolor;
cómo, a nuestro parecer,
cualquiera tiempo pasado
fue mejor.»

JORGE MANRIQUE, *Coplas por la muerte de su padre* (1)

I. CONSIDERACIONES PRELIMINARES

No es cierto, como reza el tópico, que el budismo sea una religión de carácter eminentemente ascético. Para el Buddha y sus seguidores, un cierto grado de retiro del mundanal ruido es imprescindible para la práctica de su senda espiritual, del mismo que lo pueda ser hoy para cualquier persona con inquietudes espirituales o creativas de algún tipo. Pero tanto los discursos (*sutta*) como el código de disciplina (*vinaya*) ofrecen una imagen de la vida budista primitiva que dista bastante del escapismo que tantos le adjudican sin conocimiento de causa, y que sí fue característico de los buscadores (*śramana*) contemporáneos y anteriores a Gautama. Con el Buddha asistimos a un giro en el modo de entender la espiritualidad, fruto indudablemente del descubrimiento de la originación dependiente. Como hemos comprobado, esta es una conquista filosófica que, al menos en lo que respecta a la carrera personal del propio Gautama, supera todos los caminos espiritualmente meditativos y filosóficamente monistas ensayados por los maestros más avanzados de la época, que el Buddha consideró insuficientes a pesar de su espléndida elevación; afirmando, por otra parte, sin el menor rastro de duda, que su propio descubrimiento, la originación dependiente, es definitivo: ya no hay nada más que buscar, con él se halla la libertad.

La originación dependiente no solo establece conexiones causales con un mundo físico y corporal que otrora era más bien ilusorio o repulsivo (de ahí la automortificación y la ascesis), sino también con el mundo social. Aun concediendo que, en el budismo de entonces, el tiempo empleado en la práctica de la meditación –medido cronológicamente– fuese igual o mayor al utilizado por otras tradiciones espirituales indias contemporáneas, lo cierto es que en el tejido y complexión de la comunidad budista incipiente y su interacción con el mundo se ha producido un cambio significativo que afecta no solo a lo subjetivo sino también a lo social y lo moral. Lo central del budismo no reside en la absorción meditativa: como tendremos oportunidad de comprobar, la meditación es solo uno de los ocho senderos que propuso el Buddha como fuentes de acercamiento a la libertad. Existen, naturalmente, muchos posos de cuño ascético del que partió el budismo. No en vano el Buddha nació donde y cuando nació, y recorrió el camino de los mendicantes solitarios como medio de búsqueda de la verdad. Pero no pueden tomarse estas tendencias por el todo; pues, si fuese así, si el budismo fuese el camino ascético por antonomasia, no se explicaría su rápida expansión entre buscadores solitarios y, además entre personas de todas las clases sociales y profesiones, a los que no siempre alienta a que lo dejen todo, sino más bien a que descubran la verdad y practiquen su sendero en sus circunstancias y en la medida de sus posibilidades.

Mientras que la tradición espiritual india es de corte ascético, en cuanto que tiende a una honda introspección y hacia una separación cada vez mayor del mundo promovida, por lo demás, por determinados estamentos e instituciones sociales, en el budismo concurren dos tendencias contrapuestas que dan lugar a una tensión sin la cual el budismo jamás podría haberse extendido por el mundo o haber sido adoptado, para empezar, como religión imperial por Aśoka (siglo III a. C.). Los dos extremos magnéticos de la tensión serían, por una parte, la aspiración a hacer prevalecer la paz interior y, por otra, la acción adecuada en el mundo. Pronto veremos que ambas tendencias se reparten aproximadamente por igual en el Óctuple Sendero (el camino hacia la libertad).

En su estudio de la sociología del budismo temprano, Greg Bailey e Ian Mabbett encuentran que el problema fundamental en este campo es «explicar cómo, desde el principio, el budismo ha requerido de su Orden mendicante, desde un punto de vista doctrinal, la aplicación práctica de una ética de renunciamiento y desapego, y, a la vez, permanecer como una *parte* vibrante de la sociedad, cultura o política allí donde iba floreciendo».[98] Estudios como el de Bailey y Mabbett son cruciales a la hora de fijar qué mecanismos determinaron el cambio de actitud fundamental del budismo con respecto no solo a la espiritualidad sino también al modo en que los sujetos que la adoptan se relacionan con el mundo.

Tomando como punto de partida el Buddha histórico y su comunidad pueden señalarse ya, a vuelapluma, los siguientes aspectos diferenciales: por un lado, las conversaciones que el Buddha mantuvo con todo tipo de gente, de todos los trasfondos sociales y económicos, acerca de todo tipo de asuntos y desde un abanico infinito de ángulos; por otro, la entrada abierta a una comunidad creciente (pronto superó el millar de monjes y monjas), que obviamente ocupaba un espacio físico considerable y que debió de ofrecer algo a cambio de su manutención. Ambos rasgos hablan de hasta qué punto el budismo no fue un movimiento ascético aunque fuese predominantemente monástico. Y no deberá sorprendernos tampoco que no solo la comunidad laica tuviese al inicio un papel muy importante, sino que más tarde existiesen fuertes tendencias a hacerla incluso superior a la monástica, como atestigua el mahayánico *Sūtra de Vimalakīrti*. En todo caso, la propia doctrina budista temprana, que estudiaremos en este capítulo, es quizá el mejor reflejo de las intenciones prácticas de su comunidad, por más que estas fuesen violadas en ocasiones puntuales o que con el tiempo se fuesen desvirtuando. Con corrección se ha denominado al budismo una religión eminentemente ética. En este respeto o consideración por lo/el otro, y no solo por lo yoico, hay que cifrar gran parte de la revolución espiritual budista.

Además, solo una religión que otorga un peso lo suficientemente grande a la acción, y no meramente a lo contemplativo, puede explicar la asombrosa expansión territorial del budismo, por vía pacífica, en relativamente poco tiempo; y después, con Aśoka, su incorporación a un imperio ya conquistado. Resulta evidente que, de haber sido un camino ascético más, por mucho que se disfrace de sublime o del no-va-más –cosa que presumiblemente hicieron tantos otros *śramana*–,[99] el budismo se habría quedado en el norte de la India y no hubiese traspasado la frontera de dos o tres generaciones, como mucho. En cambio, no solo prosperó temporalmente allende lo que había imaginado su propio fundador, sino que, con la política de Aśoka, un emperador con vocación universal, se extendió más tarde por casi toda Asia central y oriental.

Como ha señalado A. Bareau,[100] tres tipos de cambios en la sociedad contemporánea al Buddha propiciaron o permitieron una extensión tan veloz y temprana del budismo: la progresiva urbanización (efectivamente, el Buddha visita varios centros urbanos prominentes del valle del Ganges, incluido Vārāṇasī o Benarés), el desarrollo económico, y la unificación política. Estos datos indican que el budismo no habría triunfado, tal como algunos mantienen, como una solución de tipo escapista en unos tiempos política y económicamente difíciles, sino, por el contrario, porque constituía un vehículo que combina adecuadamente espiritualidad, moralidad y civilidad durante una fase de gran prosperidad económica y política. Esta idea es respaldada por el historiador del budismo A.K. Warder en el capítulo sexto («Budismo y Sociedad») de su clásico *Indian Buddhism*, donde explora las implicaciones del hecho de que los multitudinarios asentamientos budistas se diesen siempre en las cercanías de las grandes ciudades. Para Warder, esto es síntoma no solo de una activa participación de la comunidad budista en la sociedad, sino de la necesidad inherente a la propia legislación interna de la *saṅgha* (comunidad), cuyas decisiones se basaban en el consenso unánime entre todos sus miembros. De no haber sido por el apoyo de las grandes ciudades, este sistema de toma de decisiones, que requiere la presencia de todos, no se habría efectuado. De aquí Warder deduce asimismo la idea de una igualdad política básica, que más tarde será retomada por Aśoka el Grande.

Los discursos tempranos muestran hasta qué punto la nueva doctrina convence a reyes (no solo a su propio padre, que era el rey de Śākya, sino también a Bimbisara, rey de Magadha), artesanos, mercaderes ricos y menos ricos, agricultores, médicos, mujeres, jóvenes, otros ascetas... Tal cosa puede suceder no solo si la doctrina tiene un carácter universal, sino también si es una decididamente prolongada hacia el mundo y no rehuyente de él. Estos simples hechos deberían llamar la atención al grueso de pensadores que asumen, tal vez adiestrados por Schopenhauer, que el budismo es ascético, individualista, pesimista y escapista. El trabajo mencionado de Bailey y Mabbett ha puesto de manifiesto, por el contrario, que los monjes budistas durante los dos primeros siglos de la Comunidad «jugaron el papel de mediadores entre las fuerzas económico-políticas y aquellos grupos sociales para quienes tales cambios eran difíciles de digerir» (ibíd., pág. 5). Aun en el supuesto malintencionado y corto de vista típico de los antirreligiosos modernos, que atribuye hipocresía a la Comunidad (es decir, utilización de doctrinas soteriológicas para su exclusivo beneficio económico), la mediación a la que se alude en la cita solo es posible si la doctrina fundamental de la que parten sus agentes, así como las prácticas que de ella devienen, son realistas y no escapistas: justo lo que diferenció el material filosófico y soteriológico budista de materiales alternativos presentes en la misma era.

II. LAS CUATRO NOBLES VERDADES

> «Prométoos que para poder vivir es menester armarse un hombre de pies a cabeza, no de ojetes, sino de ojazos muy despiertos: ojos en las orejas para descubrir tanta falsedad y mentira; ojos en las manos para ver lo que da y mucho más lo que toma; ojos en los brazos para no abarcar mucho y apretar poco; ojos en la misma lengua para mirar muchas veces lo que ha de decir uno; ojos en el pecho para ver en qué lo ha de tener; ojos en el corazón, atendiendo a quién le tira o le hace tiro; ojos en los mismos ojos para mirar cómo miran; ojos y más ojos y reojos, procurando ser el mirante en un siglo tan adelantado.»
>
> BALTASAR GRACIÁN, *El Criticón* (II,1)

Aunque nuestra obra tiene un enfoque predominantemente filosófico, por ser este el único modo de limpiar la maleza que recubre el concepto de la originación dependiente y aledaños, es de rigor relacionar, aunque sea breve e imperfectamente, esta idea central con los aspectos más sobresalientes de la enseñanza espiritual budista. De otro modo podría parecer que pretendemos retratar al Buddha como un filósofo especulativo o un científico de laboratorio, cuando lo que fue ante todo, y sin duda, fue un hombre preocupado por nuestras condiciones existenciales subjetivas, que consideró problemáticas aunque no carentes de solución. El Buddha se ocupó sobre todo de la libertad como tarea activa en la vida común y cotidiana, y aunque su modo de acercarse a esta tarea no puede entenderse bien, o diferenciadamente, sin captar el meollo de la originación dependiente y la vía media entre los opuestos del absolutismo y el nihilismo filosóficos, sería equívoco pretender que una simple delineación de esta cubre todos los intereses búdicos. Más bien, la teoría de la originación dependiente, como cualquier otra, solo se justifica por la eficacia, trascendencia y coherencia de su práctica y de su acción en el mundo, así como se entiende solamente a través de un conjunto bien determinado de principios anexos. Existe una enorme cantidad de bibliografía espiritual budista acerca de los aspectos, digamos espirituales, que vamos a describir a continuación. Mi principal interés en esta sumaria exposición será hacerlos lo más inteligibles posible bajo la luz de la originación dependiente tal como la hemos concebido en el capítulo anterior.

Tan difícil es entender la originación dependiente sin el trasfondo histórico-filosófico del que partió, como comprender el cuerpo de las enseñanzas budistas sin atender a la profunda angustia que sintió Gautama ante problemas genuinamente existenciales (enfermedad, vejez y muerte; en definitiva la transitoriedad –véase más adelante–) y la falta de una respuesta satisfactoria al sufrimiento que estos engendran. El Buddha coligió que tal respuesta no se encontraba en ninguna de las aportadas hasta la fecha, por ser todas ellas reduccionistas: ni cabe el absolutismo subjetivista, que no da una respuesta efectiva al origen de este mismo Yo, ni tampoco el absolutismo corporeísta, que es incapaz de dar cuenta de la dimensión moral y espiritual del ser humano. La solución aportada por el Buddha no solo supera este rácano dualismo, siendo capaz de incorporar ambos aspectos –el subjetivo o psíquico y el físico, sin sustantificar ninguno– en una macroconcepción tan compleja y rica como susceptible de sucesivas ampliaciones, sino que transpira la belleza surgida de la completa honestidad con que se enfrentan dilemas persistentes. A cada paso y en cada discurso se palpa el espíritu de veracidad que siempre le guió –por ejemplo no dejándose engatusar por los encantos de las absorciones meditativas–, que podría resumirse con el lema "no más autoengaño". Y sobre todo se percibe el profundo realismo y rigor intelectual que marcó toda su trayectoria. Así, sin escapar hacia mundos siderales donde la desgracia deja de existir y todo es una (supuesta) bendición trasmundana, el Buddha habló, recurriendo al viejo lenguaje de la ciencia médica,[101] de Cuatro Nobles Verdades (*cattāri ariyasaccāni*).

> En cierta ocasión el Bendito habitaba en el Parque de los Ciervos en Isipatana, en Vārāṇasi. Allí se dirigió así al grupo de los cinco *bhikkus* (monjes):
>
> Monjes, estos dos extremos no deben ser perseguidos por quien ha entrado en el camino. ¿Qué dos? La persecución de la felicidad sensual referida a objetos sensuales, que es baja, vulgar, innoble y falta de beneficio; y la persecución de la automortificación, que es dolorosa, innoble y falta de beneficio. Sin volverse hacia ninguno de estos dos extremos, el *Tathāgata* ha despertado a la vía media, que da lugar a la visión, la cual da lugar al conocimiento, el cual conduce a la paz, al conocimiento directo, a la iluminación, al *nibbāṇa*.
>
> ¿Y qué es, monjes, esta vía media despertada por el *Tathāgata*, que da lugar a la visión...? Es el Sendero Óctuple; esto es, visión correcta, intención correcta, hablar correcto, acción correcta, medios de vida correctos, esfuerzo correcto, atención correcta y concentración correcta. Esta es, monjes, la vía media despertada por el *Tathāgata* que conduce a la visión, la cual da lugar al conocimiento, el cual conduce a la paz, al conocimiento directo, a la iluminación, al *nibbāṇa*.
>
> Ahora bien, monjes, esta es la primera verdad del sufrimiento: el nacimiento comporta sufrimiento; la vejez comporta sufrimiento; la muerte comporta sufrimiento. El pesar, la lamentación y el abatimiento son sufrimiento. El contacto con lo desagradable y la separación de lo placentero comportan sufrimiento. No conseguir lo que uno desea comporta sufrimiento. En breve, apegarse a los cinco agregados de la personalidad –el cuerpo, el sentimiento, la percepción, las disposiciones y la conciencia– como posesiones de mi "yo" comporta sufrimiento.
>
> Y esta es la noble verdad del origen del sufrimiento: es el apego lo que conduce al renuevo de la existencia, acompañado de deleite y codicia, buscando el deleite aquí y allí. Esto es, el ansia de placeres sensuales, el ansia de existir, el ansia de acabar.

Y esta es la noble verdad de la cesación del sufrimiento: la disolución sin restos y la cesación de esa ansia; el abandono y renuncia, la libertad y el dejar ir de ese ansia.

Y este es, monjes, la noble verdad del camino que conduce a la cesación del sufrimiento: se trata del Sendero Óctuple: visión correcta, intención correcta, hablar correcto, acción correcta, medios de vida correctos, esfuerzo correcto, atención correcta y concentración correcta.

Surgió así, pues, dentro de mí la visión, la comprensión interior [*insight*], el discernimiento, el conocimiento, la iluminación acerca de cosas nunca oídas antes: «Esta es la verdad del sufrimiento»; «esta verdad del sufrimiento debe ser comprendida»; «esta verdad del sufrimiento ha sido comprendida».

Surgió así dentro de mí la visión, la comprensión interior, el discernimiento, el conocimiento, la iluminación acerca de cosas nunca oídas antes: «Esta es la verdad noble de la causa del sufrimiento»; «esta es la verdad noble de que este sufrimiento debe ser abandonado»; «esta es la verdad noble de que este sufrimiento ha sido abandonado».

Surgió así dentro de mí la visión, la comprensión interior, el discernimiento, el conocimiento, la iluminación acerca de cosas nunca oídas antes: «Esta es la verdad noble de la cesación del sufrimiento»; «esta es la verdad noble de que la cesación debe ser experimentada directamente»; «esta es la verdad noble de que la cesación ha sido directamente experimentada».

Surgió así dentro de mí la visión, la comprensión interior, el discernimiento, el conocimiento, la iluminación acerca de cosas nunca oídas antes: «Esta es la verdad noble del camino práctico que conduce a la cesación del sufrimiento»; «esta es la verdad noble de que el camino práctico que conduce a la cesación del sufrimiento debe ser desarrollado»; «esta es la verdad noble de que el camino práctico que conduce a la cesación del sufrimiento ha sido desarrollado».

Y, monjes, en tanto que esta visión y conocimiento de estas Cuatro Nobles Verdades en sus doce aspectos/momentos diferenciados no haya sido llevada a cabo, yo no pretendí haber despertado a la iluminación perfecta e insuperable en este mundo con sus dioses, Māra y Brahmā, y en esta generación con sus contemplativos, sacerdotes, monarcas y gente común. Pero en cuanto esta visión y conocimiento de estas Cuatro Nobles Verdades en sus doce aspectos/momentos diferenciados fue de verdad pura, entonces sí mantuve haber despertado

> experimentalmente a la verdadera e insuperada iluminación en este mundo con sus dioses, Māra y Brahmā, y en esta generación con sus contemplativos, sacerdotes, monarcas y gente común. El conocimiento y la visión surgieron en mí: «Inquebrantable es mi liberación. Este es mi último nacimiento. Ya no habrá más existencia renovada».[102]

Observamos en primer lugar que, aunque la Primera Noble Verdad haya sido definida a menudo, por simplificar, como aquella que dicta que la vida es un proceso embalsamado de una insatisfacción perpetua (*dukkha*), lo cierto es que una ojeada a la descripción literal de ella obliga a matizaciones importantes. No es *todo*, sin más cualificaciones, lo que está anegado de sufrimiento. Hay, en cambio, una enumeración específica de aquellas cosas que comportan sufrimiento; en concreto, la enfermedad, la vejez y la muerte (aludiendo a la impermanencia del proceso vital individual), y después, a modo de ilustración que señalaría más bien los efectos, se menciona el pesar, la lamentación y el abatimiento. Más tarde se añade –y aquí en cierto modo ya estaríamos pisando el terreno de la Segunda Noble Verdad– que no conseguir lo que uno desea, o la obligación de desprenderse de lo que uno ha conseguido, comportan asimismo sufrimiento –debido presumiblemente al apego–. En otras palabras, la insatisfacción o sufrimiento no procede del mundo, como algo dado objetivamente, sino que se trata de una cualidad psicológica, que puede, o no, estar presente. La tarea de la liberación (subjetiva) por antonomasia consistiría en erradicar tal insatisfacción interior.

De ahí que antes de precipitarnos a interpretar la Primera Noble Verdad –quizá la más contundente que podemos encontrar de negativismo– como una visión pesimista del mundo, sea preciso comprender su sentido más propio, además de percibir la relación que sostiene con las otras tres Nobles Verdades, que la iluminan. La Primera Noble Verdad implica una clara consciencia del hecho, esta vez sí objetivo, de que todo en el mundo (físico o psíquico) es transitorio (*anicca*), y por tanto de que la satisfacción psíquica nunca puede ser completa o definitiva: por la naturaleza de las cosas siempre existe un ansia de más, de otra cosa. Una vez asumida la condición objetiva del cambio, la Primera Noble Verdad se nos plantea como un ánimo a observar el componente subjetivo que introducimos al tratar con lo dado objetivamente. Tiene, es verdad, una connotación de corte negativo, pero es cuestionable que una concepción de la existencia que no llame a la observación de algo insatisfactorio y de una superación de tal merezca el nombre de filosofía o religión. Además, como se deduce al introducir la Segunda y la Tercera Noble Verdad, se aspira a una salida de esta situación mediante el conocimiento de la causa que la produjo, lo cual no puede, a mi juicio, considerarse una visión pesimista de la existencia. Así, pues, aunque la Primera Noble Verdad se refiere solamente al aspecto subjetivo que nosotros, como individuos, intercalamos en el proceso vital, está en ella implicada, primero, el reconocimiento de un hecho objetivo: la transitoriedad. Después llega *nuestra* adición subjetiva, de carácter problemático en tanto que nos domina (si no hemos mirado con claridad y ecuanimidad tal estado –objetivo– de cosas). Es a este aspecto subjetivo hacia el que se dirigirá el Buddha para el establecimiento de la libertad y la tranquilidad.

La Primera Noble Verdad, penetrada por la transitoriedad de todo, nos pondría en guardia contra todo intento de sustantificar un estado de cosas dado como el estado definitivo. Por ello, bien mirado el asunto –y para mirarlo bien se sugieren una serie de caminos o senderos, comprehendidos en la Cuarta Noble Verdad–, aquí mismo asistimos ya, si afrontamos directamente la cuestión de la transitoriedad como un hecho irremediable, al nacimiento de la libertad. Esto lo menciono una vez más tan solo para contrarrestar el impulso que tantos han tenido de tachar al budismo de pesimista por el mero hecho de haber afirmado como primera verdad fundamental que "la vida es sufrimiento"; aserto que se toma fuera de contexto, a saber, como un juicio de valor que no ha distinguido entre lo objetivo y lo subjetivo. El Buddha tan solo aspira a constatar un hecho apreciable tanto en el mundo exterior como interior (la impermanencia), y al hecho habitual pero no necesario, esta vez subjetivo, de que tal transitoriedad de todas las cosas (*dhammas*) produce insatisfacción. El reto constante es asumir conscientemente el cambio: un reto ni de imposible cumplimiento ni evadible en forma de absolutismo metafísico.

La Primera Noble Verdad cobra verdadera relevancia en el contexto del idealismo subjetivo en que se movió el Buddha. La exposición budista contrasta con el idealismo en su marcado tono realista y observador, que contempla la enfermedad, la vejez y la muerte como sucesos objetivos e inescapables. De estos hechos objetivos, o sea, de la continua impermanencia de todas las cosas, incluido el yo (*an-atta*), no hay posible salida. La doctrina budista se encamina, pues, en una dirección distinta a la fuga de quien, a priori, juzga el mundo negativamente: ¿qué es lo que podemos hacer en esta vida para destapar y transformar la insatisfacción devenida de este hecho general incontestable?

Podría decirse que el primer paso es admitirlo, pura y simplemente. Pero esta simple admisión implica una zambullida en lo más profundo de nuestro proceso conciencial, instante tras instante. Aferrados como estamos a la mediocridad de nuestras concepciones del mundo cotidiano, la apertura a la realidad de la impermanencia es desgarradora, costosísima, y antes que admitirla muchos preferirán pretender o bien que no tenemos o deberíamos tener deseo ninguno (opción espiritual nihilista), o bien que estos encontrarán consuelo permanente alguna vez, lo cual equivale a considerar que la corriente de deseos y ambiciones cesará y tomará asiento definitivo en un mundo aparte y trascendente (opción espiritual eternalista). Así, pues, antes que partir de la ingenuidad metafísica del absolutismo, en la que mágicamente, de pronto, y gracias a una suerte de Iluminación Total, desaparecen todos los problemas existenciales, y antes también de afirmar que la vida como tal es mísera y no hay posible salida al respecto, el Buddha recupera la vía media entre ambas de mano de la analogía médica[103] y establece así la dolencia como lo primero que se ha de localizar.

Se introduce entonces la Segunda Noble Verdad: es preciso detectar el origen de la enfermedad, o, en nuestro caso, de la insatisfacción (*dukkhasamudaya*), que, de acuerdo con el Buddha, radica en el apego. Lo objetivo, el hecho mismo de lo transitorio, se mantiene inalterable, pero el elemento subjetivo, que en último término se remonta a un apego emocional no pasado por el tamiz del análisis, puede ser revertido de tal modo que salgamos del aspecto problemático (subjetivo) asociado al hecho objetivo. Esta salida se produce mediante la comprensión de la causa que origina la insatisfacción. La Segunda Noble Verdad, por tanto, exploraría la naturaleza de la afección, la cual adquiere pleno sentido mediante una serie de técnicas, no solo introspectivas, sino también físicas y socio-morales (elaboradas en la Cuarta Noble Verdad). Aunque los *sutta* consideran que todas las disposiciones interiores (*saṅkhārā*) comportan insatisfacción, no todas se contemplan como su causa: la causa suele quedar referida como codicia (*raga*), ansia de (*taṇhā*), avaricia (*lobha*), apego (*ālaya*), aferramiento (*upādāna*), odio (*dosa*), aversión (*paṭigha*) y otras tendencias psicológicas.[104]

La Tercera Noble Verdad decreta que existe una salida a esta insatisfacción o que puede ser cesada (*dukkhanirodha*). Es la afirmación de la libertad, y no ya como posibilidad sino como realidad.[105] La insatisfacción no es, por tanto, un mal incurable. Y, por último, el Buddha propondrá la Cuarta Noble Verdad: el modo en que debe acometerse la curación (*dukkhanirodhagāminī-paṭipadā*). Se trata de una descripción, que en otros discursos se ofrece con pormenores, de los posibles caminos hacia la libertad, todos los cuales el Buddha anima a practicar con diligencia, aunque dependiendo de las circunstancias y de las personas unos se consideren más importantes que otros. Tales caminos son conocidos como el Sendero Óctuple (*ariya aṭṭhaṅgika magga*): la visión correcta (*sammā diṭṭhi*), la concepción o pensamiento correcto (*sammā saṅkappa*), el habla correcta (*sammā vācā*), la acción correcta (*sammā kammanta*), los medios de vida correctos (*sammā ājīva*), el esfuerzo correcto (*sammā vāyāma*), la atención correcta (*sammā sati*), y la concentración correcta (*sammā samādhi*).[106] Estos ochos factores han sido tradicionalmente clasificados en tres grandes grupos: 1) sabiduría (*paññā*), que abarca los dos primeros senderos; 2) ética (*sīla*), que engloba el tercero, el cuarto y el quinto sendero, y 3) entrenamiento mental (*samādhi*), que comprehende los tres últimos.

Sin entrar en los detalles característicos de cada sendero, la sabiduría (visión correcta y concepción correcta) alude a una comprensión adecuada del centro (filosófico) sobre el que gira la estructura doctrinal completa, esto es, la originación dependiente, y del centro (soteriológico) sobre el que gira la práctica espiritual activa (las Cuatro Nobles Verdades). Por ejemplo, en el *Sutta Sammaditthi* (*Nikāya Majjhima*, 9), el venerable discípulo de Gautama, Sāriputta, toma cada uno de los eslabones de la cadena causal duodécupla y les aplica por separado la consideración de su realidad (Primera Noble Verdad), su causa (Segunda Noble Verdad), su cesación (Tercera Noble Verdad) y el camino hacia su cesación (Cuarta Noble Verdad). El segundo grupo, el de la ética, que abarca los tres senderos siguientes, tiene por su parte una clara proyección hacia el mundo exterior: hablar y actuar correctamente para no causar daño innecesario, y tener un medio de vida acorde con los cinco principios morales budistas: abstenerse de matar ningún ser vivo, abstenerse de tomar lo que no le pertenece a uno, abstenerse de comportamientos sexuales inapropiados, abstenerse de mentir, y abstenerse de tóxicos que pongan en peligro la práctica espiritual propia o a los demás. Por último, el tercer grupo, el del entrenamiento mental, sí es de corte enteramente subjetivo, e implica el compromiso de atender a lo que sucede en el presente en la medida en que nos sea posible, así como la práctica de la meditación, tal como se describe por ejemplo en el *Sutta Satipaṭṭhāna* (*Nikāya Majjhima*, 10) o en el *Sutta Mahāsatipaṭṭhāna* (*Nikāya Dīgha*, 22).

Quisiera insistir otra vez en que, una vez comprendidas las Cuatro Nobles Verdades en conjunto, y cómo se relacionan entre sí, es difícil ver en esta concepción soteriológica central del budismo el pesimismo que tantos, con más o menos conocimiento de causa, le atribuyen. Si tanto la enfermedad como la existencia de una curación para esta se establecen como verdades incuestionables, primarias y objetivas (de hecho, no sería ocioso recordar en este punto que se ha sugerido a menudo la traducción de "Cuatro Nobles Realidades" en lugar de "Verdades"), y si se han establecido, como es el caso, caminos claros y practicables de curación, cuya eficacia ha sido comprobada una y otra vez por quienes se han embarcado en ellos, sería mucho más apropiado caracterizar la doctrina budista como una doctrina, si no ya optimista –pues aquí parece darse a entender una distorsión conceptual hacia el otro extremo–, desde luego al menos realista. Por ello, antes que dejarnos arrastrar por nociones tópicas o de segunda mano sobre el budismo (por ejemplo, la concepción de Schopenhauer, o la que aún tuvo Max Weber, más informada, que consideraba a todas las religiones indias, incluida el budismo, como negadoras del mundo,[107] concepciones de enorme influencia en el mundo occidental contemporáneo), es imprescindible que nos dirijamos a los textos originales, examinándolos con la máxima ecuanimidad posible. Un primer vistazo a las Cuatro Nobles Verdades indica que, sin caer en el engaño espiritualista –más propio de quien reduce toda la problemática a la adquisición yóguica de un Absoluto dentro de nosotros, y por tanto escapista–, ni en la depresión nihilista –el "no hay nada que hacer", también escapista–, el Buddha piensa en la naturaleza de los procesos vitales de un modo sensato, práctico, objetivo y realista.

Nadie, salvo optimistas recalcitrantes e ingenuos o seres amorales, puede afirmar que la libertad o los bienes de esta vida se consiguen sin esfuerzo, sin disciplina y sin un análisis cabal de lo dado, ni, por tanto, volviendo al supuesto pesimismo de la Primera Noble Verdad, sostener que detrás de tal esfuerzo –que por necesidad ha de ser continuamente renovado– no existe en la vida personal y social una insatisfacción que podríamos llamar básica, sin ser sustancial. Como tampoco es sustancial la causa de la insatisfacción (Segunda Noble Verdad), pues no podría ser retirada o transformada; ni, asimismo, la cesación de la insatisfacción (Tercera), ni el camino que conduce hacia la libertad (Cuarta). Pensar de otro modo significaría liquidar el principio de la originación dependiente de todas las cosas, así como el llamado "primer sello de la existencia", la impermanencia. Pensar de otro modo significa, de hecho, entrar en contradicciones insalvables. Pues si de una distinción hacemos algo sustancial e inherente, ¿cómo evitar pensar que la Primera y Tercera Noble Verdad se contradicen? ¿Cómo es posible, si están sustantificadas, pensar simultáneamente en la insatisfacción y la liberación de la insatisfacción? Resulta obvio que ninguna de las Nobles Verdades pueden mirarse aisladamente, y que solo en su interpenetración causal, allí donde habita la vía media entre el substancialismo y el nihilismo, tienen sentido.

III. LOS TRES SELLOS DE LA EXISTENCIA

«¡Fue sueño ayer; mañana será tierra!
¡Poco antes, nada; y poco después, humo!
¡Y destino ambiciones y presumo
apenas punto al cerco que me cierra!»
FRANCISCO DE QUEVEDO, *Parnaso* 63b.

Y el Bendito se dirigió a los monjes, diciendo: «Escuchad ahora, monjes, os exhorto: todas las cosas son impermanentes. Trabajad con diligencia por vuestra libertad».

Éstas fueron las últimas palabras del *Tathāgata*.

[Se sigue una descripción de todos los estadios meditativos, los cuales el Buddha penetra sucesivamente hacia arriba y después hacia abajo, y una vez más hacia arriba hasta el cuarto *jhāna*.]

E inmediatamente el Bendito falleció. Y cuando el Bendito falleció, simultáneamente a su *paranibbāṇa*, sobrevino un tremendo terremoto, terrible y pasmoso, y truenos cruzaron por los cielos.[108]

Es posible que nada resuma con tanta claridad la visión budista de la vida como su idea de que todas las cosas son impermanentes (*anicca* en pāli; *anitya* en sánscrito): todas las cosas están sujetas al cambio, o, mejor aún, por utilizar una expresión literal de los *sutta*, todas las cosas tienen un origen y un final («Os enseñaré la Ley [*dhamma*]: cuando esto existe, aquello surge; con el surgimiento de esto, aquello surge. Cuando esto no existe, aquello surge; con la cesación de esto, aquello cesa»).[109]

La idea de la impermanencia, junto con la de no-yo (*anatta* en pāli; *anātman* en sánscrito) o no-substancia, y la de la insatisfacción (*dukkha*),[110] son consideradas tradicionalmente como las tres ideas centrales del budismo, a menudo llamadas los Tres Sellos de la Existencia (*lakśaṇa*). Más técnicamente, podrían considerarse las tres características de la causación.[111]

La idea de la impermanencia de todas las cosas está íntimamente ligada a la originación dependiente –ese perpetuo flujo de transformaciones causales, sin Principio o Final absoluto conocido–, y no es, por tanto, una teoría vaga e indefinida del cambio. La fórmula clásica que la expresa es: «Aquello que se origina está sujeto a perecer» (*Sutta Dighanaka*, *Nikāya Majjhima* 74), o «todo lo que se origina debe cesar» (*Sutta Mahāpadāna*, *Nikāya Dīgha* 14).

Como vimos en nuestro estudio de la Primera Noble Verdad, la impermanencia es concebida como un hecho objetivo, que solo al principio –es decir, cuando no se ha reconocido como tal– lleva asociado un apego (subjetivo), que es la causa de la insatisfacción. Del mismo modo, el no-yo y la insatisfacción (o la libertad, que es su contraparte) son entendidos por el Buddha como proposiciones no partidistas de la realidad, devenidas de una observación correcta y ecuánime de lo que *ha venido sucediendo* instante tras instante. Utilizo el gerundio con participio a propósito, como contrapuesto al presente, "de lo que sucede". Veremos la importancia de esto en la próxima sección.

En realidad, la idea de "no-yo" (o, en ocasiones, cuando salimos de la esfera subjetiva o del contexto de la absolutización del Yo al que se enfrentó el Buddha, "no-substancia")[112] y la de la "insatisfacción/libertad" son prolongaciones de la noción de impermanencia, que a su vez solo puede entenderse si tenemos presente la idea de la originación dependiente. En los próximos párrafos vamos a estudiar la idea de no-yo, y en la sección siguiente analizaremos la cuestión de la libertad budista.

Para acercarnos a lo que el Buddha quiso decir con no-yo o no-substancia (*anatta*), uno tiene que percibir, en primer lugar, que se trata de una oposición a la concepción védica tardía del Yo Absoluto (*atta* en pāli; en sánscrito *ātman*), aparente ya en una de las *Upaniṣad* más antiguas, la *Chāndogya Upaniṣad*,[113] y sustancial a la práctica totalidad de las búsquedas espirituales individualistas hasta entonces. Es evidente que el uso de la expresión *anatta* –el sufijo "a-" o "an-", cuando lo que sigue es una vocal, tanto en sánscrito como en pali, designa, como en español, negatividad– entraña una confrontación con esta aspiración. Aunque posteriormente la filosofía budista comenzaría un proceso dialéctico en el que este Yo y el no-yo introducido por el Buddha produce nuevas concepciones aparentemente superadoras, lo cierto es que el no-yo del budismo primitivo no constituye, al principio, un extremo dialéctico. Más bien, se trata de la vía media entre el absolutismo del Yo upanisádico y el nihilismo de aquellos que no concibieron una continuidad de la personalidad y, por tanto, de la responsabilidad moral de los actos individuales. El no-yo budista, por consiguiente, está concebido como una instancia de observación de la impermanencia en la subjetividad, sin que ello suponga una solidificación o sustantificación del "no" que precede a la expresión "no-yo". Aquí, en el budismo primitivo, se trataría más bien de dejar constancia de que, cuando mirada la subjetividad por dentro, experimentalmente, no podemos capturar una sustancia completa y holística denominada "yo", y que esta es más bien una abstracción posterior, sin que ello signifique que sea inútil. Muchos budistas y opositores del budismo acabaron por abrazar este extremo (nihilista) cuando pensaron que la idea de no-yo ha de tomarse al pie de la letra, y para salir del paso tuvieron que acudir a una metafísica de las verdades absoluta y relativa. El lugar donde se pondrá más de relieve esta confusión será en la controversia entre las diferentes escuelas o versiones del *madhyamakā*.

En *El concepto de la angustia* (pág. 70, óp. cit.), Kierkegaard apunta a algo muy parecido desde el punto de vista cristiano, confrontado al idealismo alemán:

> Si uno no clarifica primero para sí mismo qué significa "el ego", no tiene mucho sentido decir del pecado que es egoísmo. Pero "ego" significa precisamente la contradicción de proponer lo general como lo particular (*Enkelte*). Sólo cuando el concepto del individuo particular

> (*Enkelte*) es dado puede plantearse la cuestión del egoísmo. Pero aunque han vivido incontables millones de esos "egos", ninguna ciencia puede establecer lo que es el yo sin establecerlo en términos perfectamente abstractos. Y esto es lo maravilloso de la vida, que todo el que se hace caso a sí mismo sabe lo que ninguna ciencia conoce, porque conoce lo que él es; y ésta es la profundidad del dicho griego γν θι σεαυτον ("conócete a ti mismo"), que ha sido entendido durante tanto tiempo al modo alemán como pura autoconciencia, lo etéreo del idealismo. De seguro es hora ya de que lo entendamos tal como los griegos lo hubiesen entendido de haber tenido presuposiciones cristianas. El verdadero yo es propuesto en primer lugar como el salto cualitativo...

Gustavo Bueno, por su parte, tras hablar de la sustantificación de las distintas esferas (él los llama géneros), se refiere específicamente al yo (el segundo): «En la esencia del materialismo está la negación del sujeto, caracterizado por ser cognoscente. Se trata de un concepto límite, una construcción puramente lógica» (*Ensayos materialistas*, pág. 298). Esto, como es natural, no significa que no existan contenidos subjetivos, que no sean reales, o que carezcan de importancia. O Nietzsche, hablando no ya del yo(-en-sí), sino de la cosa(-en-sí): «La cosa-en-sí carece de sentido. Si quito todas las relaciones, todas las "propiedades", todas las "actividades" de una cosa, la cosa no permanece. La coseidad ha sido inventada por nosotros debido a los requerimientos de la lógica, y por tanto con el objetivo de definir, comunicar (de juntar la multiplicidad de relaciones, propiedades, actividades)» (*La voluntad de poder*, §557).

Una aproximación muy cercana a la idea de no-yo del budismo original, enunciada por uno de los filósofos más agudos del siglo pasado, iría asimismo por la siguiente línea:

> «Pienso luego existo» dice algo más de lo que es estrictamente cierto. Se diría que estamos bastante seguros de que somos hoy la misma persona que fuimos ayer, y esto es verdad sin duda en cierto sentido. Pero el verdadero Yo es tan difícil de alcanzar como "la verdadera mesa", y no parece tener la misma certeza absoluta y convincente que pertenece a las experiencias particulares. Cuando miro mi mesa y veo cierto color marrón, lo que es inmediatamente cierto no es "*yo* estoy viendo un color marrón", sino "un color marrón está siendo visto". Esto por

> supuesto implica algo (o alguien) que (o quien) ve el color marrón; pero no implica en sí mismo esa persona más o menos permanente que llamamos "yo". En tanto en cuanto alcanza nuestra certeza inmediata, podría ser que el algo que ve el color marrón es momentáneo, y no el mismo que tiene una experiencia diferente al momento siguiente.[114]

Esta es una línea de pensamiento de cuño empirista, que arranca por lo menos desde Hume. Alfred J. Ayer se hace eco de esta tradición cuando dice:

> Hemos resuelto el problema de Hume gracias a la definición de la identidad personal en términos de identidad corporal, allí donde la identidad corporal debe ser definida en términos del parecido y la continuidad de los contenidos sensibles. Este procedimiento está justificado por el hecho de que mientras que es permisible, en nuestro lenguaje, hablar de un hombre como sobreviviendo una completa pérdida de memoria o un cambio completo de carácter, es autocontradictorio hablar de un hombre que sobrevive a la aniquilación de su cuerpo. Pues aquello que supuestamente sobrevive de acuerdo con aquellos que esperan una "vida después de la muerte" no es el yo empírico, sino una entidad metafísica: el alma. Y esta entidad metafísica, acerca de la cual no puede formularse ninguna hipótesis genuina, no tiene conexión lógica con el yo en absoluto.[115]

No obstante, a pesar de que tanto el budismo primitivo como el empirismo comparten una misma ambición antimetafísica, lo aquí propuesto no encaja con la idea budista original de la causalidad dependiente en tanto que, en la concepción de Ayer, lo corporal aparece sustancializado, siendo lo psíquico un mero subproducto de lo corporal.[116] Esta idea, el Buddha la había rechazado abiertamente también como metafísica, y consideró de rigor pensar que existe una continuidad de lo psíquico tras la muerte, no susceptible tampoco de aglutinarse en la idea de alma. En la Parte IV exploraremos la idea de que esta continuidad o herencia, apuntada en la concepción general de la originación dependiente, es explicable más coherentemente si consideramos el universo intersubjetivo, allí donde ni lo subjetivo (alma) ni lo objetivo (cuerpo) por sí mismos pueden comprehenderla.

En todo caso, no es solo la experiencia sensorial la que podría tenerse en cuenta para una de-substanciación del yo –aunque sin duda los análisis budistas primigenios tienen a esta continuamente en consideración–, sino asimismo la propiamente mental, o incluso la espiritual (ya sea meditativa, intuitiva o "paranormal" –sobre esto, véase siguiente apartado–). Lo que se plantea es, pues, si "ese que mira" (como se dice en la *Muṇḍaka Upaniṣad*) es siempre el mismo o si está cambiando constantemente. Y, en este punto, la alternativa radica entre una visión absolutista del yo, o una, diríamos, realista y relativista. Esto último no en el sentido nihilista de la expresión, sino en cuanto que pone al sujeto en relación con otros dominios y consigo mismo, sin que la constelación de relaciones resultante pueda resumirse en ningún absoluto. O el Yo es eterno y nunca cambia, ha cambiado y cambiará –una interpretación, por cierto, no poco audaz, como fue la concepción parmenídea del Ser–, o bien está en perpetuo flujo. Un flujo que todavía no es necesariamente nihilismo, o ni siquiera incapaz de una abstracción que comprehenda la experiencia subjetiva al completo –ese "en cierto modo" en la cita de Russell, cuando dice que: «es verdad sin duda en cierto sentido que somos hoy la misma persona que fuimos ayer»–, sino que por el momento se centra en la experiencia real de las cosas tal como la vive el sujeto por dentro.

Tanto la crítica budista como la empirista, la materialista (Bueno), la cristiana (Kierkegaard) o la postmoderna (Nietzsche), a la idea de sujeto no busca la destrucción de la subjetividad en tanto experiencia interior, sino de un *impasse* epistemológico que hace del sujeto algo en sí (ahora con mayúsculas: Sujeto, Yo), absoluto y, por tanto, cerrado sobre sí, y donde se entiende más bien que el mundo exterior es tan sólo una "proyección" mental, en último término ilusoria, o, en el mejor de los casos, donde, por medio de esta substanciación subjetiva, el mundo contiene cosas-en-sí (Kant). Desde un punto de vista existencial, no hay duda de que ni el Buddha ni Nietzsche (no digamos ya Kierkegaard) quisieron ver al sujeto enterrado; es más, parece que quisieron elevarlo. Las inquisiciones foucoldianas caminarían por un sendero parecido, pues Foucault no sólo quiso extirpar los elementos subjetizantes de determinado objeto de investigación (el nacimiento de la prisión, del manicomio), sino que, además, pone en cuestión aquel afán sustancialista y fundamentalista cuyo origen, de mano de Nietzsche, localizó en la subjetividad (la "filosofía del sujeto"). A juzgar por sus escritos sobre literatura y arte, y sobre todo más tarde por su preocupación por las técnicas del cuidado de sí (*epimeleia heautou*), es evidente que Foucault no procura la eliminación de la subjetividad en cuanto tal, sino una transformación del modo en que se ha entendido esta, a saber, como hipostasiada en una suerte de absoluto etéreo.

Todas estas críticas apuntarían, en principio, a liberarse de las cadenas de lo que se ha hipostasiado, cuando en realidad es transitorio, históricamente condicionado, y no exclusivamente subjetivo. Pero pueden fallar si la misma transitoriedad, o muerte del sujeto, se torna en dogma y se aplica indiscriminada o absolutamente. De ahí que Chandrakīrti hablase, aquí sí siguiendo fielmente a Nāgārjuna, de "la vacuidad de la vacuidad" (o "el vacío del vacío"). Esto significa que el concepto de vacío (*śūnya*) –que es precisamente una aserción anti-substancialista– está también vacío: no puede sustancializarse, o de otro modo hemos perdido el rumbo. Por ello, *anatta* no debería traducirse simplemente como "no-yo", pues aquí puede entenderse una tendencia a la sustantificación del extremo opuesto al yo absoluto, sino que debería traducirse mejor como «no-yo-separado o sustancial».

En este punto es conveniente que nos dirijamos hacia uno de los principales discursos sobre el no-yo, que el Buddha pronunció ante los atónitos oídos de sus cinco excompañeros de prácticas de automortificación, justo después de la enunciación de las Cuatro Nobles Verdades:[117]

> *Bikkhus*, la materia (o cuerpo, *rūpa*) es no-yo. Porque si la materia fuese el yo, esta materia no conduciría a la aflicción, y sería posible decir: «Que mi cuerpo sea así; que mi cuerpo no sea así». Pero porque la materia es no-yo, la materia conduce a la aflicción, y no es posible decir: «Que la materia sea así; que la materia no sea así». [El Budha realiza idéntico análisis con el resto de los cinco agregados (*khandhas*): sentimiento, percepción, formaciones volitivas o disposiciones, y la conciencia.] [...] La conciencia es no-yo. Porque si la conciencia fuese el yo, esta conciencia no conduciría a la aflicción, y sería posible decir: «Que mi conciencia sea así; que mi conciencia no sea así». Pero porque la conciencia es no-yo, la conciencia conduce a la aflicción, y no es posible decir: «Que la conciencia sea así; que la conciencia no sea así».
>
> ¿Qué pensáis, monjes? ¿Es la materia permanente o impermanente? –Impermanente, venerable señor. –¿Y lo que es impermanente implica sufrimiento o felicidad? –Sufrimiento, venerable señor. –¿Y aquello que es impermanente, sufrimiento, y sujeto al cambio debe ser considerado

> así: "esto es mío, este soy yo, este es mi yo"? –No, venerable señor. [De nuevo el análisis cubre los cinco agregados hasta la conciencia.]
>
> Por tanto, monjes, cualquier tipo de materia, tanto si pasada como presente o futura, interna o externa, burda o sutil, inferior o superior, lejana o cercana... toda la materia debe ser vista como es, con sabiduría correcta, así: "Esto no es mío. Esto no soy yo, éste no es mi yo". [Ídem con el resto de los cinco agregados.]
>
> Y viéndolo así, monjes, los discípulos nobles e instruidos experimentan una repulsa por lo material, por el sentimiento, la percepción, las formaciones volitivas y la conciencia. Experimentando repulsa, uno se vuelve desapasionado. Y por la ausencia de pasión se libera. Y cuando es liberado surge el conocimiento: "Ha sido liberado". Y entiende: "El nacimiento ha sido destruido, la vida santa ha sido vivida, lo que tenía que ser hecho ha sido hecho, y ya no hay nada más que hacer aquí".[18]

Creo que sobra aclarar que la repulsa a la que se refiere aquí el Buddha no es un sentimiento de asco o repugnancia –aunque supongo que los sectores más ascéticos del budismo hayan querido interpretarlo así–, sino más bien la tranquila ecuanimidad que surge cuando aterrizamos en lo real, es decir, al comprender la imposibilidad de un dominio absoluto tanto del cuerpo como de la voluntad o de la conciencia. La libertad aparece cuando "uno se vuelve desapasionado" (esto recuerda a Espinosa); de nuevo no en el sentido de que uno se torne gélido, pues tal cosa, aplicada lógicamente, conduciría a la muerte real, sino en el sentido de que uno comprende que ni el cuerpo ni la voluntad ni la conciencia son susceptibles de sustancialización. Imaginemos el asombro con que los cinco excompañeros del Buddha, buscadores del absoluto, recibieron este mensaje cristalino. La tradición sostiene que se convirtieron en sus primeros discípulos.

Ahora bien, si la conciencia (*viññaṇa*), el quinto agregado, no es el yo (*atta*), ¿entonces *quién* se libera? Esta pregunta, hoy muy corriente en coloquios y discusiones budistas, le fue planteada al Buddha en varias ocasiones. Y la respuesta es fulminante: la pregunta en sí misma es equivocada o carece de sentido, porque implica en sí, independientemente de la respuesta que se dé, que hay un alguien o algo permanente (metafísico) detrás, el *quién*. Por ejemplo, cuando un monje llamado Moliya Phagguna le pregunta al Buddha quién alimenta el sostenimiento de la conciencia, este le responde:

> No es una pregunta apropiada. No afirmo que alguien la alimenta. Si dijese que alguien la alimenta entonces la pregunta de quién le alimenta tendría sentido. Pero yo no digo eso. Y, como no digo eso, si alguien fuese a preguntarme con qué se sostiene la conciencia, yo le respondería que la pregunta no es apropiada.[119]

Es más, el Buddha indica inmediatamente que la idea de un sustento o asiento de la conciencia es la condición para la producción del renacimiento, es decir, que camina en la dirección opuesta a la libertad. Por lo mismo, el Buddha explica que carece de sentido preguntar quién toca, quién desea, etcétera. Uno sí puede preguntar, en cambio, bajo qué condiciones se da el contacto o el deseo.[120]

Es en este contexto donde surge la lógica cuádruple que ya hemos estudiado (cfr. capítulo 2), a saber, si cada condición en la secuencia (de los agregados, de la cadena causal duodécupla) es producida por uno mismo, por otro, por ambos, o por ninguno. Todas estas opciones, el Buddha las rechaza como metafísicas. Y, como también hemos visto ya, esta es también la razón por la que el Buddha permanece silente ante preguntas que, en último término, dan por hecha la sustancialización o bien del yo (o del no-yo literal), o bien del cosmos. Es manifiesto que, para el Buddha, esta presuposición no conduce a la libertad, pues omite la comprensión de la originación dependiente.

Citar todos los textos que proceden para apoyar esta tesis sería demasiado extenso. Baste con las siguientes indicaciones. El *Sutta Poṭṭhapāda* (*Nikāya Dīgha*, 9) es, como casi todos los *sutta* de esta colección, una presentación elemental y recopilatoria de afirmaciones (y silencios) que debieron producirse de modo disperso en el tiempo, según la ocasión y lo propuesto por el visitante. En este *sutta*, un tal Poṭṭhapāda, justo después de una discusión acerca de los estados meditativos en la que este interroga al Buddha acerca de si es la percepción o el conocimiento lo que viene primero (y el Buddha contesta que primero la percepción y luego el conocimiento: «del surgimiento de la percepción surge el conocimiento, y uno sabe: "así condicionado, el conocimiento surge"»), Poṭṭhapāda, decíamos, le pregunta al Buddha por qué no ha respondido a las cuestiones de si el mundo es eterno, si es infinito o no infinito, si el cuerpo es lo mismo o diferente del alma, si el *tathāgata* existe o no después de la muerte.[121] La respuesta es que:

> [...] no conduce al propósito de la libertad, a la comprensión del *dhamma*, al embarque en la vida santa; no conduce al desencanto y desapasionamiento, a la cesación del sufrimiento, a la calma, al conocimiento más elevado, a la iluminación, al *nibbāṇa*. –¿Y qué es entonces es lo que el Señor ha declarado? –Poṭṭhapāda, yo he declarado: «Esto es sufrimiento, éste es el origen del sufrimiento, ésta es la cesación del sufrimiento, y éste es el camino que conduce a la cesación del sufrimiento».

La cuestión aquí no es tanto que la aproximación del Buddha es eminentemente práctica, pues tal afirmación dejaría espacio a una renovación de especulaciones que aspiran a articular la teoría tras la práctica, sino sencillamente que la aproximación del Buddha es antimetafísica. Esto se percibe aún más meridianamente cuando el Buddha trata el asunto concreto del yo y del no-yo. Acudamos a aquel momento, tan ridículamente mitificado, en que Vachaggotta le pregunta al Buddha si existe el yo, ante lo cual el Buddha se queda en silencio. Vachaggotta pregunta entonces: ¿es que el yo no existe? Todavía silencio. Y Vachaggotta se marcha. Ānanda, que no ha comprendido el porqué del silencio, le pregunta al Buddha por sus razones, a lo que el Buddha contesta:

> Ānanda, si contestase que hay un yo estaría en conformidad con esos sacerdotes y contemplativos que son exponentes del eternalismo. Y si contestase que no hay yo, tal cosa estaría en conformidad con los exponentes del nihilismo. Si contestase que efectivamente hay un yo, ¿estaría eso en conformidad con el surgimiento del conocimiento de que todos los fenómenos son no substanciales? –No, dijo Ānanda. –Y si afirmase que no hay yo, el ya confundido Vachaggotta saldría más confundido todavía: ¿es que acaso el yo que poseía ya no existe?[122]

En el propio *Sutta Aggi-Vachaggotta* (*Nikāya Majjhima*, 72) se afirma que tales preguntas implican «un matorral de visiones, una confusión de visiones, una contorsión de visiones, un retorcimiento de visiones, una traba de visiones. Están acompañadas de sufrimiento, ansiedad, desesperación y fiebre, y no conducen al desencantamiento, el desapasionamiento, la cesación; al conocimiento directo, al despertar completo, al *nibbāṇa*». En la *Nikāya Aṅguttara*, 10.93, se explora por qué estas visiones conducen a los efectos más arriba enumerados, y en la *Nikāya Majjhima*, 63, por qué no conducen a la iluminación.

Para terminar, resulta interesante una discusión que ocurre en *Nikāya Aṅguttara*, 9.96, sobre el apego que puede adherirse a la misma idea de la vía media –descrita como "pasión y encanto por el *dhamma*"– que puede prevenir una iluminación completa –descrita como "lo sin-muerte"–. Thassinaro Bikkhu indica[123] que una vez que el obstáculo es superado, la liberación se caracteriza por ser «profunda, sin límites, difícil de abrazar, como el océano». En este punto, prosigue Thassinaro, «el camino se abandona como una balsa tras haber cruzado el río, donde las cuestiones sobre el yo o el no-yo ya no suceden». Esta discusión es interesante porque aun cuando el apego a las mismas enseñanzas fuese considerado por el Buddha como un peligro,[124] y por tanto donde sería de rigor la mencionada metáfora de la balsa, la interpretación que han ofrecido muchos comentaristas, aprovechando expresiones como la de "sin muerte", tiene ya tonos trascendentalistas que apuntan a un reino metafísico, más allá, de libertad plena y absoluta que ya no tiene que renovarse.

En el siguiente epígrafe estudiaremos en qué sentido o en qué medida puede sostenerse esto bajo la luz de todo lo visto hasta el momento; a saber, hasta qué punto, o cómo, la iluminación puede considerarse absoluta o relativa. No en vano, a nuestro juicio, esta fue la cuestión principal que produjo el primer gran cisma entre el *theravāda* y la *mahāsaṅgha*, y que más tarde todavía alimentaría la división entre las diferentes escuelas del *madhyamakā*.

IV. EL *NIRVĀṆA*[125]

«El más acerbo dolor entre los hombres es el de aspirar mucho y no poder nada.»

HERÓDOTO, *Historias* (Libro IX, 16)

a. Condicionalidad o incondicionalidad

El pensamiento religioso de la India nos ha acostumbrado a considerar la meta espiritual como algo perteneciente al reino de lo incondicionado; incondicionalidad que se alcanza (necesariamente) mediante una superación –en forma de salto insólito, místico y trascendental– del condicionamiento fenoménico (*māyā*). Pero semejante cosa implica un puñado de presuposiciones –empezando por la sempiternidad de este supuesto reino ontológico– que, como hemos tenido la oportunidad de observar desde muchos ángulos diferentes (filosófico, existencial, ético), el Buddha no estaba dispuesto a aprobar.

Vale la pena, por ello, reflexionar sobre las razones por las que Gautama, el Buddha, y con él Nāgārjuna, colocaron el *nirvāṇa* en un lugar a la vez más modesto y más sublime, a saber, entre lo condicionado (sin hacer una distinción drástica entre ello y lo incondicionado) y en lo libre. La cuestión decisiva aquí consiste, pues, en comprender qué es exactamente la libertad de acuerdo con el Buddha, y por tanto en averiguar la diferencia entre su concepción de la libertad y la de sistemas previos de liberación que ponían el acento en una operación de trascendencia aspirante a enclavar al sujeto en una incondicionalidad sin paliativos.

Es significativo que, salvo una excepción que revisaremos en breve, en los textos tempranos no encontramos ni la más mínima referencia a incondicionalidad alguna. Por el contrario, no cesamos de asistir a la presentación de un orden de cosas –incluyendo Mundo y Yo– dependientemente condicionadas. Si la libertad –que, según el Buddha, es segura siguiendo ciertas técnicas de análisis y ciertas prácticas éticas y espirituales– se sustrae a la condicionalidad, o más bien pertenece al proceso vital mismo, es la cuestión que queremos proponer aquí. Muchos autores y maestros budistas prefieren esquivar una respuesta a un asunto tan central, pero resulta imprescindible establecer de una vez por todas si se trata de lo uno o de lo otro, pues es manifiesto que ambos al mismo tiempo no pueden ser. No obstante, la gran mayoría de las escuelas budistas han caminado entre ambas opciones como si no existiese contradicción, porque, por un lado, no podían renunciar al núcleo de las enseñanzas originales, impregnadas de originación dependiente, y, por otro lado, no querían tampoco abandonar el trascendentalismo ontológico de una concepción de la libertad como incondicionalidad, proveniente de fuentes metafísicas pre-búdicas.

Por mi parte, la respuesta es contundente: la libertad (*nirvāṇa*), para el Buddha histórico (otra cuestión es lo que el budismo tardío ponga en boca de un Buddha mitificado), no es un espacio, reino, esfera o estrato ontológico incondicionado. Y añado, anticipando un asunto que trataremos en la Parte II de esta obra, que tampoco Nāgārjuna la entendió así, por mucho que se le haya querido presentar como un filósofo trascendentalista que habló de dos verdades, una relativa y otra absoluta.

Si el *nirvāṇa* acabó por entenderse como un reino incondicionado del ser, se explica, en primer lugar, y tal como apuntó el propio Gautama, por la casi irresistible tendencia a la evasión de las condiciones objetivas de la existencia en aras de un reino metafísico intemporal. Una huida que, como dicta la Primera Noble Verdad, paradójicamente genera insatisfacción (*dukkha*). Y, en segundo lugar, porque el hecho de que la libertad (moral) sea posible y definitiva, si se siguen los cursos de acción pertinentes, alude de modo metafórico a una suerte de "absolutidad" que puede fácilmente confundirse con un reino ontológico absoluto separado de lo mundanal, circunstancial y meramente aparente. Pero la idea de que nada hay separado e independiente, de que no hay "cosa en sí", o yo separado, de que cualquier proceso de sustantificación conduce a la insatisfacción, es una evidencia textual tan abrumadora en los discursos tempranos que, si aún se discute, es porque efectivamente la propensión a una huida metafísica, como diagnosticaba el propio Buddha, es muy poderosa.

Algunos se han lamentado de que el Buddha dejase sin tratar la cuestión de hasta qué punto el *nirvāṇa* es incondicionado. Pero, leyendo atentamente los discursos tempranos, observamos que se trata de una queja sin auténtico fundamento. La libertad es promulgada de continuo como el resultado de una *inquisición causal concreta y determinada*, allí donde la causalidad en cuanto tal es de carácter universal, a saber, que afecta a todas las cosas (en este sentido, absoluta y eterna).[126] La confusión entre el dominio gnoseológico (donde la práctica es necesariamente concreta y la teoría necesariamente abstracta y universal) y el ontológico (allí donde se pasaría a hablar de un reino de las condiciones y otro incondicionado, ahora equivalente a la libertad, siguiendo el sendero del monismo absolutista del *vedānta*) podría ser otra de las causas del error en que tantos filósofos budistas han caído al tratar la cuestión de la libertad. Error que habría provocado, por un lado, un intento de ajuste hermenéutico de las palabras literales del Buddha a presupuestos metafísicos, y, por otro, la progresiva sustitución de los discursos originales por otros nohistóricos, pero hechos pasar por tales, que asimismo se enderezaban hacia la metafísica absolutista clásica.

En todo caso, más que una superación de lo fenoménico y condicionado, lo que se deduce con claridad y consistencia de las enseñanzas budistas originales es que la libertad es *una conciencia o comprensión de la necesidad.*[127] Y sí, esa conciencia *siempre* es posible en alguna medida. La libertad o la comprensión siempre están ahí, en potencia, dispuestas a ser actualizadas; lo cual no quiere decir que sea absoluta o que, sin más, pueda saberse todo (omnisciencia). El Buddha habló de la libertad como de un «no estar disposicionalmente condicionado» en el sentido de que la comprensión de las causas de las cosas nos permite trascender el apego a ellas, pero de ello no se sigue que el "siempre" pueda hipostasiarse en un reino aparte e incondicional (absoluto, solitario). En otras palabras, la validez universal de la teoría no permite catapultar el ego a un ámbito del Ser absoluto y sin contingencias. De ejecutar esta operación asistiríamos a una verdadera impostura de todo el sentido de las enseñanzas budistas originales, puesto que lo que estas condenaban como conducente a la aflicción (el absolutismo) ahora es enarbolado precisamente como libertad.

b. El fragmento del Udāna

La irresistible tendencia de evasión a un reino metafísico antes referida ha buscado y busca sin cesar clavos ardiendo a los que agarrarse. De ahí que los apologetas de la incondicionalidad del *nirvāṇa* budista citen una y otra vez, como prueba irrefutable de que el Buddha histórico apoyaba su concepción, el siguiente pasaje del *Udāna*, perteneciente a la más tardía, dentro del canon pāli, *Cesta* (*Nikāya*) *Kuddhaka*:

> Existe, monjes, algo no-nacido, no-devenido, no-hecho, no-compuesto (*ajātaṁ abhūtaṁ akataṁ asankhataṁ*). Si no existiese este no-nacido, entonces no habría aquí una liberación visible de aquello que nace, deviene, está hecho y es compuesto. Pero dado que hay un no-nacido, no-devenido, no-hecho, no-compuesto, entonces la liberación es visible de aquello que nace, deviene, está hecho y es compuesto.[128]

Esta es, por supuesto, la versión espiritual india clásica: el establecimiento de un reino trascendental e incondicionado, sin el cual no habría liberación (*mokśa*) que valga. No obstante, este fragmento es, sin ningún género de dudas, una adición posterior que no puede atribuirse al Buddha histórico. Pues, siendo como es una concepción tan definida y tan en contraste con la de la originación dependiente, no puede explicarse que, de haber sido la que mantuvo el Buddha, no aparezca en más ocasiones a lo largo de los millares de páginas de discursos tempranos, muy anteriores a la composición del *Udāna*. Si esta concepción de lo no-nacido fuese la concepción que tenía el Buddha de la libertad, entonces, como tantos *yogīn* antes y después de él, no hubiese cesado de predicarla. Ahora bien, dado que este no es el caso, y, por el contrario, lo que hallamos innumerables veces en los *sutta* más fehacientemente históricos es que todas las cosas tienen un origen y un fin, entonces el pasaje del *Udāna* debe explicarse como una interpolación posterior, en parte debida a la tendencia psicológica a aferrarse a absolutos salvadores de la agonía, y en parte tal vez porque, una vez bien establecidos los cursos centrales de las enseñanzas búdicas originales, ciertos redactores creyeron poder permitirse el lujo de introducir un parrafito de distinto tenor, entendible a modo de metáfora, que fuese fácil de recordar. A pesar de estas evidencias lógicas y empíricas irrefutables, el párrafo mencionado aparece una vez sí y otra también en las exposiciones del *nirvāṇa* budista, llevando a una completa distorsión de las doctrinas principales y más elementales del budismo.

Maurice Walshe, por ejemplo, traductor al inglés de la *Nikāya Dīgha*, observa en su introducción que es "muy raro" que en el *Diccionario Pāli-Inglés* «se diga que el *nirvāṇa* es "pura y simplemente un estado ético" [...] y que por tanto no es trascendental». Y añade que «es, de hecho, precisamente el único elemento trascendental del budismo, razón por la cual no se hace ningún intento de definirlo en términos de un dios personal, o yo más elevado, o algo parecido. Es inefable».[129] Y después, tras aludir al *Dhammapada*, 204, donde se dice que el *nirvāṇa* es "la mayor bendición", cita como apoyo a su tesis el famoso pasaje del *Udāna*. Si el *nirvāṇa* fuese el único elemento trascendental –entendido como absoluto y aparte– del budismo, el Buddha no dejaría de haberlo establecido como tal una y otra vez sin la menor posibilidad de confusión al respecto. Como este no es el caso, más bien habría que tomar en serio a los pioneros redactores del *Diccionario Pāli-Inglés*, entre los que se encontraba T.W. Rhys Davids, y percibir que tras el *nirvāṇa* entendido como «pura y simplemente un estado ético» se esconde mucha más sabiduría de lo que se le antoja al trascendentalista. Pues lo ético aquí es aquello que, sin hacer proselitismo ninguno de causas parciales, ahora tomadas como absolutas, aspira sencillamente a atenerse a la verdad de las cosas y, así, a hacer el bien a uno mismo y a aquello que le rodea.

c. Trascendente y trascendental

La enseñanza del Buddha es diametralmente opuesta al absolutismo ontológico: justamente porque no existe una incondicionalidad en la que todo el proceso causal –que incluye a la subjetividad– se detiene, se alcanza "la pacificación de las obsesiones". Por ello, la libertad implicaría asumir que no puede alcanzarse absoluto ninguno en este mundo, así como comprender las cosas tal como se han venido dando (*yathābhūtam*). Esta expresión en idioma sánscrito –*yathābhūtam*– es otro ejemplo de cómo la doctrina original de la causalidad dependiente se transforma en un absolutismo de corte monista, en donde la Iluminación consiste en "ver las cosas *como son*" (la traducción más habitual). Mientras que la traducción que sugiere Kalupahana conserva la mirada de la causación –aquello que ha venido siendo hasta causar el efecto presente–, la más habitual de las traducciones (véase, por ejemplo, el primer volumen de los *Essays on Zen Buddhism* de D.T. Suzuki, págs. 146 y ss) salta a un reino en el que un Sujeto Iluminado ve, sin más, las cosas tal como son, en su verdadera realidad (por contraposición a una forma ilusoria). De aquí a una equiparación de este "como son" con lo Uno, o con el Sujeto Trascendental, no media ni una pulgada. Y entonces estamos de vuelta en la metafísica.

El reconocimiento de las cosas tal como han venido siendo (causadas), sin añadir nada, sin escapar de ellas de forma ninguna, sin tampoco quitarles nada, supone una libertad que es *trascendente* pero no *trascendental* (entendiendo "trascendental" como lo trascendente hipostasiado), la cual, por lo demás, promueve genuina compasión (de nuevo Espinosa). Trascendente porque la comprensión de la realidad supone un revulsivo, una transformación que nos coloca en un punto de vista superior (a la ignorancia). Dada la complejidad y vastedad de lo real, las posibilidades de la libertad siempre nos superan; la libertad sería un ideal, continuamente renovado, por conquistar. En este sentido, puede decirse con corrección que es trascendente. Pero, como hemos visto con la Tercera Noble Verdad, la libertad (*nirvāṇa*) es asimismo lo real, desplazando, por así decir, *dukkha* a lo posible. Esta prioridad de la libertad no justifica, sin embargo, una ontología absolutista en la que, sin faltar contradicción, se dicotomiza lo eterno y lo efímero, lo incondicionado y lo condicionado, o lo absoluto y lo relativo; por más que se añada después que, en último término, ambos son idénticos, a saber, lo absoluto mismo. La prioridad de la libertad real toma necesariamente un sentido metafórico cuando se establece en un discurso explicativo, y no es extraño que sus imágenes más tarde tiendan a sustancializarse, pero no era este el sentido original.

Hablar, pues, de lo incondicionado o de lo nonacido –como en el citado fragmento del *Udāna*– no es, en el mejor de los casos, más que una forma de hablar concebida para la edificación. La verdadera libertad no puede ser un estado ontológico o un nivel del Ser separado de, y superior a, lo condicionado. Lo condicionado lo es todo: este es el meollo de la originación dependiente, y si puede hablarse de libertad es *aquí* precisamente, en el mundo real, entre las condiciones cotidianas de la existencia. Haberse librado de las obsesiones, deseos, apegos y disposiciones no significa habitar en un reino trascendental aparte (lo cual es literalmente imposible), sino haber comprendido su radical impermanencia y su dependencia de otras condiciones.

Si sobreviven los sistemas trascendentalistas que conciben una verdad absoluta y otra relativa (entre las cuales existe una relación que se hunde en una peculiar falta de lógica, presentada como la prueba de su superioridad y trascendencia), es porque suponen una superación con respecto a sistemas religiosos puramente míticos. ¿En qué sentido? En varios, pero principalmente promoviendo un mayor desapego psicológico y fijando la atención en la interioridad del sujeto (autoconciencia), ahora más capaz de pasar por el filtro de la crítica aquello decretado tradicionalmente.[130] Dejando a un lado la dificultad –deberíamos decir imposibilidad– filosófica intrínseca a la explicación de cómo algo incondicionado entra en contacto con lo condicionado, un estado de permanencia psíquica en lo incondicionado constituiría un estado de completa abulia. Un estado virtual como este resulta, sin más, incomprensible, y no es por tanto ni adquirible ni no adquirible. De hecho, ya la expresión o idea de una permanencia en lo incondicionado es redundante, pues lo incondicionado debe ser, por necesidad, eterno, sin posibilidad de que surja la duda. Resulta una contradicción –o un dualismo inexplicable, disfrazado de monismo– proponer una cadena de condicionalidad, como se hace en el pasaje citado del *Udāna*, desde la cual supuestamente se accede a lo incondicional. Solo caben dos opciones: o todo es incondicionado, y entonces, como Parménides y el *vedānta* de Śaṅkara, nos vemos obligados a negar el mundo, el movimiento y el cambio, o bien el Ser Puro e incondicionado encuentra solo su lugar en lo poético y metafórico, que, al traducirse a lo filosófico, resulta en pura metafísica.

No es de extrañar que este punto haya sido considerado como el más difícil de comprender de la filosofía budista. La subjetividad (pura, hipostasiada) sueña incesantemente con una libertad allende todo condicionamiento. Y el *nirvāṇa* tiende así a verse como un lugar de reposo absoluto literal, y se equipara con la idea clásica y dominante de un estado puro de Ser o de Nada, o algo innombrable más allá de ambos. Mas, sin menospreciar la belleza de la intuición universalista de la eternidad habitando en todos y cada uno, así como del descanso espiritual definitivo, el *nirvāṇa* budista navega a contracorriente de una intuición soteriológica, en el fondo más intelectual que existencial, que promueve la apropiación personal de un absoluto. Lo absoluto para el budismo, si es que queremos utilizar un concepto tan extraño a su cosmovisión primigenia, consistiría en la plena aceptación de la transitoriedad. Libres del deseo de alcanzar estado incondicional alguno, nos esforzamos por comprender más y mejor la realidad tal como se viene dando. Su supuesta absolutidad, así, queda relativizada, o se coloca en un contexto más nítido que apunta al hecho indiscutible, para quien se posiciona de tal modo ante el mundo, de que la libertad es real allí donde se practica una comprensión de las causas. Dice Kalupahana:

> La concentración y la mirada interior culminan en *nirvāṇa*, la comprensión del mundo y la libertad. El primer proceso le capacita a uno la calma y por tanto libertad mental; el segundo conduce a la inteligencia y la libertad mediante la comprensión. Ambos procesos, por tanto, parecen converger cuando uno alcanza la iluminación. Una persona iluminada puede ir por el mundo sin quedar manchado por éste.

> Es este estado de *nirvāṇa* que el Buddha afirma que es conseguible. Este comportamiento es tenido por trascendente (*lokuttara*) porque contrasta con el comportamiento ordinario de los seres humanos, quienes están embrutecidos por la oscuridad de la ignorancia (*avijjā*).[131]

d. Repetición

Parte de la dificultad en la dilucidación de lo que es el *nirvāṇa* o la libertad budista consiste en diferenciar entre los diferentes modos en que se expresa la idea ("juegos del lenguaje", los llamaría el Wittgenstein de las *Investigaciones Filosóficas*), que no es unívoca. Por un lado, tenemos un modo metafórico de presentación del *nirvāṇa* como la definitiva culminación de un largo proceso de contemplaciones, averiguaciones, exámenes y contrastes con la experiencia. Mediante este modo metafórico cabe entender la expresión: «El nacimiento ha sido destruido, la vida santa ha sido vivida, lo que tenía que ser hecho ha sido hecho, y ya no hay nada más que hacer aquí». Este tipo de expresión denota un sentido de lo definitivo que, si en su contexto es perfectamente legítimo, fuera de él puede ser desastroso. Cuando el poeta dice de los dientes de su amada que son perlas, la metáfora se impone, en este contexto poético, absolutamente. Sus dientes, de tan bellos, son perlas, e incluso esto es decir poco. Pero cuando tomamos literalmente el verso del poeta como aserto en el mundo natural se trata de una falacia evidente que, de entrar en el curso de la acción, podría conducir a alguno a arrancar dientes para poseerlos o venderlos en el mercado.

El Buddha no trató el *nirvāṇa* exclusivamente de un modo metafórico. Cuando salimos de este marco, lo que encontramos es más bien una concepción del *nirvāṇa* como inseparable del proceso condicional mismo, en el que se enfatiza la necesidad de una atención constante. Algunos preguntarán: ¿en qué quedamos? ¿Se trata de algo definitivo, como parece indicar el modo metafórico, o de algo que es preciso renovar de continuo, como indica el literal? Pero la disyuntiva no procede: se trata de las dos cosas a la vez. Puestos a elegir entre el modo metafórico literalizado y el natural, muchos optarán por lo primero, por la sencilla razón de que resuena más y mejor con el mundo mítico al que estamos todavía vinculados. Los modos absolutos de entendimiento no son escogidos por ser mejores, sino por ser más fáciles.

Así, pues, es un desatino pretender que el *nirvāṇa*, para el budismo primigenio, era un absoluto en el sentido literal, es decir, que era entendido como algo separado y trascendente, si bien la confusión entre el modo simbólico-metafórico y el natural-literal condujo a muchos (el *theravāda*, por ejemplo), más tarde, a considerarlo de este modo. Tal confusión fue, a mi juicio, el trasfondo doctrinal en que se produjo el primer gran cisma, y siguió operando después en las controversias entre las escuelas idealistas del *mahāyāna* y los espíritus más realistas del budismo, que quisieron volver a la doctrina original, donde lo natural-literal es más importante que lo metafórico. Esta distinción resulta crucial, como veremos, a la hora de comprender el sentido del capítulo vigesimoquinto de la *MMK*, el de la libertad (*nirvāṇa*), uno de los centrales y más discutidos.

Por lo que sabemos, el Buddha no solo recomendó a otros el trabajo y la alerta constante, sino que él mismo nunca dejó de practicar la meditación, entre otras tareas que había colegido como cruciales para la actualización de la libertad. Esto indica que, *en cierto modo*, el Buddha consideraba que la libertad debía de conquistarse cada día y que no era cosa de una vez para siempre, tal como se desprendería de la visión metafórica literalizada de una iluminación que consiste en la adquisición de lo incondicional. No obstante, *de otro modo*, el descubrimiento de la realidad de la libertad en la comprensión de causas y el método seguro que conduce a ella había de ser también exclamado. Dado que el Buddha advirtió que la búsqueda de lo absoluto conduce a la insatisfacción, no pudo imaginar que la alegada indestructibilidad de su descubrimiento iba ser traspasada a donde no pertenece, es decir, a una metafísica que juega con los polos "absoluto-relativo".

En el *Sutta Cankī* de la *Nikāya Majjhima*, 95, el Buddha declara que el establecimiento definitivo de la libertad consiste en *la repetición*, una y otra vez, de la práctica de escuchar, pensar, reflexionar, actuar, escrutar y comprender *con el cuerpo* (esto es interesante) la verdad suprema, penetrándola con sabiduría. Este es el descubrimiento, la verdad definitiva: ¡la repetición incesante de todas estas cosas! Merece citarse el pasaje completo:

> –Cuando le ha investigado [refiriéndose al propio Buddha, o a alguien despierto] y ha observado que está purificado de estados basados en el engaño, entonces pone fe en él. Lleno de fe, le visita y le presenta sus

> respetos. Habiéndole presentados sus respetos, le presta atención. Prestándole atención, escucha el Dhamma. Habiendo escuchado el Dhamma, lo memoriza y examina el significado de las enseñanzas que ha memorizado. Cuando examina su significado, acepta reflexivamente tales enseñanzas. Cuando ha aceptado reflexivamente tales enseñanzas, surge el celo. Cuando surge el celo, aplica su voluntad. Cuando aplica su voluntad, escruta. Cuando escruta, se esfuerza. Cuando se esfuerza resueltamente, comprende con el cuerpo la verdad suprema y la ve a base de penetrarla con sabiduría. De este modo, Bhāradvāja, ahí está el descubrimiento de la verdad; de este modo describimos el descubrimiento de la verdad. Pero todavía no hemos llegado finalmente a la verdad.
>
> –Pero, ¿de qué modo [pregunta Bhāradvāja] llega uno definitivamente a la verdad?
>
> –La llegada final a la verdad, Bhāradvāja, consiste en la repetición, desarrollo y cultivo de estas mismas cosas.

Más claro, agua. Y es precisamente esta idea de la libertad, consistente en la permanente actualización de la verdad como opuesta a la consecución de una libertad definitiva que no hay que que renovar (presumiblemente a base de una maestría *total* en la meditación que conduce al *yoga* –unión–), la que constituye la diferencia esencial entre el budismo y la espiritualidad tradicional india.

La necesidad de restaurar la libertad a cada paso debe ser, además, la razón por la que el camino (el Sendero Óctuple) constituye la Cuarta y no la Tercera Noble Verdad. Culminar con la libertad habría sido más lógico de haber supuesto que la libertad es absoluta: primero vendría el camino y después el final, la consecución definitiva. No es plausible que sea puro azar o mero descuido que el Camino fuese concebido como la última de las Nobles Verdades, y que el establecimiento de que la libertad es real o de que existe la salida del sufrimiento le anteceda. De hecho, las Cuatro Nobles Verdades constituyen por sí mismas la prueba irrefutable de que el entendimiento budista de la libertad no era absolutista: la Tercera y la Cuarta Noble Verdad (la cesación del sufrimiento y la descripción del camino) no pueden entenderse sin las dos primeras (el sufrimiento y su origen). No es posible separarlos en dos niveles independientes (lo condicionado y lo incondicional), sino que están inextricablemente entrelazados: hay libertad porque hay sufrimiento; hay sufrimiento porque hay libertad.

e. Lo que el nirvāṇa *no es*

Los discursos tempranos están repletos de implicaciones, que ahora nos resulta imposible analizar, en relación a este problema. No obstante, sí me gustaría dedicar unas pocas palabras más a la cuestión de lo que el *nibbāṇa*, tal como está planteado en estos discursos, *no* es.

Nirvāṇa es un término sánscrito (*nibbāṇa* en pāli) que etimológicamente significa "extinción" (de un fuego), razón por la cual fue utilizado en el contexto de la muerte del Buddha, como el "*nibbāṇa* final" (así, por ejemplo, en *Sutta Mahāparanibbāṇa*, en *Nikāya Dīgha*, 16). Sin embargo, muchos expertos apuntan que el uso que el Buddha hace del término *nibbāṇa* no es sólo polisémico sino también innovador, insólito. Es verdad que la razón por la que utilizó esta voz no puede ser gratuita, y por tanto cabe hablar de la libertad como extinción (de los así llamados impulsos cegadores, como veremos). Pero antes de precipitarnos a entender, al modo schopenhaueriano, esta extinción como una extinción de la vida o de la voluntad sin más apelativos, hemos de atenernos, en primer lugar, a los usos precisos en que *nibbāṇa* es entendido como extinción, y después a los que se alejan de esta idea, o bien en un sentido metafórico, o bien porque se refiere a aspectos más específicos de la vida psíquica.

Extinción, pues, ¿de qué? En principio, y en estricto seguimiento de los *sutta*, del fuego de los "tres venenos" principales: deseo, ignorancia y aversión. Con todo, el término "extinción" no debería conservarse como traducción directa de *nibbāṇa* o *nirvāṇa* porque puede confundirse fácilmente con la *nirodha* correspondiente a los dos últimos estados meditativos (la cesación de sentimientos y percepción). De traducir así, no se distinguiría entre la libertad en cuanto tal, que es una afirmación neta, y el resultado de ciertas operaciones psicológicas transitorias; distinción que es aparente en el hecho de que el Buddha no utilizase el mismo término para ambas cosas. El peligro reside en llevar a pensar que el *nibbāṇa* es la consecución de cierto estado meditativo (de completa cesación del proceso mental), o simplemente una extinción de la voluntad, cosa que hubiese deleitado a Schopenhauer.

La libertad como extinción o cesación es un ideal de cuño místico, presente en todas las grandes religiones,[132] que ciertamente indica, en el budismo, la procedencia de su concepción. Pero el *nibbāṇa*, para el Buddha, tiene que ver más con la libertad en cuanto tal que con una desaparición mística del ego. Es plausible, pues, que a pesar de las connotaciones que acarrea el origen del término, el Buddha le diese un nuevo valor justamente en la medida en que su concepción de la libertad era distinta de todas las habidas hasta entonces.

Que el *nibbāṇa* no es una extinción de la conciencia puede admirarse con toda claridad en el ya citado *Sutta Poṭṭhapāda* de la *Nikāya Dīgha*, 9, un discurso específicamente dedicado a la dilucidación de «la más alta extinción de la conciencia y cómo tiene lugar» (pág. 160, óp. cit.). En él, tras una minuciosa descripción del camino de profundización meditativa, se desliza la conclusión que ya conocemos:

> La percepción surge primero, Poṭṭhapāda, luego el conocimiento. Del surgimiento de la percepción se produce el surgimiento del conocimiento. Y uno sabe: «Así condicionado, conozco».

Y en otro *sutta* (el *Mahānidāna*, *Nikāya Dīgha*, 15), se enfatiza *la comprensión* de cada uno de los estadios meditativos, es decir, «el conocimiento de su originación, su cesación, su disfrute, su desventaja y su liberación». Y el Buddha añade que «no sería correcto complacerse en ninguno de ellos. [...] Habiéndolos discriminado, así como su originación, etcétera, en su verdadera realidad, un monje se ha hecho libre (*vimukta*) mediante el no-apego (*anupādā*). Este monje, Ānanda, se le conoce como liberado por el conocimiento». Esta es, pues, una noción de la libertad basada en el conocimiento y no en la absorción y extinción místicas, las cuales se entienden, por otro lado, como ayudas para la tranquilización y, por tanto, para una visión (comprensiva) más sosegada y ecuánime de lo dado.

Incluso desprendida de las connotaciones más fláccidas del término "extinción", existe, no obstante, una fortísima tendencia a concebir el *nirvāṇa* como conquista de un reino trascendental inefable. Es este el dominio en que se mueve la explicación de la iluminación del Buddha realizada por D.T. Suzuki, uno de los intérpretes budistas (*zen*) más sobresalientes del siglo pasado. En lugar de partir, como hicimos nosotros, del trasfondo filosófico desde el que emergió la doctrina del Buddha, Suzuki comienza tomando el "instante" de la iluminación como inicio de sus conjeturas. Y, además de introducir constantemente el adjetivo "espiritual" como lo más característico de la experiencia antes y después de narrarla, tras citar el mismo pasaje que nosotros citábamos en el capítulo 3 sobre el evento bajo la *ficus religiosa*, Suzuki comenta:

> Lo que relampagueó a través de su mente debió de ser una experiencia de lo más inusual y que no ocurre en nuestra conciencia cotidiana, incluso en la conciencia de un hombre sabio, instruido y pensativo.[133]

Pero "espiritual" y "experiencia inusual" son dos pseudoconceptos que, si no se definen con más precisión, resultan inanes. No informan de nada, hundiéndolo todo, en cambio, en brumas. Nuestra sospecha es que es esto precisamente lo que intenta hacerse mediante este tipo de discurso para poder así adelantar la hipótesis de que eso "extraordinario" es algo inefable que, a base de no definirlo (cuando el Buddha dio innumerables indicaciones de aquello en lo que consistió, sus resultados y aquello que *no* era),[134] permite adelantar la vieja hipótesis trascendentalista.

¿Fue espiritual, o no lo fue, la composición del *De Rerum Natura* de Lucrecio? ¿Más, o menos, que la iluminación de Gautama? ¿Y el trabajo en las Capillas Sixtina y Paulina de Miguel Ángel? ¿En qué sentido se puede decir que estas obras –o la inspiración de la que partieron– "escapan a su conciencia cotidiana"? A pesar de las evidencias en contra, Suzuki quiere convencernos de que lo único realmente posible de afirmar acerca de la experiencia de la iluminación budista es que nada puede decirse de ella, separándola así radicalmente de lo propiamente humano y de lo que puede compartir con un descubrimiento científico o con la realización de una obra maestra del arte.

Suzuki indica primero que la iluminación del Buddha no fue de tipo intelectual (de acuerdo con esta concepción, el intelecto sólo contaminaría la pureza de lo inefable), y, tras repasar el tópico contra los lógicos, entendidos como personajes a-vitalistas y carentes, o bien de corazón, o bien de un sentido estético o "espiritual" por lo maravilloso, enfatiza la dificultad, a nivel de voluntad, de alcanzar la iluminación. Pero no sabemos todavía *hacia dónde* ha de dirigirse la voluntad y *por qué* precisamente allí. Con lo único que nos quedamos es con las ambigüedades de siempre: el Buddha «alcanzó lo más profundo de su ser»; «vio todo como realmente era, sin juicios, sin comparaciones, sin moverse hacia delante o hacia atrás, o paso a paso»; «la cosa se vio y eso fue todo, no había nada de lo que hablar, argüir o explicar»; o, finalmente, «la visión era algo completo en sí mismo; no condujo a nada dentro o fuera de ella, por dentro o más allá» (ibíd., pág. 123). Esta es una descripción típica del *zen*, sobre la que no sólo *no* hay evidencias en los discursos tempranos, sino más bien contraevidencias. Y concluye Suzuki: «Debió de haber en la mente del Buddha una consciencia mucho más fundamental que sólo puede acompañar a la experiencia espiritual más profunda» (ibíd., pág. 124).

Confieso que en la descripción de este renombrado y culto autor no veo ni razones ni bellezas que me ayuden a comprender en qué consistió la iluminación budista, así como tampoco percibo un sentido del camino o los medios prácticos para ir avanzando en él. Todo lo más, me quedo suspendido en una especie de elevadísimo éter místico, que de seguro encontrará sus adeptos (como lo fui yo mismo en su día).

Una vez despegados de los textos originales, y de mano de estas vagas especulaciones, lo único que resta es reinventarse la experiencia de la iluminación, echando mano de la concepción propia, que es la mahayánica y trascendentalista: «La iluminación es, así, un estado de la mente en la que no hay discriminación»; «de hecho, hasta nuestra mente lógica tanto como la práctica se ha olvidado aquí del análisis y la ideación»; «es cuando tenemos este "un solo pensamiento" cuando hay iluminación»; «necesitamos hacer un esfuerzo para ir más allá de nuestra conciencia empírica» (ibíd., pág. 125); etcétera. Y, a modo de corroboración, ¡se sigue una cita de la *Upaniṣad Kaṭha*! Por fortuna, para averiguar qué fue la iluminación o qué significó la libertad para el Buddha tenemos literalmente miles de páginas de discursos tempranos, y no tenemos por qué acudir a interpretaciones tan imprecisas y descontextualizadas.

Quizá más sorprendente todavía resulte la idea de que el Buddha tampoco entendió el *nibbāṇa* como "el aquí y el ahora", que hoy se preconiza tanto en la literatura espiritual. Esta idea, entre otra serie de visiones incorrectas que ya hemos analizado, es deconstruida en el *Sutta Brahmajāla* de la *Nikāya Dīgha*, 1. La idea popular (y wilberiana) de que el *nirvāṇa* es "una atención pura al presente", más mística que realista y más vedántica que budista, proviene de la reincorporación de elementos teóricos del *yogā* en el budismo. En concreto, parece ser fundamental al *zen* y su idea de la iluminación como *satori*. Aunque en el *zen*, por oposición a tratamientos monistas clásicos indios, se conserva una saludable alabanza de lo efímero, y en este sentido de lo bello, lo cierto es que prescinde casi por entero de la originación dependiente y cae en paradojas místico-especulativas múltiples, como la de que en realidad no es posible *no* estar prestando atención a lo presente, si bien sólo los iluminados lo han realizado de verdad. El discurso del *zen* está hundido en la aporía de entender la iluminación como algo que es y no es simultáneamente, a partir de la cual se generan todo tipo de especulaciones. Se trataría de una pseudodialéctica que –debería llamarnos la atención– brilla por su ausencia en los discursos tempranos del Buddha.

Que la iluminación sea concebida en el *zen* ante todo como atención a lo presente no debe sorprendernos. *Zen* es un término que deriva del chino *ch'an*, que a su vez deriva del sánscrito *dhyana*, que significa "meditación". Daruma o Bohidharma (siglo V d. C.), fundador o Primer Patriarca del *ch'an* o *zen*, no sólo es conocido por haberse sentado en meditación frente a una pared durante nueve años sin decir ni pío, sino también por recorrer el sur de China con el *Sūtra de Laṅkāvatāra* (cfr. Parte III) bajo el brazo,[135] un texto de claro género trascendentalista. Daruma es tradicionalmente retratado con los ojos como saliéndose de sus órbitas, sugiriendo así a alguien que está infaliblemente atento al presente. Esta aspiración es, sin duda, herencia india de la conciencia iluminada, supuestamente consolidable tras decenios de meditación.

Una de las razones obvias por las que el Buddha no pensó que el *nibbāṇa* consiste en "el aquí y el ahora" es porque la originación dependiente conlleva la idea de la comprensión de una historia de causas, oponiéndose así frontalmente a la idea de un presente continuo, sin pasado, Uno y Total, que aprehendemos de golpe y porrazo en un instante incalibrable (inefable) de iluminación supersónica. Averiguar el pasado y cómo condiciona el presente es una actividad mucho más revolucionaria y transformadora de la realidad (nuestra personal, o social, política) que cualquier suspensión de una comprensión de las causas para habitar en "la eternidad del presente", sin que esto signifique una refutación del misticismo en cuanto tal, o de la experiencia poética. Allí donde prima la idea de que la libertad está exclusivamente en el presente, la opresión y la injusticia pueden deslizarse con mucha más facilidad, pues se ha sublimado la intención de recordar. Y no sólo ya de recordar, sino de reconstruir verazmente las causas que trajeron consecuencias que hoy, individual o colectivamente, afrontamos. No es casual que allí donde ha triunfado el presentismo se han podido levantar con más facilidad sistemas políticos y sociales rígidos y estancados. Consciente o no, el retorno a un entendimiento del *nibbāṇa* como puro presente, obviando un análisis causal de lo pasado, es conveniente para el *status quo*, y tiende a fomentar prácticas de dudosa inmoralidad.

Por último, el *nibbāṇa* no fue jamás entendido por el Buddha como omnisciencia (*sabbaññū, sabbadassāvī*). Aunque después, en una de esas inercias religiosas inevitables, se le otorgó el título de "el Omnisciente" el Buddha negó enfáticamente la posibilidad de semejante consecución.[136] Los discursos tempranos están infestados de críticas a aquellos que, sin pensarlo siquiera, admiten la posibilidad de la omnisciencia, ya como objetivo propio y personal, o siguiendo a un maestro que la profesa. La actitud del Buddha en estos casos es, de nuevo, de un sólido realismo: el maestro en cuestión pensará de sí mismo lo que quiera –viene a decir–, pero... ¿tú qué piensas? Y somete a examen tal pretensión de un modo llamativamente semejante al que Sócrates llevará a cabo en breve a varios miles de kilómetros de distancia.

Como señala Kalupahana,[137] el Buddha emplea efectivamente el término "todo-conocer", pero, cuando se examina el contexto, no se trata de algo general, sino específicamente referido a los seis sentidos (los cinco sentidos clásicos en Occidente, más la mente), los seis tipos de objeto correspondientes a los sentidos susodichos y el contacto entre ellos.[138] La omnisciencia, estrictamente hablando, consiste en saberlo todo, incluido el futuro, y semejante superstición, que proviene de pensar el mundo en forma de esencias (de tal modo que si uno conoce "la esencia del mundo", por ejemplo, podrá conocerlo todo absolutamente con respecto a él), no fue nunca aprobada por el Buddha.

Existen, eso sí, cinco habilidades "paranormales" que, de acuerdo con el Buddha, pueden desarrollarse gracias a la profundización en técnicas contemplativas, si bien mostró una extrema cautela a la hora de presentarlas. La razón, como señala Kalupahana (ibíd., pág. 40), es acaso que se dio cuenta de que mostrarlas no conduce a una serena convicción de la doctrina que enseñaba, sino antes bien al asombro y, por tanto, a una fe endeble. La primera de ellas sería la *psicoquinesia* (que incluye fenómenos tales como la levitación); la segunda es la *cla-*

riaudiencia o habilidad de escuchar sonidos que pasan desapercibidos, aunque se alude poco a ella. La *telepatía* o habilidad de leer los procesos mentales ajenos era útil para comprender mejor los motivos profundos que traían a cada uno de sus interlocutores a plantear lo que planteaban. Pero las dos más importantes son la *retrocognición* (*pubbeenivāsānussati*) y la *clarividencia* (*dibbacakkhu*). La primera implica el reconocimiento de "vidas pasadas". Y la segunda se refiere no tanto al conocimiento de acontecimientos futuros, sino al de la evolución de otros seres humanos en tanto que movidos por sus acciones (*kamma*, en pāli; *kārma*, en sánscrito).

Lo significativo aquí es que, a pesar del planteamiento, en conjunto estas habilidades son explicables en términos racionales. El Buddha no aboga por un espiritualismo vacuo, pero tampoco por un escepticismo fisicalista radical. En cuanto a la clarividencia, la intuición e inteligencia sobre procesos mentales operando en otros se desarrolla en la experiencia con el mundo, pues al fin y al cabo las vidas ajenas están condicionadas de modos no enteramente distintos que la propia. Aquí, de nuevo, la costra paranormal puede pelarse si admitimos que todo conocimiento es por naturaleza intersubjetivo y no exclusivamente subjetivo. Por su parte, el reconocimiento de vidas pasadas puede interpretarse legítimamente, me parece, como una forma de expresar una retrocognición más allá de lo habitual, como podría ser en tiempos modernos la operación ejecutada por el psicoanálisis. A las cinco habilidades paranormales, y especialmente a las dos últimas, la *Nikāya Majjhima* 1, 248-249 añade el conocimiento, surgido en el momento de su iluminación, de que él mismo está libre de toda ilusión y de que, por tanto, nunca más renacerá (*nibbāṇa*).[139]

Con un sucinto análisis de esta última afirmación finalizaremos este capítulo y Parte I. Ya hemos visto que el Buddha declaró tras su iluminación que la doctrina por él descubierta le había conducido a la libertad y al cese del renacimiento. También hemos observado que todos los *śramana* o buscadores solitarios contemporáneos suyos daban la reencarnación por sentada, por haber sido un elemento consustancial al suelo indio que, aunque evitado durante la invasión aria y la composición de sus correspondientes *Veda*, surge de nuevo en los *Veda* tardíos o *Upaniṣad*. Por último, acabamos de ver que la retrocognición tal como se plantea en los discursos tempranos es susceptible de reinterpretarse racionalmente, sin recurso al marco general de la reencarnación. El Buddha afirmó que uno puede experimentar el curso de las vidas pasadas de un modo que no hace violencia a la originación dependiente, sino que, de hecho, la confirma, aunque fuese bajo este prisma más mítico que racional. Lo que no puede pasarse por alto es que la recuperación de lo pasado es fundamental para la libertad, y que la entrada en ciertos estados meditativos ayuda a tal recuperación (y viceversa). Lo propiamente innovador de esta concepción de la libertad es que el Buddha manifestó haber conocido la destrucción de los "impulsos cegadores" (en inglés *defiling impulses*), y con ella de todo renacimiento.

De acuerdo con el punto de vista budista, ante todo centrado en la vida del sujeto singular, los seres humanos son los únicos que pueden adquirir la libertad. En el *Sutta Sakkapañha* de la *Nikāya Dīgha*, 21, se dice literalmente que los dioses quieren encarnarse en seres humanos para poder elevarse a todos los estados del desapego. Los llamados "seis reinos" (dioses, semidioses, animales, *peta* [muertos de sed y de hambre], y todos los que habitan en los numerosísimos infiernos) simbolizan, pues, realidades psíquicas a las que podemos estar apegados. Y la reencarnación en un ser humano simbolizaría la posibilidad del desapego de impulsos cegadores que nos atan a una parte u otra de la realidad, y por ello de la libertad. En el fondo, la referencia a la reencarnación no es más que un modo simbólico antiquísimo de proponer la idea de que lo que nos hace humanos es la libertad, y que no cultivarla nos condena a la vida del infierno, de la ansiedad incesante, de la mera *animalia* o de vivir como sujetos endiosados. A pesar de las apariencias, es difícil encontrar una soteriología más racional y menos dada a lo metafísico:

> Cuando el ignorante afirma que hay un infierno (*pātāla*) bajo el océano, está afirmando algo falso y sin fundamento. La palabra "infierno" es un término que designa sensaciones corporales dolorosas.[140]

No hay que olvidar tampoco que el Buddha nunca admitió la idea de alma como algo sustancial y permanente, y por tanto que una visión literalista de la reencarnación (como transmigración de las almas) no procede. Más bien, a partir de la cosmovisión clásica de la reencarnación, el Buddha sostuvo una idea *histórica* de la transformación de las cosas en la que tanto la complejidad como la inconmensurabilidad mutua de ciertos campos de acción entretejen un presente causalmente determinado.[141] Y no olvidemos que la negación del principio individual como fundamento explicativo de las cosas abre las puertas a una idea de la condicionalidad también de tipo intersubjetivo, objetivo o interobjetivo. Esta idea será abordada más adelante (Parte IV). Pero antes es necesario profundizar más en los orígenes de la confusión, a saber, en la vuelta a la metafísica y al sustancialismo dentro del propio marco budista.

PARTE II:
NĀGĀRJUNA

5. LAS PRIMERAS DIVERGENCIAS

«Nada envejece tan pronto como un libro de historia. Es triste verdad, pero hay que confesarlo. El que sueñe con dar ilimitada permanencia a sus obras y guste de las noticias y juicios estereotipados para siempre, hará bien en dedicarse a cualquier otro género de literatura, y no a éste tan penoso, en que cada día trae una rectificación o un nuevo documento. La materia histórica es flotante y móvil de suyo, y el historiador debe resignarse a ser un estudiante perpetuo y a perseguir la verdad dondequiera que pueda encontrar resquicio de ella, sin que le detenga el temor de pasar por inconsecuente. No lo será en los principios, si en él están bien arraigados; no lo será en las leyes generales de la historia, ni en el criterio filosófico con que juzgue los sistemas y las ideas, ni en el juicio moral que pronuncie sobre los actos humanos. Pero en la depuración de los hechos está obligado a hacerlo, y en la historia eclesiástica con más rigor que en otra ninguna, por lo mismo que su materia es altísima y nada hay en ella de pequeño o indiferente.»

MARCELINO MENÉNDEZ PELAYO,
Historia de los heterodoxos españoles.

I. EL PROBLEMA FUNDAMENTAL

Nuestro objetivo en esta Parte será tratar la obra de quien ha sido reconocido con unanimidad como el filósofo budista más importante de todos los tiempos. Como pronto se verá, ha sido necesario retrotraernos a los orígenes de la doctrina budista y recorrer los cursos fundamentales de su pensamiento, en contraposición a ideas populares y simples malentendidos, para poder acercarnos con una claridad mínima a esta figura a la que a menudo se ha otorgado el título de "segundo Buddha", y cuya obra sigue despertando tanto admiración como interpretaciones diversas e incluso contradictorias.

Entre la vida y obra de Gautama el Buddha y el Nāgārjuna de la *Mūlamadhyamikākarikā* transcurren aproximadamente seis siglos. Hemos, pues, de hacer un escueto repaso de lo sucedido entre medias antes de entrar en materia. Espero poder ofrecer una imagen clara de lo que supone el **PII**, que es la constelación paradigmática que tendrá Nāgārjuna en su punto de mira cuando desarrolla su obra. Dada la potencia con que el mensaje budista de la vía media es aquí restablecido y cómo se utiliza para refutar algunas de las tesis más corrientes entonces, que tendían de modos distintos a la sustantificación, no extraña que, más bien pronto que tarde, interesadamente, los creadores del **PIII** (*mahāyāna*) se apoderasen de su figura, ahora elevada a leyenda fundadora, para justificar su propia visión, así como para ahondar en el desprestigio del **PII**. Pero, por muy común que sea esta visión, se trata de una interpretación francamente distorsionada, pues ni en la *MMK* ni en las obras que pueden atribuírsele con garantías mínimas (por ejemplo, la *Sahṛdlekha*) hay el menor rasgo de la metafísica y mística prototípicas del *mahāyāna*. Esta, por otro lado, es fácil de inyectar cuando determinados conceptos claves (por ejemplo, *śūnyatā*) se sacan de quicio o cuando se ha perdido el rumbo marcado por la originación dependiente.

El **PII**, por su inmensa variedad interna, tiene contornos difíciles de dibujar. La imagen puede resultar un tanto desequilibrada si tomamos tan solo las tradiciones budistas aún vivas que provienen de este período (por ejemplo, el *theravāda*) y no las numerosas escuelas sepultadas, algunas muy temprano, por el tiempo. La línea divisoria entre el **PI** y el **PII** habría que trazarla entre la composición de los Tratados de la *Piṭaka Abhidhamma*, que debió ser inmediatamente posterior a las otras dos Cestas (*Sutta* y *Vinaya*), y la configuración de las primeras escuelas propiamente dichas, que elaboraron comentarios aclaratorios propios a ellos. La *Piṭaka Abhidhamma*, cuyos textos más antiguos datarían aproximadamente del siglo IV a. C., aspiraba simplemente a sistematizar las enseñanzas de Gautama tal como fueron presentadas en sus discursos, con el objeto de clarificar objetivos psicológicos y conceptos filosóficos. **PI** y **PII** están hasta cierto punto mezclados porque los tratados del *abhidhamma* son apenas digeribles, lo que condujo muy pronto a la composición de una dilatada serie de comentarios para su dilucidación.

Las clasificaciones del *abhidhamma* tienen un carácter meramente descriptivo y carecen, pues, de elementos interpretativos, los cuales sí se encargarán de introducir los comentaristas de las escuelas posteriores.

Así, poco a poco se fueron incorporando justificaciones filosóficas que no siempre encajaban con la idea de la causalidad dependiente ni con sus corolarios, la impermanencia (*anicca*) y no-substancialidad (*anatta*). La escuela *sarvāstivāda*, por ejemplo, de la cual conocemos casi todo por traducciones chinas muy completas, adujo una teoría de los momentos en el flujo temporal que acababa por sustantificarlos. Ello explicaría por qué la *MMK* de Nāgārjuna comienza por recuperar la lógica cuádruple contra los modos sustantificadores de entender la causalidad –la cual será el instrumento fundamental de análisis–, y por qué pasa después, en el segundo capítulo, a desmenuzar la cuestión del movimiento.

Algunas obras comentarísticas del *abhidhmma* pronto quedaron atrapadas en verdaderos enredos conceptuales a la hora de presentar con coherencia la originación dependiente, y sus autores se vieron inclinados a establecer teorías que, si bien mantuvieron en general un claro corte antimonista, no por ello se consolidaron como netamente antimetafísicas o antisustancialistas. La confusión entre estos dos ejes (monismo/pluralismo; sustancialismo/antisustancialismo), como si el pluralismo no pudiese ser también metafísico y sustancialista, ha llevado a muchos a pensar que el pluralismo metafísico del *abhidhamma* era la consecuencia inevitable de la doctrina original budista, y, por tanto, que un regreso al monismo (prebudista) estaba justificado. De ahí que el *mahāyāna* se fuese al otro extremo (monista y, por supuesto, también casi siempre sustancialista), y pretendiese con ello haber revolucionado radicalmente el corazón del budismo (la famosa tesis de R.T.V. Murti). Circunstancia que explicaría además por qué sus apologetas se vieron obligados a redactar nuevos discursos (*sūtra*), que aún querían atribuir al mismo Buddha, y por qué los discursos originales fueron menospreciados, calificándolos de "inferiores".

II. DESARROLLOS HISTÓRICOS DE LA SEGUNDA CONSTELACIÓN (**PII**)

a. El Primer Concilio

Para orientarnos en el laberinto de proposiciones filosóficas a lo largo de los cinco siglos que siguieron a la muerte de Gautama vamos a tomar como referencia, en primer lugar, la historia de los primeros Cuatro Concilios, que culmina con la redacción del Canon Pāli en el siglo I a. C. en Sri Lanka (el Quinto Concilio no se producirá hasta 1871, en Birmania). Esta historia nos permitirá echar una ojeada al modo en que se fue conformando la ortodoxia budista y las razones por las cuales algunos grupos se fueron escindiendo, eventualmente formando lo que la tradición ha denominado "las Dieciocho Escuelas". No conocemos la naturaleza de todas ellas, y podemos presumir que, de hecho, hubo muchas más –hasta veintiséis o veintiocho escuelas repartidas por todo el subcontinente indio– de las que solo conocemos el nombre, tan solo tres o cuatro siglos después de la muerte del Buddha.

Como sucede en todas las religiones que Gustavo Bueno llama *terciarias*, es decir, de rango y ambición universal, al echar los cimientos del fundador y de la primera comunidad se siguen una serie de ampliaciones –motivadas por circunstancias de todo tipo: sociales, culturales, personales, ideológicas, morales– que, cuando comparadas entre sí, producen inevitables enfrentamientos y deslindes. En el budismo, la primera controversia que surgió fue relativa a las normas de disciplina. Recordemos que el Buddha no había nombrado sucesor, puesto que consideró que el *dhamma* (la Doctrina, o la Ley) que había enseñado, así como las normas creadas por la comunidad a lo largo de su desarrollo inicial, eran suficientes para que la comunidad marchase, al menos por el momento, hacia delante. Había dicho asimismo que muchas de estas normas no tenían por qué conservarse tras su muerte, siendo medidas sin excesiva importancia, incorporadas al Código (*Vinaya*) solo de manera puntual, debiendo, por otro lado, conservar las principales. Pero el Buddha no aclaró específicamente cuáles eran las principales y cuáles las secundarias, y, al faltar acuerdo en la comunidad tras su muerte, se conservaron todas. El bloque entero de normas ha sido preservado contra viento y marea (sobre todo contra las tormentas del mundo moderno) por algunas tradiciones budistas, como la Tailandesa del Bosque.

Según queda recogido en los capítulos 11 y 12 del *Cullavagga*, en la *Piṭaka Vinaya*, tres meses o todo lo más un año después de la extinción final (*paranibbāṇa*) de Gautama el Buddha –ocurrida según fuentes *theravāda* en el año 498 a. C., según los *mahāsaṅghika* algo antes y según historiadores occidentales algo después–, la discordia producida por la aseveración de un monje llamado Subhada de que, una vez muerto el Buddha, uno ya no tenía que seguir las normas por él establecidas, condujo al Anciano Mahā-Kassapa a convocar una reunión en la que se declarasen públicamente y en asamblea todas las reglas y todos los discursos emitidos por el Buddha y por algunos de sus discípulos principales con el objeto de prevenir cualquier posible distorsión o contaminación. La tradición cuenta que, bajo el patrocinio de Ajātasattu, rey de Maghada, fueron convocados quinientos *arahant* o monjes iluminados –es decir, que comprenden el *dhamma* o doctrina– cerca de la Cueva de Sattapanniguja en Rājagṛha, quienes recitaron todos los discursos y normas de disciplina que podían recordar. En especial, se dice que el cuidador personal del Buddha durante más de veinticinco años, Ānanda, de memoria prodigiosa, estuvo presente, realizando la mayor de las colaboraciones en lo que respecta a los discursos (*Piṭaka Sutta*). Upāli, por su parte, fue el especialista en lo referente al Código de Disciplina (*Piṭaka Vinaya*). Lejos de fundamentar la legitimidad de los discursos y principios de convivencia en la memoria de unos pocos individuos privilegiados, las versiones que daba cada participante debían ser confirmadas como auténticas por el resto de la asamblea.

A pesar de lo voluminoso del cuerpo de estas dos Cestas o "tradiciones", cuya recitación completa tardó siete meses en realizarse, sabemos por el *Vinaya* que, dado que no todos los *arahant* pudieron estar presentes en la asamblea, algunas historias y discursos se perdieron irremediablemente. El monje Purana, por ejemplo, regresó desde el sur después del Concilio y, tras enterarse de la forma que habían tomado los discursos, optó por desechar la versión allí recogida para quedarse con la suya propia. Cuando los Ancianos le pidieron que aportase su versión, Purana declinó la invitación con amabilidad.[142] Como señala A.K. Warder, este caso no debió de ser el único. Con todo, no cabe duda ninguna de que lo allí recogido debió de ser no solo históricamente fidedigno, sino que fue pavorosamente exhaustivo. Aunque, como hemos indicado ya, hemos perdido mucha información de detalle sobre evoluciones posteriores de la comunidad budista, poseemos una cantidad muy considerable de datos documentales sobre la Primera Comunidad y la Doctrina si la comparamos, por ejemplo, con lo que ha quedado de la Antigüedad clásica occidental en la misma época.

Sobre la recitación de la Tercera Cesta (*Piṭaka Abhidhamma*) no existe consenso entre los expertos. Ni la versión *sthaviravāda* ni la *mahāsaṅghika* indican explícitamente que esta fuese recitada entonces. Pero sí hay una mención más tarde, hasta en la versión *mahāsaṅghika*, de la Tercera Cesta como parte del legado tras el evento. Las distintas escuelas que surgirán posteriormente ofrecen diferentes versiones sobre el origen de esta Tercera Cesta, tales como la (muy improbable) de que Ānanda la recitó al completo, o la de que Mahā-Kassapa declamó una parte. Lo que sí es seguro es que entonces se estableció la Cesta de Discursos (*Piṭaka Sutta*), acerca de la cual todas las versiones coinciden en el orden: primero, la *Nikāya Dīgha* (colección de discursos largos) –el *Ch'ang a-han ching*, o Taisho 1, en la colección china de *Āgamas*–; después, la *Nikāya Majjhima* (medianos) –el *Chung a-han ching*, o Taisho 26–; posteriormente, la *Nikāya Saṃyutta* (conectados o cortos) –el *Tsa a-han ching*, o Taisho 99–; más tarde, la *Nikāya Aṅguttara* (numéricos) –el *Tseng-i a-han ching*, o Taisho 125–, y, finalmente, la *Nikāya Kuddhaka* (misceláneos).[143] Esta última colección, de la que no poseemos versión china –o sea, *sarvāstivāda*– es casi siempre en verso, y ha sido considerada tradicionalmente como de importancia menor, pues sus contenidos no pueden ser atribuidos directamente al Buddha histórico. Recordemos que a esta colección pertenecen tanto el *Dhammapada* y las *Jātaka* (historias fantásticas sobre las vidas anteriores del Buddha) como el *Udāna*, que contiene el famoso fragmento que tantos se complacen en citar como prueba irrefutable del trascendentalismo esencial de la doctrina budista, y que no puede ser entendido más que como una interpolación posterior. Como hemos dicho, en aquel Primer Concilio se estableció también el Código de Disciplina (*Piṭaka Vinaya*), conservando, a tenor del peligro disgregador ya entonces aparente, tanto las reglas mayores como las secundarias.

A partir del Primer Concilio y hasta la consagración de las Cestas por escrito, que no sucederá hasta tres siglos más tarde, parte del entrenamiento del monje consistía en memorizar una sección determinada de una Colección, además de todas las normas de disciplina. Aunque para nuestra cultura del libro –de la que ha hablado tan sugestivamente Maurice Blanchot– tal cosa sea bastante chocante, debemos recordar que hasta hace bien poco, también en Occidente, el cultivo de la memoria era una parte importantísima de la vida del estudiante. En la India, y en aquel entonces, conocer bien un texto o una enseñanza significaba saberse el texto de memoria. ¿Cómo vas a responder adecuadamente a las dificultades espirituales que se presentan espontáneamente en la vida cotidiana si no has digerido e interiorizado la forma de solucionarlas? La memoria era entonces el modo por antonomasia en que se produce tal digestión.

Dada la importancia capital de los ejercicios mnemónicos en el adiestramiento de los estudiantes en alguna disciplina espiritual, la cual en el budismo más tarde cobraría nuevos bríos con el cultivo de los *maṇdala*, es muy improbable que en el curso de los siglos se produjesen transformaciones sustanciales de lo recitado en el Primer Concilio. La tradición oral en una comunidad estable tiene la ventaja incuestionable de que cualquier distorsión –premeditada o no– será inmediatamente corregida por el resto de sus miembros. Por supuesto que no se trata de un método infalible, pero sí de uno bastante bueno, como prueba el hecho de que versiones de los Discursos de troncos independientes, que además tuvieron que atravesar la dificultad de una traducción primero de algún dialecto prácrito (vernáculo) al sánscrito (culto), y después de este al chino, preserven una identidad casi completa con la versión pāli.

b. El Segundo Concilio

Cien años después del Primer Concilio, un incidente a primera vista relativamente trivial desencadenó una tormenta que, si bien solivianta-da en el Segundo Concilio, muy poco después conduciría irremisiblemente al Primer Cisma entre la *Sthavira* o "Escuela de los Ancianos" (en pāli *Theravāda*) y la *Mahāsaṅgha* o "Gran Comunidad". Aunque la historicidad del Primer Concilio ha sido cuestionada por algunos, argumentando que su asamblea debió de ser mucho menor de lo que narra el *Vinaya*, acerca del Segundo Concilio no existen dudas. Veamos cómo se precipitó.

En la era de Kālāśoka, o Aśoka el Negro[144] (396 a. C. – 360 a. C.), un monje llamado Yaśas, que visitaba la comunidad budista de Vesali, quedó pasmado al observar cómo, en la rutina diaria del monje de pedir comida para su manutención, se toleraba la aceptación de oro y plata. El monje denunció tal práctica (y otras nueve de menor calado)[145] como una contravención al Código de Disciplina, y lanzó a todas las comunidades a una espiral de discusiones que sólo se resolvió con la convocatoria de un nuevo Concilio a celebrarse en la misma Vesali.

Yaśas había pedido inicialmente a la comunidad de Vesali que no se solazasen más en semejante práctica, a lo cual fue respondido con una incitación a que "tomase su parte", que Yaśas rechazó. Ante este repudio, la comunidad reaccionó imponiéndole una "acción de reconciliación" en la que Yaśas se vio obligado a confesar públicamente una "ofensa de abuso y difamación" a los discípulos laicos que proveían de bienes materiales a la comunidad, en este caso no comida sino dinero. Durante el evento, al que le acompañó, tal como era costumbre, un monje de la comunidad como testigo, Yaśas repitió sus argumentos de que la práctica de recibir dinero estaba prohibida por el Código de Disciplina, llegando incluso a declarar que los miembros de la comunidad de Vesali no eran ni *śramana* ni verdaderos budistas. El alegato de Yaśas convenció a la comunidad laica, e, irritados, los monjes de Vesali cargaron a Yaśas con otra ofensa: la de revelar asuntos confidenciales a extraños sin permiso explícito de la comunidad, queriendo por ello "suspenderle". Yaśas entonces partió de Vesali y buscó apoyo en comunidades vecinas hacia el oeste, en donde se hicieron todos los esfuerzos posibles por encontrar a los más Ancianos para que confirmasen la necesidad de una estricta observancia de la disciplina. Como señala Warder, es interesante notar que, dado que las comunidades de cada localidad gozaban de independencia de criterio, no se buscaron medidas legales para paliar esta desviación. De ahí que se resolviese enviar emisarios al máximo número posible de comunidades para que trajesen consigo representantes y discutiesen juntos el asunto en la propia Vesali. En asuntos doctrinales, el principio de la autoridad estaba supeditado al consenso general.

Una vez reunidos los representantes, el debate se prolongó, aparentemente, durante muchísimo tiempo, de tal modo que uno de los Ancianos sugirió, como también era frecuente, encargar a una comisión con cuatro monjes de cada parte que investigara el asunto. La comisión falló en contra del comportamiento de la comunidad de Vesali presentando un exhaustivo documento en el que se expone punto por punto la violación del Código. La totalidad de los monjes de Vesali quedan convencidos y aceptan que los Diez Puntos eran contrarios al Código. Para concluir el Concilio, se recita de nuevo la *Piṭaka Sutta* y la *Piṭaka Vinaya* al completo.[46]

c. El Primer Cisma

A pesar de este final conciliatorio, las diferencias entre algunas comunidades debían de ser ya notables, porque el conocido como "Primer Cisma" se produjo muy poco más tarde y en torno a cuestiones doctrinales de importancia ahora mucho más cardinal, tales como si el *nibbāṇa* es o no es definitivo, o, en otras palabras más textuales, si el *arahant* puede o no sufrir un retroceso. Es significativo que la *mahāsaṅgha*, que apoyaba la tesis de que el *arahant* efectivamente puede padecer un relapso, estuviese afincada sobre todo al este, donde se situaba Vesali, una comunidad más relajada, al parecer, en sus reglamentos morales. Y, aunque tras el Cisma casi todas las comunidades budistas numerosas aún albergaban monjes de diferentes tendencias o escuelas, en un principio el oeste se sintió más cercano a la *sthavira*, y el este a la *mahāsaṅgha*.

Dado que el Segundo Concilio había, por así decirlo, cerrado oficialmente el Canon –aunque más tarde el Tercer Concilio haría una excepción con el *Kathāvatthu* de Mogalīputta-tissa, que pasó a ser el quinto (o tercero, según la clasificación de Buddhaghosa) Tratado de la *Piṭaka Abhidhamma*–, en la *Piṭaka Vinaya* no encontramos un recuento claro de lo que sucedió entonces. No obstante, puede ser deducido con facilidad por otros documentos y comentarios de ambas escuelas. El cisma se produjo por la imposibilidad de llegar a un acuerdo en torno a las siguientes cinco cuestiones: 1) si un *arahant* puede ser seducido por otra persona; 2) si un *arahant* puede ignorar ciertas cuestiones; 3) si un *arahant* puede dudar; 4) si un *arahant* puede recibir información o ser instruido por otra persona, y 5) si uno puede entrar en el Camino como resultado de escuchar ciertas palabras (y no por la acción propia).[147] En definitiva, lo que se está debatiendo aquí es la naturaleza de la libertad conquistada, que a su vez, como señala Kalupahana,[148] es un problema que está intrincado no ya sólo con la originación dependiente en cuanto tal, sino con las cuestiones muy debatidas –y respondidas, deberíamos añadir– en tiempos del Buddha acerca de la permanencia o continuidad del sujeto, así como de la naturaleza de los elementos o agregados (*khandhas*) que constituyen al individuo. El tema será, de hecho, central al Tercer Concilio, y será respondido en el *Kathāvatthu* de Mogalīputta-tissa tomando como referencia algunas de las discrepancias entonces existentes.

En el próximo apartado trataremos las diferentes aproximaciones de las escuelas a este tipo de problemas, los cuales a su vez darán lugar a la respuesta, ortodoxa y novedosa al tiempo, de Nāgārjuna. Por el momento baste un breve comentario sobre la naturaleza de la problemática aquí naciente. Si las miramos detenidamente, nos daremos cuenta de que las cinco cuestiones debatidas rondan en torno a la naturaleza de la realización del *arahant*, a saber, en torno a la naturaleza de la libertad. En concreto, se debate hasta qué punto o de qué modo la iluminación es definitiva (que discutimos en el capítulo 4). La cuestión de si el *arahant* puede dudar, si puede ser influido o enseñado por otro, o si puede ignorar ciertas cuestiones, apunta al hecho de que existía una creciente preocupación acerca de si la omnisciencia es una consecuencia de la libertad. En otras palabras, ¿hasta qué punto un iluminado debe conocerlo "todo"? Para nosotros, que podemos ver el problema con algo de distancia, resulta evidente que la discusión es baladí si no definimos ese "todo" con más precisión. Asimismo podemos constatar, por el solo planteamiento de la cuestión, una especie de petrificación del entendimiento, que requería un "o lo uno o lo otro" (o la libertad es definitiva, y por tanto trascendental, o no lo es, y por tanto *sensu stricto* no hay tal), como si no pudiesen ser ambas perspectivas a la vez, pero de distintos modos.

Aunque el Buddha había rechazado la posibilidad de conocer a la perfección pasado, presente y futuro, muchos otros grandes maestros o iniciadores de religiones multitudinarias, como Mahāvira en el jainismo, se habían autootorgado este tipo de omnisciencia. Y en un ambiente competitivo entre doctrinas es plausible que, en los momentos de debate más groseros, la superioridad de la una o la otra fuese decidida por las capacidades que cada seguidor atribuyese, respectivamente, a su maestro. No es improbable que el budismo, retado por la supuesta omnisciencia de otros maestros, e instigado por el carácter definitivo del conocimiento que alcanzó el Buddha el día de su iluminación, adujese a su favor un tipo de omnisciencia que el Buddha mismo había impugnado. Pero, incluso en un nivel intelectualmente más sofisticado, la controversia permanece. La *sthavira* o Escuela de los Ancianos presumiblemente quiso sujetarse a lo definitivo de la iluminación budista porque entendía que existe un grave peligro en su relativización. Y la *mahāsaṅgha*, por su parte, entendía lo opuesto, a saber, que es pecar de irrealismo no entender que aun las personas espiritualmente más desarrolladas pueden dudar acerca de algunos puntos concretos, no conocer el futuro, o deban ser instruidas por otros, como por ejemplo –y es uno histórico perteneciente a aquel círculo de discusiones– cuando un *arahant* no conoce el camino que lleva a determinado lugar. ¿No debería conocerlo ya si su *status* es el de quien lo conoce "todo"?

A nuestro juicio, el debate aquí presupone una mezcla entre un modo ante todo metafórico, o muy general, de hablar de la libertad, que tiene carácter definitivo e incontestable –aunque no necesita acudir a la omnisciencia para erigirse–, y el modo filosófico-natural, que, como hemos visto, supone una incesante renovación de la libertad justamente en la medida en que el mundo (interior o exterior) también cambia y se renueva. La "conquista definitiva de la libertad", tal como la planteó el Buddha, es la manifestación preclara de quien ha descubierto, ya sin lugar a dudas de ninguna clase, el funcionamiento causal de todas las cosas y, por tanto, la posibilidad de su comprensión. Una vez hecho este descubrimiento –momento tradicionalmente conocido como "la entrada en la corriente",[149] una metáfora que alude diáfanamente a la idea de que a partir de este punto no hay marcha atrás posible–, y una vez que se ha aplicado con éxito durante un tiempo indeterminado, el sujeto alcanza un punto de madurez tal que puede calificarse de definitivo (el de la "arahantidad"). No obstante, la comprensión de lo que sucede realmente sólo se produce mediante el ejercicio del entendimiento en las circunstancias presentes, que no pueden conocerse de antemano. No significa, pues, que la libertad o la comprensión estén ya cumplidas en un sentido literal y aplicable a cada momento, como si no hubiese que comprender más o como si lograr la libertad supusiese habitar en un reino allende el condicionamiento o el mundo, pues efectivamente eso implicaría la omnisciencia. La dificultad de deslindar esta doble interpretación, además de la inevitable influencia del trasfondo permanentista de la filosofía india, puso a la comunidad budista en un brete doctrinal de imposible salida hacia alguno de los lados en exclusiva.

La *mahāsaṅgha*, que tendía a adoptar una mayor flexibilidad moral, supo relativizar más que los Ancianos la idea de la libertad en el sentido filosófico-natural y empírico. Tal cosa nos consta precisamente por su alegada imposibilidad de aceptar una respuesta positiva a las cinco cuestiones. Semejante relajación ocasionará una inmediata diversificación y mayor autonomía de perspectivas que sentará las bases para la multitud discursiva del *mahāyāna*. Sin embargo, dadas las condiciones de una discusión que ha escindido irremisiblemente dos modos de discurso complementarios (pero incompatibles entre sí), el sentido de lo definitivo de la iluminación vendrá más tarde aquí a imponerse con el bagaje del absolutismo ontológico clásico indio: otro elemento fundamental de la tercera constelación paradigmática (**PIII**, el *mahāyāna*). Y, por estas mismas razones –relajación moral y naturalismo explicativo–, la Gran Comunidad se inclinó hacia cierto populismo, lo cual explicaría, a su vez, que el *mahāyāna*, su heredero, se dirigiese hacia el mundo mítico como fuente de inspiración. Alrededor del siglo I d. C., todos estos elementos cuajaron en la creación de nuevos "discursos del Buddha" (*sūtra*), que combinan, con el mismo ingenio que caracterizó a las *Upaniṣad*, el discurso mítico, el misticismo y el monismo ontológico.

La Escuela de los Ancianos, por su parte, tendió con el tiempo a incorporar una extraña forma de permanentismo en el mundo filosófico-natural, ya fuese, como los *sautrāntika*, mediante una teoría de los momentos como creados *ex nihilo*, o ya fuese, como en la escuela *sarvāstivāda*, con una distinción muy poco budista entre la sustancia de una cosa y sus atributos. Más genéricamente, la escuela *sthaviravāda* (o *theravāda*) acabaría abrazando un concepto trascendentalista de la libertad, ya aparente en la discusión que dio lugar al Cisma, que es difícilmente compatible con la doctrina original del Buddha. También incapaces de esclarecer diferenciadamente los dos niveles del discurso acerca de la libertad, se vieron obligados a sostener, para no relativizar la doctrina original, una visión del *arahant* como la de quien no puede equivocarse en nada y nunca. Y, aunque paradójico, por eso mismo hicieron de la libertad algo virtualmente imposible de conseguir. Conservaron por eso mismo un sentido del rigor moral y disciplinario que les impedía reconocer hasta qué punto alguien que "ha comprendido el *dhamma*" puede todavía "recaer", por ejemplo con poluciones nocturnas (uno de los ejemplos esgrimidos durante la discusión que condujo al Primer Cisma). A la Escuela de los Ancianos debemos, no obstante, una insuperable meticulosidad con respecto a la preservación de las enseñanzas del Buddha histórico, relegando sus propios comentarios y opiniones a tratados independientes, sin pretensión alguna de darnos gato por liebre, como fue en el caso del *mahāyāna*.

El –entre comillas– elitismo de la *sthavira* conduciría a la infundada acusación de "individualismo", al cual el *mahāyāna* contrapuso más tarde su ideal del *bodhisattva*, la figura mítica de quien renuncia a entrar en el *nirvāṇa* sin antes haber salvado a todos los seres. Pero, independientemente del valor espiritual de semejante figura, es preciso observar que en ella se están dando cita presuposiciones eternalistas de la libertad (*nirvāṇa*) perfectamente ausentes en las enseñanzas originales del Buddha, quien no vio conflicto alguno entre ayudarse a sí mismo y ayudar a los demás: una vinculación que es esencial a lo ético. La compasión, una de las marcas más distintivas del budismo, es, efectivamente, lejos de un sentimiento de piedad paternalista, "sentir con el otro". Mientras que la *mahāsaṅgha* inició una andadura hacia lo mítico que resultaría en un peculiar absolutismo de la conciencia, con métodos y resultados cada vez más variopintos para lograr "la iluminación", la Escuela de los Ancianos se sujetó al cultivo estricto de la meditación/concentración de acuerdo con los patrones dispensados por el Buddha histórico, en especial bajo el formato del *Sutta Satipaṭṭhana*. Ello sin menoscabo de que la exclusividad de este discurso en algunos flancos *theravāda* haya conducido a una singular idea del trabajo interior, más, de hecho, en el lado de la concentración yóguica (*samatha*, en pali; *śamatha*, en sánscrito) que en el de la comprensión interior (*vipassana*, en pali; *vipashyanā*, en sánscrito), o investigación de causas.

d. El Tercer Concilio

De acuerdo con cálculos *theravāda*,[150] doscientos dieciocho años después del *paranibbāṇa* del Buddha, el emperador Aśoka convocó un nuevo Concilio, encabezado por el Anciano entonces más respetado, Mogalīputta-tissa, para restablecer la pureza de la doctrina contra las numerosas corrientes heréticas. El acomodo del budismo a una situación de religión oficial, además de las ventajas obvias de su expansión, había traído consigo también numerosos problemas. Principalmente, el hecho de que se diesen facilidades en forma de subvenciones para acceder a las comunidades monásticas permitió que muchos, no necesariamente interesados en la práctica espiritual requerida, ingresasen en ellas. El resultado se hizo pronto aparente, y llegó un momento en que los más serios renunciaron a participar en la tradicional ceremonia Uposatha junto con los menos dignos. Cuando Aśoka se enteró de lo que estaba sucediendo mandó a un ministro suyo para que pusiese en orden a la comunidad. El ministro, sin haber recibido más intrucciones que su mera imposición, hizo decapitar a los Ancianos rebeldes, practicantes genuinos, cuando persistieron en su negativa de participar en la ceremonia con los heréticos y los vagos. Aśoka, apenado por el suceso, se echó la culpa del triste comportamiento de su ministro, y acabó por pedir consejo a Mogalīputta-tissa. Este recomendó expulsar a los heréticos y contaminadores, y convocar un nuevo Concilio, que se celebraría en el año 250 a. C., en Asokarana, Patiliputta. De acuerdo con fuentes *theravāda* (la *mahāsaṅgha* no reconoce el Concilio), participaron en él mil monjes escogidos por Mogalīputta-tissa de entre seis mil, que recitaron, como era tradición, la *Tipiṭaka* completa.

Tras el Concilio, Aśoka mandó misioneros a nueve países diferentes, en todas las direcciones posibles: Kaśmira-Gandhāra, Mysore, Vanavasi, Gujarat, Maharastra, Grecia, los Himalayas, Tailandia y Sri Lanka.[151] Las expediciones más exitosas en términos de arraigo a largo plazo fueron las de Cachemira, Gandhara y Sri Lanka. En cuanto a la expedición a Grecia, que nos toca más de cerca, es posible que su paso no fuese del todo desapercibido. Varios siglos más tarde, Clemente de Alejandría, en el Libro I, capítulo XV, de su *Stromata* o *Misceláneas*, menciona a "*śramanas* y *brahmins*" como dos fuentes-escuelas provientes de la India que arrojaron luz sobre la sabiduría griega,[152] si bien ya entonces habían sucedido las conquistas de Alejandro, las cuales habrían reforzado y ahondado la conexión filosófica entre Grecia y la India. Sobre ello tendremos más que decir en el próximo capítulo.

No han faltado quienes han cuestionado la historicidad de este Tercer Concilio, y en especial de su supuesta renovada recitación de la *Tipiṭaka*. Eggermont indica que los *sthaviravādin* se la habrían inventado, la habrían trasladado a un punto anterior a la expedición enviada a Sri Lanka, y habrían, de este modo, justificado *ad hoc* su escuela como directamente devenida de esta recitación ortodoxa. No lo podremos saber jamás, pues los únicos datos que poseemos sobre ella provienen precisamente de la *sthavira*, pero no parece imposible que se produjese tal como narran sus historiografías, o de un modo muy parecido.

En cualquier caso, lo más relevante de este Tercer Concilio reside en el ya mencionado *Kathāvatthu* de Mogalīputta-tissa. Este texto, que pasó inmediatamente y de modo excepcional a formar parte del Canon

–pues la autoría de todos los textos de la *Tipiṭaka* era atribuida al Buddha–, incluyéndolo en los Tratados de la *Piṭaka Abhidhamma*, ha sido sujeto de un minucioso análisis a cargo de David Kalupahana en el capítulo XIII de su *A History of Buddhist Philosophy* (*Una historia de la filosofía budista*). Se trata de un estudio sumamente innovador. El primer y otro único estudio en Occidente de este texto se produjo en 1938, con la obra *Guide Through the Abhidhamma Piṭaka* (*Guía a través de la Pitaka Abhidharmma*) de Nyanatiloka Mahāthera. Pero, de acuerdo con Kalupahana, tiene el defecto de estar influido por el gran maestro *theravāda* Buddhaghosa[153] (siglo V d. C.), quien "advertida o inadvertidamente" habría "introducido distinciones sustancialistas" en sus comentarios. Que no se haya estudiado más el *Kathāvatthu* se debe sin duda a lo prolijo de su refutación de las herejías, que cubre nada menos que 218 puntos –cifra sagrada–, casi todos relacionados con la disciplina (moral). Esto probaría, claro está, que las diferencias entre distintas aproximaciones no se produjeron de la noche a la mañana, y que, de hecho, cabría hablar de un constante debate acerca de la corrección de ciertos puntos de vista desde los tiempos del Buddha histórico.

El ensayo de Mogalīputta-tissa, como será después el de Nāgārjuna, procura retomar la concepción original de la causalidad dependiente para resolver problemas filosóficos que tienen que ver con la adscripción a algún extremo (absolutista o nihilista, ambos caracterizados por el sustancialismo). En la próxima sección analizaremos, de la mano de Kalupahana, los tres puntos de más relieve filosófico contenidos en el *Kathāvatthu*.

e. El Cuarto Concilio

La historia subsiguiente de las fracciones y escisiones hasta llegar al período conocido como de las Dieciocho Escuelas es larga y extremadamente confusa, debido a la atómica extensión de las divergencias, a las diferentes versiones que tenemos de ellas, y a las numerosas lagunas sobre las verdaderas causas de las diferencias, que en muchos casos podrían haber tenido un origen más personal que conceptual. Sí existe un consenso bastante general en torno al hecho de que la *mahāsaṅgha* habría comenzado primero el proceso de desintegración. La crónica *Samayabhedoparacanacakra* de la escuela *sarvāstivāda* alude a veinte escuelas en total –*sthavira* y *mahāsaṅgha* juntas– escindidas en una primera fase, mientras que el *Dīpavaṃsa*, crónica *theravādin*, cuenta las dieciocho clásicas. El estudioso André Bareau llegó a contar, recogiendo todos los documentos asequibles e incluyendo todas las fases, un total de treinta y cuatro nombres.[154] Para nuestros propósitos es suficiente recordar los nombres de las escuelas *sarvāstivāda* y *sautrāntika*, por un lado, y la *mahāsaṅgha*, por el otro.

Mencionaremos, por último, el así llamado Cuarto Concilio, que en realidad fueron dos en lugares distintos. El primero de ellos, que se llevó a cabo en Sri Lanka en el siglo I a. C., fue provocado por una necesidad diferente a las que hemos observado hasta el momento. Una serie de malas cosechas –tres años consecutivos– en la zona había puesto en grave peligro la supervivencia de la comunidad. Muchos monjes habían muerto de inanición, y se pensó que, de seguir así la racha, los discursos y el código de disciplina estaban en peligro de desaparecer. Se resolvió, pues, convocar un gran concilio para escribirlo todo en hojas de palma. Una vez más, la recitación y consiguiente transcripción tardó nueve meses en completarse. Lo allí transcrito es lo que conocemos hoy como el Canon Pāli. De Sri Lanka los textos pasaron a Birmania, Tailandia, Camboya y Laos, donde el *theravāda* conserva aún algunos bastiones.

El segundo de los concilios se celebró en Cachemira a cargo de la subescuela de la *sthavira*, por entonces escindida, conocida como *sarvāstivāda*.[155] Lo más significativo de este Concilio es la retraducción de la *Tipiṭaka* desde el idioma prácrito, en que estaba conservado originalmente, al sánscrito. Esto dio nacimiento a una ampliación –si bien distorsionada por la perspectiva *sarvāstivāda*– de los posibles receptores del mensaje budista, pues el sánscrito era en el norte de la India el idioma culto y sagrado utilizado por los brahmines, los principales contrincantes doctrinales del budismo. Desde entonces, el sánscrito fue la lengua más común en los textos budistas, especialmente del *mahāyāna*, así como de la que es seguramente la obra filosófica budista más importante de todos los tiempos, la *Mūlamadhyamikākarikā* de Nāgārjuna. Con todo, el viejo Canon sánscrito de la *Tripiṭaka* no ha sobrevivido, y si lo conocemos es por una posterior traducción al chino (*āgamas*, "tradiciones").

En sánscrito muy pronto empezarán a surgir textos como el *Sūtra Salistamba*, que podría caracterizarse como un puente entre la filosofía de la Escuela de los Antiguos (*sthaviravāda*, *theravāda*) y el naciente *mahāyāna*. Contiene aún las enseñanzas principales: la originación dependiente, las tres marcas de la existencia, las Cuatro Nobles Verdades, el *tetralemma* y los cinco agregados,[156] pero sus acentos son ya muy diferentes a la tradicional *Tipiṭaka*. Algo más tarde, los *Sūtra de la Prajñapāramitā* (siglo I-II d. C.) iniciarán un nuevo ciclo de textos y modos de presentación que crearán la tradición filosófica y espiritual del *mahāyāna*.

III. La ruptura con el antisustancialismo

a. El papel de la **Piṭaka Abhidhamma**

El intento de sistematización realizado en la Tercera Cesta o *Piṭaka Abhidhamma* (literalmente "Gran Dharma" o "Dharma Superior") a partir de la Cesta de Discursos o *Piṭaka Sutta* escapó en su mayor parte al impulso sustantificador que había subyacido tradicionalmente a la especulación filosófica india, aunque tal cosa no fuese nada fácil de conseguir, y empezó a fallar poco después de haber sido compuestos sus principales Tratados.[157] Con la *Piṭaka Abhidhamma*, la doctrina del Buddha, que había sido presentada de un modo vivo, dinámico, argumentativo y dialógico, fue pasando a un formato muy diferente que, no obstante, habría logrado conservar el espíritu antisustancialista original. La *Piṭaka Abhidhamma* en cuanto tal parece ser la culminación de un proceso clasificatorio y descriptivo de los distintos conceptos que componían los *sutta*, que podría haber comenzado ya durante la vida del propio Gautama. En algunos discursos se presenta al Buddha escuchando protosistematizaciones de este tipo y dando al final su aprobación, y algunas escuelas (la *sarvāstivāda*, por ejemplo) han cortado una estampa de Sāriputta como la del artífice principal en esta tarea. En un principio, tal sistematización conceptual habría ido pasando a la misma *Piṭaka Sutta* –sobre todo a las *Nikāyas Saṃyutta* y *Aṅguttara*– y solo más tarde habría sido necesario crear una Cesta nueva para darle una cabida exhaustiva que incluyese *todos* los conceptos tratados desde el inicio.

Una sistematización conceptual no tiene por qué ser necesariamente absolutista o sustantificadora. Lo que sucedió, no obstante, es que, dada la exhaustividad de las clasificaciones *abhidhamma*, se incurrió en una extrema aridez, y así la inmensa mayoría de los intérpretes optaron por acudir a los comentarios (*vibhāṣā*) de las diferentes escuelas para comprenderlos. De este modo, se acabaron por atribuir a la Tercera Cesta teorías o visiones que pertenecían solo a intérpretes muy posteriores y viciados por su predisposición sustancialista. Como muestra de ello valga el ejemplo de la escuela *sarvāstivāda*. Esta atesoraba como texto principal, no uno o varios de los Tratados de la *Piṭaka Abhidhamma*, sino una gran obra comentarística llamada *Jñānaprasthāna* ("Fuente de Conocimiento"), escrita por Katyāyanīputra alrededor del siglo I o II a. C., de la que partirían los propios Tratados, a los que significativamente se denominaba "pies", como si la obra comentarística posterior fuese, por así decir, la cabeza. La escuela *sarvāstivāda* no fue la única en introducir elementos sustancialistas dentro de la doctrina budista; en realidad, se trata de una operación generalizada, válida para todas las escuelas, que alcanzará incluso a la escuela *sthaviravāda* –la más antigua; *theravāda* en pāli–, como por ejemplo en su caracterización de la libertad como algo trascendental y allende todo condicionamiento.

La *Piṭaka Abhidhamma* no es interpretativa:

> Las varias listas [de los Tratados] representan simples enumeraciones (*saṅgani*) de puntos físicos y psicológicos de la experiencia. Queriendo ser del todo comprehensivos, los *ābbhidhammikas* buscaron cada elemento (*dhamma*) que pudieran encontrar mencionado en los discursos. El hecho de que las listas de las dos principales tradiciones *abhidhamma*, ambas derivadas de los discursos del Buddha, sean distintas, indicaría que no aspiraban a contener realidades últimas. Los compiladores de los textos *abhidhamma* simplemente escogieron los que *ellos* pensaban que eran los elementos relevantes; y de ahí la diferencia entre las dos tradiciones. [...] La simple enumeración de los constituyentes físicos y psíquicos de la experiencia humana nos dejaría con un mero apilamiento de entidades discretas. Para evitar este reduccionismo, el *abhidhamma* adoptó un sistema de clasificación (*vibhaṅga*) en el que cada elemento queda relacionado con otros en las diversas clasificaciones. Casi siempre esta clasificación está hecha en términos de las grandes categorías reconocidas en los discursos, tales como los agregados, las facultades, los elementos y las cuatro nobles verdades. [...] El intento es el de proveer de un método o marco bajo el cual el significado de la concepción puede ser comprendido dentro de cada contexto.[158]

Aunque el Tratado llamado *Dhātukathā*, por ejemplo, haya sido considerado con razón por algún crítico como "diez valles de huesos secos", de acuerdo con Kalupahana «su significación como tratado filosófico que intenta clarificar el sentido y la aplicación de conceptos es inmensa. El trabajo sin duda pondrá a prueba la paciencia del lector, pero en cualquier caso demuestra la determinación y el compromiso de los *abbhidhammīkas* para cerrar cualquier avenida a través de la cual significados *absolutos* pudieran introducirse» (ibíd., pág. 147). No deja de ser cierto que el cruce entre categorías de distintas clases, operado en estos Tratados con el objeto de hacer un análisis antisustancialista desde el máximo de ángulos posibles, no solo dio como resultado una minuciosidad asombrosa que tornó en una especie de desierto, sino que, además, pronto conducirá a una mezcolanza conceptual nefasta. De acuerdo, por ejemplo, con un texto *sarvāstivādin*, el *Samaya*, muchas escuelas *mahāsaṅghika* reconocían una lista de "nueve dharmas incondicionados", que incluía desde algunos de los estados meditativos superiores –por cierto, claramente condicionales para el Buddha– hasta la ley misma de la originación dependiente.[159] Aquí la confusión entre lo empírico y lo teórico, entre otras, es evidente. Con todo, lo mejor de la *abbhidhamma* encuentra reflejo también en obras posteriores muy sobrias, como la *MMK* de Nāgārjuna; la cual, siguiendo la estela de las categorizaciones *abhidhammika*, repite un sólido análisis sobre las principales de ellas hasta dejar el tema zanjado.

b. El **Kathāvatthu** *de* **Mogalīputta-tissa**

La Tercera Cesta no sólo respondía al espíritu original antisustancialista del Buddha, sino que, en una era en la que las diversas escuelas ya habían comenzado a realizar una serie de interpretaciones filosóficas disonantes con la originación dependiente y con el principio de la no-sustancialidad (*anatta*), encontró adecuado incorporar un Tratado, no atribuible al Buddha histórico, que refutaba todas estas tendencias.

Nos referimos al *Kathāvatthu* ("Puntos de Controversia") de Mogalīputta-tissa. Como hemos dicho ya, este texto quería responder a 218 puntos relativos al Código de Disciplina, pero se detuvo, en ocasiones hasta la saciedad, en tres puntos filosóficos centrales a tenor de algunas de las desviaciones doctrinales más importantes aparecidas hasta el momento (incluyendo la *sautrāntika* y la *sarvāstivāda*): 1) la naturaleza de la continuidad del individuo; 2) la realidad de los elementos que constituyen el individuo, y 3) el *status* de la persona liberada. Estas tres cuestiones, juntas o por separado, ya habían sido tratadas por el Buddha. Es evidente que la dificultad de comprender la originación dependiente del sujeto, así como de la libertad que este puede conquistar, siguió surgiendo una y otra vez, y necesitaba por tanto una respuesta fresca.

Para resolver el primer problema, el de la continuidad del individuo, el *Kathāvatthu* tiene que enfrentarse a la incipiente escuela *sautrāntika*. Kalupahana nos aporta el contexto:

> La búsqueda sustancialista de la realidad última había dejado al absolutista insatisfecho con la explicación empírica de la personalidad humana en términos de los cinco agregados. El problema se hizo más confuso cuando una empresa absolutista similar fue dando lugar gradualmente a una teoría de los momentos (*kṣaṇa*), de acuerdo con la cual los cinco agregados tenían una existencia momentánea. Esta teoría de la existencia momentánea hizo extremadamente difícil, incluso para aquellos que no tenían inclinación a buscar realidades últimas, explicar la identidad así como la continuidad de la persona empírica. [...] De entre las escuelas budistas que abogaron por la forma más extrema de atomismo hallamos la *sautrāntika*, cuyos seguidores argüían que no hay siquiera un momento en el que un fenómeno (*dhamma*) permanece para que pueda ser conocido. El reconocimiento de un momento estático (*sthiti-kṣaṇa*), argumentaban, habría violado la concepción de la impermanencia (*anitya*) del Buddha. Su concepción de la existencia como consistente en eventos momentáneos y atómicos les llevó asimismo a dificultades insuperables en la explicación de la causación. Cuando surge un evento momentáneo no puede haber otro evento sobre el que su sucesor puede basarse para surgir, pues éste ya habría pasado. De ahí que los *sautrāntikas* favorecieran la idea de que todo lo que se afirma con una teoría de la dependencia es simple "sucesión" (*samanantara*), un suceso siguiendo a otro sin ninguna relación asimétrica o simétrica perceptible. Tenían miedo de que las concepciones de la duración y la identidad descartaran cualquier noción de cambio o impermanencia. Y así se vieron forzados a aceptar una teoría de "creación *ex nihilo*" (*a-sat-kārya*) de cada momento de la existencia.[160]

El problema de la continuidad del individuo está íntimamente entrelazado a aquel otro acerca de la naturaleza de los elementos de la personalidad. En general percibimos aquí una tendencia a sustantificar y aislar los momentos o "agregados" de la personalidad que habían servido al Buddha para describir procesos causales. Es lógico entonces que se desconsiderase la causación bajo el amparo en la idea de la simple sucesión, siendo cada momento surgido, como quien dice, de la nada o del no-ser (*asat*). Las corrientes *sautrāntika* menos extremas, en lugar de acudir a la creación *ex nihilo*, argumentaron que el *dhamma* o elemento inmediatamente precedente sí tenía eficiencia causal (*paccayatā*) sobre el presente.[161] Pero, de este modo, se obvia la complejidad de la causación real, además de no hacer justicia a la concepción de la causalidad dependiente original, que establecía que las causas pueden permanecer temporalmente ocultas.

El problema de la continuidad se resuelve si no olvidamos que la originación dependiente es la vía media entre la sustantificación atómica, aquí en ciernes, y la sustantificación unitarista. En concreto, Mogalīputta-tissa resuelve el aparente problema de la continuidad de la persona (*puggala*) mediante la reformulación o especificación de la pregunta, del mismo modo que el Buddha no había querido contestar a la pregunta por el destino del Yo tras la muerte por no ser una pregunta apropiada. Mogalīputta-tissa no pregunta si hay una persona o si hay elementos que componen una persona, sino si hay una persona o sus elementos *en tanto que realidades últimas*; o, dicho de otra manera, si existe una persona o sus elementos como entes separados y sustanciales en verdad y en realidad.

> Si no hay un agente misterioso que posee a los agregados [componentes de la personalidad], entonces por lo menos los agregados deben ser reales y últimos. El *Kathāvatthu*, por supuesto, no hace ningún intento de definir semejante esencia o realidad. Esa definición aparece con la escuela filosófica conocida como *sarvāstivāda*, un nombre derivado de la doctrina misma de que "todo existe" (*sarvam asti*). Enfrentados a las dificultades de explicar la continuidad en el contexto de una doctrina de los momentos, como en el caso de los *sautrāntikas*, los *sarvāstivādins* distinguieron entre una cosa, evento o fenómeno, y su naturaleza intrínseca (*svabhāva*). Esta es una de las visiones más explícitamente sustancialistas que aparecerán en la tradición filosófica budista. De acuerdo

> con Dharmatr ta, su maestro más prominente, una cosa, suceso o fenómeno (*dharma*) pasa a través de tres períodos de tiempo: pasado, presente y futuro. En este proceso, lo que cambia es la manera o el modo (*bhāva*) de su apariencia, no su sustancia (*dravya*). Es esta sustancia la que será más tarde referida como naturaleza intrínseca (*svabhāva*).[162]

Así, pues, la escuela *sarvāstivāda* habría realizado una distinción entre la cosa(-en-sí) como existente por un lado e independiente, y sus características o atributos por el otro. Esta idea, si bien se adhiere al sentido común y es de mucha utilidad, conduce a miríadas de problemas asociados a un sustancialismo que no permite una comprensión de la originación dependiente y en último término –como en Aristóteles– tiene que recurrir a un absoluto inmóvil que lo mueve todo. Sin quererlo, crea una dicotomía –que es solamente convencional, de las palabras, y no real– entre las cosas reales, entendidas como sustanciales (*svabhāva*) –las cuales serían, en último término, imposibles de conocer– y su apariencia fenoménica (*lakṣaṇa*), la única susceptible de cambio y movimiento (*lakṣaṇanyathātva*). De acuerdo con el Buddha, las cosas son impermanentes no porque sean momentáneas –lo cual constituiría ya una solidificación del momento–, sino porque están caracterizadas por el nacimiento, la decadencia o la transformación, y la muerte.

Ambas posiciones *sautrāntika* y *sarvāstivāda* –la de la "simple sucesión" y la que distingue entre naturaleza intrínseca y fenómeno– estarán asimismo, como veremos en el capítulo 7, en el punto de mira de la crítica nagarjuniana (además de la de Vasubhandu en su *Abhidharmakośa*).

El último de los tres problemas mencionados, el de la naturaleza del liberado, lo hemos tratado ya en el capítulo cuarto y al comienzo de este quinto. Simplemente añadamos el siguiente comentario de Kalupahana:

> El problema de la naturaleza de la trascendencia atribuida al Iluminado es una continuación del mismo pensamiento absolutista que era prominente en tiempos del Buddha. A primera vista, la tendencia a ver al Buddha como alguien que ha transcendido *totalmente* el mundo, y el nirvana como un estado de vida eterna más allá de la muerte, puede parecer como el producto de una mente ordinaria acrítica y sin entrenamiento alguno. Es una tendencia que se dice generalmente va de la

> mano de una confianza o fe que tiende a la devoción. Se asume que esta tendencia no se encuentra en un intelectual, alguien entrenado, o una persona crítica. Pero éste no es en verdad el caso. Estas tendencias pueden encontrarse tanto en el intelectual como el no-intelectual, el crítico y el no-crítico, el entrenado y el no-entrenado, pues son el producto de la incertidumbre que rodea a la vida, la cual causa ansiedad en casi todo el mundo.[163]

De acuerdo con Kalupahana, la concepción de un Buddha trascendente habría surgido por vez primera con la escuela *sarvāstivāda*, y no con los *mahāsaṅghika*. Pero la trascendencia *sarvāstivāda* era de tipo positivo, es decir, atribuía al Buddha la cualidad de conocer la naturaleza intrínseca, en el sentido atemporal y sustancial, subyacente a los sucesos o fenómenos del mundo. Sin embargo, cierto realismo no permitía a sus seguidores el tipo de trascendencia negativa que después será tan aparente en el *mahāyāna*, y cuyas semillas, por lo que sabemos, se encuentran en ciertos posicionamientos ideológicos de la *mahāsaṅgha*.

Este último tipo –negativo– de trascendencia implicaría la negación de: 1) la personalidad histórica del Buddha; 2) la autenticidad de la doctrina explicada por el Buddha histórico y grabada en los discursos tempranos, y 3) la relevancia de la *saṅgha* –entendida como la Comunidad de monjes, los laicos no incluidos– como la viva encarnación de la Doctrina (ibíd., pág. 130). La *mahāsaṅgha* permaneció fiel, al menos hasta cierto punto, a las *Nikāya* (o colecciones de *sutta*) y a la *Vinaya*, y por tanto no entraría dentro del círculo demarcado por estos tres puntos. Pero el *mahāyāna* rompería de manera definitiva con él para lanzarse a una aventura especulativa radicalmente nueva.

En un principio, la *mahāsaṅgha* y el *mahāyāna* habrían convivido la una junto al otro,[164] de tal modo que no puede hablarse de una continuación. Pero teniendo en cuenta la historia de escisiones dentro de la "Gran Comunidad", lo más posible es que los iniciadores del *mahāyāna*, allá por el siglo I d. C., o incluso algo antes, en el sur de la India, tomasen de la *mahāsaṅgha* algunas de las doctrinas en contraste más drástico con la escuela *sthaviravāda* o "de los Ancianos", y marchase firmemente en dirección opuesta. La subescuela mahāsaṅghika *lokottaravāda* –que significa "trascendental"– hablaba ya, por ejemplo, de la naturaleza del Buddha como "trascendiendo al mundo". El Buddha habría adquirido este *status* trascendental tras su Iluminación,[165] si bien, por falta de documentos, no sabemos hasta qué punto esta escuela desarrolló especulaciones relativas a ese supuesto *status* trascendental como *anterior* a su nacimiento terrenal, como pronto será con el *mahāyāna*. Y en el *Mahāvatsu*, uno de los principales textos de la escuela *lokottaravāda*, se dice que los Buddhas –nótese el plural, que alude ya a un principio búdico a partir del cual surgirían encarnaciones aquí y allí– realizan las tareas cotidianas por pura convención, pero no por necesidad. Así, los Buddhas no sentirían fatiga, pero descansan y se lavan los pies para aparentar que son humanos. Aquí ya estaríamos muy lejos del realismo crítico y empírico del budismo original, si bien todavía no hemos alcanzado los extremos mitómanos del *mahāyāna* profundo. Otras escuelas *mahāsaṅghika*, como la *bahuśrutīya* y *prajñaptivāda*, explicaban por su parte que todas las experiencias son en verdad infelices y que sólo la extinción es no falsa y en último término real (ibíd., pág. 266). Aplicaban, pues, una distinción de la que el *mahāyāna* hará abundante uso: la distinción entre lo último (traducción equívoca de *paramārtha*) y lo engañoso (traducción equivocada de *saṃuṛti*), o entre verdad absoluta y verdad relativa, algo que nos coloca en un ámbito metafísico más próximo a la dualidad –monista– entre la ilusión (*māyā*) y el Yo Absoluto (*Ātman*), que a la de las cosas reales como originadas dependientemente.

Lo que hemos denominado segunda constelación paradigmática (**PII**) es un período extraordinariamente fértil en lo que respecta a la composición de textos y doctrinas varias. Pero nuestro conocimiento de él es todavía muy pequeño debido a la falta y la precariedad de las traducciones hoy asequibles, si lo comparamos con todo lo que debió producirse, y porque hay muy pocos académicos que tengan una visión de conjunto acerca de la cantidad, en todo caso, abrumadora de textos circulantes (más los que quedan por traducir y descubrir). Por ello, un descubrimiento inesperado –por ejemplo de las dos primeras Cestas en versión *mahāsaṅghika*– podría dar un vuelvo considerable a muchos de los elementos contemplados hasta hoy por la historiografía budista. No obstante, es improbable que la imagen general de este período, una de progresiva divergencia escolástica y hacia la sustantificación, cambie demasiado o hasta un punto en que haya que ensayar una perspectiva completamente insólita. Los datos que poseemos apuntan con bastante claridad a un ambiente fecundísimo, además de crucial para toda la historia posterior del budismo, en el que las interpretaciones minutas no sólo abundaban, sino que se enquistaron y acabaron por contraponerse unas a otras. Aquí aquel espíritu universalista y de la vía media del Buddha, no dogmático, va quedando a la deriva... si bien será reclamado una y otra vez más por aquellos que han comprendido verdaderamente la doctrina (*dharma*), a saber, la originación dependiente.

6. ETERNALISMO, NIHILISMO Y MEDIALISMO

«Una mentira colectiva arraiga en las creencias con más fuerza que la evidencia de los hechos físicos porque es asumida como verdad existencial. Es difícil escuchar con buena fe lo que contradice la primera información o la creencia general. "Y como la mentira llega siempre la primera, la verdad no encuentra ya sitio" (Gracián). Sobre todo si la mentira da una buena imagen de sí misma. La verdad no produce indiferencia. Molesta a quien no la ama. "La complacencia hace amigos, la verdad engendra odio" (Terencio). Y, además, es difícil de decir, aun sin motivo de ser falso.»

ANTONIO GARCÍA-TREVIJANO, *Frente a la gran mentira*.

I. LA LEYENDA EN CLAVE SIMBÓLICA

No puede decirse que, en sentido estricto, contemos con una biografía del fundador de la filosofía conocida como *mādhyamika* (traducible como "medialista"; *mādhyamaka*, el sustantivo, sería "medialismo"). Contamos, todo lo más, con retazos legendarios de los que solo remotamente y sin asomo plausible de verosimilitud podemos considerar históricos. Esto en sí mismo es sintomático de los tiempos que corrían, por oposición a seis siglos antes, cuando las andanzas de Siddhārta Gautama y su primera Comunidad se distinguían por el realismo con que fueron recogidas.

En realidad, hemos de tirar la toalla con respecto a la posibilidad de determinar la figura histórica de Nāgārjuna. No solo por la carencia de datos fiables, sino por nuestro conocimiento acerca de cómo opera la conciencia mítica. Esta, sin importarle la consonancia empírica o la cronología, elaborará narraciones de diversas clases que aglutinan elementos heterogéneos con el ánimo de elevar una figura única al rango de héroe meteórico, e incluso a veces una serie de doctrinas incoherentes entre sí como pertenecientes a un mismo autor. En Occidente, un caso paradigmático es el de Hermes Trimegisto, a quien no solo se le atribuyeron numerosísimos tratados mágico-filosóficos, sino que su autoridad se basaba en la impostura de pretender que fue muy anterior (casi contemporáneo de Moisés) de lo que fue en realidad (siglos II o III d. C.).[166] En Oriente, el caso del *Tao Te Ching*, compuesto por un supuesto "Lao-Tsé", es también indicativo a este respecto. La crítica historiográfica moderna ha diagnosticado que esta obra maestra del taoísmo se compone de textos elaborados a través de dos siglos, si no más, de tradición de pensamiento,[167] si bien existe una coherencia interna bastante firme. En el caso de "Nāgārjuna", en cambio, antiguamente se le atribuían más de cuarenta tratados sin conexión aparente más que el ansia de hacer arrancar doctrinas extraordinarias de una misma fuente de carácter noble, y así justificarlas. Pudo haber compuesto tantos tratados –se nos informa– porque vivió "más de seiscientos años". Tan pronto como llegó esta información a Occidente se sospechó que tan dilatada cantidad de años se explicaba por un segundo personaje al que se adjudicó el mismo nombre –una especie de mago compositor de tratados alquimistas–, y que cierta tradición –en concreto la tibetana– los había asimilado sin más. La crítica actual (A.K. Warder, por ejemplo) habla incluso de un Nāgārjuna-II (o Nāgāhvaya) que habría sucedido inmediatamente al autor de la *MMK* (que sería Nāgārjuna-I). Esto es, de hecho, mucho más plausible no solo que la tradicional atribución de cuarenta y pico tratados a "Nāgārjuna", sino de la más moderna, de doce o catorce.

La falta de interés por lo histórico y por la autoría personal es notoria en la tradición filosófica religiosa indo-tibetana. Aunque algunos románticos puedan ver en esto un jardín de las delicias intelectual ("donde no hay ego", se dirá), lo cierto es que ha contribuido considerablemente a mancillar la verdad y la transparencia de las cosas. A base de comprimir en un solo autor, ya legendario, ideas que no casan entre sí, se ha formado un batiburrillo conceptual tal que no nos permite ver con exactitud qué ideas eran las propuestas originalmente. Para nuestro estudio de Nāgārjuna vamos a tomar como origen –y en esto no nos distinguimos de ningún otro estudioso– el que es considerado con unanimidad su trabajo central: la *Mūlamadhyamikākarikā*, traducible acaso como "Sentencias del medialismo raíz".[168] A partir de los contenidos, esta obra se decidirá la consonancia o disonancia con las restantes. Esta tarea fue emprendida a principios de los años ochenta por Charles Lindtner en su *Nagarjuniana: Studies in the Writings and Philosophy of Nāgārjuna* ("Estudios en los Escritos y Filosofía de Nāgārjuna"). Ya entonces Lindtner adujo que solo 13 de los cuarenta y pico tratados que se han atribuido tradicionalmente a Nāgārjuna pueden plausiblemente pertenecer al autor de la *MMK*. A.K. Warder, un estudioso más crítico, habla poco después de tan solo siete. En el próximo apartado estudiaremos detenidamente cuál es la situación de la unidad de autoría de este supuesto autor de nombre "Nāgārjuna".

La primera "biografía" de Nāgārjuna que conocemos es la de Kumārajīva, un prolífico traductor y escritor chino de los siglos IV-V d. C. Significativamente, Kumārajīva habría traducido del sánscrito al chino varios textos de la escuela *sarvāstivāda*, así como la *Prajñapāramitā en 8.000 líneas*, un texto clásico del *mahāyāna*, hasta hace poco atribuido a Nāgārjuna sin el menor fundamento.[169] No puede asombrarnos, pues, que la presentación de Kumārajīva de la figura de Nāgārjuna sea más mítica que biográfica. Lamentablemente, al contrario de lo que sucedió en la era del nacimiento del budismo, en esta época y por estos lares (si hemos de tomar literalmente la leyenda, Nāgārjuna habría nacido en el sur de la India, la cuna del *mahāyāna*) había desaparecido la posibilidad de contrarrestar el impulso mítico mediante textos verídicos y fehacientes de la vida y obra de unos y otros autores prominentes. Solamente porque tiene un cierto interés simbólico, y porque sirve de puente para el estudio más propiamente filosófico que emprenderemos más adelante, vale la pena que nos detengamos en esta hagiografía durante un momento.

A propósito de una investigación sobre la historia de los diagramas mnemónicos entre el Oriente y Occidente antiguos, Ignacio Gómez de Liaño ha establecido conexiones (causales) entre la filosofía india y la griega que más tarde merecerán nuestra atención. En el curso de tal investigación, Gómez de Liaño explora la posibilidad de que la filosofía *mādhyamika* de Nāgārjuna estuviese influida por el escepticismo pirrónico, muy en concreto por el método dialéctico de Sexto Empírico tal como aparece en sus *Esbozos pirrónicos*. Como parte de su agudo análisis, Gómez de Liaño ofrece una interpretación simbólica de las "biografías" tradicionales de Nāgārjuna, que tiene interés para nosotros no solo por la conexión con el pensamiento griego, sino porque se trata de un intento poco usual de hacer comprensible lo que de otro modo queda hundido en la confusión.

Empecemos por dejar constancia de algunos elementos esenciales de la narración de Kumārajīva, que la tradición tibetana ha repetido con algunas pequeñas variantes.[170] Gómez de Liaño la resume así:

> Nagarjuna «viajó a diversos reinos y aprendió todas las ciencias profanas, como Astronomía, Geografía, Artes místicas y mágicas; después trabó amistad con tres hombres igualmente notables y, tras aprender un medio para hacerse invisible, se introdujo con ellos en el palacio real, donde empezó a deshonrar a las mujeres; su presencia fue descubierta por las huellas de sus pies y los tres compañeros de Nagarjuna fueron cortados en pedazos; sólo él se salvó después de haber hecho voto de entrar en la orden religiosa (budista)». Tras aprender la verdad del Mahayana gracias a un anciano en el interior de la Montaña de Nieve, «se figuró ser el fundador de una nueva religión». «Entonces Nagaraja (= Rey de las Serpientes) se apiadó de él, lo llevó consigo a su palacio situado en el mar y allí le enseñó un precioso cofre con los libros vaipulya (escritos de Mahayana).» La muerte de Nagarjuna no fue menos fantástica. Se encerró en un cuarto solitario y, una vez dentro, desapareció sin dejar rastro. Respecto a su nombre, cuenta Kumarajiva: «En vista de que su madre le había dado a luz bajo un árbol arjuna, recibió el nombre de Arjuna, y como consecuencia de que un naga (serpiente o dragón) participó en su conversión, se agregó a éste el nombre de Naga».[171]

Solo con este brochazo pseudobiográfico podemos admirar hasta qué punto nos encontramos en una era más retrasada que la que vio andar a Gautama el Buddha. Pero hemos de recordar que esta exhibición de mitologemas fue escrita en el siglo V d. C., donde el ansia de justificación del *mahāyāna* había llegado a la cúspide. Tres siglos antes, cuando según todos los indicios vivió el autor de la *MMK*, las cosas no habían llegado tan lejos, aunque el caldo de cultivo de este nuevo mundo estaba ya en pleno proceso de fermentación.

Dado que la destrucción de documentos históricos sobre la vida del fundador del budismo no era ya posible porque las escuelas que los preservaban eran numerosísimas y estaban repartidas, entre otros lugares, por todo el subcontinente indio, Vietnam y el sur de China, los mahayanistas, para justificar sus novedades metafísicas, se vieron obligados a deslegitimar la *Tipiṭaka*, alegando que esta fue enseñada por el Buddha a los espiritualmente menos avanzados –de ahí el apelativo despectivo *hīnayāna*–, y a componer más tarde otros textos que supuestamente habrían sido enterrados por el propio Buddha hasta que los tiempos fuesen más propicios: cuando alguien capaz de comprenderlos los descubriese y mostrase al mundo. Este descubrimiento fue atribuido precisamente a Nāgārjuna, del cual todavía dicen muchas fuentes que fue "el originador del *mahāyāna*", en típica adscripción mítico-heroica de lo que constituye una evolución histórica colectiva muy variada y compleja. Amén de ignorar olímpicamente que en su obra principal, la *MMK*, no hay ni la más mínima referencia a los temas típicos urdidos por el *mahāyāna*.

En un nuevo y bastante posterior "giro de la rueda" (siglo VII d. C. aproximadamente) –el del *vajrayāna*–, el truco será repetido con otro personaje semilegendario: Padmasambhava. Nada menos que la friolera de trece siglos después este habría asimismo rescatado de los abismos textos tántricos que ni los seguidores del *hīnayāna* ni del *mahāyāna* eran capaces de comprender, apostillando una vez más que el Buddha mismo los había sepultado allí hasta que el tiempo estuviese maduro. Observamos, pues, que las nuevas figuras relevantes del budismo debían ser conformadas a toda costa bajo este nuevo patrón fantástico, en algunos casos haciendo caso omiso del contenido doctrinal de sus escritos. Es también posible interpretar, desde este punto de vista, la famosa conversión de Vasubhandu a la doctrina de su hermanastro idealista Asanga. Una conversión que, podemos sospechar de antemano, podría ser no más que otro cuestionable intento de poner a la par sus doctrinas respectivas, siendo de muy distinta naturaleza. De este modo, los apologetas del *mahāyāna* habrían fundido su nueva visión mítica y metafísica con ciertos intentos intelectualmente creativos, y medidos a la horma de los tiempos, de reafirmar el mensaje filosófico original del Buddha.

Kumārajīva nos presenta, pues, a Nāgārjuna como aquel que viaja a un reino marítimo fabuloso, de donde rescata los textos del *mahāyāna* hasta ahora escondidos; nos informa asimismo –contra toda evidencia textual, por lo menos en lo que respecta a la *MMK*– que Nāgārjuna pretendió ser el fundador de una nueva religión; y, finalmente, permite la atribución posterior al autor de las sólidas *karikās* de un creciente número de escritos de esta nueva ola, tan ajena al medialismo y antisustancialismo filosófico búdico. Mas, como decíamos, cabe todavía extraer un jugoso tuétano del hueso de este fragmento pseudobiográfico. Siguiendo el análisis que realiza Gómez de Liaño hemos dividido los aspectos de mayor caladura simbólica de este relato en cinco secciones: 1) el hombre invisible; 2) los tres compañeros; 3) la desaparición de Nāgārjuna; 4) los viajes, y 5) su nombre (la serpiente y el palo).

Gómez de Liaño piensa que la rareza de su "aprendizaje de un método para hacerse invisible" proviene del Libro II de *La república* de Platón. Aunque de los cinco aspectos mencionados este es quizá el más enclenque, valga de antemano la aclaración de que Gómez de Liaño, cuando desarrolla esta intuición, lleva ya muchas páginas dedicadas a demostrar una conexión entre la Grecia y la India no solo artística –como probaría, por ejemplo, el arte de Gandhara– y en la astronomía –que está también históricamente establecida–, sino también cultural y filosófica. Siendo como era *La república* el texto quizá más conocido de toda la Antigüedad, no hay nada inverosímil en la inferencia de que este llegase a ser difundido en el sur de la India (donde supuestamente nació Nāgārjuna), lugar con el que Grecia primero, y el imperio romano después, sostuvo una intensa relación comercial. En el Libro II de *La república* «se relata cómo el pastor Giges logró un anillo mágico con el que podía hacerse invisible. Investido de ese poder se introdujo en el palacio real y, tras matar al rey, se casó con la reina» (ibíd., pág. 246). El parecido entre las dos leyendas es evidente. Además, el contexto en el que aparece la leyenda de Giges dentro de *La república* es uno en el que se debate cómo el injusto es aquel que «es llevado por el deseo de poseer más y más», cosa que constituiría un claro eslabón con la filosofía budista en tanto que esta entiende el deseo como una de las causas principales del sufrimiento. La leyenda de Nāgārjuna habría sustituido el matrimonio con la reina por una violación del séquito entero de palacio a mano de este y sus tres compadres –sugiriendo en todo caso una conversión posterior–, seguramente porque interesaba introducir otro elemento simbólico.

Los tres compañeros de Nāgārjuna podrían estar aludiendo, de acuerdo con Gómez de Liaño, a los tres tipos de alma que se establecen también en *La república*: «el hombre material o hílico, el animal o psíquico, y el espiritual o pneumático (en Plotino, alma sensitiva, alma racional y alma intelectiva)» (ibíd., pág. 247). A juicio de Conze y Tucci, tal división tripartita del alma habría llegado a la India en el siglo II d. C. (ibíd., pág. 247). Según Gómez de Liaño, aquí se estaría describiendo simbólicamente una «orientación filosófica que *negaba* –no dogmáticamente– la materia, la psique y el espíritu». Y añade: «El Hombre nagarjuniano no se agota en su triple condición material, animal y espiritual, sino que es *otra cosa* imposible de definir verbalmente al modo dogmático». Sin embargo, esta interpretación parte ya de una mezcla entre las atribuciones mahayanistas *ad hoc*, que configuran la leyenda a nosotros llegada a través de la pluma de Kumārajīva, y la exposición filosófica de la obra principal de Nāgārjuna, en la cual no se encuentra, repetimos, nada parecido a esta doctrina mística. Algo parecido sucede cuando comenta que: «el que se aplicasen a Nāgārjuna todos estos rasgos sugiere por sí mismo que el fundador del Madhyamaka tuvo, antes de su conversión, algún contacto con el pensamiento griego, particularmente, el platónico» (ibíd., pág. 247). Todo lo más que se puede deducir es que el redactor de esta biografía tuvo quizá semejante contacto con Platón, aplicando acaso la fábula del modo en que indica Gómez de Liaño, si bien esta no tuvo por qué ser necesariamente –y sostendremos que no fue– la filosofía del Nāgārjuna de la *MMK*, pues este no negó nada (y habría que ver hasta qué punto la negación puede ser "a-dogmática"), ni aludió a esa "*otra cosa*" imposible de definir.

El tercer aspecto de la leyenda que queremos tratar, el de la desaparición de la habitación sin dejar ni rastro, es fácil de corresponder con la historia de la resurrección de Jesús, que, según el examen histórico de Gómez de Liaño, «era ampliamente conocida en el norte y sur de la India entre los años 200 y 400 d. C.» (ibíd., pág. 248). Por otra parte, los viajes que realiza por mar (al palacio marino del Rey de las Serpientes), de haber tenido una mínima base real, habrían sido probablemente a Alejandría, uno de los principales centros intelectuales y políticos de aquella época, con el cual, repetimos, el sur de la India mantenía un comercio notable, a juzgar, por ejemplo, por las vajillas alejandrinas allí halladas en excavaciones. En Alejandría no solo había tomado asiento la filosofía griega en general, sino también, muy en particular –y pronto examinaremos la relevancia del asunto–, el escepticismo pirrónico.

Para rematar esta interpretación simbólica que apunta a conexiones hasta hoy insólitas entre Grecia y el pensamiento budista indio, Gómez de Liaño analiza la etimología del nombre "Nāgārjuna" de un modo sumamente original y consonante con la idea de que el autor de la *MMK* viajó a Alejandría. La serpiente que aparece tanto en su nombre (*nāga* significa "serpiente") como en todos los iconos tradicionales que representan a este filósofo no debe ser otra –piensa Gómez de Liaño– que la serpiente emblemática de la escuela médica griega a la que estaba asociada el escepticismo.

> A lo largo de los siglos I y II d. C. los escritos de los pirrónicos formaban un conjunto con los de los médicos empíricos o empírico-metódicos [Sexto Empírico, por ejemplo, era médico]. [...] En la Antigüedad a Asclepios se le representaba frecuentemente en forma de serpiente, y aún era más frecuente verlo con la figura de un hombre pensativo cubierto con un manto y ostentando en su mano un palo en torno al cual se enrosca una serpiente. Si los escritos que dio a Nagarjuna el Rey de las Serpientes llevaban este emblema, y seguro que lo llevaban si eran pirrónicos, entonces el emblema del dios griego de la medicina puede explicar el nombre que se le confirió a Nagarjuna tras culminar sus proezas intelectuales. Al llamarle Naga-Arjuna lo que se quiere decir es que su ciencia le ha venido de la serpiente y del palo, antiquísimo blasón de la medicina griega, en una de cuyas escuelas más afamadas se cultivaba la orientación escéptica como forma superior de terapia. Nagarjuna, con la sabiduría anti-dogmática y aporética que había adquirido del divino rey de las Serpientes, habría llegado así a ser el primer indio que holló el camino de la Salud y la Liberación.[172]

No el primero, porque, como se recordará, ya desde tiempos del Buddha histórico a este se le compara con un médico, al Dhamma con la medicina, y las Cuatro Nobles Verdades como los principios prácticos fundamentales de esta. Aunque en la tradición budista se haya dicho que «la serpiente es un nombre otorgado a quien ha destruido las pasiones (*asnas*) (o ya no siente apego a ellas)» esto podría ser fácilmente una adición posterior, pues no hay, que sepamos, referencia a tal cosa en los escritos tempranos. El enlace entre todos estos elementos, en todo caso, no podría haber sido más afortunado; y tuvo todavía una influencia evidente en escritos, a mi juicio apócrifos aunque hasta hoy unánimemente considerados de Nāgārjuna, como la *Ratnāvalī*, que utilizan a menudo la analogía entre la medicina y la salvación. La tradición tibetana siguió asimismo atribuyendo durante siglos a Nāgārjuna tratados médicos y tántricos, o, como es hoy generalmente admitido, alguien *con el mismo nombre* los escribió.

Sea cual fuera el nombre atribuido al autor de una serie de textos muy diversos y heterogéneos, por no decir contradictorios, lo decisivo no puede estar aquí, en el nombre. Llamar "Nāgārjuna" al autor de la *MMK* puede ser en última instancia más confuso que de ayuda, pues lo importante no es tanto seguir las directrices de unas atribuciones históricas cuestionables, y por lo demás perfectamente explicables si entendemos cómo funciona la mente mítica, sino saber hasta qué punto coinciden doctrinalmente unos textos y otros. Mantendremos el nombre de Nāgārjuna para el autor de la *MMK* como se ha venido haciendo tradicionalmente, pero no sin señalar antes que el tal Nāgārjuna, si es que hubo uno, pudo ser alguien posterior a quien se atribuyó o que se apropió del trabajo –la *MMK*– de otro autor de nombre desconocido. Si hay en la historia del nombre "Nāgārjuna", tal como la narra Gómez de Liaño, algo de verdad, se trata de un proceso *posterior* a la composición de la *MMK*. La cuestión de si Sexto Empírico influyó sobre la propia *MMK* será tratada más adelante (apartado IV).

II. EL PROBLEMA DE LA AUTORÍA

Así, pues, debe darse por perdida la posibilidad de averiguar quién fue el famoso Nāgārjuna, autor de la *Mūlamadhyamikākarikā* y tal vez de alguna otra obra conocida más, cosa que no podemos determinar con seguridad. Es más, de acuerdo con mi investigación (que ofrezco en este apartado), la situación parece ser la inversa: puede concluirse con un alto grado de certeza que la gran mayoría de los textos restantes atribuidos a "Nāgārjuna" hasta la fecha no son del mismo autor que compuso la *MMK*. Al historiador actual competería no solo un esclarecimiento más preciso del estilo de los textos que han llegado a nosotros como escritos por Nāgārjuna, cosa por otra parte prácticamente imposible porque la mayor parte de ellos nos han llegado a través de traducciones chinas y tibetanas muy tardías, sino también de los contenidos doctrinales de estos, donde se percibe una evidente influencia de visiones que de seguro no pudo tener el Nāgārjuna autor de la *MMK*.

Dada la situación, el criterio más riguroso para la determinación de la autoría es estrictamente filosófico: dilucidar hasta qué punto las doctrinas avanzadas en estos otros trabajos atribuidos a Nāgārjuna se corresponden con una noción clara y distinta de la originación dependiente tal como fue formulada por el Buddha histórico y por la propia *MMK*. Como hemos estudiado en el capítulo anterior, esta noción había perdido paulatinamente el relieve que le era propio. En primer lugar, porque los discursos originales fueron pronto enterrados o subestimados, y en segundo lugar porque la destrucción de toda construcción metafísica llevada allí a cabo *dio la impresión* de un nihilismo que muchos creyeron erróneamente el fundamento del *mādhyamaka*. Así, adoptar una posición nihilista tan obvia como la de que Nāgārjuna (o el Buddha) no sostenía visión ninguna de la realidad condujo a difusos procesos dialécticos y a callejones cuya única salida era un absolutismo más o menos soterrado, a través del cual se podía conectar con el incipiente *mahāyāna*.

De modo que, sin que podamos saber definitivamente si otros textos fueron iniciados por esa persona denominada "Nāgārjuna" (lo cual sería en principio posible, porque tres de ellos tienen un parecido notable en la forma del planteamiento), lo importante es determinar hasta qué punto encajan o no con la filosofía de la *MMK*, de la que parte el grueso de la filosofía así llamada *mādhyamika*. De ahí que sea preciso examinar con todo el cuidado que sea posible esta obra, cosa que haremos en este y el próximo capítulo. Nuestra interpretación, lejos de verse influida por ideas que fueron introducidas más tarde (Chandrakīrti), toma el texto siguiendo la idea fijada por el propio Nāgārjuna al inicio de la obra: una alabanza a Gautama el Buddha y la manifestación contundente de que lo que va a tratarse en la obra es de la originación dependiente. Chandrakīrti subrayará con acierto en su extenso comentario a esta obra (denominado *Prasannapadā*, "De las Claras Palabras") que comprendiendo estos versos iniciales se comprende la obra entera, si bien existen fundadas dudas acerca de si él siguió su propia máxima.

Nuestra revisión crítica de las restantes obras de "Nāgārjuna" está justificada por el examen filosófico de la originación dependiente realizado en la Parte I, que a su vez funda nuestra perspectiva histórica: una en la que no puede hablarse sin más de evolución, como si todo lo pasado fuese más retrasado, o como si lo ulterior fuese siempre superior, sino de un desarrollo diferenciado en el que cada fase contiene simultáneamente una novedad y tal vez una negación del centro original. Y, en segundo lugar, porque en la *MMK* no hay *ninguna* referencia a *ningún* concepto típico del *mahāyāna*, que habrían sido incluidos si su autor hubiese sido un mahayanista de pura cepa –¡nada menos que su fundador!–, como exclama la tradición. Al contrario, el método de la *MMK* es ante todo parejo al utilizado por los *abbhidhamika*, si bien es mucho menos extenso, más compacto y resumido, y más ceñido a categorías propiamente filosóficas, en lo que tal vez podría verse un influjo de la filosofía griega.

La situación general con respecto a Nāgārjuna la ha resumido A.K. Warder en su formidable *Indian Buddhism*, que incide en algunos de los elementos que hemos tratado ya:

> No existe de hecho referencia ninguna de Nāgārjuna, en los trabajos con seguridad suyos (especialmente en su obra principal), al *mahayana* o los sutras del *mahayana*. Sus referencias a discursos son siempre a la vieja Tipitaka, y casi siempre al *Samyutta Nikaya*. Nāgārjuna escribe simplemente como un budista tratando de establecer la interpretación correcta de la Tipitaka tal y como era reconocida por todos los budistas. Sería incluso prácticamente imposible de demostrar que sabía de la existencia de nuevos discursos (*sutras*), cuyas doctrinas supuestamente reivindica en su obra. Las denuncias más bien intolerantes y tergiversadas de los "pupilos", que aparecen frecuentemente en los *sutras* del mahayana y bastante a menudo en los trabajos teóricos de los maestros del *mahayana* –sin duda una expresión histriónica de la molestia causada porque las escuelas establecidas rechazaban los nuevos sutras por no estar en consonancia con la doctrina de la *Tipitaka*–, están refrescantemente ausentes de las páginas escritas por Nāgārjuna. Seguro de su doctrina, Nāgārjuna quiere persuadir, argumentar. Los mahayanistas le reclamaron como suyo, pero su posición verdadera parece haber sido la de quien no toma partido en una provocadora controversia que difícilmente puede conducir a progresar en la vía budista. Quizá confió en reunificar las escuelas, viejas y nuevas, en una doctrina budista única sobre la que todos estuvieran de acuerdo y que constituyese el re-establecimiento de la enseñanza original del Buddha. El nombre de la escuela que, en efecto, fundó (incluso si existió antes), la *madhyamika* ("la Intermedia"), sugiere el re-establecimiento del original "camino de en medio" en todos los sentidos posibles de "intermedio", evitando los extremos de la opinión especulativa, de ciertos comportamientos y quizá de las divisiones entre escuelas y "vehículos".[173]

Aunque no existen evidencias de que Nāgārjuna quisiese reunificar las distintas escuelas (cosa que no es en absoluto improbable de haber estado al tanto, como sin duda lo habría estado, de la división y confusión reinantes en su tiempo), Warder ha comprendido no solo que la idea filosófica del Nāgārjuna de la *MMK* quiere estar en consonancia con los viejos *sutta* y no con el nuevo *mahāyāna* (cosa que Kalupahana ha demostrado de un modo apabullante en su traducción comentada de la *MMK*), sino, además, que aspira a llegar al centro mismo del budismo (la originación dependiente), prescindiendo de las diversas interpretaciones sustancialistas entonces imperantes (ya fuesen del **PII** –en vías de extinción– o del incipiente **PIII**).

No obstante, la asunción de que el *mādhyamaka* de Nāgārjuna es mahayanista domina la práctica totalidad de los estudios budistas, y más desde que R.T.V. Murti publicó su obra clásica, que interpretaba la *MMK* precisamente como el documento que inicia "el Segundo Giro de la Rueda del Dharma" (el *mahāyāna*). Como hemos señalado ya, el error de Murti reside en que da por hecho que **PI** y **PII** son idénticos, a saber, que el Buddha sostuvo una teoría atómica (sustancialista) de los entes (ya sean temporales o conceptuales), lo cual le permitió encumbrar al *mādhyamaka* como un término medio entre esta teoría y el absolutismo tradicional de la filosofía india. Pero ese término medio no hay que buscarlo más adelante, sino atrás, en el genuino **PI** de la originación dependiente. La prueba es que el *mādhyamaka* mahayánico que nos presenta Murti no deja de ser trascendentalista, desde luego muy inclinado a sustanciar absolutos similares a los precedentes, aunque con otros nombres. Históricamente, pues, la proposición de Murti acerca de Nāgārjuna no es nueva. Sigue la estela de un sinfín de autores afines al *mahāyāna* que pretendieron afianzar sus doctrinas mediante reconfortantes (e ilusorios) enlaces justificativos con la obra de un tratadista ahora engrandecido a proporciones míticas.

Charles Lindtner, por ejemplo, comienza su estudio de Nāgārjuna con la siguiente frase: «Aunque una creciente cantidad de ensayos y libros sobre Nāgārjuna y el *madhyamaka* atestiguan un interés muy amplio en esta rama del budismo *mahayana*...».[174] Y, así, como quien no quiere la cosa, se ha colado el gazapo. El lector desprevenido tomará como algo garantizado que Nāgārjuna fue un mahayanista y que, por tanto, de algún modo u otro suscribió las doctrinas de este gran movimiento en su obra principal. ¿Cómo no, si es lo que ha sostenido una venerable tradición de varios siglos? Partiendo de este punto tan cuestionable –y tan poco cuestionado–, sus simpatizantes tratarán de justificar a toda costa lo imposible. Nāgārjuna –dirán– era un mahayanista y superó metafísicamente la doctrina original budista, sin notar que esta llamada "superación" es como mucho la apología de un regreso al tipo de metafísica que el Buddha, y con él precisamente la *MMK*, quería refutar.

El criterio de adscripción de textos a Nāgārjuna realizado por Lindtner no es fiable porque parte de la teoría de las dos verdades (*satyadvaya*) tal como fue concebida por el posterior trascendentalismo mahayánico. De acuerdo con esta concepción, existe una verdad relativa (*saṃvṛtisatya*), que sirve para el mundo de todos los días, y otra verdad absoluta (*paramāthasatya*) que es, en sí misma, innombrable. Este punto de partida, que genera tanta violencia a la idea de la originación dependiente enseñada por el Buddha, sobre la cual no se suspende –o bajo la que no subyace– ningún absoluto, surge, como pronto veremos, de un verso de la *MMK* (XXIV.8) que se ha traducido casi siempre del siguiente modo: «La enseñanza de la sabiduría por el Buddha está basada en dos verdades: una verdad convencional mundanal y una verdad absoluta». Esta traducción parte de presupuestos metafísicos monistas que hacen de la verdad mundanal en el fondo espuria porque al fin y al cabo lo que interesa es la verdad absoluta, que no se puede mentar. Y será esta inmentabilidad de lo absoluto la que admita como legítima la idea, ahora atribuida a Nāgārjuna, de que el *mādhyamaka*, en tanto que desarrolla verdades en el mundo convencional y del lenguaje, consiste en no tener *ninguna* visión de la realidad. Mas, como ha descubierto David Kalupahana, no existe ninguna razón por la que debamos entender este verso en el sentido de dos *niveles* de comprensión, allí donde se coloca la segunda (absoluta) por encima de la primera (relativa).

Todo depende, en último término, de lo que entendamos por "verdad absoluta" y, por tanto, de cómo traducimos *paramāthataḥ*, la voz utilizada por Nāgārjuna en este verso. Y aunque el grueso de la tradición acabó adhiriéndose por pura comodidad a una concepción absolutista y dicotómica de la verdad, esta concepción no está en consonancia ni con la doctrina original del Buddha (la originación dependiente) ni con la idea que guía a la *MMK*, y muy en concreto con este capítulo crucial, el vigesimocuarto, dedicado a las Cuatro Nobles

Verdades. De acuerdo con Kalupahana, Nāgārjuna estaría más bien intentando defender la tesis de que *śūnyatā* (vacío, ausencia de sustancia) y la originación dependiente (conceptos que se suponen mutuamente) deben aplicarse también a la idea de libertad *como fruto último* (moral) del camino espiritual. Las dos verdades tal como las enuncia aquí Nāgārjuna no constituirían, por tanto, el eje de una concepción ontológica trascendentalista, sino todo lo contrario. Ello se confirmaría dos versos más adelante, cuando Nāgārjuna indica que un tipo de verdad no puede entenderse sin la otra (*MMK*, XXIV.10), cosa que no podría afirmarse si lo que se pretende establecer es la predominancia de la verdad absoluta, que haría completamente fútil la relativa. Chandrakīrti, artífice de la interpretación absolutista de este verso, saldrá del brete con el argumento, ya clásico, de que si el Buddha no hubiese hablado en términos relativos nadie le hubiera comprendido. Pero si este es el sentido verdadero de las enseñanzas budistas, entonces seguimos sin comprender por qué el Buddha se tomó tantas molestias en refutar todo sustancialismo (tanto monista como pluralista), y por qué jamás habló de una verdad absoluta, cuando hubiese sido tan fácil hacerlo teniendo en cuenta el respaldo que recibiría de una vastísima tradición de pensamiento.

De todo esto se desprenden dos conclusiones principales. La primera, que las traducciones hoy asequibles de los trabajos atribuidos a Nāgārjuna deben leerse desde la interpretación o perspectiva filosófica que mantienen, consciente o inconscientemente, sus traductores, ya sean actuales o de los siglos X-XI en el Tíbet. Y, la segunda, que aquellas obras hasta hoy atribuidas a Nāgārjuna que contengan, por un lado, claras alusiones al *mahāyāna*, o, por el otro, doctrinas trascendentalistas o nihilistas netas, allí donde no cabe otro tipo de traducción, no podrían sin más –o por más que así nos las haya entregado la tradición– considerarse del mismo autor que el de la *MMK*. Creo que con estos dos criterios podrá determinarse con algo más de rigor lo concerniente a la autoría de "Nāgārjuna".

Lindtner, después de citar el verso mencionado más arriba, pasa a explicar la verdad absoluta como una demanda de "alcanzar la budeidad"; la "budeidad" siendo un concepto mahayánico que no aparece, ni por el forro, en la *MMK*. Y desgrana inmediatamente esta idea en categorías ontológicas, epistemológicas, psicológicas y éticas que se contradicen entre sí. La ontológica parte de una adecuada descripción de la originación dependiente («Todo fenómeno [*dharma*] está vacío [*śūnya*] porque carece de sí-propio [*svabhāva*], en tanto que, empírica y lógicamente, solo sucede en dependencia mutua [*pratītyasamutpanna*]»), pero la epistemológica está en abierta contradicción con ella («La verdad última es el objeto de una cognición sin objeto, así tan sólo es un objeto metafóricamente hablando»). Esta última concepción metafísica no solo se contradice con la originación dependiente correctamente entendida, sino que tampoco aparece en la *MMK*, que es el texto que el propio Lindtner había admitido como el central y a partir del cual pueden verificarse y deben falsearse la autenticidad del resto. Así, pues, nos enfrentamos a más peticiones de principio.

La investigación de Lindtner, que maneja cómodamente tantas fuentes originales, aun siendo pavorosa, utiliza un criterio general que permite incluir en la nagarjuniana más textos de los que correspondería. Para nosotros, como hemos señalado, el criterio es no solo la concordancia doctrinal con la *MMK*, sino la ausencia de elementos mahayánicos determinantes. En aquellos casos en los que estos son adyacentes, y podrían por tanto considerarse un añadido posterior, lo hemos hecho notar. Recordemos que, allí donde no contamos con el texto original y confiamos en traducciones tibetanas o chinas (que es la mayor parte de los casos), tales elementos mahayánicos son muy fáciles de introducir. Para constatarlo no tenemos más que comparar una traducción clásica tibetana de la *Sahṛdlekha* con la más moderna de Kalupahana.

Por otra parte, hablar de "distintas fases" del pensamiento de Nāgārjuna, como hace Juan Arnau en su versión española de la *MMK*, es algo aventurado teniendo en cuenta lo distintas que son las obras pertenecientes al grupo central a él atribuidas. Podría ser, en efecto, que alguien cambie de opinión para abrazar concepciones filosóficamente incoherentes con su fase anterior y soteriológicamente –de acuerdo con las enseñanzas del Buddha histórico– menos tendentes a la libertad, pero se trata, claro está, de algo muy improbable. Esta es, por lo demás, una interpretación que parte (acríticamente) de lo establecido por la tradición; la cual, como hemos visto, tenía gran interés en fundamentarse en algo o alguien prominente para justificar la novedad de su doctrina. Fundamentación que, sin sorpresa ninguna, acude a una idea típicamente sustancialista del "autor": uno que atravesaría, sí, fases o cambios diferentes, aunque por supuesto conservaría "la misma sustancia". En este punto percibimos hasta qué punto importa la crítica del lenguaje como herramienta antisustancialista llevada a cabo en la *MMK*, pues el hecho de que nombremos varias cosas con el mismo nombre ("Nāgārjuna", por ejemplo), o que hayan sido nombradas así durante milenios, no significa necesariamente que sean la misma cosa. Pero ante todo debemos tener en cuenta la dificultad de comprender la vía media en cuanto tal, y más todavía tal como se presentó en la *MMK*. Esta es, a mi parecer, la razón por la que, desde inmediatamente después de Nāgārjuna hasta la historiografía actual, se siga malinterpretando esta obra, introduciendo versos o comentarios incoherentes con ella, y se persista en pensar en Nāgārjuna como "un autor del *mahāyāna*" obrador de numerosísimos tratados.

No obstante, a la hora de atribuir textos a Nāgārjuna, casi todos los estudiosos declaran que el texto fundacional de la filosofía *mādhyamika* es la *MMK*, y que ningún otro puede asegurarse como perteneciente al mismo autor. Pero, una vez dicho, corren hacia las más aventuradas especulaciones filosóficas, defendiendo la doctrina "verdadera y más desarrollada" (la del *mahāyāna*, por supuesto). Como caso ilustrativo me gustaría citar la tradición San-lun Tsung[175] ("la Escuela de los Tres Tratados") reinante en China, Corea y Japón, que toma tres tratados como referencia principal: la *MMK*, un tratado denominado *Dvādaśa-dvāra-śāstra* ("Tratado de las Doce Puertas"), falsamente atribuido a Nāgārjuna, y el *Tratado de los Cien* de su discípulo Āryadeva. El segundo es un tratado de puro corte mahayánico que ni siquiera el inclusivo Lindtner considera atribuible al autor de la *MMK*. Su traductor al inglés, perteneciente a la tradición mencionada, nos ofrece en su «Introducción» una explicación acerca de cómo funciona la adscripción de textos a ese supuesto autor mahayánico. Hsueh-li Cheng propone como prueba (al parecer irrefutable) que algunos versos de la *MMK* son mencionados en este tratado, como si autores posteriores no pudiesen hacer tal mención, y concluye que Nāgārjuna habría escrito este tratado para enlazar las ideas de la *MMK* con el *mahāyāna*.[176] Esto constituye otra petición de principio en toda regla, pues lo que debe demostrarse (a saber, que Nāgārjuna es el autor de ambos tratados y que ambos contienen similitudes doctrinales) se da por hecho; tras lo cual se sigue adelante. Esta circularidad pseudoexplicativa no es, aunque pueda parecerlo, una excepción, sino más bien la norma. Es verdad que los estudiosos más desprejuiciados tienden a echar un manto de dudas al inicio de sus introducciones acerca de la posibilidad de atribuir definitivamente el texto que tratan a Nāgārjuna. Pero parecen olvidarlo pronto, lanzándose a explicar la idea de la obra correspondiente bajo la luz de una *MMK*, vista, a su vez, desde el punto de vista reflejado por la primera (invariablemente mahayanista y absolutista). La coherencia entre una y otra doctrina, o de su combinación, importa menos. Importa ante todo conservar el prestigio del *mahāyāna* o la visión mahayanista del budismo, ahora confundida con la dialéctica crítica desarrollada en la *MMK*.

La historiografía moderna del budismo no puede permitirse este tipo de pseudoexplicación. Y, a la hora de atribuir textos a distintos autores, lamentablemente tampoco puede asumir la falta típica de fronteras endémica a Oriente, sobre todo cuando lo que está en juego son diferencias doctrinales esenciales. No tenemos suficiente información sobre el proceso de adjudicación de autoría que se produjo en un pasado tan remoto y en un lugar con coordenadas tan diferentes a las nuestras, donde la idea de autoría como algo personal es tan extraña y donde los textos ganan en autoridad si se atribuyen a alguien venerable, aunque claramente el autor individual no fuese el mismo. Pero sí tenemos la capacidad, como se tuvo entonces, de determinar hasta qué punto unas doctrinas casan con otras. Y del mismo modo que hoy es generalmente aceptado el hecho de que no hubo un solo Nāgārjuna, sino muchos (y no me refiero al Nāgārjuna tántrico del siglo VII d. C.; véase Warder, pág. 369), así como que la que hasta hace poco se consideraba su obra principal, el *Mahā-Prajñāpāramitā-Sāstra*,[177] no es del mismo Nāgārjuna que el de la *MMK*, todavía falta por ahondar en hasta qué punto el resto de los tratados pueden todavía considerarse suyos.

En las próximas páginas vamos a comprobar que, del inmenso *corpus* de textos que la tradición atribuyó a Nāgārjuna (algo más de cuarenta tratados), ni la pertinente reducción de Lindtner a trece textos[178] ni la de Warder a siete,[179] tienen verdadero fundamento. Examinaremos con algo de detalle los siete textos referenciales de Warder como ejemplo de crítica filosófica e historiográfica, y concluiremos que, de entre todos ellos, solo la *Sahṛdlekha* puede ser considerada de Nāgārjuna, y que el ya mencionado parecido formal de la *Vigrahavyāvartanī*, la *Śūnyatāsaptati* y la *Yuktiṣaṣṭikā* con la *MMK* indicaría tan solo que, o bien fueron comenzados por el mismo autor y rematados por algún discípulo que no había comprendido bien el sentido de la *MMK*, o bien habrían sido iniciados por alguien muy cercano pero igualmente divertido. Dado que la diferencia filosófica entre estos textos y la *MMK* es evidente, podemos concluir que fueron acabados por alguien posterior, y no por el propio autor de la *MMK*.

III. LOS OTROS TEXTOS

a. Vigrahavyāvartanī

Esta obra es generalmente considerada como un compacto resumen de la dialéctica *mādhyamika* en la *MMK*. Se trata de una obra "en verso" (setenta en total, como era habitual), con comentarios en prosa. Esto ya indicaría la posibilidad de que los comentarios sean una adición posterior. De hecho, la misma idea "del resumen" apunta a que la totalidad de la obra pertenezca a otro, pues, ¿por qué un autor habría de hacer un resumen de su propia obra, que a su vez era ya una inmejorable síntesis de las enseñanzas budistas, la vía media y el propósito antisustancialista original?

En realidad, la importancia de esta obra radica casi exclusivamente en los versos 29 y 30, donde acaso encontramos una innovación. Estos versos han sido citados a menudo como la esencia del propósito que guiaba a la *MMK*, a partir de los cuales se interpreta esta última (de nuevo, en una clara *petitio principii*). Pero incluso pasando esto último por alto, y dando por hecho que la traducción habitual de estos versos es la correcta (algo sumamente cuestionable, como veremos), ¿cómo se explica que no aparezcan de alguna forma en la *MMK*?

Los versos 29 y 30, que establecen que el autor del texto no propone tesis ninguna, son, sin lugar a dudas, contradictorios con la idea de la originación dependiente, y, por tanto, dejando a un lado la cuestión de la "unidad de la autoría", lo cierto es que la concepción central del budismo y la idea de que "yo no propongo nada" necesitan enfrentarse mutuamente como corresponde a la lógica, y no simplemente asumir que pertenecen a un mismo cuerpo doctrinal. Son de un mismo cuerpo para Chandrakīrti y su línea de pensamiento, cuyos orígenes pueden rastrearse en los textos que él atribuye a Nāgārjuna (la *Vigrahavyāvartanī* incluida), pero esto no puede confirmarse con un análisis filosófico consecuente.

Dado que la idea de la originación dependiente es una tesis explicativa de la realidad y aparece en el frontispicio de la *MMK* como guía de todos los análisis que se llevarán a lo largo de sus 27 capítulos, no se comprende cómo, casi sin excepción, se ha venido asumiendo la idea de que el *mādhyamaka* de Nāgārjuna (cuya obra central es la *MMK*) se complementa con el siguiente verso:

> Si yo tuviese alguna proposición que hacer, entonces ese defecto sería mío. Pero no tengo ninguna proposición. Por tanto, estoy libre de defectos.
>
> [Comentario] Si yo propusiese algo, entonces el defecto que has propuesto antes sería mío porque afectaría el carácter específico de mi proposición. Pero no tengo proposición ninguna. Por eso observamos: cuando todas las cosas están vacías, perfectamente apaciguadas y aisladas por naturaleza, ¿cómo puede haber una proposición? Y, ¿cómo puede haber un defecto, causado por la afección del carácter específico de una proposición?[180]

Filosóficamente, la idea aquí propuesta es incompatible con la originación dependiente. Y si el *mādhyamaka* ha sido considerado por algunos como nihilista no es, como argumentaron sus opositores, porque no han comprendido lo sublime y místico del no tener nada que proponer, sino porque en asertos de este tipo efectivamente lo es. No obstante, esta no es la esencia del *mādhyamaka*; no, por lo menos, del medialismo propuesto por el Nāgārjuna de la *MMK*.

Aquí nos enfrentamos, pues, a dos alternativas: o bien estos versos han sido erróneamente traducidos (y en tal caso podríamos todavía adscribir la *Vigrahavyāvartanī* al mismo autor de la *MMK*), o bien su autor ciertamente propuso la idea de que el budismo no tiene teorías que ofrecer (en cuyo caso no es compatible con la *MMK* y la originación dependiente, y por tanto pertenecen a otro autor). Kalupahana ha ofrecido una lectura alternativa de estos versos suponiendo que su autor fue Nāgārjuna, y resolviendo el absurdo de que no tenía nada que proponer. Más bien lo que quedaría expresado en ellos es la idea de que el autor *no se compromete con ninguna visión sustancialista*, y no con ninguna visión en sentido lato. Dice Kalupahana refiriéndose a estos versos:

> El término que aquí aparece es *pratijñā*, que ha sido habitualmente traducido como una simple proposición o aserto. Pero es mucho más que una simple proposición o aserto. Se trata de un compromiso y debe ser contrastado con *vyākhyāna*, "explicación" (IV.9 de la *MMK*). Mientras que Nāgārjuna evita lo primero, recurre todavía a lo segundo (véase también XVII. 13, etcétera).[181]

Que en una traducción como la citada estamos lejos de una obra del Nāgārjuna de la *MMK* se percibe además en ciertos rudimentos estilísticos, como el uso del yo. «Si *yo* tuviese alguna proposición que hacer»; «el defecto no sería *mío*»; «el carácter específico de *mi* proposición». Éste no es el modo en que la *MMK* está compuesta, y no por una mera diferencia de estilo, dando por hecho que el estilo es indiferente al contenido. Tal como también ha demostrado Kalupahana, la *MMK* está compuesta en voz pasiva con el objeto de desestabilizar el sustancialismo ínsito al idioma sánscrito. Afirmaciones del tipo que encontramos en la *Vigrahavyāvartanī* son, casi más que extrañas a la *MMK*, incongruentes con ella.

Es también llamativo que, en un verso tan decisivo como este, que ha cambiado la interpretación del *mādhyamaka* por completo, se pase por alto tan fácilmente el posible significado de la afirmación: «Cuando todas las cosas están vacías, perfectamente apaciguadas y aisladas por naturaleza, ¿cómo puede haber una proposición?». En primer lugar, de la idea de que las cosas están –o son– vacías no se deduce en absoluto que no se siga de ellas una proposición, sino tan solo que la proposición carece de sustancia, es decir, que no es permanente y eterna (así como que tampoco es inexistente). Pero cuando el autor de este verso deduce que "no puede haber una proposición" está cayendo sin duda en el extremo del nihilismo. De acuerdo con la originación dependiente y el medialismo, lo que no puede darse es una sustantificación de la proposición, pero la proposición –ya sea la teoría general de la originación dependiente, las Cuatro Nobles Verdades, los Tres Sellos de la Existencia– sigue siendo perfectamente válida, comprensible, afirmada y propuesta (incesantemente, de hecho). Además, ¿qué puede significar esta misteriosa frase «aisladas por naturaleza»? Podría tratarse de una traducción deficiente que apunta al efecto liberador de aplicar las enseñanzas budistas a la realidad, pero en todo caso la expresión rechina asimismo con la originación dependiente.

Los traductores introducen justamente aquí una nota que merece la pena citar en largo, pues muestra hasta qué punto existe una voluntad de ir mucho más allá del texto mediante filosofías adoptadas de la metafísica del *mahāyāna*. A mi juicio, solo esto descalificaría automáticamente la fidelidad de la traducción al inglés; aunque no hace falta recurrir a este argumento para cuestionar la propiedad de esta traducción, pues basta con examinar la reconstrucción del texto sánscrito, basada en corruptos fragmentos sánscritos, tibetanos y chinos, para deslegitimarla. Esto también lo veremos dentro de un momento, mas volvamos al comentario. Dicen los traductores:

> Que las cosas estén vacías de naturaleza intrínseca no significa que no tengan naturaleza.

Parece un inicio prometedor, pero prosiguen:

> En su naturaleza esencial no son nada sino la Realidad absoluta y universal, que está "perfectamente apaciguada" y "aislada por naturaleza". Esa naturaleza, aislada de sus apariencias, no es, en todo caso, una entidad que puede ser determinada objetivamente.

Y, citando un texto *mahāyāna* («Por su naturaleza, las cosas no son un ente determinado. Su naturaleza es una no-naturaleza; es su no-naturaleza lo que constituye su naturaleza. Pues tienen sólo una naturaleza, a saber, la no-naturaleza»), concluyen:

> En las obras del Mahayana el Absoluto es a menudo entendido como más allá del conocimiento. Objetivamente hablando, es "no-existente". Pero de su no-existencia objetiva no debemos de concluir su no-existencia metafísica. Por el contrario, su no-existencia objetiva es la evidencia de su altísima existencia metafísica; su no poder ser conocido en un sentido objetivo es evidencia de su poder ser "conocido" en el altísimo sentido metafísico, esto es, más allá de la división entre el sujeto y el objeto.[182]

Etcétera.

Los traductores indican también, como prueba de que esta obra es del mismo autor que la *MMK*, el hecho de que en la primera se citan unos versos de la segunda, como si eso probase algo. Solo probaría que el autor de la *Vigrahavyāvartanī* conocía la *MMK*, pero, hagámoslo notar una vez más, se persiste en no afrontar que no sucede al revés: la *MMK* no cita *ninguno* de los otros trabajos atribuidos a Nāgārjuna, citando en cambio directamente el *Sutta Kaccayana* de la *Nikaya Samyutta* (12.15), y haciendo referencia, como también ha demostrado Kalupahana en su espectacular trabajo dedicado a Nāgārjuna, a incontables pasajes de los *sutta* tempranos. No se repara en la improbabilidad de que un autor se cite a sí mismo en otra obra suya; en vez de simplemente asumir que fue otro –un seguidor no aventajado– el que lo hizo.

Por lo demás, la *Vigrahavyāvartanī* no contiene ninguna referencia directa al *mahāyāna*, por lo que podemos asumir que, si no fue de Nāgārjuna, se trata de un texto escrito bajo las faldas del autor de la *MMK*, al contrario de lo que sucede con otros textos a él atribuidos en los que se menciona el *mahāyāna* constantemente, bien sea porque se redactó así originalmente, o bien porque las traducciones chinas o tibetanas lo incorporaron sin más a un texto previo. Cosa inevitable –sobre todo en el caso tibetano– porque las fuentes *mahāyāna* eran allí, con muchísimo, las predominantes.

Finalmente, resulta imprescindible señalar, aunque no lo voy a analizar en detalle, que la reconstrucción del texto sánscrito de la *Vigrahavyāvartanī* a cargo de E.H. Johnston y Arnold Kunst es, aunque encomiable en sí misma, una amalgama de fantasías que, por más que se nos asegure lo contrario, no permiten concluir positivamente que se trate de una reconstrucción fiel al texto original, ya perdido. De las cinco páginas que dedican a explicar cómo se ha realizado la restauración se deduce que, todo lo más, existen muy buenas intenciones guiadas por el espíritu de cohesionar fragmentos dispersos, muy corruptos e incoherentes, de varios textos en idiomas diferentes y de tiempos muy dispares, bajo las directrices generales de un *mādhyamaka* que pertenece a Chandrakīrti y al *mahāyāna* tibetano. El texto-base del que parte la restauración está escrito en sánscrito, con letras tibetanas, y pertenece al siglo XII d. C., es decir, diez siglos posterior a la *MMK*. Los mismos restauradores reconocen que se trata de un texto «extraordinariamente corrupto» y que ni siquiera hay garantías de que fuese transcrito correctamente (ibíd., pág. 36). Idéntica corrupción puede hallarse en el segundo texto utilizado, esta vez en tibetano, que contiene «pasajes dudosos» que se contradicen con el texto sánscrito (ibíd., pág. 37). Finalmente, está el texto chino del siglo VI d. C., que se desvía a menudo, a su vez, de los otros dos, tanto en lógica interna como en la literalidad. Así, los traductores admiten que «los problemas textuales a resolver en esta edición son de una complejidad inusual, y ninguna regla uniforme ha podido ser aplicada rígidamente para solucionarlos» (ibíd., pág. 37). No creo que esta sea un buen punto de partida para establecer la autenticidad de un texto tan crucial a la hora de interpretar qué es y qué no es el *mādhyamaka*.

b. Śūnyatāsaptatikārikā

Si los comentarios de las "Dieciocho Escuelas" al *abhidhamma* y a los *sutta* mostraban ya una tendencia patente hacia la sustantificación, los comentarios a los supuestos trabajos de Nāgārjuna, a veces hasta 10 siglos posteriores a la supuesta fecha de composición del tratado o de la vida de su autor, son un cúmulo ya prácticamente indesbrozable de reverberaciones místicas, exámenes filosóficos de tipo metafísico, doctrinas monistas y mitificación. Filosóficamente hablando, manifiestan una clara voluntad de no respetar la escrupulosidad conceptual del budismo original, aunque conserven las innumerables clasificaciones presentes en los *sutta* y desarrolladas hasta la saciedad en la *Piṭaka Abhidhamma*. En concreto, el afán de hacer coincidir lo que todavía quedaba de pulcritud intelectual y falta de referencia a absolutos metafísicos con parte de la literatura de la *Prajñapāramitā* y posteriores *sūtra* del *mahāyāna* hace de este tipo de labor comentarística uno de los productos más típicos de la escolastización de la tercera constelación paradigmática (**PIII**).

La obra *Śūnyatāsaptatikārikā* ("Setenta Sentencias sobre el Vacío") fue conservada solo en traducción tibetana, del siglo XI d. C. Como de costumbre, dado que existen comentarios de Chandrakīrti a esta obra, y como este es considerado el intérprete fundamental de Nāgārjuna, se toma su opinión por dogma incontestable: debe pertenecer a Nāgārjuna. Dicen literalmente Fernando Tola y Carmen Dragonetti: «El hecho de que Chandrakīrti, quien puede ser considerado como el comentarista "oficial" de Nāgārjuna, y Parahita, un importante autor, hayan escrito comentarios relacionados con la *Śūnyatāsaptatikārikā*, puede tomarse como otro argumento a favor de la autenticidad de este tratado».[183] Este es, pues, el argumento de más peso que ofrecen Tola y Dragonetti, dos excelentes estudiosos y traductores de la obra de Nāgārjuna, aunque influidos por la idea metafísica y absolutista del *mādhyamaka* que propuso R.T.V. Murti, a quien dedican esta y otras traducciones de "Nāgārjuna".

Chandrakīrti vivió cuatro siglos más tarde que Nāgārjuna, y, aunque él mismo no introdujese corrupción ninguna en el texto, es improbable que, debido a la presión del *mahāyāna*, no se hubiese alterado ya cuando llegó a sus manos. En todo caso, sabemos, además, que Chandrakīrti tenía una idea particular del *mādhyamaka* que no puede ser atribuida a Nāgārjuna, por más que se haya convertido en la interpretación oficial. Cuando el texto nos llega hoy a nosotros no hay que considerar solo el paso del tiempo desde Nāgārjuna a Chandrakīrti (cuatro siglos), de Chandrakīrti al monasterio tibetano (como poco, otros cuatro), y luego las traducciones y transcripciones entre los distintos establecimientos, sino también, y decisivamente, el paso de estos al traductor occidental contemporáneo. Así, por ejemplo, el segundo verso de la versión que nos ofrece de esta obra David Ross Komito dice así:

> Todos los fenómenos deben tener o bien auto-existencia o no-auto-existencia. No hay fenómeno aparte de estos dos, ni hay expresiones que no caigan dentro de una de estas dos categorías.[184]

Esto entraña una catastrófica comprensión de la originación dependiente, y, lo que es peor tratándose de un estudioso de Nāgārjuna que se precia de haber tenido que viajar a Dharmasala hasta encontrar el maestro adecuado porque «en Occidente no podía encontrarlos», de algo aún más obvio: que Nāgārjuna, en el primer capítulo de su *MMK*, establece como punto de partida de su exposición la crítica cuádruple a la causalidad que ya había realizado el Buddha. Ningún fenómeno puede explicarse a partir de sí mismo, de otro, de ambos o de ninguno. La crítica budista a la causación se ajusta precisamente a los dos casos que, en la traducción de este verso, se presentan como los únicos posibles: la autocausación o la causación mediante otro. La traducción de esta sentencia que ofrecen Tola y Dragonetti tiene más sentido:

> La sustancia no existe; la no sustancia no existe. Dado que la sustancia y la no-sustancia no existen, nada de lo que es designado mediante

> palabras existe en absoluto. Todas las cosas que han de ser designadas mediante palabras, similares al *nirvana*, están vacías de ser propio.[185]

Pero la idea antinominalista y metafísica de que «nada de lo que es designado mediante palabras existe en absoluto» es un extremo nihilista difícilmente acorde con las enseñanzas del Buddha, e imposible de conciliar con la *MMK*.

Podemos, por tanto, estar frente a un problema de traducciones en que los traductores al inglés introducen su propio prejuicio sustancialista o metafísico en el texto, pero también podríamos estar ante una traducción más o menos fiel de un texto que, para empezar, no pertenece al mismo autor que escribió la *MMK*, y que, siguiendo un método y una expresión parecida, salta a conclusiones francamente contradictorias con aquella obra, sugiriendo absolutos o nadas allí perfectamente ausentes. Por último, podría tratarse de un texto del Nāgārjuna de la *MMK* que fue muy pronto retocado, distorsionándolo, por alguien, o bien cercano, o bien en algún momento durante el larguísimo proceso de traducciones del sánscrito al tibetano, y allí de unas manos a otras.

Lo que nos importa no son estas determinaciones sobre las que no poseemos datos definitivos, y que, de ser posible establecer, alcanzaría a varias generaciones de estudios historiográficos y textuales objetivos, sino delimitar el sentido de un trabajo como la *MMK* y, por tanto, de cómo leerlo junto a otros atribuidos a su autor. En concreto, es fundamental tener presente que las negaciones en mente del autor de la *MMK* no son de los conceptos en cuanto tales (lo que designan) ni de los nombres (que son convenciones con fundamentos intersubjetivos cuyo origen último ignoramos), sino de todo proceso de sustantificación que opera sobre los unos y sobre los otros. De ahí que, efectivamente:

> La impermanencia o la permanencia no existen; la sustancia y la no-sustancia no existen; la pureza y la impureza no existen. Por ello, los cuatro errores no existen.[186]

Teniendo esto presente podemos distinguir cuándo el autor o el traductor (en definitiva, el texto que leemos) se están desviando de la vía media (antisustantificadora, y antisustancia en la medida en que esta idea se sustantifica) entre la existencia y no existencia de lo designado, y están abrazando, o bien algún tipo de absoluto, o bien el nihilismo. No hay lugar aquí para la idea de que de la "negación radical" de Nāgārjuna surgiría un absoluto sublime e inaprehensible, equivalente en algunos contextos a la Nada o el Vacío con mayúsculas. Permanencia, impermanencia, sustancia, no sustancia, pureza, impureza, "no existen" no en un sentido literal (lo cual sería nihilismo) sino inherentemente, con sustancia propia e independiente, no originada dependientemente. Así debe entenderse el tono en apariencia nihilista de Nāgārjuna, que dará pie a la construcción, a cargo de sus discípulos, de la idea de que Nāgārjuna no sostenía ninguna visión (lo que es, de nuevo, nihilismo), y la que da lugar a traducciones cuestionables de la propia *MMK* u otros escritos quizá del mismo autor, como la que los propios Tola y Dragonetti proponen en el verso inmediatamente anterior:

> Los doce miembros de la originación dependiente, que tienen el sufrimiento como consecuencia, no nacen, pues no son lógicamente posibles en una sola conciencia ni en varias (verso 8).

En efecto, afirmar que lo originado dependientemente no puede originarse o nacer es como la cuadratura del círculo: una flagrante contradicción, basada en una metafísica absolutista sumergida capaz de explicar todo lo demás, si bien ella misma no queda explicada.

El autor de la *MMK* aplicará el método antisustantificador *a todo*, incluidas las concepciones comunes acerca de cómo se produce la originación dependiente, pero no para negarla o para colocarla en una especie de reino absoluto superior o subyacente, que sería su inmediato corolario, sino para clarificar hasta la saciedad la esencia misma de la concepción de la originación dependiente, que es un modo de comprensión antisustancialista, aunque todavía de comprensión (es decir, no nihilista) de las cosas tal como se van dando en la realidad. *Śūnyatā* sería, pues, sinónimo de no sustanciación, que ha de aplicarse, como es lógico, a la idea –acaso ya sustantificada– de "no sustancia". Como dice la propia *Śūnyatāsaptatikārikā*:

> Por esta serie de nacimientos y destrucción [la originación dependiente], el eternalismo y el nihilismo no pueden producirse (verso 22).

En definitiva, es posible que esta obra saliese de la misma pluma que la *MMK*. Ciertamente imita el estilo y el método muy de cerca. No obstante, si éste fuese el caso, ninguna de las traducciones al inglés hoy asequibles ofrecen suficiente confianza. La más fiable de Tola y Dragonetti mantiene como trasfondo la idea de que Nāgārjuna maneja las dos verdades (absoluta y relativa) propias de la perspectiva trascendentalista, y consiguientemente estarían inyectando en el texto ideas incoherentes con la originación dependiente allí donde el texto se les antoja más oscuro. Sometida al apriorismo de las dos verdades, la traducción reflejará inevitablemente una tendencia a enfatizar una no existencia (ilusión, verdad relativa) que permita la sugerencia –posiblemente inexistente en este texto, desde luego ausente en la *MMK*– de un absoluto liberador y sustentador allende lo manifiesto.

Un aspecto destacable de las traducciones de Tola y Dragonetti es que a menudo hablan de "realmente" cuando quieren indicar que una noción sustancialista de cierto concepto no procede. Esta es una traducción insidiosa, pues en lugar de poner en cuestión lo sustantificador del concepto, pone en cuestión su "realidad". En tal caso, estamos abocados por un lado al nihilismo o, por el otro, al trascendentalismo absolutista. Hablar de que «el conocedor no existe realmente» (en el verso 57), o, peor aún, de que «lo permanente y lo impermanente no existen (realmente)» (también verso 57, ibíd., pág. 79), que esta vez toman la precaución de poner entre paréntesis indicando que se trata de una adición suya, conduce forzosamente a interpretaciones de tipo absolutista que niegan lo dado en el mundo (conceptos, cosas y sujetos) como irreal. Y ello por mucho que se argumente después que lo no real es también real (quizá diciendo "Real", con mayúsculas, cuando en sánscrito no existen las letras mayúsculas). También en el verso 64: «[...] considerar que las causas y las condiciones son reales: el Maestro (Buddha) ha afirmado que esto supone ignorancia» (ibíd., pág. 80). Dado que es manifiesto que el Buddha nunca dijo que las condiciones y las causas no son reales, una vez más podríamos plantearnos si la desviación proviene del discípulo arreglador del tratado nagarjuniano, o de alguno de los traductores en la larga hilera que nos los trae a nosotros. Lo único cierto es que esto último ni es budismo original ni es lo que se dice en la *MMK*. Por otra parte, el verso 68 no ofrece dudas sobre la concepción de este tratado, que tiene el sello del método y "estilo" nagarjuniano:

> Dado que todas las cosas carecen o están vacías de ser propio (sustancia), el Tathagatha incomparable ha enseñado la originación dependiente de todas las cosas.

Y el verso 69 añade:

> La verdad superior (absoluta) es sólo esto.

Y el verso 73, el concluyente:

> Conociendo la condicionalidad de todo, con la cesación de las creaciones mentales que constituyen la red de las falsas doctrinas, y el abandono de la atracción, el error y el odio [los tres venenos tradicionales: deseo, aversión e ignorancia], uno procede, puro, hacia el *nirvana*.

Indicaremos para finalizar que, como señalan los propios Tola y Dragonetti (ibíd., pág. 81), el texto no ha pasado impoluto: en los versos 42-44 hay una referencia al *nirmāṇakāya*, que es una conceptualización mahayánica muy posterior a Nāgārjuna, y el verso 60 es una clara interpolación de quien conocía la también posterior filosofía *vijñānavāda* ("Solo Conciencia"). Por último, los versos 36 y 56, que hablan de «una ilusión mágica, una ciudad de gandharvas y un espejismo» copian literalmente otro de la *MMK*, lo cual indicaría, a mi juicio, que alguien lo tomó de allí para enlazar la autoría, aunque también sea posible argumentar que el propio Nāgārjuna repite la misma fórmula en esta otra obra.

c. Yuktiṣaṣṭikākārikā

Traducible como "Las Sesenta Sentencias de la Argumentación", esta obra se conservó en chino y tibetano. Solo algunos versos en sánscrito aparecen en el *Prasannapadā* de Chandrakīrti, y en dos trabajos de Prajñākaramati (siglo IX d. C.) (ibíd., pág. 20).

Aquí estamos ante la misma situación que con la obra analizada anteriormente. Es difícil saber dónde exactamente empieza la corrupción del texto. El verso 11 parece una libertad de traducción que se toman Tola y Dragonetti («Habiendo adquirido el nirvana en este mundo, uno ha hecho lo que tenía que ser hecho – si, después de conocer la Doctrina, hubiese aquí todavía diversidad» [ibíd., págs. 35-36]), porque la referencia obvia a la expresión más típica de los *sutta* cuando se obtiene la libertad ("hecho ha sido lo que tenía que hacerse") no cuadra con la enigmática idea de que "haya aquí todavía diversidad".

Los versos 1, 2, 3, 4, o 14, 24 o 25, por su parte, siguen el espíritu y la letra de Nāgārjuna. El verso 21 es otro ejemplo de hasta qué punto un traductor puede dañar un texto original mediante un añadido de su propio bagaje intelectual: «Los Maestros han hablado de los procesos de producción y destrucción (sólo) por razones de necesidad». La interpolación del "sólo" entre paréntesis es de Tola y Dragonetti, y cambia completamente el sentido de la frase, de hecho a su diametralmente opuesto. Sin el adverbio estaríamos ante la concepción de la originación dependiente; con él, ante su negación, que ha de ser sustituida por un absoluto místico al que Tola y Dragonetti hacen abundante referencia en las notas al texto. Los versos 37 y 38 son una evidente interpolación *vijñānavādin* («El mundo es (tan solo) una creación mental» [ibíd., pág. 38]). Y en el verso 39 («¿Cómo es posible comprender que una cosa (realmente) existe, que ha surgido por una causa, no perdura cuando su causa no existe, y que desaparece con la no existencia de la causa?») observamos el mismo uso de "realmente" entre paréntesis, ya analizado.

El verso 40 («Si los realistas persisten en su apego a los objetos, mientras que persisten en el mismo sendero (del realismo), no hay nada de sorprendente en ello»)[187] traduce por "los realistas" a mi juicio creando confusión, pues los *āstivādins* son los que mantienen que todo existe (*āsti*), es decir, que todo existe inherentemente, eternamente. Pero al traducir *āstivādins* por "los realistas" induce a pensar que Nāgārjuna considera la realidad mera ilusión, y que la vía media entre el eternalismo y el nihilismo no es, hablando con propiedad, la del realismo. El giro se consuma en la traducción del verso 48, cuando dice: «El conocedor supremo de la realidad percibió la originación dependiente, y por tanto dijo: "Lo que es nacido dependientemente no ha nacido (en realidad)" [ibíd., pág. 39]». Algo que sería cierto si por "realidad" se entiende «desde el punto de vista sustancialista», pero falso si tomado en un sentido literal.

En los versos 50 y 51 aparece la tesis del budismo como no-visión o como no-proposición de ninguna tesis, que todavía podría interpretarse como no-apego a ninguna visión extrema o sustantificada puesto que se utiliza la misma metáfora de la serpiente que aparece en la *MMK*, en la que uno en una habitación oscura tiene miedo de algo con forma de serpiente hasta que se hace la luz y se da cuenta de que era tan solo una cuerda. Algo parecido puede decirse del verso 58 («para los seres grandes que no tienen punto de vista no hay ni pasión ni liberación de la pasión»), mientras que el 59 establece que «el punto de vista que se suspende» es aquel al que se atribuye algo sustancial. Y, por último, el verso 55, que habla de tres fases que culminan en quien ve «la verdadera naturaleza de las formas», podría ser interpretado de modo trascendentalista, como en efecto hará Āryadeva en su *Cittaviśuddhipakarana* (ibíd., pág. 23); pero el verso 56 aclara que esta interpretación no procede: «Mediante la idea (de que algo es) "placentero", las personas ignorantes se apegan a ello; separándose de esa (idea), (aquellos en el medio) están libres de apego; y cuando (aquellos más nobles) ven que todo, como el hombre creado por magia, está exento de ser propio, adquieren el *nirvana*».[188]

d. Vaidalyaprakaraṇa

Este tratado, que podría traducirse como "Tratado de la Pulverización Sutil", solo ha sido conservado gracias a una versión tibetana del siglo XI o quizá XII d. C. *Vaidalya* significa "destruir", "triturar", "pulverizar", y parece ser una crítica a la lógica de los naiyāyikas (los pertenecientes a una escuela de lógica hindú de nombre Nyāya, que se remonta a unos *sutra* compuestos en el siglo II d. C.). Este tratado nunca ha sido citado por autores *madhyamikas* posteriores.

Simplemente comparando las fechas se observa que es improbable que esta obra sea de Nāgārjuna, pues no habría habido tiempo para que le llegaran ecos de este tipo de lógica. El tratado no pertenece, ni por asomo, al mismo mundo de la *MMK*. Más bien atestigua una forma de presentación dos o tres siglos posterior, pues se trata de una discusión basada en términos puramente lógicos de las siguientes 16 categorías: medios de conocimiento válido, el objeto cognoscible, la duda, la meta, ejemplo, la teoría aceptada, los miembros (de inferencia), el razonamiento, la determinación, el debate, la discusión, el altercado, la razón falaz, el sofisma, la respuesta ingeniosa e irrelevante, y los puntos de fracaso (en la argumentación). No parece tampoco probable asumir que Nāgārjuna dedicase su tiempo a estudiar y rebatir las escuelas hinduistas teniendo en cuenta los peligros que acechaban al propio budismo. Además, no existe el menor rastro de debates semejantes en el resto de las obras suyas o plausiblemente suyas, como las dos últimas que hemos analizado.

Esta obra es de alguien que se hace llamar un *śūnyatāvadīn*, quien no se adhiere a nada y no acepta las categorías arriba mencionadas como medios válidos de conocimiento. Esto recuerda mucho más al escepticismo radical y exhaustivo del *Adversus Mathematicus* de Sexto Empírico que a la *MMK* de Nāgārjuna. El cuarto verso indica hasta qué punto se ha perdido el rumbo del medialismo:

> Si algo se estableciese como dependiente, entonces sería algo existente o no-existente o ambos. Una cosa existente no es dependiente porque *es*; así, por ejemplo, una jarra que es no depende de ningún otro, como el barro, etcétera.[189]

El esencialismo de este pasaje habla por sí mismo. No creo necesario citar más versos de esta obra, que, como decimos, no presenta ni afinidades en lo doctrinal metodológico o estilístico con la *MMK*. No hay referencias en todo el texto a *śūnyatā*, salvo la ya mencionada adscripción del autor a una supuesta escuela de *śūnyatāvadīns*. Tola y Dragonetti señalan en su «Introducción» que «la atribución de este tratado a Nāgārjuna está basada en fundamentos muy débiles», y presentan una larga lista de datos para avalar su opinión. Piensan que hay «una posibilidad de referencia a Matharabhaṣya, del siglo v d. C., en el punto 15, y de que el texto fuese inspirado por Bhartṛhari (punto 16), por autores idealistas (punto 17) y por Chandrakīrti (punto 21). Esto provoca al menos una duda acerca de la atribución de *Vaidalyaprakaraṇa* a Nāgārjuna, aunque estas circunstancias por sí mismas no descartan de modo absoluto la autenticidad del trabajo» (ibíd., pág. 15).

Resulta extraño que Tola y Dragonetti no se atrevan a establecer tajantemente su inautenticidad, como pide un texto cuyo desarrollo metodológico y categorial, comparativamente hablando, es tan visible. En todo caso, estamos aquí ante una obra ya muy alejada de la intención soteriológica de la *MMK* (la libertad) y más bien enredada en problemas académicos y escolásticos de poca monta, que solo pueden ser producto de una dilatada historia de plácidas discusiones.

e. Catuḥstava

Al tenor de su traducción de esta obra, Fernando Tola y Carmen Dragonetti comienzan diciendo que: «en el canon budista tibetano se han preservado una serie de himnos atribuidos a Nāgārjuna, el fundador de la escuela *madhyamika* del budismo *mahayana*».[190] En efecto, la práctica de entonar cortos himnos es típica del *mahāyāna,*[191] y es posible que muchos se compusiesen bajo influencia de la *MMK*, pero la atribución directa a Nāgārjuna de al menos tres de los cuatro himnos que componen la *Catuḥstava* es más que cuestionable. Aquí entramos en un tipo de texto que contiene frecuentes referencias a temas típicos del *mahāyāna*, y por tanto la posibilidad de que pertenezcan al Nāgārjuna de la *MMK* es prácticamente nula.

Los cuatro himnos atribuidos diversamente a Nāgārjuna están preservados en sánscrito. Es notable que muchos autores –por ejemplo Prajñākaramati (siglo IX d. C.)–, al citar estos himnos, no mencionen directamente el nombre de Nāgārjuna, algo que causa extrañeza teniendo en cuenta que su nombre era ya legendario y que, por consiguiente, así ganaría en reputación. Es asimismo notable que la atribución de estos himnos a Nāgārjuna sea exclusiva de, o comienza con, el canon tibetano.[192]

El que a lo largo de la historia nunca se haya hablado del *Catuḥstava* como un todo apunta a que se trata de una recopilación posterior, y que el recopilador quiso dotar de unidad a los cuatro himnos mediante la simple adscripción a un autor egregio. Pero como Tola y Dragonetti prefieren intentar demostrar que el autor de estos himnos fue Nāgārjuna, nos informan de que existen dos explicaciones para este silencio: una, que los himnos se separaron a la hora de la traducción, y dos, que fueron originalmente textos independientes aunque, eso sí, compuestos por Nāgārjuna en distintos momentos de su carrera. Aunque optan por la segunda como la más admisible, resulta sorprendente que ni se planteen la posibilidad –sin duda más convincente– de que los himnos nunca le pertenecieron y de que le fueran atribuidos durante su compilación, o algo antes. Las otras pruebas que presentan Tola y Dragonetti para probar que los cuatro himnos son de Nāgārjuna no son muy persuasivas: que Chandrakīrti cita *uno* de ellos, el *Lokātīta*, como perteneciente al *āchāryapāda* (probablemente Nāgārjuna); que un autor del siglo XI cita otro fragmento de otro de los himnos refiriéndose a Nāgārjuna; que el canon tibetano se los concede todos; que el contenido de estos cuatro himnos «está en la misma línea de pensamiento» que el resto de sus obras; y, finalmente, que casi todos los estudiosos modernos, salvo L. de la Vallée Poussin, lo conceden (ibíd., pág. 102).

En cuanto a la "afinidad" con las otras obras de Nāgārjuna, todo depende de qué otras obras se consideren suyas y cómo midamos la supuesta afinidad entre ellas. El primer himno, denominado *Lokātīta*, ciertamente está muy en la línea antisustancialista de la *MMK*, aunque contiene una justificación mahayanista hacia el final, en el penúltimo verso (27), que podría ser tan solo un añadido posterior. En lo demás, se trata de una exposición concisa y elemental del *śūnyatā* tal como lo entendió el Buddha, y de la originación dependiente como la teoría general que permite la vía media entre el eternalismo y el nihilismo. Si no salió de la pluma de Nāgārjuna, sí de alguien cercano a él que siguió fielmente los principios budistas básicos y el medialismo.

El segundo himno, llamado *Niraupamya*, es mucho más cuestionable que pertenezca a Nāgārjuna, pues aboga por la identidad absoluta de todo (verso 4); por la no percepción del *samsāra* como vía a la iluminación (verso 5); hay referencias a la mente del Buddha como «la mente del espacio» (verso 8); habla del «no ir y no venir» típico del monismo *mahāyāna* (verso 11), y de la ausencia de transmigración y destrucción (verso 13); habla de los Tres Vehículos –*hīnayāna*, *mahāyāna* y *vajrayāna*– (verso 21); del cuerpo del Buddha como eterno, inalterable, afortunado; y, para finalizar, ¡de la Doctrina de los *munis* de Indra! (verso 25).

Con el tercer himno, *Acintya*, estamos ante el mismo caso: referencia directa al *mahāyāna* (verso 2); lo que surge no surge en realidad (verso 3); existencia de las cosas solo en el plano convencional (verso 6); utilización del *tetralemma* para adelantar la hipótesis absolutista y no la originación dependiente (verso 9); condena explícita y literal al "dualismo" (verso 28); inefabilidad (versos 37-39); referencia al océano de la *Prajñapāramitā*; y un largo etcétera. No obstante, existen versos –pocos– que se asemejan al primer himno. Es posible que en este caso estemos ante un texto compuesto a base de mezclar dos himnos diferentes, uno más original y acorde con la *MMK* y la originación dependiente, y otro posterior, mahayánico y absolutista. Esto vendría apoyado por el hecho de que es el doble en cuanto a longitud.

Por último, el cuarto himno, significativamente titulado *Paramārtha*, habla del «más allá de las palabras» (verso 1); tiene una idea más bien mística del vacío al rendir homenaje al Buddha como «desprovisto de ser propio» (verso 3), no aplicándolo a todo, a sí mismo inclusive; alude a la "dualidad" (verso 4), a la inconmensurabilidad (verso 6) y a-espacialidad (verso 7) del Buddha; etcétera. En realidad se trata de un himno más bien infantil, pues alude también, entre las virtudes supremas del Buddha, a «la falta de color» (verso 5), y a una «extrema profundidad» que carece de forma o definición ninguna (verso 8).

f. Ratnāvalī

Traducida a veces como "Guirnalda Preciosa", esta obra es una larga epístola moral a un rey compuesta de quinientas estrofas. Aunque se conservan algunos fragmentos en sánscrito, la carta entera solo se ha preservado en tibetano, el manuscrito más antiguo data de mediados del siglo VIII y fue revisado en el XI.[193]

Por diversas razones, esta no parece una obra genuina del Nāgārjuna de la *MMK*. La primera es que contiene numerosísimos pasajes en los que se mencionan elementos típicos del *mahāyāna*, y, por la esmerada traducción que ofrece Jeffrey Hopkins de la versión tibetana de Gyeltsap Dar-ma-rin-chen, con comentarios, se adivina que los traductores y comentaristas tibetanos añadieron otros de su propio cuño. Resulta asimismo extraña la introducción de elementos de tipo supersticioso, que son tan ajenos al espíritu resueltamente filosófico y racional de Nāgārjuna. Así, por ejemplo:

> Mediante la entrega abundante de la mejor comida y bebida, tus pies y manos gloriosas serán suaves; tus manos, pies, hombros, cuello y nuca serán ensanchados de tal modo que tu cuerpo será grande y aquellas siete anchas áreas.
>
> Si no haces daño y liberas a los condenados, tu cuerpo será bello, recto y grande, muy alto con largos dedos y anchos talones traseros. Mediante el esparcimiento del compromiso en las prácticas tendrás gloria, buen color; tus tobillos no serán prominentes y el vello de tu cuerpo se mantendrá erguido.[194]

Animar al monarca a que adquiera virtudes por un premio en forma de bellas cualidades corporales está alejado del espíritu ético budista original, que es más similar al de Espinosa cuando afirma que la virtud como tal es su propio premio. Pocos versos antes, la *Ratnāvalī* rechaza todo lo relacionado con las mujeres asociando lo corporal con excrementos. En el verso 185 se consideran los órganos genitales masculinos "gloriosos", mientras que los femeninos son asociados con inmundicia. Aunque culturalmente, y más entre quienes han abandonado la vida hogareña para dedicarse a los estudios y al cultivo de sí y la libertad, asunciones así debían de ser corrientes, no podemos fallar en reconocer que esta aproximación contrasta no poco con la pureza dialéctica de la *MMK*, y sobre todo con otra epístola a un rey, la *Sahṛdlekha*, que, como veremos, sí sería posible atribuir a Nāgārjuna.

Aunque, repetimos, estos versos podrían ser una interpolación posterior –y sería prácticamente imposible establecer con exactitud cuándo, dada la cantidad de manos y países por los que ha circulado este texto– la *Ratnāvalī* habla sospechosamente del Gran Vehículo (*mahāyāna*) como oposición al Pequeño Vehículo (*hīnayāna*) en al menos los versos 367-370 y 379-382. No obstante, Jeffrey Hopkins ha tenido la gentileza de colocar entre corchetes los añadidos del comentarista tibetano, y es en ellos donde encontramos la mayor parte de las referencias a los dos vehículos, con una clara ambición de diferenciarlos y abismarlos. En versos como el 382, Gyel-tsap interpola, sin más, la expresión "Vehículo de los que Escuchan" (*Śrāvakas*) –"aquellos que escuchan las palabras del Buddha"–, término que originalmente se refiere a los discípulos del Buddha, monjes ordenados, pero que con el paso del tiempo y la oposición laicista del *mahāyāna* acabará siendo utilizado de un modo despectivo. Estas interpolaciones tienen un interés extraordinario a la hora de determinar tanto los motivos como los métodos utilizados por traductores y transcriptores posteriores al "pasar a limpio" sus textos.

Desde los tiempos del Buddha histórico era reconocido como obvio y elemental que no todos los puntos de la doctrina y el método de liberación pueden enseñarse a todo el mundo de la misma manera. Pero este tipo de diferencia no solo va agigantándose con el paso del tiempo, sino que irá aplicándose vengativamente a los pertenecientes a escuelas y tradiciones distintas, colocándolos, claro está, en un dominio inferior al propio. Este tipo de consideración es mucho más aparente en las adiciones textuales que se producen a partir de los siglos VI-VII d. C., sobre todo en aquellas áreas donde el *mahāyāna* no solo se ha asentado, sino que reina indisputado. La *Ratnāvalī*, tal como la leemos de mano de Jeffrey Hopkins y sin los añadidos de Gyel-tsap, no exagera las diferencias entre los vehículos. Incluso uno se pregunta si la alusión a los vehículos, que un mahayanista-vajrayanista daría por hecha, o en todo caso introduciría de un modo seminconsciente, no puede traducirse de otra manera, no tan anacrónica. No obstante, las numerosas referencias en el texto a la iluminación de los *bodhisattvas*, entendidos como seres especialmente privilegiados, la budeidad, el Cuerpo de la Forma como opuesto al Cuerpo de la Verdad (aparente ya en el *Sūtra de Laṅkāvatāra*), y tantas otras ideas mahayánicas, indican que se trata de un texto, si no posterior a Nāgārjuna (lo cual es lo más probable), casi con certeza no salido de la pluma del autor de la *MMK*.

g. Sahṛdlekha

Tomemos o no como verdadero el supuesto de que el Nāgārjuna de la *MMK* viajase a la India para estudiar en la Academia de Alejandría, por aquel entonces predominantemente escéptica (algo que exploraremos, con Ignacio Gómez de Liaño, en el próximo apartado), no es del todo improbable que un hombre de su talento fuese conocido no solo dentro de la Comunidad (*saṅgha*), sino que ofreciese sermones a no monásticos de todas las clases, incluidos miembros de alguna casa real. Teniendo en cuenta los precedentes de Śākyamuni, quien no solo fue él mismo príncipe, sino que a lo largo de su periplo estableció relaciones amistosas, protección y ayuda con reyes de otros reinos hacia el sur, resulta muy posible que Nāgārjuna, seguramente ya conocido en ciertos lugares como un maestro en la doctrina, tuviese amistad con el rey Gautamiputra Śātakarni, tal como cuenta la tradición. De hecho, es la asunción de que Nāgārjuna le escribió una epístola de tipo moral, con 123 versos, la que ha inclinado a la crítica a localizar la vida de nuestro autor en torno al siglo II d. C.

Al contrario de lo que sucede en los últimos textos que hemos revisado en esta sección, la *Sahṛdlekha* no contiene referencias al *mahāyāna* salvo en los versos 119-121, que también podrían considerarse "creencias populares" antes que doctrinas del *mahāyāna* propiamente dichas.[195] Se trata de una mención a las figuras de Avalokiteśvara y al Buddha Amitābha, muy conocidas en aquellos días. Y aunque, como ha demostrado Kalupahana gracias a su excepcional conocimiento de los discursos tempranos, prácticamente cada verso de esta carta apunta a algún pasaje de estos, no hay tampoco referencias a la escuela *sthariyada* de la época. «Las únicas descripciones –dice Kalupahana– que caen fuera de los discursos tempranos se relacionan con el mundo de los espíritus que se han marchado (*pettivisaya*). Este reino es mencionado en los discursos pero no descrito» (ibíd., pág. 6). Y prosigue: «[En la *Sahṛdlekha*] puede seguirse el rastro de dieciocho de los veinticuatro símiles utilizados por Nāgārjuna hasta los discursos tempranos. Los seis restantes son o bien similares o bien provienen de la imaginación del propio Nāgārjuna, o bien pertenecen a la tradición de su tiempo» (*idem*). Esto sí que se asemeja al espíritu que guió a la *MMK*, y, a pesar de lo diferente del dominio tratado (se trata de una epístola moral) y del destinario, no hay nada en esta carta doctrinalmente diferente al budismo original o a la *MMK*.

Kalupahana considera esta epístola una obra maestra de la filosofía moral budista porque, siendo tres veces más corta que el *Dhammapada*, consigue sintetizar perfectamente el mensaje budista al mundo, proveyendo de este modo a sus seguidores de un texto mucho más fácil de memorizar. Por último, es notable que, siguiendo el mismo patrón de composición de la *MMK*, la *Sahṛdlekha*, conservada solo en tibetano, está compuesta en pasiva. No podemos sino recomendar al lector que, para más información y una excelente exégesis del texto, se dirija a la citada y poco conocida traducción que realizó Kalupahana en 1995.

h. Más obras y conclusión

Antes de concluir esta sección quisiera repasar brevemente las cinco obras que Charles Lindtner también adscribe a Nāgārjuna en su estudio *Nagarjuniana*. En primer lugar tomemos la *Vyavahārasiddhi*. Esta obra es solo conocida por seis versos que cita Śāntarakshita (siglo VIII d. C.) en su clásico *Madhyamakāravṛtti*. Por la somera descripción que Lindtner realiza de ellos, la obra podría ser, en efecto, de Nāgārjuna.[196]

En segundo lugar tenemos una obra denominada *Pratītyasamutpādadahṛdayakarikā*, que Bhāvaviveka –o Bhavya– (siglo VI d. C.) atribuye a

Nāgārjuna, aunque una versión china de la obra lo haga «al bodhisattva Jing Li ("Mente Clara")». El tipo de análisis aquí acometido es más bien de tipo mahayanista, pero Lindtner no ofrece información suficiente para una valoración concluyente (ibíd., pág. 170).

Después está el llamado *Sūtrasamuccaya*, una recopilación de 78 *sūtra* del *mahāyāna* atribuidos a Nāgārjuna por Chandrakīrti (siglo VII d. C.) y Śāntideva (siglo VIII d. C.). Existen múltiples elementos mahayánicos, incluyendo frecuentes alusiones a *bodhisattvas*. Lindtner apoya la adscripción simplemente en el hecho de que Nāgārjuna fue «el fundador del mahāyāna» (ibíd., pág. 172). Y aquí el peligro consiste, una vez más, no solo en confundir la doctrina de Nāgārjuna, mezclándola con ingredientes incompatibles, sino además establecer marcos historiográficos cuestionables: en este caso quizá retrasando las fechas de composición de unos *sūtra* acaso más tardíos.

La obra llamada *Bodhicittavivaraṇa* es citada por Bhavya y Śāntarakshita, y está compuesta de 112 estrofas. Según Lindtner, el estilo es parecido a la *Yuktiṣaṣṭikā*, la *Catuḥstava* y la *Ratnāvalī*; cosa algo extraña, pues el estilo y forma de la primera son muy distintos a los de las dos segundas. Es, pues, difícil saber a qué se refiere Lindtner. Aparece en el texto una crítica al *vijñānavāda* del *Sūtra de Laṅkāvatāra*, lo cual indicaría que se trata de una obra posterior a Nāgārjuna, pues la confrontación entre el *vijñānavāda* y el *mādhyamaka* no sucedería hasta más tarde. El *śūnyatā* es considerado algo absoluto ("cognición ilimitada", traduce Lindtner, refiriéndose a ello), y está dirigido a *bodhisattvas*, *gṛhasthas* y *pravrajitas*, todos ellas marcas mahayánicas (ibíd., pág. 180). El mismo título, que incluye la voz *bodhicitta*, da a entender claramente que se trata de un tratado mahayánico.

Por último, la *Bodhisaṃbhāraka*, que solo se conserva en chino, es otro trabajo de corte mahayánico, que incluye conceptos tales como *dharmakaya* ("Cuerpo de la Verdad"), alude a los *bodhisattvas* –todo lo cual vendría a confirmar la idea de Lindtner de que se parece a la *Ratnāvalī*– y, además, aspira a explicar la iluminación de acuerdo con varios *sūtra* del *mahāyāna* (ibíd., pág. 225).

En definitiva, la tradicional y más moderna atribución de textos al mismo autor que escribió la *MMK* necesita, a mi juicio, revisarse. Un paso significativo a este respecto lo ha dado A.K. Warder, quien ya en los años ochenta arrojó considerables dudas sobre la supuesta unidad de autoría. Ya sea por desconocimiento o por descuido, los traductores clásicos de textos de "Nāgārjuna" las han pasado por alto. Dice Warder en su *Indian Buddhism*:

> El otro discípulo prominente de Nāgārjuna se ha confundido a menudo con el propio maestro, habiendo tenido un nombre muy similar (ya fuese Nāga a secas o un compuesto tal como Nāgābodhi), fácilmente asimilable a Nāgārjuna. Tāranātha le ha distinguido con cuidado como "Nāgāhvaya", o, más propiamente, Tathāgatabhadra, como el autor de comentarios de algunos *sutras* del mahayana. Es en sus trabajos donde encontramos por vez primera la conexión entre el madhyamaka y los *sutras* del mahayana, particularmente los de la *Perfección del Entendimiento* (*prajñapāramitā*). Es presumiblemente este Nāga el autor original del enorme comentario de los *Veinticinco Mil* o de la *Gran Perfección del Entendimiento*, que sólo poseemos en chino. [...] Como Nāgārjuna (I), este Nāga (-ārjuna II) cita textos de la *Tipitaka* original y los interpreta en el sentido mahayanista para establecer la corrección de las perspectivas de su escuela. [...] Aparte de otros comentarios, el mismo Nāga es presumiblemente el autor de un manual independiente acerca del *madhyamaka*, el *Dvādaśa-dvāra-śāstra*, que existe en chino.[197]

Este es un camino prometedor de investigación que no aglutina en un solo personaje, sin verdadero fundamento empírico o racional, obras, sentencias y máximas incompatibles entre sí. Antes al contrario, permite explicar por qué en la *MMK* o la *Sahṛdlekha* no hay referencias al *mahāyāna*, y en cambio sí se vuelve a los discursos tempranos como referencia. Además, ofrece un marco de comprensión capaz de explicar los momentos iniciales del giro hacia concepciones mahayanistas, de mano de un autor (o autores) distinto, aunque cercano quizá, a Nāgārjuna. De ser cierto lo que dice Warder en este pasaje, la historiografía clásica casi al completo, así como una inmensa parte de la moderna, tendría que revisar tanto sus métodos como la corrección de sus atribuciones.

A las observaciones más de tipo historiográfico de Warder yo he querido añadir el criterio de consonancia filosófico que guía las investigaciones de Kalupahana. Criterio que, como veremos, resulta aplicable no solo al dominio de los estudios nagarjunianos, sino al de todo un espectro de textos en la época del *mahāyāna* que se han visto magnetizados por cierto absolutismo metafísico típico suyo, cuando en realidad podríamos estar asistiendo, en muchos casos, a un verdadero retorno al centro original de las enseñanzas. Tales serían los casos, por ejemplo, del *Sūtra del Diamante*, de la obra de Vasubhandu (siglo IV d. C.) y de un tratado de Maitreya (el *Madhyāntavibhāga*), que Kalupahana ha retraducido de modo ilustrativo en un Apéndice a su obra *Principles of Buddhist Psychology*.

Acaso nunca podremos saber con exactitud si ciertas obras fueron iniciadas por el Nāgārjuna de la *MMK*, y después completadas –y hasta qué punto retocadas, con la consiguiente distorsión– por el aludido Nāgārjuna-II, para luego perderse por un largo camino de varios siglos de traducciones y transcripciones a cargo de monjes anónimos con motivaciones que solo podemos deducir de otras fuentes. Espero, con todo, que el tipo de análisis llevado a cabo aquí constituya una herramienta útil, a pesar de los –seguro– múltiples errores de apreciación cometidos.

IV. EL BUDISMO COMO ESCEPTICISMO

> «La razón es esencialmente escéptica.»
>
> MIGUEL DE UNAMUNO, *Del sentimiento trágico de la vida*, 5.

a. Escepticismo: ¿medialismo o nihilismo?

A lo largo de las páginas anteriores hemos venido sugiriendo, con términos tales como "suspensión del juicio" (en griego *epojé*), que la filosofía originalmente proclamada por el Buddha, en cuanto que renunció a cualquier aserto positivo o negativo acerca del origen del mundo porque ni mediante la experiencia ni la razón podía obtenerse un conocimiento seguro de este, tenía un corte escéptico. La voz "escepticismo" viene a nosotros cargada de connotaciones, y por ello hemos de ser precavidos al utilizarla. Pero su uso en este caso no es arbitrario. Ya Nietzsche calificaba a Pirrón de "budista griego" (*La voluntad de poder*, §437), algo que no solo tiene fundamento, digamos, caracterológico –donde ciertamente la arbitrariedad de las intuiciones puede penetrar con más facilidad–, sino también filosófico. A aclarar esta cuestión, y en particular su relación con la *MMK* de Nāgārjuna, he querido dedicar la presente sección.

Recordemos para empezar que el término griego *skeptikos* significa literalmente "investigador". A saber, se trataría de aquel que, con la mirada abierta a las posibilidades de cierta línea de investigación, va realizando descubrimientos que no pueden calificarse ni de totalmente inválidos o inútiles ni tampoco de definitivos. De acuerdo con las palabras de uno de los grandes expositores del escepticismo, Sexto Empírico, el escéptico es alguien que todavía busca la verdad por oposición a quien piensa haberla encontrado ya y a quien piensa que no puede encontrarse. Esta idea apuntaría cuando menos a una semejanza con la vía media budista y su consiguiente evitación del dogmatismo, ya sea absolutista o nihilista. Tampoco ha faltado quien ha equiparado el resultado de esta suspensión del juicio, la *ataraxia* (serenidad), a la idea budista de *nirvāṇa*.

Existen, no obstante, muchos tipos de escepticismo, y es aquí donde puede llegar la confusión. En efecto, el escepticismo ha degenerado habitualmente en un no aceptar *nada* (*nihil*) por sistema. Y en este sentido se alejaría inmensamente del budismo, pues este, aunque sí somete a una criba racional o escéptica a las fuentes tradicionales de conocimiento, no deja de proponer una teoría de la causalidad y un sistema propio. La diferencia entre ambas actitudes –destructiva o constructiva– dentro de una aproximación crítica para la que tal vez convenga todavía conservar la etiqueta de "escepticismo", puede encontrarse en la célebre conversación entre el propio Gautama y el escéptico Sañjayin, cuya resolución condujo indefectiblemente a la iluminación de Moggāllana, la cual, a su vez, una vez relatada, produjo la de Sāriputta (cfr. *Sutta Dighanakha*, *Nikāya Majjhima* 1.497-1.501). La cuestión decisiva sería, por tanto, determinar hasta qué punto el escepticismo entendido como filosofía crítica puede o debe proponer una tesis propia acerca de la realidad. Tomaremos, por un lado, el escepticismo de Sexto Empírico, y, por el otro, la *MMK* de Nāgārjuna. Procuraré demostrar que, a pesar de las apariencias, la motivación de esta última obra es la propiamente budista: proponer una teoría o visión de realidad. También me ocuparé de mostrar que hasta cierto punto podría decirse lo opuesto de la ambición de Sexto en sus escritos, aun concediendo –como teoriza Ignacio Gómez de Liaño– que la *MMK* esté influida por los *Esbozos pirrónicos* de Sexto Empírico.

Desde nuestro punto de vista, Sexto Empírico, un pensador de grandísima habilidad intelectual, tendió a ser un escéptico del primer tipo, a saber, de los que tienen la idea fija de que no deben existir ideas fijas, y por tanto de los que no cesan en su tarea de destrucción. Por muy valiosa que sea la destrucción (o la crítica), este tipo de escepticismo no se atreve aún a proponer un sistema propio susceptible de explicar el máximo número de aspectos posibles del mundo, acudiendo, como única forma de proposición afirmativa, a vaguedades tales como "el respeto por las costumbres". Podría afirmarse que la provisionalidad del conocimiento que Sexto Empírico pide a las teorías ajenas no es aplicada *en general* a su propia herramienta dialéctica, y en cambio sí se aplicaría *en concreto* a aquellas áreas donde ya se ha adquirido un conocimiento bastante seguro. En este sentido estaríamos asistiendo a un tipo de escepticismo limítrofe con el nihilismo. No obstante, el sistema dialéctico desarrollado por el escepticismo, incubado desde los comienzos de la filosofía griega, debe ser preservado por cualquier filosofía que quiera denominarse a sí misma *crítica*.

Y este fue precisamente el caso de Nāgārjuna, quien a nuestro juicio habría utilizado el armamento crítico del escepticismo más radical (si hubo o no influencia directa de Sexto sería una cuestión históricamente importante pero filosóficamente menos relevante), pero sin arredrarse a la hora de proponer una teoría (no absolutista) de la realidad. La diferencia entre una y otra posición es sutil, pero es decisiva. Pues la posición de quien no se atreve a proponer nada acaba cayendo en graves inconsecuencias, y, como se verá, no tiene más remedio que acudir a absolutos inefables e innombrables para explicarse. Sin sorpresa ninguna y dada la naturaleza eminentemente trituradora de la *MMK*, a menudo se ha tildado al propio Nāgārjuna de nihilista, a saber, de quien no propone nada y lo deja todo en suspenso para abrazar, eso sí, un vacío místico o un sustrato eterno del que nada puede decirse. Observamos una vez más hasta qué punto los dos extremos (absolutismo y nihilismo) se pertenecen mutuamente, y hasta qué punto resulta difícil avanzar una vía entre medias. Una vía que no podría consistir en una infinita suspensión del juicio, sino que, para ser verdaderamente medialista, tendría que proponer ella misma una teoría, solo que ya no concebida de modo absolutista o sustancialista.

La *MMK* no estaba guiada por la intención de dejarlo todo en suspenso y guardarse de proponer nada, sino de desustancializar todo concepto para proponer la misma teoría de la causalidad que propuso el Buddha: la originación dependiente. Percibir tal cosa se ha topado con la dificultad añadida de que una larguísima tradición del pensamiento ha ubicado, sin demasiada coherencia, a Nāgārjuna con el budismo *mahāyāna*, que es una tradición idealista, mística y absolutista. De ahí que solo pudiese explicarse su novedosísimo planteamiento como una criba total que no deja lugar a pensamiento ninguno para poder estrechar así absolutos inefables entre sus brazos. Pero esto solo puede sostenerse bajo el supuesto de no comprender la originación dependiente del Buddha y su idea de la libertad.

En definitiva, el término "escepticismo" se ha equiparado muchas veces con el extremo de lo que nosotros hemos optado por llamar nihilismo, y que en el budismo primitivo se denomina de diversos modos ("aniquilacionismo", "destructivismo"). Pero no siempre esta equiparación es válida, pues, como estamos viendo, el escepticismo puede tener tanto o más que ver con una aproximación a la realidad ante todo crítica y abierta, que no parte de la convicción de que "nada puede saberse" sino de que "nada puede saberse con certeza absoluta", operando así contra el extremo del dogmatismo "eternalista" o sustancialista.

Cuando en sus *Ensayos materialistas* (pág. 16) Gustavo Bueno dice que: «estos Ensayos quieren cultivar un género de Filosofía que no sea dogmática, pero tampoco escéptica», está utilizando la voz "escéptico" en el sentido nihilista antes aludido. En otras palabras, Gustavo Bueno está intentando abrir una vía media entre los extremos del dogmatismo y el nihilismo. Que este es su afán resulta evidente en el siguiente pasaje, que encaja con la idea que tenemos nosotros del budismo como teoría crítica, justamente por su adopción del medialismo y la originación dependiente como teoría de la causalidad:

> El materialismo filosófico lo entendemos aquí como el ejercicio mismo de la razón crítica filosófica, en tanto que, al desarrollarse como Ontología –general y especial–, se mantiene en un curso ininterrumpido de pensamientos que ni recaen en la metafísica –que aquí hacemos equivalente, prácticamente, al "monismo cósmico", a la "teoría del desarrollo progresivo de la realidad con el hombre como su fruto último"–, ni tampoco en el nihilismo –cuyas formas más frecuentes identificamos hoy como indeterminismo, acausalismo; la concepción, en suma, de que la Nada es el principio y el fin de la realidad o el pensamiento.[198]

Convendrá tener presente esta distinción entre las dos acepciones principales de escepticismo a la hora de discutir el papel que pudo tener el escepticismo griego en la evolución de la filosofía budista; en concreto, en la *MMK* de Nāgārjuna y en la interpretación que de esta obra hace Chandrakīrti. Pero también cabe tenerla en cuenta dentro de un ámbito más amplio de discusión filosófica; allí por ejemplo donde un psicólogo tan agudo como Nietzsche se dedica a despotricar contra el pirronismo por ser una filosofía niveladora, plebeyizante y despreciadora de todo lo excelente. Esta acusación es cierta si consideramos una estéril aplicación del método escéptico en el sentido nihilista y no verdaderamente purgativo, pero no lo sería cuando, persistiendo en la crítica, adelanta una teoría o sistema propio.

b. Crítica de las tres fuentes

Kalupahana ha argumentado que el Buddha miró con escepticismo (es decir, críticamente pero no nihilísticamente) las tres fuentes clásicas de sabiduría: la tradición, la contemplación mística y la misma razón. Creo que será ilustrativo citar algunos fragmentos de los *sutta* que indican cuál era el modo del Buddha de afrontar estas cuestiones.

> Hay cinco cosas que pueden tener un resultado doble en esta vida. ¿Qué cinco? El conocimiento basado en la fe, los gustos, la revelación, la reflexión superficial y la aprobación de una teoría sobre algo. [...] Incluso si escucho algo de la más profunda revelación (*svānussutam*), puede estar vacía, hueca y ser falsa, mientras que lo que no escucho mediante la más profunda revelación puede ser factual (*bhūtaṃ*), verdadero y no de otro modo. No es propio de personas inteligentes, guardadores de la verdad, el llegar categóricamente (*ekaṃsena*) a la conclusión (*niṭṭhaṃ*) en un asunto concreto de que esto y sólo esto es verdad y todo lo demás es falso. Si una persona ha escuchado [por revelación, tradición, o informe] algo, entonces al decir "esto es lo que he oído" guarda la verdad, en tanto que no llega categóricamente a la conclusión de que ello solamente es verdad y todo lo demás falso.[139]

Observamos en este fragmento un franco espíritu crítico que no toma exclusivamente ninguna de las afirmaciones de cualesquiera fuentes de conocimiento, pero que, sin embargo, tampoco las desecha, insinuando que puede contenerse en ellas mucha verdad. En contra de aquel tipo de escepticismo que habría que calificar de nihilista, es aparente en este texto que el Buddha piensa que la verdad existe y puede determinarse.

La razón no es tampoco un instrumento infalible. Un razonamiento impoluto puede, por ejemplo, no estar en consonancia con los datos empíricos, y ser por ello falso:

> Cierto maestro es un razonador y un investigador. Enseña una doctrina que es manifiesta y es el producto del razonamiento y la especulación. Pero en el caso de una persona que razona y especula, su razonamiento puede ser bueno o malo, verdadero o falso.[200]

De acuerdo con Kalupahana, esta crítica estaba dirigida a los racionalistas de su tiempo, que adelantaban teorías mediante el puro razonamiento (*takka*) o mediante argumentos de tipo lógico (*naya*) (ibíd., pág. 17). Asimismo, el Buddha se muestra crítico con aquellos que, a través de la práctica contemplativa y sus frutos, alegan tener la respuesta definitiva a los dilemas de la existencia. El Buddha sí afirma haber conseguido todos los conocimientos superiores que produce el misticismo,[201] pero no apoya la idea de que esta sea la única vía del conocimiento, ni tampoco que sea la más válida o determinante. Es extraño que, a menudo se haya pasado por alto el hecho de que, habiendo experimentado los estados de conciencia más elevados, explorados por otros maestros pretéritos y de su tiempo, el Buddha no llegase a la misma conclusión que ellos acerca del valor definitivo de sus descubrimientos. Mientras que casi todos entienden (dogmáticamente) la vía contemplativa interior como el único camino para alcanzar la verdad (absoluta), el Buddha cuestiona no solo la absolutidad de esa verdad, sino también la exclusividad de la ruta. Asistimos así a un revolucionario cambio de interpretación, en el que de las más sublimes experiencias místicas no cabe inferir toda una estructura de pensamiento filosófica monista y subjetivista (por ejemplo, *Ātman = Brahman*).

Así, pues, ser escéptico para el Buddha no significa considerar estas vías de conocimiento como inválidas. Por el contrario, las tres fuentes mencionadas son de tremenda utilidad para la liberación, solo que cuando son tomadas exclusivamente, es decir, cuando se intentan imponer como las únicas, conducen al error.

Por ello, en la línea de nuestra investigación en torno al escepticismo, Kalupahana se pregunta con razón:

> ¿Debe ser el budismo clasificado como escéptico porque enfatiza las limitaciones de todos los tipos de fuentes de conocimiento: la razón, la percepción, incluso la percepción extrasensorial? Aparentemente, no. Por el contrario, el énfasis en las limitaciones del conocimiento estaba destinado a prevenir que la gente cayese en las redes de las teorías especulativas (*diṭṭhijāla*) que proponían lo "no-existente" como "existente". El conocimiento de las cosas como verdaderamente son (*yathābhūtañāṇa*) consiste por tanto en conocer "lo que existe como 'existente', y lo que no existe como 'no-existente'" (*santaṃ vā atthīti ñassati, asantaṃ vā n'atthīti ñassati*).[202]

De nuevo, para responder a la pregunta de si el budismo es o no es una filosofía escéptica, todo depende de nuestra definición de "escepticismo". Lo que parece evidente es que las propuestas gnoseológicas del Buddha son críticas pero no nihilistas; racionales y experimentales, pero sin pretender que la razón o las percepciones sensoriales o místicas son infalibles. De hecho, los fragmentos citados indicarían que el Buddha tantea una especie de hermenéutica o *ciencia de la interpretación* para no caer en el exclusivismo de alguna de las fuentes del conocer. Si entendemos por "escepticismo" no sostener idea alguna (es decir, como nihilismo), entonces el budismo no es escéptico. Pero, en cambio, si aplicamos este epíteto a un intento más o menos sistemático de desarmar la presunta absolutidad de ciertas fuentes del conocimiento, entonces el budismo es ciertamente una filosofía escéptica. Sólo que no se detiene aquí, y, como repetirá Nāgārjuna tras el Buddha, establece una teoría general sobre el funcionamiento de las cosas.

En este sentido, no deja de sorprendernos el silencio del escepticismo de Sexto Empírico,[203] que muchos han entendido como la postura más consecuente y acorde con el medialismo. Sorprende porque un científico (un médico) como Sexto podría haber ido fácil y consecuentemente más allá de una mera "aceptación de las costumbres de la ciudad" y declarar que en efecto existen conocimientos muy seguros de la realidad concreta. No conocimientos absolutos, en el sentido de inmutables, y desde luego sujetos a una revisión a tenor de nuevas evidencias, pero sí muy evidentes: si te corto la cabeza, te mato. Y de la experiencia a la formulación (provisional) de un principio general no hay ni medio paso, puesto que, de hecho, cuando observamos la realidad concreta ya partimos de presupuestos o principios generales. Admitirlo no sólo *no* constituiría una afrenta a una filosofía crítica (escéptica si se quiere), sino que sería precisamente lo que pide la naturaleza del mismo pensar que utiliza.

El Buddha desarrolló una filosofía y una psicología basadas en el término medio entre el "eternalismo" y el "nihilismo" de una complejidad y coherencia extraordinarias. Su camino práctico de liberación incluye el respeto por la tradición, el uso de la razón y las prácticas contemplativas, pero no considera ninguna de ellas como definitivas, y mucho menos como mutuamente excluyentes. La iluminación no vendría por una estricta aplicación de la voluntad a estos tres caminos (respeto por la tradición, argumentos lógicos o absorciones contemplativas), sino más bien por un entendimiento correcto de las causas que nos atan *en este preciso momento*. De acuerdo con el Buddha, el apaciguamiento (*samatha*, pāli; *śamatha*, sánscrito) de las disposiciones (*saṅkhārā*) y la visión interior (*vipassana*, pāli; *vipashyana*, sánscrito), íntimamente relacionada con la sabiduría (*pañña*, pāli; *prajñā*, sánscrito), son las claves del camino hacia la libertad. Además, el Buddha reconoció como caminos posibles para un entendimiento correcto de la realidad el testimonio ajeno (*parato ghosa*) y la reflexión apropiada (*yoniso manasikāra*); lo primero siendo válido únicamente si es verificado mediante la propia experiencia (ibíd., pág. 20).

c. La influencia del escepticismo griego

Dado que el despliegue dialéctico de la *MMK* de Nāgārjuna contiene ciertas similitudes con los *Esbozos pirrónicos* de Sexto Empírico, resulta apropiado detenerse durante un momento en esta cuestión, más histórica que filosófica.

Ciertamente, la novedad del planteamiento de la *MMK* en el horizonte de la filosofía budista conduce a plantearnos si es posible que su autor tomase algunos de sus elementos de otra parte, puesto que, como resume el Gómez de Liaño tras una larga marcha por las rutas de conexión entre Grecia y la India:

> Los paralelismos y convergencias que hemos ido mostrando en las páginas anteriores tuvieron que facilitar la introducción, dentro del budismo, de las ideas filosóficas y religiosas procedentes del mundo griego antiguo cuando, desde la segunda mitad del siglo IV a. C., la hegemonía griega se hace sentir en el noroeste de la India y, a partir del siglo I d. C., los romanos estrechan sus relaciones comerciales y políticas con diversas regiones del subcontinente. [...] El camino que pudieron seguir las ideas de esta clase no plantea el menor problema: por donde circulan artistas, astrónomos, comerciantes y mimos pueden ir también filósofos y misioneros. [...] En los siglos I y II d. C. un año bastaba para hacer un viaje de ida y vuelta entre Alejandría y la India, y aún sobraban un par de meses para viajar por el país. Sería, además, poco creíble que, dándose, como se dio, entre los budistas un interés tan acusado por la estética grecorromana, se desinteresasen de los desarrollos filosófico-religiosos, tan vivos en el mundo helenístico-romano en una época en la que el budismo sentía la acuciante necesidad de reformarse. Al igual que los cristianos, cuando de Palestina salieron a la conquista del Imperio, tuvieron que repensar en claves filosóficas helénicas su mensaje, los budistas también se vieron abocados a efectuar una operación semejante.[204]

En concreto, la exhaustiva investigación realizada en *El círculo de la sabiduría* palpa la idea de que el autor de la *MMK* conoció el trabajo de Sexto.[205] Algo más adelante, refiriéndose específicamente a escépticos griegos y *mādhyamikas*, Gómez de Liaño escribe:

> El cúmulo de coincidencias que se observan entre los académico-pirrónicos y los madhyamikas difícilmente puede ser casual ni el fruto de un "desarrollo paralelo", como no son casuales ni el fruto de un desarrollo paralelo el arte de Gandhara, la lógica de los Nyayasutra y tantos otros aspectos de la astronomía y la astrología indias. [...] Pero si todavía alguien desea mantener la tesis de que las semejanzas ideológicas de madhyamikas y académico-pirrónicos son casuales, entonces debería demostrar por qué se ha producido tal casualidad sólo en este caso y no en otros, pues el carácter excepcional y singular de la coincidencia requeriría una explicación.[206]

De la mano de Gómez de Liaño vamos a examinar brevemente algunas de las posibles influencias de la obra de Sexto sobre la de Nāgārjuna que, a mi modo de ver, no están decisivamente demostradas. Para no exagerar el papel que podría haber jugado el escepticismo griego en la *MMK* (influencia con la que Kalupahana, por ejemplo, no está de acuerdo, por innecesaria, como me hizo saber en correspondencia personal), no debemos olvidar la existencia de los *Tratados del Abhidhamma*, que en Occidente todavía conocemos tan poco y que Nāgārjuna sin duda conoció al dedillo. En ellos encontramos el mismo intento desustantificador que hallamos en la *MMK* y con un grado de elaboración filosófico y conceptual muy parejo. La opinión de Kalupahana es que bastaría conocer la tradición *abbhidhamika* para elaborar un tratado filosófico como la *MMK*. Mas ello no impide que acariciemos la hipótesis de un nada improbable viaje de su autor a la Alejandría del siglo II d. C.

Ante todo es necesario precisar que, para esbozar los paralelismos filosóficos y literales entre estos dos trabajos, Gómez de Liaño ha tomado como referencia los comentarios de Chandrakīrti a la *MMK* en su *Prasannapadā*, y no la misma *MMK*. La implicación de esta elección es doble: por un lado, filosófica, pues como hemos visto no pueden identificarse sin más las intenciones de estos dos filósofos budistas, aunque sea costumbre ancestral hacerlo; por el otro, histórica, puesto que sorprendería menos encontrar citas incluso literales en los comentarios de Chandrakīrti, cuya obra es varios siglos más tardía que la de Sexto, que en Nāgārjuna, quien es prácticamente su contemporáneo. Esta sería una segunda razón por la que los paralelismos que establece Gómez de Liaño entre Sexto y Nāgārjuna no son decisivos, si bien cobran mucha más verosimilitud cuando las correspondencias se realizan con el muy posterior Chandrakīrti.

El símil del purgante, una de las primeras similitudes que propone Gómez de Liaño (ibíd., pág. 214), es un buen ejemplo de lo que digo, pues aunque efectivamente aparece en el *Prasannapadā*, a tenor de la idea esbozada en la *MMK* de que aquel que sostiene la vacuidad como una doctrina dogmática es alguien incurable, no aparece en la propia *MMK*. Chandrakīrti viene a argumentar, en buena lógica escépticomédica, típica sin duda de Sexto, que la vacuidad (*śūnyatā*), como la *epojé*, es como un purgante. En cualquier caso, aun concediendo que Nāgārjuna y Chandrakīrti tienen una visión filosófica idéntica, el símil es utilizado sólo por este último. La influencia del pirronismo sobre la *MMK* no queda en este punto establecida.

Algo parecido sucedería con el ejemplo de la serpiente y la cuerda, un símil que ha hecho famoso el budismo pero que, según Gómez de Liaño, proviene del pirronismo, en concreto de la Academia Nueva de Carnéades (siglo II a. C.) (ibíd., pág. 215). El símil ya lo hemos mencionado de pasada: un hombre está atemorizado al ver algo en la oscuridad con forma de serpiente, y no es hasta que se hace la luz que tal hombre despierta a la realidad de que la serpiente no era más que una cuerda. Este símil del despertar no es propio de la *MMK*, pues juega con la dicotomía realidad-ilusión de un modo extraño a esta obra, por más que una larga tradición de idealismo filosófico la haya querido interpretar en estos términos. Más tarde, siguiendo la estela del motivo de la serpiente, Gómez de Liaño tal vez se apresura con su hipótesis de que la mención de una serpiente en otro verso de la *MMK* podría haber venido sugerida por el segundo tropo de Enesidemo (citado por Sexto en sus *Esbozos pirrónicos*, Libro I, 183), puesto que en este contexto el símil de la serpiente proviene con toda claridad de los *sutta* (por ejemplo, en el *Sutta Alagaddupama* en *Nikāya Majjhima*, 22), donde se compara el *dhamma* o las enseñanzas budistas con una serpiente, en el sentido de que puede agarrarse tanto diestra como negligentemente, y en este último caso ser mordido. Sería, pues, un símil para indicar el engaño o la confusión que produce una mala interpretación de la doctrina.

De otro ejemplo, el de la muñeca, dice Gómez de Liaño: «Del ámbito cultural griego procede otro símil que aduce Chandrakīrti, tomándolo del *Vinayapitaka*, que pasa por ser una de las colecciones de textos más antiguas del budismo» (ibíd., pág. 217). Esta frase es confusa. El ejemplo que utiliza Chandrakīrti tiene que provenir o bien de la *Piṭaka Vinaya*, que es efectivamente la Cesta más antigua budismo y muy anterior a la conquista de Alejandro (por lo que no podría haber influencia griega), o bien lo toma Chandrakīrti de fuentes griegas. Ambas cosas no podrían ser a la vez. Y en todo caso nada dice acerca de su influencia sobre Nāgārjuna.

El ejemplo del fuego y el combustible como un símil especialmente indicado para explicitar lo inextricable de la relación entre la causa y el efecto que cita Gómez de Liaño algo más tarde (ibíd., pág. 218) bien podría haber sido adoptado por Nāgārjuna del escepticismo griego, puesto que lo utilizaron a menudo (aunque su origen parece remontarse más bien al *Timeo* platónico [57]), pero tampoco hay pruebas definitivas al respecto.

En general, Gómez de Liaño se fija más bien en las coincidencias temáticas y no tanto figurativas o literarias, acerca de las cuales hace un estudio muy detenido. Nosotros no podemos seguir sus pasos punto por punto, con los que a grandes rasgos, y con las salvedades ya hechas acerca del escepticismo nihilista o genuinamente medialista, estamos de acuerdo. Sí quisiera mencionar tan solo que es cuestionable su tesis de que el enfoque del problema de la causalidad en el capítulo 1 de la *MMK* proviene de la concepción aristotélica de las cuatro causas. Pensamos que, por el contrario, procede de la vieja crítica budista de la causalidad de las "cuatro esquinas" (*catuṣkoṭi*), idea que filosóficamente concuerda más con el texto y que es históricamente mucho menos rebuscada. Estas salvedades no obstan para que encontremos, tanto en expresión como en doctrina, muchas coincidencias entre pirrónicos y *mādhyamikas*.

En conclusión, aunque una influencia del escepticismo griego en la *MMK* no puede descartarse completamente, es poco probable. Sí es posible o casi segura en Chandrakīrti, y probada la influencia helena en el *mahāyāna*, algo que es de una importancia difícil de exagerar en la teoría mahayánica de las dos verdades, que sin duda refleja la teoría helénica de las dos naturalezas, del mismo modo que influyó también de forma tan decisiva en el **PII** del cristianismo (Concilios de Nicea y Calcedonia). No obstante, hemos de aguardar a conocer mejor el canon budista temprano (a saber, la *Tipiṭaka*), del cual sabemos sin duda que se sirvió Nāgārjuna, para determinar hasta qué punto hubo una influencia foránea en la *MMK*.

d. Crítica del escepticismo

Aunque Gómez de Liaño ha calificado a Sexto Empírico de "medialista acérrimo" (ibíd., pág. 138), no resulta claro que la tarea que este se propone sea la de desustantificar conceptos para mostrar su validez en tanto que originados dependientemente, que sería la única manera de entender la vía intermedia entre el eternalismo y el nihilismo. Más bien se diría que Sexto se propone arrojar dudas sobre *todo* conocimiento, sin que, por otro lado, esa misma duda metódica sea aplicada a su propia exposición. Es decir, la suspensión del juicio debe ser asimismo suspendida (a la *epojé* hay que aplicar una *epojé*; a *śūnyatā*, *śūnya*), o de lo contrario la destrucción conceptual se hipostasía y sustancializa. De acuerdo con el Buddha y Nāgārjuna, la desustanciación de la suspensión del juicio implicaría una afirmación acerca de la realidad, aunque ahora desustancializada, no dogmática.

Este es para nosotros el eje filosófico que determina si la criba escéptica es nihilista o medialista. En el contexto de la historia de la filosofía budista es importante notar que, dado que la mayor parte de los estudios budistas hasta la fecha han pensado al Nāgārjuna de la *MMK* como un escéptico más bien del tipo de Sexto (o Chandrakīrti) –quienes no adelantan teoría propia alguna–, la "vacuidad de la vacuidad" chandrakirtiana fue aprovechada para la proposición de una teoría absolutista de la realidad, como si esta fuese la única opción posible. Por ello, muchos críticos y estudiosos budistas de la actualidad creen necesario compensar la supuesta vaciedad doctrinal del *mādhyamaka* con teorías absolutistas de la realidad. Es así como el profesor Gajin Nagao justifica lo imperativo de una confluencia del *mādhyamaka* nagarjuniano con el *yogācāra*. Según este autor, la filosofía *mādhyamika* basada en Nagarjuna «fue llevada a su plenitud con el Yogacara, especialmente en los trabajos de Asanga y Vasubandhu (v d. C.). Complementan la filosofía del *sunyata* con varias teorías positivas como la teoría de la solo-conciencia, las tres naturalezas, el cuerpo del Buddha, etcétera. Las teorías del Yogacara son "positivas" porque mediante la aceptación de la idea negativa de *sunyata* como un todo, el Yogacara estableció el aspecto afirmativo de *sunyata* (*abhāvsya bhāvah*)».[207] Y el sistema filosófico del *vajrayāna* se basa precisamente en este supuesto, aunque tiene antecedentes en el propio Chandrakīrti, como queda patente en el hecho de que la ortodoxia del budismo tibetano haya tomado la interpretación *prāsaṅgika* de este autor como su base. Las discusiones internas del *mādhyamika* tardío (es decir, postnagarjuniano) se enredan así en la cuestión de hasta qué punto es admisible proponer algo; con Chandrakīrti, por un lado, abogando por un *no* que se ve obligado a tantear el absolutismo inefabilista para poder ser consonante con el hecho incuestionable de que el budismo propone algo, y con Bhāvaviveka, por el otro, quien parece haber querido rescatar la teoría general de la originación dependiente como la articulación precisa de la vía media puesta en marcha por el Buddha, Mogalīputta-tissa y Nāgārjuna.

Tal vez ninguna corriente filosófica del Occidente antiguo se ha acercado tanto a un proyecto filosófico desustanciador como el escepticismo griego. No en vano los parecidos con Nāgārjuna son tan sobresalientes. La idea de que «nada tiene una naturaleza o ser autosubsistente o, mejor (para decirlo con un "medialista" estricto como Sexto), que lo mismo podemos afirmar como negar que la tienen o que no la tienen» (Gómez de Liaño, ibíd., pág. 177) tiene resonancias con la intención originaria del Buddha cuando estableció *anatta* (no-sustancia) como uno de los Tres Sellos de la Existencia, o cuando habló críticamente de los que sostienen tanto el ser como el no-ser. No obstante, el Nāgārjuna de Gómez de Liaño, quien sigue al mahayanista Edward Conze y a la interpretación clásica de Chandrakīrti que retoman Tola y Dragonetti, es equivalente a Sexto Empírico (si bien considera a este último superior a Nāgārjuna y Chandrakīrti en claridad expresiva y exhaustividad), y por ello desde nuestra perspectiva desdibuja la diferencia esencial entre la afirmación de una teoría cabal (desustanciada y desustantificadora), y el rehusar a hacer algo semejante, que puede acabar tanto en el silencio místico, el inefabilismo filosófico absolutista, como en la ambigüedad acrítica del "respeto por las leyes y costumbres" sextiano. La confusión entre ambas cosas no sorprende si partimos de que la teoría general de la originación dependiente no se ha entendido como una explicación coherente, racional y empírica del mundo (y del yo).

Sería necesario, pues, rebatir la tesis de que un medialista o «un madhyamika riguroso no se debe permitir sostener ninguna tesis propia» (ibíd., pág. 208). Al contrario, no sostener tesis propia (dejando aparte la cuestión de que tal cosa puede y debe entenderse como una tesis) permite la introducción, o bien de un elemento ontológico absoluto y trascendente (como en algunas versiones más antiguas del escepticismo, que iban asociadas a ciertos *mysteria* tras ejercitarse la purga dialéctica, y tal como será más tarde en el *vajrayāna* budista), o bien de una eterna suspensión del juicio que conduce al nihilismo. En contraposición a la interpretación *prāsaṅga* del *mādhyamika* y al escepticismo radical de Sexto, el Buddh,a y con él Nāgārjuna, sí propuso una teoría filosófica consecuente, un sistema de ejercicios prácticos para ponerla a prueba y una serie de preceptos éticos que le dan vida. Por así decir, en Occidente el escepticismo no llegó hasta las últimas consecuencias: no elaboró la vía media que implican sus presupuestos de crítica y afirmación. No avanzar ninguna teoría propia resulta, en realidad, absurdo, pues todo decir tiene sus fundamentos, aunque estos sean originados dependientemente, o, por decirlo con el tropo escéptico por excelencia, aunque todo es "con relación a algo". Es aquí donde se cae el edificio chandrakirtiano pues, por un lado, afirma no sostener punto de vista propio alguno, y, por otro lado, dice admirar como centro de su exposición la causalidad u originación dependiente, que es *sin duda* un punto de vista... uno por en medio y evitando los extremos, pero punto de vista al fin. La inconsecuencia de Chandrakīrti permitió una progresiva disolución del concepto de la originación dependiente que ha llegado hasta hoy, con su plétora de interpretaciones mistificantes.

Si la idea-guía de Sexto es utilizar el escepticismo como terapia, como «medicamentos purgantes», que «no sólo expulsan del cuerpo los humores orgánicos, sino que se expulsan a sí mismos junto con esos humores»,[208] resulta incomprensible que no cayese en la cuenta de que lo que permanece todavía es el cuerpo del enfermo curado, que merece descripción y aun explicación (causal). Observamos así que en muchas ocasiones Sexto mantiene la suspensión del criterio como un criterio, sin dejar claro en qué sentido lo es y en qué sentido no, ofuscando la vía de en medio.

> Si, por tanto, la demostración no es ni evidente ni probatoria de lo evidente, ni desconocida de lo desconocido, ni desconocida de lo evidente, ni evidente de lo desconocido, y, fuera de estas alternativas, dicen no saber más, *debemos afirmar* que nada es la demostración.[209]

Nāgārjuna nunca afirmaría nada semejante. En esta cita de Sexto encontramos una afirmación de lo negativo que choca, para empezar, con la suspensión del juicio, pero sobre todo con su corolario filosófico, que sería, en términos de Sexto, la admisión de la demostración como, por lo menos, convencionalmente válida. Que Sexto añada después que la posición escéptica aduce que se deja la cuestión abierta con respecto a si la demostración es posible («nosotros, por nuestra parte, afirmamos que no más existe que no existe») no sólo es algo contradictorio con lo anterior, sino que implica que más tarde habría que hacer un análisis –que aquí falta– acerca de en qué sentido existe y en qué sentido no.

Muchas veces ocurre que el análisis escéptico de Sexto se refiere a algo muy distinto de lo que acusa a su supuesto oponente, como en el caso de si es posible la definición (Libro II, Capítulo XVI). Sexto dice que la definición es absurda porque:

> Si quien desconoce lo que hay que definir no es posible que lo defina al no conocerlo; pero quien lo conoce no lo define luego por haber conocido lo definido a través de la definición, sino que elabora la definición por haberlo comprendido previamente, en cuyo caso la definición no es necesaria para la comprensión de la cosas. Y puesto que si queremos definirlo absolutamente todo, no definiremos nada a causa del regreso al infinito; pero, por otra parte, si admitimos que ciertas cosas pueden comprenderse aun sin definición, estamos reconociendo que las definiciones no son necesarias para la comprensión –ya que podemos comprenderlo todo al margen de las definiciones, del mismo modo en que hemos comprendido las cosas que no han sido objeto de definición–. Por tanto, o no definimos nada en absoluto [para no caer en el regreso al infinito] o afirmaremos que las definiciones no son necesarias.[210]

Además de pasar por alto que la definición es imprescindible en el mundo convencional, pues sin ella no habría comunicación alguna, la definición no tiene por qué entenderse necesariamente en el sentido de Sexto. La definición puede ser una instancia aproximada a una realidad por concretar, que con el tiempo adquiere más o menos relieve; o puede ser también la necesidad misma de la expresión de una verdad. Es decir, depende de la definición de "definición". El juego lógico que aquí propone Sexto tiene una aplicación muy reducida, y arroja sólo media luz al problema del conocimiento, si bien con ella aprendemos de paso de qué modos puede escudarse el nihilismo.

En definitiva, si el escepticismo griego hubiese seguido consecuentemente la máxima (el Tropo Generalísimo) de que "todo se produce con relación a algo", acaso se hubiese detenido a determinar justamente esas relaciones, en lugar de arrojar una sombra de sospecha sobre *toda* relación causal (cfr. Libro I, 180). Esto procede recordarlo porque precisamente en contextos de tipo espiritual –como el budista– se pretende que la dialéctica destructora apunta a que no hay causalidad justamente como método de aprehensión de lo absoluto. Pasajes de Sexto como el del Libro III, 29, y tantos otros, no constituirían una crítica a la causalidad, sino tan solo a la sustantificación de la causalidad en sus diversos modos, si no fuese porque su análisis no prosigue el desarrollo que demanda el "todo es con relación a algo": un examen de esas relaciones precisamente, y el valor que tienen para la libertad. Por ello, la impresión que resta es de nihilismo.

Por último, ¿en qué consiste esa "paz" (*ataraxia*) a la que se refiere Sexto, que es en teoría el resultado final de sus disquisiciones? ¿Cómo se mantiene? ¿Qué camino práctico debe tomarse para conseguirla? Sin duda, los ejercicios dialécticos por sí mismos no pueden ser la respuesta. ¿Cómo se define tal filosofía práctica? ¿No se trata de algo válido, positivamente afirmado, que uno ha de ejecutar para lograrlo? Sexto parece pasar esto por alto, literalmente no proponiendo nada al respecto. Ya señaló Kierkegaard[211] que la *ataraxia* de los griegos es un arma de doble filo, pues fácilmente se convierte en puro virtuosismo intelectual que, en lugar de enfrentar la existencia, se evade de ella. Con más tino todavía escribía en sus *Papirer*:

> Donde realmente se debe coger a los escépticos es en lo ético. Desde Descartes se ha pensado que durante el período en que dudaron no se atrevieron a expresar nada definido relacionado con el conocimiento, pero que por otro lado se atrevían a actuar, porque en este respecto les valía la mera probabilidad. ¡Qué contradicción tan enorme! Como si no fuese mucho más horroroso hacer algo sobre lo que uno duda (y así incurriendo en responsabilidad) que proponiendo una afirmación. ¿O era porque lo ético era en sí mismo seguro? Pero entonces habría algo a lo que la duda no podía llegar.[212]

e. Actualidad del escepticismo

No obstante ser una filosofía prodigiosamente elaborada, la crítica al escepticismo ha sobrevenido por todos los flancos. En su *Investigación sobre el entendimiento humano*, Hume, quien escribiría más tarde un excelente ensayo específicamente dedicado al escepticismo,[213] argumenta que este sólo puede llevar al letargo: «¿Qué se propone el escéptico con todas sus curiosas investigaciones?»,[214] pregunta. Mas lo cierto es que contra el pirronismo Hume adujo un argumento parecido al que había forjado el propio Sexto Empírico: «El gran subvertidor del pirronismo, o del exceso de principios del escepticismo, es la acción, el empleo y las ocupaciones en la vida común» (Sección XII, Parte II, 126).

El análisis escéptico es puro artificio si no se adelanta una hipótesis, pues el propio método utilizado está sustentado sobre un conocer lógico y empírico que se da por supuesto, aunque no quiera revelarse. Ni el escepticismo ni Hume concibieron que la razón por la que podemos dar cosas del mundo cotidiano por seguras no es la razón abstracta (que es subjetividad pura), la costumbre (que no puede ser crítica, ni tampoco mínimamente objetiva) o el ajuste empírico (donde no hay transmisión de valores y significados), sino la consonancia intersubjetiva entre sujetos que parten de su mutua interacción cuando dan a conocer sus ideas sobre distintos objetos.

En todo caso, el escepticismo no es una mera "vieja" cuestión de la filosofía. Toca una de las fibras más vibrantes de la filosofía de los siglos XIX y XX con el advenimiento del nihilismo y la crisis de la razón. La cuestión de hasta qué punto la razón se destruye a sí misma fue uno de los motivos de reflexión de Nietzsche o de Horkheimer/Adorno, que han tenido una enorme influencia en toda la filosofía de la Europa continental, y que, a mi modo de ver, no han encontrado una respuesta a la altura hasta la concepción de un paradigma de entendimiento intersubjetivo que ha producido Jürgen Habermas. La "vacuidad de la vacuidad", o la suspensión del juicio sobre la suspensión del juicio, en tanto que supone avanzar una tesis propia no dogmática, sería la antesala de un programa intersubjetivo de razón comunicativa como el que propone Habermas, allí donde se encuentra sentido en la «fuerza no-forzada del consenso bajo las restricciones y limitaciones de un mundo en cooperación».[215]

Aunque durante mucho tiempo, particularmente para la colisión filosofía griega/cristianismo, el escepticismo se ha considerado un peligro, hoy estamos en condiciones de distinguir en él entre el afán crítico de desvelar el sustancialismo de ciertas teorías y asertos, y un nihilismo improductivo. No deja de ser cierto que las lecciones que venimos aprendiendo de la ciencia y del carácter constructivo (dialéctico, si se quiere) del conocer, generado por una razón que tiende alternativamente al consenso y la crítica y que aspira a adecuarse a los datos de la experiencia, implican muchos de los puntos neurálgicos de los sistemas escépticos clásicos. Así, la *ataraxia*, además de la paz interior de desprenderse de los apegos psicológicos que fueren, sería el resultado de haber descompuesto la sustancialización de esta o aquella teoría, siempre y cuando estemos dispuestos a desustancializar la propia desustancialización, para de este modo no caer en el dogmatismo nihilista y cultivar la libertad. La discusión articulada por Sexto sobre la *epojé* es aplicable a cualquier campo de investigación científico como método de desabsolutizar sus descubrimientos, allí donde impera la creencia –más bien de tipo mítico– de que estos ya no podrán dar paso a otros nuevos, o de que no tienen un origen determinable.

Así, pues, asumiendo que entendemos escepticismo como medialismo, cabría matizar su proyecto general con la idea de que las construcciones (subjetivas, intersubjetivas, objetivas e interobjetivas) exitosas tenderán a repetirse (transformadas) en el futuro, y que de este modo se produce una transmisión de conoceres. De cara a lo que desarrollaremos en la Parte IV de esta obra, ahora nos interesa llamar la atención sobre la idea de que un paradigma de entendimiento intersubjetivo entronca con el meollo escéptico en tanto que medialista, y que algo parecido a una vía media entre el dogmatismo eternalista y el nihilista es imprescindible incorporar a nuestro bagaje gnoseológico, del mismo modo que la ciencia apretó en su día las tuercas de la exactitud y el rigor en la observación, desterrando así supersticiones o ideas superfluas o inadecuadas.

V. LOS SEGUIDORES DE NĀGĀRJUNA

La historia del *mādhyamaka* después de Nāgārjuna transcurre a lo largo de varios siglos de esfuerzo escolástico y sistematizador, que más tarde enlaza con otras escuelas o tradiciones independientes del budismo, como la *yogācāra* o el tantrismo. En esta sección trataremos tan sólo uno o dos de sus episodios principales. Hablaremos en primer lugar de Āryadeva (siglo II-III d. C.), el primer discípulo conocido de Nāgārjuna (con otro nombre, al menos); y en segundo lugar tocaremos la polémica entre Buddhapālita (siglos V-VI d. C.) y Bhāvaviveka (siglo VI d. C.), por la que más tarde (siglos VI-VII d. C.) Chandrakīrti tomará partido a favor del primero, sentando la base de una ortodoxia filosófica de cuño indio, aunque desarrollada y consolidada históricamente sobre todo en el Tíbet.

Para destacar los escritos de Āryadeva, fácilmente eclipsables por la creciente fama de Nāgārjuna, cierta leyenda (tibetana) coloca al primero en un escalafón aún superior, tras haberlo derrotado supuestamente en cierto debate.[216] Esto indicaría que, al menos cuando se concibió esta leyenda, ya existía una diferencia notable entre el ideario de uno y de otro. Si se dio tal diferencia originariamente es una cuestión que debemos dejar abierta por el momento, hasta que una historiografía más objetiva y un análisis literario más pormenorizado aporten más datos. Existen claras indicaciones, no obstante, de que este discípulo de Nāgārjuna, si bien tomó algunos motivos de la *MMK* –como el método crítico–, se separó de la filosofía de la vía media para conectar con el incipiente espíritu del *mahāyāna*. En cuanto al resto de la leyenda de Āryadeva, salvo el hecho de que se enfatiza una lucha contra personificaciones varias del panteón hindú mediante todo tipo de artificios mágicos, su interés no es grande para nuestros propósitos.

Las dificultades de una atribución correcta de trabajos a Āryadeva son, hoy por hoy, insuperables. El canon tibetano le atribuye diecinueve obras que incluyen *tantras*, cosa cronológicamente imposible. De acuerdo con algunos budólogos modernos existen además dos Āryadevas (un autor con el mismo nombre y otro con el nombre tibetano de *'phags pa lha*), pero a los dos se les atribuye obras tántricas.[217] El autor del famoso *Tratado de las cuatrocientas estrofas* (*Catuḥśataka*) debe ser distinto, dicen algunos críticos, que el de todas las obras del tantrismo asignadas a cualquiera de los dos Āryadevas, pero al menos otras dos obras podrían ser del mismo autor. Uno de esos trabajos (*Los cien*) solo se encuentra en chino, y el otro, llamado *Las cien sílabas*, que es una refutación de los sistemas filosóficos indios Sāṃkhya y Vaiśeṣika,[218] el canon chino lo atribuye a Āryadeva mientras que el tibetano lo hace a Nāgārjuna. La relevancia de *Las cuatrocientas estrofas* se debe, cómo no, a que Chandrakīrti realizó un comentario de la obra, pero esto no garantiza ni que esta obra pertenezca al mismo autor que tantas otras, ni que exista una solución de continuidad entre ellas, o una de ellas, y la *MMK*.

Topamos, pues, con todas las dificultades histórico-filosóficas que observamos en la sección dedicada a las obras asignadas a Nāgārjuna, sólo que aquí elevadas al cubo: distorsiones doctrinales, transcripciones probablemente descuidadas, selección del material, devenires históricos imprevisibles, mutilaciones, traducciones sin fecha, desprecio por la autoría personal, y en general un vasto desconocimiento (nuestro) de los procesos histórico-filosóficos de una época muy fecunda tanto en número como en cualidad de textos. Por ello, y porque se escapa bastante del eje central de esta investigación, no quiero entrar en más detalles sobre este autor. Sí anotaré uno o dos puntos que reflejan hasta qué punto las ideas de Āryadeva difieren de las expuestas en la *MMK*. Uno de los más llamativos es la entrada en escena del *bodhisattva*. Dice Warder:

> Al contrario que Nāgārjuna, Āryadeva pone al *bodhisattva* al frente, presentando el budismo como el camino del *bodhisattva*. Aparte de esta diferencia de relieve en la presentación (puesto que Nāgārjuna nada tiene que ver con el *bodhisattva* y la meta de alcanzar la Budeidad, sino que habla del nirvana y el sendero óctuple), sus trabajos pueden considerarse (como su escuela los consideró) un suplemento al de Nāgārjuna.[219]

La continuidad o suplementariedad entre la obra de ambos autores es discutible, o creo que todavía puede discutirse, pero la primacía del *bodhisattva* en Āryadeva, que anticipa el trabajo clásico de Śāntideva (siglo VII d. C.), el *Bodhicharyavatara*, parece segura. Tanto es así que Chandrakīrti –pasando por el filtro de una traducción, a su vez comentada, tibetana– tradujo *Las Cuatrocientas Estrofas acerca de la Vía Media* con el subtítulo de *Actos Yóguicos de los Bodhisattvas*. De acuerdo con los traductores ingleses de la obra, que siguen la tradición tibetana, y por tanto a Chandrakīrti, Āryadeva escribió este texto como suplemento a la *MMK*, y, aunque no existía todavía algo parecido a la aproximación *prāsaṅga* (reducción al absurdo de toda afirmación) de Chandrakīrti, habría supuestamente coincidido con ella. Como hemos dicho ya, si tal cosa es cierta o si más bien Āryadeva se mantuvo fiel a la filosofía medialista de Nāgārjuna no vamos a tratarlo aquí, pues requeriría un análisis preciso de su obra y de su contexto histórico-filosófico. En todo caso, la traducción que se nos ofrece –vía Chandrakīrti– de esta obra tiene un acento fuertemente mahayánico, pues parte de la supuesta división nagarjuniana entre la verdad absoluta y la relativa. El camino del *bodhisattva* sería el de la verdad relativa y la acumulación del mérito para algún día alcanzar "la Budeidad".

Más interesante es el debate que se produjo alrededor del siglo V d.

C. entre dos *mādhyamika*: Buddhapālita y Bhāvaviveka, también conocido como Bhāvya. Dado que gran parte de la información que se nos brinda pertenece al lado vencedor representado por Chandrakīrti y su partido por Buddhapālita, y aunque en los monasterios del Tíbet se sigue simulando este y otros debates filosóficos parecidos para pulir la agudeza en la argumentación filosófica (y de paso consolidar el dogma), algunos de los perfiles de uno y otro sistema resultan algo borrosos. Que yo sepa, Kalupahana[220] ha sido el primero en acariciar la posibilidad de que Bhāvya (representante de la escuela *svātantrika*, que Kalupahana traduce como "positivista")[221] estuviese más cerca del espíritu medialista nagarjuniano que su oponente Buddhapālita y que el propio Chandrakīrti (*prāsaṅgika*, habitualmente traducido como "consecuencialista" porque de la posición del oponente siempre saca una "consecuencia necesaria" para poder refutarla)[222]. No obstante, su observación no deja de ser una sugerencia que debe ser desarrollada con más rigor bajo la luz de la originación dependiente y otras enseñanzas del Buddha histórico.

Lo que sí parece claro es que Bhāvaviveka (quien, por cierto, había adoptado la lógica de Dignāga –siglo V d. C.–, el gran lógico formal de la vía media)[223] percibió en los escritos de Buddhapālita una tendencia al nihilismo, en el sentido de que la interpretación de Nāgārjuna que tenía este último apuntaba a la antihipótesis de un budismo entendido como una filosofía de no visiones o no proposiciones. Por esta razón sería recogida por Chandrakīrti, y asimismo por lo que este criticó a Bhāvaviveka. Mas, como hemos visto, esta subescuela del *mādhyamaka* se separa de las enseñanzas originales del Buddha histórico en cuanto este enseñó y propuso no solo cosas muy concretas en los ámbitos ético y espiritual, sino también una teoría filosófica universal. En este sentido, la idea de Bhāvya de que detrás de la *catuṣkoṭi* (o *tetralemma*) hay una afirmación parece mucho más consonante con la teoría de la originación dependiente budista. La *catuṣkoṭi* fue, tanto en el Buddha como en Nāgārjuna, una crítica lógica a los cuatro posibles extremos epistemológicos (ser, no ser, ambos o ninguno) para proponer así una vía media. La interpretación de Chandrakīrti, en cambio, siguiendo a Buddhapālita y también a escépticos del corte de Sexto Empírico, es que no se puede ir más allá de *catuṣkoṭi*, es decir, que no es posible proponer hipótesis alguna, no notando que esto ya es en sí mismo una hipótesis y que una *reductio ad absurdum* radical de todo aserto únicamente puede conducir a un nihilismo sólo superable mediante la introducción de alguna suerte de absoluto que lo corrija. Este absoluto será el Vacío (*śūnyatā*) del *mahāyāna*, una combinación de absoluto ontológico y de experiencia/no experiencia (subjetiva) última. Tal concepción habría partido del *Madhyamakāvatāra* de Chandrakīrti, y habría sido después desarrollada mediante la confluencia de otras corrientes típicas del *mahāyāna* como el *vijñānavāda*, si bien Chandrakīrti fue crítico con esta última escuela por proponer una hipótesis (absolutista) afirmativa.

Acerca de Chandrakīrti hemos dicho ya muchas cosas, y en los próximos dos capítulos tendremos todavía oportunidad de aportar algo más. En lo que sigue esperamos tan solo dejar su posición lo más clara posible y hallar el origen de lo que para nosotros fue su error. Para empezar, Chandrakīrti confundió las categorías estrictamente gnoseológicas (teoría del conocimiento), que el Buddha utilizó para diferenciar entre el hecho empírico de la causación y la teoría abstracta de la causalidad, con determinaciones ontológicas. Se ve, por ello, obligado a empujar el ya mencionado verso nagarjuniano acerca de las dos verdades a una interpretación metafísicamente absolutista y, en el fondo, no antisustancialista. Y dado que el verso de la *MMK* tiene que ver con el logro de la libertad, el enlace con una noción asimismo absolutista de la Iluminación queda logrado, o al menos anticipado. No será extraño, pues, que posteriormente existan tantos intentos de entroncar este confuso cúmulo de ideas con escuelas absolutistas e idealistas del *mahāyāna* como la *vijñānavāda*.

Veámoslo con algo más de detenimiento. Chandrakīrti sostiene que «los principios no ocurren en realidad, y por tanto ni cesan ni se originan».[224] Aquí topamos con un asunto ya examinado en nuestra crítica de la atribución de obras a Nāgārjuna: dependiendo de lo que se entienda por "en realidad", uno puede colocarse en un ámbito metafísico absolutista o en uno antisustancialista. Si por "en realidad" se entiende "empíricamente", la idea de Chandrakīrti podría aún estar en consonancia con la del Buddha, en tanto que la ley universal de la originación dependiente es una abstracción que no se encuentra en la realidad empírica, del mismo modo que la ley de la gravitación universal no se encuentra en una pera. Pero si este "en realidad" designa una categorización de tipo ontológico, aquí estamos a años luz de la concepción budista original. Este parece ser el caso, pues Chandrakīrti deduce que «el Buddha explicó la originación y la cesación sólo como una enseñanza provisional para conformarse a las ideas del mundo, pues de otro modo nunca habría sido comprendido» (ibíd., pág. 336). Esta "provisionalidad" alude indirectamente a una categoría ontológica de lo apariencial que sólo está dotada de sentido gracias a lo absoluto de una verdad ontológica subyacente. Además, la idea de que "ni cesan ni se originan" del primer aserto citado, aunque aplicada a un principio universal como la originación dependiente tiene sentido y es corroborada por el Buddha cuando habla de que esta teoría no ha sido creada por él ni por otro, sino que es objetiva y universalmente válida, causa gran confusión porque el Buddha justamente no dejó de hablar de cómo todas las cosas nacen y perecen, basando toda su concepción soteriológica y su visión filosófica en esta observación realista.

Chandrakīrti habría llegado a la conclusión acerca de la provisionalidad de la enseñanza del Buddha derivando ciertos contenidos de los versos Pūrva Śaila de los *āgamas* (o sea, de la *Tipiṭaka* en versión china de la escuela *sarvāstivāda*), que consideró autoritativos. De este modo, Chandrakīrti logra introducir de contrabando, por decirlo así, una doctrina foránea bajo los auspicios de la autoridad de una antigua tradición que puede remontarse directamente, con legitimidad, a las enseñanzas del Buddha histórico. Estos versos Pūrva Śaila eran, de acuerdo con Warder, «suficientemente ambiguos como para servir a sus propósitos y así quedarse cerca de la frontera entre la doctrina de que no hay persona y la doctrina de que no hay principios (en el sentido de "seres" en último términos reales), sugiriendo que los versos Pūrva Śaila habían llegado a la conclusión típicamente mahayanista de no hacer distinción entre las personas y los principios. La conclusión que parece indicada es que después de la fundación de la escuela Pūrva Śaila en el siglo I d. C., algunos monjes sintieron la necesidad no ya de nuevas interpretaciones de los *suttas* (como los textos comentariales) sino de una reafirmación total de la doctrina» (ibíd., pág. 337).

Aunque la literatura espiritual del *mahāyāna* nos ha acostumbrado a pensar la iluminación búdica como algo de carácter absoluto e inefable, lo cierto es que, como hemos visto, puede pensarse de otro modo. Y se puede, además, retomar el hilo que condujo a la primera interpretación. Chandrakīrti nos da una pista clave. En su interpretación de otro controvertido verso de la *MMK* (XXV.24), Chandrakīrti apunta con toda claridad a una concepción absolutista e inefabilista de la iluminación. La segunda parte de la estrofa mencionada, según las traducciones habituales (que, como ahora veremos, Kalupahana también disputa), dice así: «Ningún *dharma* ha sido enseñado por el Buddha a nadie y en ningún lugar».[225] Dejando a un lado una posible incorrección de la traducción (pues, según Kalupahana, tras cortar la estrofa en dos versos separados se pierde el sentido de lo que quiso decir Nāgārjuna), este fragmento podría estar aludiendo todavía a una aplicación rigurosa de la universalidad y objetividad de la teoría de la originación dependiente. Es decir, más que una interpretación literal, que es a la que acuden los absolutistas, habría que ver en este aserto una des-subjetivización tanto del emisor como del receptor, y un claro mensaje de intemporalidad e inespacialidad (o, en otras palabras, de objetividad): no importa dónde o cuándo, quién lo enuncie y quién lo reciba, la originación dependiente y la libertad que se deriva de su comprensión son siempre verdaderas. No obstante, Chandrakīrti camina en sentido contrario: no se trataría de una afirmación, sino de una negación en la que se procura (no se sabe cómo) convencernos de que el Buddha no enseñó nada a nadie nunca, *literalmente*. Es decir –y aquí vendría la "sutilidad" de la distinción–: sí que enseñó "en términos relativos", pero no "en términos absolutos".

De acuerdo con David Snellgrove, el comentario de Chandrakīrti a este verso nagarjuniano es una cita de una obra denominada *Tathāgataguhyakasūtra*, la cual merece su aprobación:

> La noche en la que el Tathāgata se iluminó en su iluminación final y perfecta hasta la noche en la que entra en el *nirvana* final [una referencia al *paranibbāṇa*, o día de su defunción], el Tathāgata no ha pronunciado una sola palabra; no ha hablado; no habla; no hablará. Pero todos los seres vivos con sus distintos humores y actitudes le conciben como dando distintos tipos de discurso según sus propias aspiraciones. De modo que piensan separadamente: «El Señor nos está enseñando este *dharma*; estamos escuchando las instrucciones del Tathāgata acerca del *dharma*». Pero el Tathāgata no compone y no discute. El Tathāgata está libre de toda deliberación, que son los efectos latentes de un lío de proposiciones y argumentos.[226]

Así, el problema está fácilmente resuelto. "En realidad" el Buddha no dijo nada. Lo que "creemos" que dijo el Buddha no es, en verdad, más que la proyección de nuestras propias aspiraciones. Lo irónico del caso es que Chandrakīrti iniciará una controversia peliaguda con el idealismo absoluto de la Conciencia (*vijñānavāda*). No sólo él mismo discute, de hecho, cuando dijo que la Iluminación consiste en callar y mantener un silencio absoluto, sino que su propia argumentación –en el fragmento citado se ve con toda claridad– deja el camino expedito al idealismo subjetivo que ciertamente combatió con palabras y argumentos. Como remata Snellgrove, la idea de que el Buddha no dijo nada tras su Iluminación es «una idea frecuente en la literatura del *mahāyāna*» (ibíd., pág. 84).

Así las cosas, la verdad relativa, lo hablado y enseñado, no puede ser más que espuria. Y, en efecto, «los primeros traductores tibetanos acuñaron el término *kun-rdzob* ("completamente espuria") para explicar el sánscrito *saṃvṛti* [la supuesta "verdad relativa"]» (ibíd., pág. 88). Cosa que Chandrakīrti confirma con su peculiar traducción: "completamente oscurecedora".

> *Saṃvṛti* significa "completamente oscurecedora". Se llama así porque se refiere a esa ausencia de conocimiento que oscurece completamente la "entidad" (*tattva*) de las cosas. Tiene también el significado de que lo mutuamente dependiente (= el nexo causal) es completamente oscurecedor. También significa "signo" en el sentido de aquellas designaciones de uso ordinario. Así, caracteriza al acto de decir y de lo que se ha dicho, del conocer y de lo que es conocido.[227]

¿Cómo puede caracterizarse a lo mutuamente dependiente de "oscurecedor"? Aunque tal vez estemos ante un caso de traducción equívoca a nuestra lengua, lo cierto es que colocar la originación dependiente en esta categoría, sin caer en la cuenta de la contradicción que supone con la alabanza de los versos dedicatorios de la *MMK*, que en otro lugar Chandrakīrti indica que son lo nuclear de toda la obra (es más, la originación dependiente parece entenderse como algo trascendental), supone, en el mejor de los casos, un galimatías indigno de haber perdurado tanto tiempo. Sin embargo, no se trata de algo que no se observe en una inmensa parte de los estudios más modernos del *mādhyamaka*, perturbados por el magnetismo de los absolutos mahayánicos, ontológicos o gnoseológicos.

7. LA *MŪLAMADHYAMIKĀKARIKĀ* DE NĀGĀRJUNA

«No riñas por cualquier cosa; / que cuando en los pueblos miro / muchos, que a reñir se enseñan, / mil veces entre mí digo: / "Aquesta escuela no es / la que ha de ser". Pues colijo / que no ha de enseñarse a un hombre / con destreza, gala y brío / a reñir, sino a por qué / ha de reñir; que yo afirmo / que, si hubiera un maestro solo / que enseñara prevenido, / no el cómo, el por qué se riña, / todos le dieran sus hijos.»

PEDRO CALDERÓN DE LA BARCA, *El alcalde de Zalamea.*

I. CONTEXTO HERMENÉUTICO

Sostener, como hacen casi todos los estudiosos del budismo, que el Nāgārjuna de la *MMK* fue un autor del *mahāyāna*, requiere una aclaración previa. Desde un punto de vista cronológico, la entrada de la *MMK* en el rango de texto mahayánico es una puramente exterior, y en este sentido no habría nada que objetar si decidimos que el *mahāyāna* comienza, pongamos por caso, alrededor del comienzo del siglo I d. C. y que todo lo que sucede desde entonces pertenece a él. Obviamente, este criterio exteriorista tropieza con la dificultad de que existen muchos movimientos en ese periodo que no pueden calificarse de mahayánicos. En concreto, desde un punto de vista ideológico la *MMK* apenas tiene parecido con ningún texto mahayánico principal (como los que examinaremos en el próximo capítulo), y sí, en cambio, muchísimas similitudes con la tradición del *abbhidhamma*. Sin aclarar en qué sentido se dice que Nāgārjuna fue un autor del *mahāyāna*, y por tanto confundiendo lo meramente cronológico con lo ideológico, la impostura se realiza automáticamente: se transfieren y proyectan significados sobre un texto que en él no son aparentes. Tanto más cuanto que tal proyección ha constituido la lectura *unánime* del texto hasta la fecha, lo cual se debe principalmente al hecho de que tenemos conocimiento del texto gracias a esta tradición. Pero hoy estamos en condiciones de desprender el texto original de las lecturas adyacentes posteriores, y así determinar los verdaderos condicionantes de su composición.

Como veremos en el próximo capítulo, el *mahāyāna* está caracterizado ante todo por el absolutismo filosófico, si bien existen indicios de que durante el vasto período que lo comprende (cuya longitud, de nuevo, dependería de los criterios que utilicemos para delinearlo) no reinó indisputado. El *Vajracchedikā* o *Sūtra del Diamante*, por ejemplo, es un texto perteneciente a la literatura conocida como *prajñapāramitā*, adscrita al *mahāyāna*, pero dotado de mucho más parentesco con los *sutta* originales que con los vuelos metafísicos de otros textos de esta colección, por ejemplo el central *Sūtra del Corazón*. El "espíritu de la época" (*Zeitgeist*), un concepto altamente vago y metafísico, no tiene por qué generar trabajos de la misma condición. Más bien lo que sucede es que los apologetas tardíos de cierta cosmovisión recopilan los textos que interesan a sus propósitos, eliminan otros, o, finalmente, transforman o se adecúan –sin importar demasiado con cuánta consecuencia– a aquellos textos ya entronizados que no se dejan torcer. Tal sería el caso de la *MMK*; un caso paradigmático, de hecho.

Esta obra, o la *Triṃśikā-vijñaptimātratā* de Vasubandhu, fueron, pues, compuestas en una era cronológicamente perteneciente al *mahāyāna*, pero que difícilmente pueden entenderse como correspondientes al **PIII** en un sentido conceptual. Más bien habría que entender estas obras como continuadoras de una tradición que se remonta a las enseñanzas del Buddha histórico y a los análisis filosóficos de la *Cesta del Abhidhamma*. Antes que obras doctrinalmente innovadoras, como sí serán tantas del *mahāyāna*, un estudio cuidadoso, allende el prejuicio de la prolija comentarística posterior y de las tendencias metafísicas de sus intérpretes modernos, demuestra que el marco de referencia en el que operan es el aportado por la *Tipiṭaka* (pāli) –o *Tripiṭaka* (sánscrito)–, y que, lejos de revelar crípticamente nociones metafísicas enclavadas en la siempre tentadora tradición filosófica del absolutismo (tales como la de un universo trascendental más allá de las palabras, equivalente a la libertad absoluta), procura ante todo destruirlas para darnos a comprender que cada cosa (incluido el yo o la libertad) es originada dependientemente.

Esta aclaración es importante realizarla de cara a la división clásica, de tinte sectario, entre el *theravāda* y el *mahāyāna*, sobre todo allí donde observamos que tanto en una como en otra tradición (o constelación paradigmática, **PII** y **PIII** respectivamente) existen notables tendencias metafísicas y sustancialistas, así como que en el seno de ambas se dieron intentos de retornar a la originación dependiente y su consiguiente medialismo filosófico. La *MMK* es un caso patente de esto último, a pesar de los intentos persistentes por parte de muchos autores a lo largo de los siglos de presentar esta obra desde un punto de vista netamente absolutista, acorde con el *mahāyāna*, y no desde la vía media. La *MMK* redunda más bien en los motivos filosóficos originales del budismo (**PI**), y por ello podría servir como un puente de entendimiento en las disputas entre el *theravāda* y el *mahāyāna*.

En todo caso, por muchas virguerías intelectuales que se ejecuten a tenor de esta obra tan decisiva, la concepción absolutista y la medialista son mutuamente incompatibles y, por tanto, habrá que decidirse por una de ellas a la hora de interpretarla. La interpretación verdadera de la *MMK* ha de venir dada necesariamente por un examen filosófico de la originación dependiente, que casi siempre falta. Esto es, la obra solo podrá comprenderse en tanto que atacaba las opciones metafísicas sustancialistas "del ser y del no-ser" (tal como aparece en el *Kaccāyanagotta-sutta*, el único discurso citado por la *MMK*) propias de su tiempo y ofrecía una alternativa capaz de explicar más y mejor el mundo.

En una posición de clara disyuntiva como esta se nos muestra diáfanamente hasta qué punto han intervenido y todavía intervienen ciertos intereses a la hora de interpretar esta obra crucial. Dado que una supuesta interpretación objetiva sería la excusa con la que cada partido impone sus propias tesis como verdaderas, hemos de renunciar a leer el texto "tal como es" y hemos, por el contrario, de revertir a un método de interpretación que garantice consonancias lógicas y empíricas entre la interpretación y el texto. Tal método, a nuestro juicio, solo puede provenir de una comprensión justa de la originación dependiente. Sin ella reinará la arbitrariedad en la interpretación, por más que esté respaldada por una impresionante tradición de pensamiento. Con ella, sin embargo, existirán pocas dudas de que la *MMK* es una composición concisa, bella, completa, y manifiestamente fiel a las enseñanzas de Gautama el Buddha. Así, este capítulo no estaría dedicado tanto a decidir qué es más verdadero, si el absolutismo filosófico en alguna de sus formas o la vía media, sino a leer en cierto texto cuál de las dos alternativas tiene más sentido, prescindiendo de componendas varias carentes de rigor.

Así, por ejemplo, en la versión española de la *MMK* realizada por Juan Arnau (Siruela, 2004) encontramos una confusión de estas características. Algo que no sorprende cuando el comentarista principal y más aclamado de la obra, Chandrakīrti, ya había realizado interpretaciones lindantes con el absolutismo o el nihilismo (según se mire), generando así una aglomeración de yerros que no hizo más que incrementarse con el tiempo, especialmente a medida que el texto se fue desprendiendo del contexto histórico que lo vio nacer. Por su parte, Abraham Vélez de Cea ha esbozado, en la introducción a su versión española de la obra, una clasificación muy definida de las distintas interpretaciones de la *MMK*, estratificadas en períodos históricos sucesivos desde la primera publicación íntegra del texto.[228]

Según Vélez de Cea, la primera interpretación sería de tipo *nihilista*, en la que se encontrarían autores tales como L. de la Vallée Poussin, Max Müller o A.B. Keith. La segunda sería de tipo *apofático-absolutista*, encabezada por el "neovedantista" T.R.V. Murti y seguida por K. Venkata Ramanan (quien, como vimos en el capítulo anterior, adscribió un trabajo de grandes altitudes metafísicas, el *Maha-prajñapāramitā-śāstra*, a Nāgārjuna, como si esta obra y la *MMK* fuesen, sin más, compatibles). La tercera es la *pragmático-lingüística*, en la que localiza a F.J. Streng, Robert Thurman y Jay L. Garfield. Por último, menciona una interpretación *reformista* en la que incluye –de hecho pone a la cabeza– a David Kalupahana. Pero dado que lo considera «demasiado polémico», prefiere «recomendar otras interpretaciones como la de Charles Lindtner».[229] No entendemos qué puede tener que ver esta especie de valoración –ser demasiado polémico o "no ser aceptado por los especialistas en Nāgārjuna"– con la verdad y la adecuación, propiamente hermenéutica, entre texto e interpretación. La sugerencia de acudir a Lindtner resulta además bien extraña, pues, como hemos visto, se trata de un intérprete que habría que incluir dentro de la segunda categoría, la apofática-absolutista. Habría que observar que, entre la segunda y la tercera fase o tipo de interpretación, media poco más que un estilo basado en una tradición: por un lado, la vena más puramente vedántica; por el otro, la chandrakirtiana, de la que ciertamente aún cuelga una ambición deconstructora más afín al budismo. No obstante, filosóficamente ambas son muy similares: en las dos se da cita el absolutismo filosófico de mano de un inefabilismo místico y trascendentalista.

En cualquier caso, valga añadir que la traducción "idiomática" [sic] y literal de Vélez de Cea está mucho más en consonancia con la vía media y que, por ajustarse a los versos originales de Nāgārjuna, se trata de una traducción mucho más respetuosa con una objetividad en la investigación tan necesaria como deseada. Si su edición se hubiese complementando con unas pocas guías filosóficas, el lector se encontraría en condiciones de comprender la obra de verdad. Faltando estas, empero, es muy dudoso que un interesado en la filosofía budista, o incluso un académico, saque algo en claro. Sin embargo, es muy de agradecer que la traducción de Vélez de Cea se vea libre de las sobreimposiciones ideológicas de la otra versión española del texto, la de Arnau Navarro.

El caso de este último traductor/intérprete es típico. Asume acríticamente, sin contrastes filosóficos y sin una mínima reflexión histórica, prácticamente todas las suposiciones de la tradición absolutista aplicada a Nāgārjuna y la *MMK*. Estas incluyen: la teoría de las dos verdades entendidas como lo relativo y lo absoluto; la adjudicación a Nāgārjuna de las obras que nosotros impugnamos en el capítulo anterior; el *prāsaṅga* (*reductio ad absurdum*) de Chandrakīrti como "la crema de la crema" nagarjuniana, y la descabellada idea, por tanto, de que Nāgārjuna critica la causalidad (verso I.14 de su traducción),[230] algo en evidente contradicción con la idea –también por él aducida, pues es imposible de negar– de que Nāgārjuna quiere reestablecer la teoría de la originación dependiente.[231] Al cúmulo de contradicciones ya examinadas entre doctrinas incompatibles, ataviado como de una uniformidad exquisita y, más (o peor) aún, como algo muy poético, se une un afán de insuflar al texto filosofías en absoluto pertenecientes a él o mencionadas por él, como la de que aquí «el mundo se designa como ilusión (*māyā*)».[232] Arnau asume asimismo, con una larga tradición detrás de él, que Nāgārjuna se basó en la literatura *prajñapāramitā*, cosa que tampoco puede demostrarse textualmente en la *MMK*, y que, por tanto, hay que considerar como una idea solamente *in the mind of the beholder* ("en la mente del que la sostiene"). Añade que «quizás el *Avataṁsaka*» también influyó en la *MMK*, sin aportar ninguna prueba a tan asombrosa afirmación. Arnau indica, por último, que la estrofa XIII.8, en la que se dice que: «los poseídos por la conjetura acerca de la vacuidad son incurables», apunta a que la *MMK* pudo inspirarse aquí en la colección *mahāyāna* de los *Vaipulya-sūtra*, pero tampoco nos auxilia con prueba alguna de ello (ni de lo opuesto, que es al menos tan probable).

No es mucho lo que sabemos del orden de redacción de textos mahayánicos, y por ello es mejor guardarse de cábalas, que por lo demás reflejan más bien la predisposición, habitualmente metafísica, del intérprete. Antes hemos de apoyarnos en criterios filosóficos definidos –y por tanto conscientemente opuestos a otros– para tratar de averiguar qué procura cierto texto, así como, por supuesto, respaldarse con las evidencias históricas que sí poseemos, a saber: que la *MMK* tiene un tremendo parecido con los análisis *abhidhammika*, y que la única cita que se encuentra en este texto pertenece al *Discurso de Kaccāyana* (*Kaccāyanagotta-sutta*) localizada en la *Colección* (*Nikāya*) *Saṃyutta* en la Cesta (*Piṭaka*) temprana de Discursos (*Sutta*). Dado que Arnau tampoco cuestiona la historicidad de la atribución al Buddha histórico de ciertos *sūtra* del *mahāyāna*, tales como el ya mencionado *Vajracchedikā* (que examinaremos en el capítulo próximo), o el conocidísimo *Sūtra del Corazón*, aquí no nos vemos libres de esa fe ingenua en las falacias aducidas por el *mahāyāna* para justificar sus novedades doctrinales.

No es menester detenerse mucho más tiempo en estas cuestiones, ya dilucidadas antes. Ahora se trataría tan solo de estudiar la *MMK* bajo la luz de una comprensión de la originación dependiente como una teoría de la causalidad (positiva, pues) que media entre las explicaciones absolutistas y nihilistas *tal como se presentaron en la época de Nāgārjuna*. Y aquí no cabe más remedio que acudir a la hipótesis más plausible y convincente: Nāgārjuna combatió las perspectivas sustancialistas elaboradas por las escuelas *sarvāstivāda* y *sautrāntika* a partir de una, por aquel entonces, ya bastante consolidada *Tipiṭaka*. No conviene, pues, recurrir a presumibles e indemostrables influencias de remotos textos del *mahāyāna*, que tan solo vienen a pedir el principio una y otra vez. Únicamente volviéndonos sobre las condiciones históricas de la época en que se escribió la *MMK*, las estrofas nagarjunianas podrán cobrar un sentido cabal, sin violar su literalidad, sin forzar metafísicamente las traducciones, o sin caer en contradicciones lógicas y filosóficas.

II. Constitución de la obra

Nos enfrentamos a una obra filosófica de un corte impecable, no ya solo estilísticamente, donde la precisión y la definición rayan en lo pasmoso, sino en su estudiada y acabada concepción general. En realidad, puede decirse que la *Mūlamadhyamikākarikā* es la obra filosófica más sobresaliente de todo el budismo, y tal vez, sin exagerar, de todo el pensamiento indio. Si con la idea de la originación dependiente Gautama el Buddha llevó el pensar más allá de la metafísica e inició propiamente el camino de la filosofía (definida como pensamiento conceptual y categorial, sin inclinación al mito), la *MMK* de Nāgārjuna supone precisamente la consolidación de esta evolución. En 27 cortos y densos capítulos, Nāgārjuna es capaz de sintetizar el conjunto del ideario budista, así como rebatir a sus oponentes actuales. Aunque no sea una obra fácil de leer por su esquematismo y por el rigor de su concepción lógica, no se trata de un tratado en modo alguno esotérico. La indudable dificultad de su lectura ha permitido que muchos comentaristas hayan querido ver en ella lo que no hay, añadiendo de su propia cosecha o especulando a partir de supuestos remotos. Nada de esto es preciso si comprendemos el objetivo principal de la obra y si, a partir de él, desglosamos sus distintas partes.

Teniendo presente el desarrollo del **PII**, que es con toda seguridad al que hizo frente esta obra principalísima, no es necesario recurrir a las fantasías tradicionales que dibujan a un Nāgārjuna meteórico anticipando, como entre líneas, una concepción –la absolutista mahayánica– que solo emergería a lo largo de los siglos subsiguientes. Pero no por ello la obra disminuye en grandeza. Por el contrario, nos muestra hasta qué punto la teoría que defendió Nāgārjuna, y Gautama el Buddha con él, es replicable en cualquier tiempo y lugar, por muy distintas que sean sus circunstancias. Es decir, nos enseña su grado de universalidad.

A pesar de algunos intentos de selección de pasajes importantes, prescindiendo de otros, la *Mūlamadhyamikākarikā* conforma un todo compacto en el que nada sobra. Como dice Kalupahana en su prodigiosa traducción comentada:

> Una lectura superficial de este trabajo, con 448 versos divididos en 27 capítulos, podría dejar al lector con la impresión de que el texto es repetitivo. Esta impresión errónea desaparecerá como un espejismo si

> uno mantiene en su mente las circunstancias que llevaron a la compilación de la obra, la motivación para escribirla, el trasfondo en que fue escrita y la meta que pretendía alcanzar. Tales consideraciones nos capacitarán para ver un plan o estructura ejecutado con sumo cuidado. Para realzar esta estructura, la *MMK* será aquí analizada en cuatro grandes secciones, sin cambiar ni la secuencia de los versos individuales ni la de los capítulos.[233]

Aunque no podemos entrar en demasiados detalles hermenéuticos, que darían para un volumen tan grueso como el que ha producido Kalupahana, y ello sin contar con una crítica pormenorizada de muchos pasajes de las versiones con comentarios posteriores (en especial la de Jay L. Garfield, que sigue de cerca la interpretación "ortodoxa" de Chandrakīrti), sí conviene que esbocemos brevemente la estructura general de la obra de acuerdo con las premisas introducidas por Kalupahana. Sobra decir que estas, más que definitivas, son de carácter aclaratorio.

La primera sección estaría compuesta por los dos primeros capítulos, dedicados respectivamente a la causalidad (*pratyaya*) y al cambio (*gatāgata*). Salta a la vista que se trata de los dos asuntos más fundamentales de la filosofía budista, y que la respuesta que se dé a ellos determinará el resto de los motivos de su discurso, empezando por su concepción del *nirvāṇa* (capítulo XXV), que ha dado tanto que hablar. Si, por ejemplo, siguiendo a Chandrakīrti, atribuimos a Nāgārjuna una concepción acausalista (como, por ejemplo, la traducción de Arnau), la idea de *nirvāṇa* será necesariamente trascendentalista. Si, por otra parte, pensamos que la concepción dibujada en este primer capítulo es la de la vía media entre el eternalismo y el nihilismo causales, entonces estaremos frente a una idea de la libertad realista y no dualista.

La segunda sección comprehendería desde el capítulo III al XV, que tratan de modo muy exhaustivo las principales categorías ya analizadas por el *abhidhamma*. Incluye un examen de las facultades (*indriya*), los agregados (*skandha*), los elementos (*dhātu*), el deseo (*rāga*), lo condicionado (*saṃskṛta*), la acción y el agente (*karma-kāraka*), el estado antecedente (*pūrva*), el fuego y el combustible (*agnīndhana*), los fines anteriores y posteriores (*pūrvāparakoṭi*), el sufrimiento (*dukkha*), las disposiciones (*saṃskāra*), la asociación (*saṃsarga*) y la naturaleza inherente o sustancia (*svābhāva*). El objetivo de Nāgārjuna, como el de la filosofía *abhidhammika*, no es destruir estas categorías para poder así abrazar un reino inefable y eterno del Ser Puro (denomínese como se denomine), sino algo más sencillo y terrenal: desposeerlas de un supuesto fundamento ontológico inamovible, y señalar que todas son originadas dependientemente. De ahí que la sección se cierre con una discusión de la "naturaleza inherente" o sustancia propiamente dicha.

La tercera sección incluye once capítulos, del XVI al XXVI. Kalupa-hana comenta que algunos de los temas tratados en la sección previa vuelven a ser retomados aquí, creando la impresión de que Nāgārjuna se repetía innecesariamente. Pero esta impresión queda despejada tan pronto como percibimos el minucioso ensamblaje de la obra completa. La presente sección tendría como objetivo trasladar el sistema crítico de análisis antes aplicado a categorías generales (*dharma*) a aquellas áreas de importancia más práctica que teórica. Esta es la razón por la que aparentemente se repite el análisis de la acción y el agente, ahora expresado como un examen del fruto de la acción, que más tarde resultará esencial para comprender el capítulo decisivo acerca de la libertad.

En esta tercera sección se da un giro muy significativo. Mientras que en la sección previa el acento está puesto en la desustancialización de los conceptos clásicos del budismo, limpiando así la maleza de las escuelas *sarvāstivāda* y *sautrāntika*, Nāgārjuna pretende ahora instaurar la validez de conceptos de tipo soteriológico con más claridad. Un ejemplo perfecto es el tratamiento que hace del individuo, en el que, sin dejar de establecer su no-sustancialidad, Nāgārjuna admite asimismo la validez de la idea de individuo en cuanto tal, legitimando así el discurso de su lucha por la libertad. En esta tercera sección se examina la cuestión de la esclavitud y la liberación (*bandhana-mokṣa*), la acción y la consecuencia (*karma-phala*), el yo (*ātman*), el tiempo (*kāla*), la armonía (*sāmagrī*), la ocurrencia y la disolución (*saṃbhava-vibhava*), el "así-marchado" (*tathāgatha*), las confusiones (*viparyāsa*), la verdad (*satya*), la libertad (*nirvāṇa*) y la supervivencia de la personalidad (*dvādasāṅga*). El penúltimo (XXV) y antepenúltimo (XXIV) capítulos de esta sección son con mucho los más citados y comentados, y los que han dado lugar al mayor número de interpretaciones y polémicas. Tanto es así que se ha pasado completamente por alto la importancia decisiva del último capítulo de la obra, que conformaría la cuarta y última sección.

En efecto, y aunque haya pasado desapercibido por muchos autores, este capítulo dedicado a la visión correcta constituye el cierre perfecto a la discusión llevada a cabo hasta entonces, pues establece, ahora ya sin miedo alguno a posibles sustancializaciones de los conceptos utilizados, una teoría completamente afirmativa de la realidad, idéntica en todo punto a la esbozada por el Buddha histórico tal como la encontramos en los discursos tempranos. Ignorar la relevancia de este capítulo, como han hecho tantos comentaristas hasta ahora, es cuando menos llamativa, y no sería aventurado calificarla de interesada, si tenemos en cuenta el influjo tremendo que ha tenido la visión de Chandrakīrti de que Nāgārjuna (¡o el budismo en conjunto!) no tenía nada que proponer. Keneth Inada, uno de los primeros traductores al inglés de la *MMK*, piensa que este capítulo es prácticamente espurio. Mervyn Sprung, por su parte, en su traducción de la *MMK* con los comentarios de Chandrakīrti (*Prasannapadā*), ni se molesta en traducirlo. Para un chandrakirtiano tal omisión resulta muy conveniente, pues en este capítulo final se percibe nítidamente que Nāgārjuna no escatima ningún esfuerzo en proponer una teoría o visión (*diṭṭhi*) propia, cosa que camina radicalmente en contra del método *prāsaṅgika* del afamado comentarista de Nāgārjuna.

Si el primer discurso del Buddha histórico enunciaba su descubrimiento de una vía media entre la autoindulgencia y la automortificación como camino hacia la libertad, el *Discurso a Kaccāyana*,[234] en una vena más filosófica, declaraba una vía entre medias del ser ("todo existe") y del no ser ("todo no existe"). A la condena de ambos extremos, el Buddha añadió una proposición de carácter afirmativo: su ya conocida articulación de la originación dependiente, la cadena causal duodécupla. La pregunta que le había formulado Kaccāyana al Buddha era relativa a cuál es la visión correcta. Y el Buddha, no sin antes notar cuáles son las incorrectas, no duda un instante en declarar cuál es tal visión. Si tenemos en cuenta el trasfondo de este *sutta*, que hoy nadie duda de que informa la aproximación de Nāgārjuna en esta obra, tanto el habitualmente evadido último capítulo de la obra como todos los restantes adquieren un sentido cabal. Como hemos señalado, se trataría primero de erradicar el máximo de fuentes posibles de confusión, analizando todos los conceptos del discurso y exterminando de ellos la raíz del sustancialismo, aunque no su validez semántica. Después podría procederse a enunciar una proposición de una teoría de la realidad en sentido estricto, sin temor a enredarse en los nudos del sustancialismo que, en último término, o bien piden el principio, o recaen en el absolutismo filosófico.

En la literatura budista, a este proceso de desustantificación y reestablecimiento de los significados se le ha otorgado en ocasiones el nombre "verdad convencional". No habría demasiado problema con esta designación si no fuese porque, gracias a una interpretación torcida del famoso verso nagarjuniano acerca de las dos verdades, a ella se le ha contrapuesto la de "verdad trascendental", despeñándose así otra vez por el dualismo ínsito a todo absolutismo filosófico. Resulta instructivo darse cuenta de que, al parecer, para algunos resulta inicialmente poco atractivo admitir que el uso convencional de las palabras es todo lo que puede dar de sí la filosofía y el discurso, sobre todo allí donde se alimentan de una visión de lo absoluto. Para sortear el peligro de una interpretación nihilista o reduccionista de esta limitación del discurso filosófico, que de acuerdo con más de uno justificaría la reintroducción del absolutismo filosófico, habría que descubrir primero que la cuestión de una realidad absoluta que no puede ser designada con palabras traiciona el empeño de la libertad cuando se asume con ella que lo mundanal es falso o ilusorio. Despoja al sueño y a la voluntad humana de una acción cierta en el mundo, y las transfiere a un reino etéreo de cosas, o bien ya cumplidas, o bien no nacidas, dejando en idéntica miseria a todo lo que habita entre medias, pues al fin y al cabo es irreal. No fue este el espíritu original del budismo, que buscó una salida a este falso dilema entre un mundo eterno y un mundo ilusorio, sin por ello cesar de enarbolar un recto idealismo moral o un claro sentido de lo trascendente. Y, así, sin renunciar al realismo filosófico y al hecho, a nuestro juicio hoy indisputable, de que el conocimiento es una construcción histórica (y por tanto basado en las contingencias del mundo real), puede todavía mantenerse la tensión entre lo ideal y lo real sin caer en los extremos del idealismo filosófico (tendente a despreciar la realidad, sobre todo la no subjetiva) y de un realismo estrecho que perpetra atentados constantes contra la voluntad de hacer y pensar las cosas concretas mejor y más profundamente.

En otras palabras, si asumimos un universo impoluto, ajeno por tanto a cualquier tipo de distinción, sencillamente absoluto, que corre paralelo a la historia (o que ni siquiera corre, sería más apropiado decir), entonces la influencia que este puede tener sobre el mundo es nula. Y la pertinencia de hablar de ello, como en el famoso apotegma wittgensteniano al final de su *Tractatus*, altamente cuestionable. No obstante, esto no significa, como ha resultado en muchas corrientes filosóficas del siglo XX asociadas al positivismo (por ejemplo, A.J. Ayer), que todo tipo de discurso que haga referencia a un absoluto o a algo trascendente sea sin más descartable o despreciable. Está pendiente una investigación del tipo de lenguaje (el simbólico, por contraposición al natural) que permite un discurso de este tipo, y del punto o momento en que intersecta con el discurso de la filosofía natural, que sería el origen de la metafísica.

III. PLANTEAMIENTO GENERAL

Aparte de la dedicatoria inicial, que formula no solo veneración por las enseñanzas del Buddha, sino una radical suscripción a su concepción de la originación dependiente, ya los tres primeros versos del primer capítulo ofrecen muy pocas dudas acerca de lo que su autor se trae entre manos. No obstante, la prolijísima comentarística, tanto antigua como moderna, se pierde en callejones sin salida en general debido a haber seguido la confusa interpretación chandrakirtiana, que parte de la idea de que Nāgārjuna no tiene nada que proponer. Una lectura sobria de los tres primeros versos de la obra no avala la pertinencia de esta interpretación. Veámoslo.

El primer verso dice: «En ninguna parte hay entes causados desde sí mismos, desde otros, desde ambos o sin causa». Esta es la posición budista original con respecto a la causalidad, que examinamos en el capítulo segundo de esta investigación, discriminada en textos tales como la *Nikāya Saṃyutta* 2.19-20, que sin duda Nāgārjuna conoció de memoria. La causa de determinado acontecer no puede ser explicada a partir de sí misma (puesto que esta posición asumiría una causa primordial absoluta de la que parte todo, como el *Ātman* de la especulación upanishádica), desde otra sustancial o inherentemente distinta al fenómeno, desde una combinación de ambas, o simplemente carecer de causa. La única opción posible a este *tetralemma* es la causación dependiente.

El segundo verso dice así: «Solamente hay cuatro condiciones, a saber: la condición primaria, la condición de apoyo objetiva, la condición inmediatamente contigua y la condición dominante. No hay una quinta». Las cuatro categorizaciones aquí utilizadas para los tipos de condición pertenecen a los análisis *abhidhammika* que partieron de los discursos tempranos del Buddha, si bien se ha intentado (por ejemplo Gómez de Liaño)[235] conectarlos con las cuatro causas aristotélicas. Prescindiendo del significado concreto de cada uno de los tipos de condición, que ahora no nos interesa especialmente, lo obvio es que aquí Nāgārjuna está admitiendo que el condicionamiento existe. Y, además, resulta claro que los tipos de causación concreta son susceptibles de una clasificación diferencial.

Buena parte del malentendido alrededor de estos dos versos radica en que Nāgārjuna utiliza, respectivamente para el primer y el segundo verso, los términos *hetu* (causa) y *pratyaya* (condición), un uso que se había tornado común con la escuela *sarvāstivāda*. Hemos de recordar[236] que el uso de ambos términos dista mucho de ser conceptualmente distintivo al inicio de las especulaciones budistas, y que, cuando distinguidos de hecho, jamás toman una relación de subordinación del uno con respecto al otro. En la *Cesta del Abhidhamma*, tanto *hetu* como *paccaya* (*pratyaya* en sánscrito) son utilizados como formas prácticamente equivalentes de designar el fenómeno causal. La razón por la que se utilizaron distintas voces para un mismo fenómeno es que los *Tratados del Abbhidhamma* son poco más que recopilaciones, en forma de listas, de conceptos que pueden encontrarse a lo largo de los discursos originales.[237] Y en estos, como indicamos, además de *hetu* y *paccaya*, pueden encontrarse otros términos con connotaciones causalistas, tales como *kāraṇa*, *nidāna*, *sambhava* o *padhava,* que se desprenden de la riqueza de las distintas posibilidades causales y diversos contextos en que se desenvolvió la enseñanza de Gautama.

Aunque Nāgārjuna, siguiendo la nomenclatura de la escuela *sarvāstivāda* a la que quería criticar, haya aquí distinguido con más rigor *hetu* y *pratyaya* para designar, en un caso, teorías de la causalidad que, de acuerdo con el punto de vista budista, no son válidas, y, en el otro, tipos de condicionamiento que sí que existen y pueden ser diferenciados una vez asumida la explicación alternativa a las cuatro teorías de la causalidad prevalentes (a saber, la originación dependiente), no es cierto, como ha argumentado por ejemplo Garfield (siguiendo a Chandrakīrti), que su sentido adquiera aquí una relación de subordinación del uno con respecto al otro. Una subordinación que, a su vez, permitiría jerarquizar un orden ontológico a partir de un Vacío último que estaría supuestamente implicado en el primer verso, cuando Nāgārjuna invalida las cuatro formas clásicas (y lógicas) de comprender la causalidad. Esta interpretación, en lugar de acudir a los discursos tempranos y la filosofía de Gautama el Buddha, quien introdujo la teoría de la originación dependiente como alternativa a los cuatro modos causales lógicos, prefiere navegar por aguas metafísicas inmarcesibles y convertir así tal alternativa en un reino ontológico puro e inmaculado acerca del cual nada puede mentarse.

El tercer verso de la *MMK*, por su parte, dictamina: «La naturaleza inherente de los entes (o existentes) no es evidente en las condiciones. En la ausencia de naturaleza inherente (o sustancia), otra-naturaleza tampoco es evidente». Como señala Kalupahana en su comentario a este verso, la crítica aquí realizada a la idea sustancialista de la naturaleza inherente, propia de la primera clase de causalidad en el verso primero, y después también de la segunda clase, debe estar anclada empíricamente, o sea, en la experiencia del mundo. La experiencia no nos permite hacer inferencias metafísicas del tipo indicado (sustancia interna o externa). En resumen: «Aunque en el primer verso Nāgārjuna niega la posibilidad de cualquiera de las cuatro teorías, en el segundo verso reconoce cuatro condiciones (*pratyaya*), sin negarlas; si bien, para hacer su análisis más comprehensivo, niega una quinta condición. La negación llega solo en el tercer verso, pero lo que es importante notar es que no se trata de una negación de las cuatro condiciones, sino del modo en que la condición se relaciona con el efecto».[238] Es decir, se trata de una crítica no a la causalidad en general, sino a los modos sustancialistas de entender la causación, que la hacen, de hecho, incomprensible.

La confusión empieza a reinar a partir del momento en que se sigue el comentario de Chandrakīrti a estos versos. Su comentario al primero es nada menos que de 75 páginas, en las que ofrece su programa de *reductio ad absurdum*, presenta sus respetos a Buddhapālita, y ataca la posición más empírica de Bhāvaviveka. Pero cuando se manifiesta el embrollo de verdad es en el comentario al segundo verso. Chandrakīrti no pudo haber ignorado que los cuatro tipos de condiciones pertenecían a la literatura del *abhidhamma*, pero sí ignoró la diferencia entre esta y la comentarística (sustancialista) de las escuelas *sarvāstivāda* y *sautrāntika*. Y por ello «simplemente asumió que la teoría de las cuatro condiciones representa un ejemplo de causación externa [el segundo tipo en el primer verso, I.1]» (ibíd., pág 106). En consecuencia, Chandrakīrti se vio obligado a negar también como válidas las cuatro condiciones del segundo verso, cuando se ve con suma claridad que Nāgārjuna las acepta. Ya lo hemos dicho: Nāgārjuna tiene una teoría propia de la causalidad (la originación dependiente) que no es ninguna de las esbozadas en el primer verso, pero a la que es aplicable la diferenciación entre los distintos tipos de condicionamiento elaborados por la literatura *abhidhamma*, enunciados en el segundo verso. Es decir, Nāgārjuna está siguiendo con fidelidad los pasos de los discursos tempranos (**PI**).

El tercer verso, por su parte, apunta a una crítica no ya de las tendencias filosóficas que confrontó el Buddha (véase *supra*, capítulo 2), sino de las que al propio Nāgārjuna le tocó vivir, a saber, la sustancialización efectuada por las escuelas *sarvāstivāda* y *sautrāntika*. Dice Kalupahana: «Dado que la teoría de las condiciones es principalmente una teoría budista, y dado que entre las escuelas budistas la primera en abogar por una teoría de la sustancia (*svabhāva*, *dravya*) en este estadio temprano fue la escuela *sarvāstivāda*, puede haber poco desacuerdo acerca de que esta afirmación de Nāgārjuna representa un rechazo directo de la interpretación *sarvāstivāda* de las condiciones» (ibíd., pág. 107).

La diferencia entre uno y otro momento filosófico (con sus respectivas críticas) está marcada especialmente por una progresiva impersonalización del concepto de sustancia. Mientras que el Buddha tuvo que enfrentarse a los pensadores idealistas de las *Upaniṣad*, cuya concepción absolutista estaba empapada de una idea personal (*ātman*) de sustancia, Nāgārjuna hace frente a la herejía sustancialista dentro del propio entorno del budismo, cuyos análisis filosóficos habían conducido a una idea de sustancia impersonal (*svabhāva*), con aplicación a un rango mucho mayor de fenómenos. A pesar de las diferencias superficiales (el rechazo, por ejemplo, de la idea de "un agente personal" por parte de los *sarvāstivādin*), lo esencial permanece, de tal modo que Nāgārjuna pudo desplegar su crítica en términos prácticamente idénticos al Buddha, si bien con un lenguaje y objetivos concretos diferentes. Lo esencial es que cualquier teoría sustancialista de la realidad, que hipostatiza y eternaliza un concepto abstracto o un principio emanado de la imaginación, es incompatible con la originación dependiente, sin que ello signifique que tal producto de la imaginación o tal concepto no sean válidos en absoluto.

La influyente interpretación de Chandrakīrti pasó de una concepción desustancializadora como la del Buddha, anclada en los significados concretos de las cosas analizadas, así como en sus repercusiones para la acción, a una más abstracta y racionalista, que prescinde de los anclajes empíricos correspondientes y, por tanto, por así decir, acaba automatizando la deconstrucción. Por ejemplo, de la afirmación "Todo *esto* está vacío [de naturaleza inherente o sustancia] (*sarvam* idaṃ *śūnyam*)" se pasa a un "Todo es vacío", sin referentes concretos. Tal cosa ya permitiría –mediante una posterior y aparentemente inofensiva mayúscula en "Vacío"– el absolutismo tan mahayánico. Podría decirse, pues, que Chandrakīrti propiamente no desustantifica, sino que niega. De acuerdo con Kalupahana, el tránsito de lo uno a lo otro se produjo en parte porque la crítica de Nāgārjuna, que, a pesar de su alto grado de abstracción conceptual, estaba dirigida sobre todo a las tesis sustancialistas internas al budismo, tornó en un método abstracto de análisis. Y ello (una culminación propiamente filosófica) condujo sin quererlo a un rechazo de todas las tesis planteables más que a una cuidada desustantificación capaz de mantener el cuerpo mismo de las enseñanzas prácticas del budismo.

Comentando el primer verso del capítulo sobre el cambio (II.1), por ejemplo, Chandrakīrti niega que exista el cambio en el pasado, el presente o el futuro,[239] lo cual una vez más autorizaría interpretaciones metafísicas de la obra de Nāgārjuna, como si el budismo aquí explicado fuese de tipo etéreo e intemporal. Algo similar puede decirse de sus comentarios a los versos XVIII.8 y XVIII.9 de la *MMK* (capítulo XIV en la versión del *Prasannapadā* de Sprung, págs. 180 y ss.). Versos cruciales porque, sacados de contexto o sin comprender tanto la originación dependiente como todo el desarrollo conceptual anterior que ha realizado Nāgārjuna, dan pie a interpretarlas de un modo absolutista.

En efecto:

> Para la mayoría de intelectuales que han crecido en una tradición filosófica o religiosamente sustancialista, *paramārtha* significa "realidad última", *nirvikalpa* implicaba "lo no conceptual", y *saṃvṛti* era "el lenguaje". Comprendiendo estos conceptos de esta manera, ¿no impusieron los modernos traductores e intérpretes su propia visión sustan-

> cialista sobre el pensamiento de Nāgārjuna? El primer *test* de la validez de tales traducciones sería una comparación con las implicaciones de estas tres traducciones con las concepciones del Buddha de la "originación dependiente" (*pratītyasamutpāda*) y la "no-sustancialidad" (*anātman*) que Nāgārjuna aceptó con reverencia. [...] Nāgārjuna, siguiendo los pasos pragmáticos del Buddha, no podía divorciar *paramārtha* de *saṃvṛti* (el fruto último del fruto de la vida cotidiana). Del mismo modo que "la vacuidad" está basada en "lo vacío", *paramārtha* tenía que basarse en *saṃvṛti*. Sin una referencia concreta a los conceptos de bien, cualquier noción de un bien último no sólo carecería de significado, sino que además "no tendría fruto" y sería muy dañino. Así, para Nāgārjuna, el bien último no es uno que trasciende las nociones ordinarias de lo bueno, sino meramente una extensión del así llamado bien reconocido en la vida cotidiana (*vyavahāra*). [...] Cuando Nāgārjuna trató de explicar la relación entre *paramārtha* y *saṃvṛti* utilizó el término *vyavahāra*, estableciendo así la sinonimia entre *saṃvṛti* y *vyavahāra*. El hecho de que Nāgārjuna no quiso crear un abismo sin puente alguno entre *saṃvṛti* y *vyavahāra* por un lado y *paramārtha* por el otro está claramente expresado en su famosa afirmación de que el segundo no puede ser expresado sin lo primero (XXIV.10). Y, de un modo similar, sin comprender el fruto último, la libertad no se consigue. Esto significaría que la libertad (*nirvāṇa*) no es algo que deba ser radicalmente distinguido del *samsāra* o la vida humana ordinaria, aunque no sean idénticas. La libertad no sería absoluta si no tuviese que ver con la *vida humana*. La libertad no es más que la ausencia de ciertos impedimentos (tales como la envidia, el odio y la confusión) en la vida de un ser humano. Es, por tanto, la vida de un ser humano ordinario la que es gradualmente transformada, mediante el cultivo de los preceptos morales, hasta una de perfección moral. Esta transformación (más que una trascendencia) es lo que está implicado en el *nirvāṇa*.[240]

No obstante, la idea trascendentalista de *nirvāṇa*, acaso acaecida por una confusión entre los distintos tipos de lenguaje cuando se habla de algo "absoluto", ha permeado la práctica totalidad de los estudios nagarjunianos. Sprung nos dice que: «aunque la noción de "las dos verdades" está implícita en el budismo desde el principio, tal como es también en el *vedānta* y, de hecho, en cualquier filosofía o religión que se atiene a una norma distinta de lo cotidiano, sólo el *mādhyamaka* hace de la distinción algo crucial».[241] Como buen discípulo de R.T.V. Murti, las dos verdades que aquí tiene en mente Sprung son las de la verdad trascendental y absoluta y la del mundo cotidiano, que resulta en último término ilusorio. Pero no solamente es falso que esta concepción pertenezca al budismo del mismo modo que perteneció al *vedānta*, sino que tampoco es verdad que la filosofía *mādhyamika* la encumbró como cúspide de su sistema. Más bien lo que sucede es lo contrario: el medialismo filosófico adquiere su verdadera fuerza en la contemplación de la interpenetración de estas dos verdades. Al revés de lo que dice Sprung: «Las dos verdades elevan la distinción entre lo nacido –lo temporal– y lo no nacido –lo intemporal– del discurso del propio Buddha a un nivel reflexivo» (ibíd., pág. 15).

El embrollo de Sprung prosigue, incluso llegando a "mejorar" la teoría de las dos verdades chandrakirtiana:

> Las distinciones utilizadas en el capítulo X de la *MMK* entre el mundo transaccional (*saṃvṛti*), la verdad más alta (*paramārtha*) y *nirvāṇa* apoyan la idea de que el *mādhyamaka* trabajó con *tres* verdades, y no dos, distinguiendo entre la más alta (más verdadera) verdad acerca de las cosas cotidianas (*paramārtha*), esto es, que las cosas son *śūnya*, y la realización de esa verdad en la iluminación (*nirvāṇa*). Pero Nāgārjuna y Chandrakīrti no son coherentes en este punto; más a menudo *śūnyata*, en cuanto verdad de las cosas, no está separado de lo incorregible, de la atención trans-factual de las cosas tal como son en realidad, que es en sí mismo la iluminación. En este sentido, cualquier teoría de *śūnyata*, por muy adecuada que sea, pertenece por definición al mundo ordinario, porque debe por fuerza, al formar frases con palabras, utilizar los conceptos de entidad, característica, el verbo ser y todo el vocabulario de un engañoso *saṃvṛti* que el *mādhyamaka* rechaza como posibilidad de filosofía.[242]

Es difícil averiguar de dónde saca Sprung la idea de que el medialismo considera a *saṃvṛti* un engaño, aunque sí es más fácil detectar que su visión de que el *mādhyamaka* rechaza la filosofía proviene de la dañina interpretación chandrakirtiana de que el budismo (o Nāgārjuna) no propone ninguna teoría. En todo caso, la especulación acerca de una tercera verdad incontaminada, en la verdad pura del *nirvāṇa*, queda invalidada por el famoso verso (XXV.20) de la *MMK*:

> Cualesquiera que sean los límites del *nirvāṇa* son también los límites del *samsāra*. Entre los dos, además, no hay ni la más mínima diferencia en absoluto, ni siquiera lo más sutil.

Hemos explorado la cuestión de las dos verdades en páginas precedentes, y no insistiremos más sobre ella en este capítulo (aunque la retomaremos, para finiquitar la discusión, en el próximo), salvo para justificar brevemente lo apropiado de la traducción de Kalupahana, que no acude a la espinosa distinción entre la verdad absoluta y la relativa. Kalupahana ha mostrado que la diferencia decisiva entre la idea de *dharma* que tenían los pensadores clásicos indios y las[243] del Buddha radica en que, mientras que para los primeros todo fenómeno implica identidad ontológica con el absoluto (*ātman*), el Buddha utilizó como marco el resultado, o consecuencia, o fruto de nuestras acciones (ibíd., pág. 15), anclando así el significado en operaciones prácticas y experimentalmente validables. Lo verdadero, pues, no sería tanto lo absoluto e inaprehensible, sino aquello que produce resultados. De ahí se desprenderían tres tipos de consecuencias o frutos, que Nāgārjuna habría tenido en cuenta a la hora de escribir ese famoso verso sobre "las dos verdades" (XXIV.8)[244] que ha causado tantos malentendidos. El primero es malo o negativo (*an-attha*), correspondiente con *a-dhamma*. El segundo es positivo y beneficioso (*attha*), correspondiente con *dhamma*. Y, para finalizar, estaría el bien último (*param' attha*), que se corresponde con el *nirvāṇa*.

De esta concepción se deduce que no puede existir un abismo entre los distintos tipos de fruto, por oposición al que ha de existir necesariamente entre una verdad absoluta y otra relativa o ilusoria. El sentido *moral* de esta sentencia evita por completo las concepciones y prolongaciones ontológicas que han sido proyectadas desde programas e ideologías distintas a la original del Buddha. El fruto último es evidentemente el derivado de un perfeccionamiento moral, dentro de los cauces lógicos de la práctica del Sendero Óctuple, y mucho más acá de cualquier forma de evasión metafísica de la realidad. Un fruto difícil, pero no imposible, de alcanzar, y completamente dependiente de cada uno de los pasos que se dan para adquirirlo. *Paramārthataḥ*, por consiguiente, no puede ser la realidad última, sino la última consecuencia de la aplicación de determinadas premisas y prácticas psicológicas y morales, que dependen a su vez de ciertas convenciones. De ahí que, como dicta XXIV.10: «Sin contar con las convenciones, el fruto último no puede ser enseñado. Sin comprender el fruto último, la libertad no es conquistada».

A pesar de que resulta sumamente tentador examinar la *MMK* paso por paso, analizando más específicamente los problemas hermenéuticos entreverados en las distintas traducciones realizadas hasta la fecha, tal propósito escapa lo permisible en la presente obra. Con todo, el mundo de habla hispana espera todavía una traducción crítica comentada de unos versos que marcaron el resto de la historia de la filosofía budista, y que aún hoy dan tanto de sí.

PARTE III: DESARROLLOS ULTERIORES

8. CLAVES DEL MAHĀYĀNA

«La razón fundamental por la que creo que todo monismo (inmanente o trascendente) debe ser interpretado como metafísica es ésta: que semejante sistema sólo puede entenderse como resultado de esquemas metafísicos (sustancialistas) del pensamiento, y no como una conclusión que brota del análisis de la propia realidad.»
GUSTAVO BUENO, *Ensayos materialistas*.

I. LA GÉNESIS DEL MAHĀYĀNA

El mundo simbólico es un mundo vivo y, correctamente entendido, es decir, *visto*, supone una expansión de la conciencia que conocen bien los poetas y los artistas. Su origen es aún más antiguo que el mito; forma parte integral de los primeros rudimentos de comprensión del ser humano, cuando comenzó a ser plenamente consciente de las fuerzas de la vida y la muerte y, con ello, a rendir culto a la fecundidad y a los muertos. La aprehensión de los fenómenos de la generación de la vida y de la muerte consolidaron un *homo religiosus* que, mal que le pese a ese tipo de racionalista al que nos ha acostumbrado la modernidad, es una parte indispensable de toda civilización digna de tal nombre. El *homo religiosus* es, por así decir, insuperable: aunque montañas de entendimiento lleguen a sepultarlo, lo maravilloso y lo terrorífico de la existencia son, de hecho, los pilares sobre los que se levanta una forma de vida racional.

Como hemos visto, el budismo original se enclava en este tipo de comprensión integral de la realidad, que no es ni negadora de la religión ni de la racionalidad. No es un racionalismo chato como ese en que se ha afanado cierta parte de la modernidad occidental, con un entendimiento superlativamente pretencioso y falso de la ciencia. El modo de ser del budismo más temprano es antes bien el de un espíritu crítico que, por no cesar de preguntar e investigar sin el peso del dogmatismo absolutista, acumula conocimientos. Ni pretende haber resuelto todos los dilemas –pensamiento que es justamente el tipo de superstición que en principio quería superar–, ni aspira a conclusiones absolutas sobre la esencia de la realidad. Tal espíritu crítico no elimina el misterio del que surge la pregunta misma, sino que, afilando y agudizando su mirada, trata de resolver problemas concretos a menudo envueltos en confusión y superchería. Que el poeta se vuelva hacia las fuerzas fundamentales de la existencia para ofrecer una respuesta en términos simbólicos no es incompatible con el proyecto científico entendido como espíritu crítico. Es más, se complementan entre sí.

En el discurso del Buddha no encontramos, ni por asomo, la condena simplista de la religión como un todo característica en algunos cuarteles de la modernidad. Pero tampoco encontramos ese mecanismo –que no quiero llamar religioso, por ser una denominación inexacta del fenómeno– de abandonar el espíritu crítico en aras de un pensamiento establecido por la tradición, el cual fue sin duda al principio una respuesta original. Las enseñanzas de Gautama el Buddha, que en parte retoman contenidos y problemas de la tradición, y en parte innovan, pueden aplicarse con éxitos definibles en cualquier momento y lugar, y dentro de cualquier ámbito simbólico. Que el budismo, con el tiempo, haya adquirido su propio dominio simbólico, recogiendo elementos prestados de las distintas tradiciones culturales en las que iba arraigando, es algo perfectamente natural. Mas, con todo, ninguna de estas adiciones es lo más fundamental del budismo.

Con la expansión y diversificación de la doctrina natural budista va surgiendo, pues, la necesidad de arraigarlas dentro de un universo simbólico. Y aquí aparece un peligro diferente al que vimos con la emergencia del sustancialismo en la segunda constelación paradigmática (**PII**). Entonces, el peligro del sustancialismo se movía todavía dentro de los jardines de la filosofía y la psicología. Aquí todavía predominaba el sentido de que la búsqueda interior de la libertad era lo prioritario, independientemente de las costumbres. Pero con la tercera constelación paradigmática (**PIII**) se introduce el impulso de una confección en términos míticos y cosmológicos de las enseñanzas budistas. Si la vida y enseñanzas del Buddha demuestran que ambas cosas son compatibles siempre que se distingan con propiedad, la historia de las culturas, y en concreto del budismo, nos muestra que el peligro de sucumbir a la "explicación total" típica del mito y la visión simbólica es difícil de sortear. El budismo *mahāyāna* cede a este impulso de arraigo mítico y, en la mayor parte de los casos, pero no siempre, parece haberse olvidado del cuidado con que el Buddha definió aquello de lo que se puede hablar y de lo que no; en otras palabras, de lo que pertenece al mundo simbólico (que el Buddha respeta si no impone conclusiones absolutistas acerca de la realidad, que obturan una búsqueda crítica y libre de la verdad de las cosas y, por tanto, conducen a más confusión e insatisfacción) y de lo que pertenece al mundo filosófico-natural.

No debemos olvidar que el mundo simbólico típico del *mahāyāna* obedece también, en principio, a un impulso creador. Muchos adeptos debieron percibir que, tras los profusos tratados del *abhidhamma* y sus más prolijos todavía comentarios, el budismo estaba entrando en un callejón sin salida. El elemento imaginativo, tan enraizado en la India, brotó así de nuevo sin dificultades.[245] Y, de una "innovación" tan inmensa, no costó mucho deducir una autootorgada superioridad espiritual que hacia el siglo v d. C. ha cobrado forma definitiva con el apelativo mismo de *mahāyāna* ("gran vehículo"), al que se opusieron tanto las enseñanzas originales del Buddha grabadas en los *sutta* (**PI**) como los diversos desarrollos de las Dieciocho Escuelas (**PII**), de ahí en adelante apodados *hīnayāna* ("pequeño vehículo").

Podría decirse que la dificultad del *mahāyāna* es la inversa a la que se enfrentaron los redactores de los *Veda* tardíos (*Upaniṣad*) cuando comenzaron un proceso filosófico y racionalista –perteneciente al mundo natural– justificador de los mitos arios. Dado que, al contrario de lo que sucede con la tradición védica, el momento fundacional del budismo –digan lo que digan las historias mitificantes– es característicamente filosófico y racional, el budismo *mahāyāna* se encontró en un brete inverso: en este último caso, mistificación de la razón; en el primero, filosofización del mito. De ahí que los textos del *mahāyāna* no terminan de ser visionarios, como los *Veda*, ni filosófico-psicológicos (científicos), como lo *sutta*. Son una mezcla heterogénea de ambos con fuertes dosis de vaguedad mística y cierta inventiva, además de contener un marcado desprecio por lo empírico-natural y por lo histórico. Nada que no conozcamos ya del absolutismo filosófico.

Es verdad que un poeta puede encontrar inspiración en esos textos (aunque, dicho sea de paso, tal vez más le valdría acudir a las fuentes originales). Lo que no hallará, a pesar de las apariencias (un caso ejemplar, que estudiaremos, sería el *Sūtra de Laṅkāvatāra*), es una sólida argumentación filosófica, espíritu crítico, o racionalidad. Solo si pasamos esto por alto, e idealizamos los componentes poéticos y visionarios de los *sūtra* del *mahāyāna* (así como de los *tantra* del *vajrayāna*), podemos suscribir la concepción de una evolución histórico-filosófica del budismo que parte desde el así llamado *hīnayāna*, pasando por el *mahāyāna* hasta (con el budismo tibetano, que es el continuador más fiel de la tradición india de pensamiento budista) el *vajrayāna*. Por mucho aprecio que tengamos a los textos fundamentales del *mahāyāna*, esta concepción general es: 1) filosóficamente insostenible, y 2) históricamente reconstruida a base de falsificaciones (como la de un supuesto enterramiento de textos por parte del Buddha), así como de malentendidos (no comprender la originación dependiente como una teoría de la causalidad que no acude a absolutos de ninguna clase). Y un tercer punto decisivo: es la prolongación de cierto "sentido común" que da por hecho que siempre hay un progreso, sin distinguir entre los numerosos hilos conductores a partir de los que esta idea difusa puede ser verificada.

Poéticamente, la inmersión simbólica del *mahāyāna* promete la apertura de un mundo nuevo y revitalizado, allí donde el sujeto se hace creador soberano. Pero la creatividad no fue desdeñada en el budismo original, sino que fue aplicada a otras vías del conocer que no eran las poéticas. En este sentido, se acrecentó la posibilidad de un conocimiento filosófico-natural (científico), potencialmente capaz de abrirse a los más diversos dominios. El poeta no debe inmiscuirse en asuntos filosóficos a no ser que renuncie a su bagaje ahora literalizado, es decir, a no ser que se haga natural (Lucrecio).[246] La imaginación poética o artística, que es de tipo simbólico, es acaso el modo de creación primigenio, e incuestionablemente forma parte del origen de la religión. Pero no todo lo creativo, ni siquiera toda la sabiduría, es de naturaleza simbólica.

El budismo original fue científico-racional, y en esa medida se encuentra en un ámbito diferente al de la imaginación y la experiencia poética, cuyo centro prístino en la India fueron los *Veda*, así como más tarde las grandes épicas del *Mahābhārata* (que incluye la *Bhagavad Gītā*) y el *Rāmāyaṇa*. El budismo *mahāyāna*, sin ser –ni poder ser ya– ese encuentro prístino con la imaginación, ni tampoco una renovación de ella por tener que dar cuenta primero del origen de su propia tradición –que, como decimos, era de carácter más bien científico–, explora la conciencia subjetiva un tanto a caballo entre lo uno y lo otro. Tal cosa supone una espada de doble filo, capaz, por un lado, de falsificar la imaginación y, por otro, la razón; aunque sea, es verdad, susceptible de descubrimientos frescos de la realidad allí donde impera el principio creativo. En todo caso, digan lo que digan D.T. Suzuki o Robert Thurman, ni el *Sūtra Avataṁsaka* (declarado por el primero acaso la joya religiosa más preciosa y relevante del mundo entero) ni el *Sūtra de Vimalakīrti* (para el segundo, la mejor condensación de la enseñanzas budistas) son despliegues imaginativos comparables a los *Veda*, *La Ilíada* o la Biblia, o de rango filosófico comparables a tantos *sutta* o la *MMK*.

Así, pues, los *sūtra* del *mahāyāna* siempre contienen ingredientes imaginativos, ora imperantes, ora estructuradores del escenario. Más aún que el *mahāyāna*, el *vajrayāna* tampoco es comprensible sin la imaginación, con la cual ahora se trabaja explícitamente, como en prácticas de visualización en las que el adepto imagina ser una deidad determinada. Sin embargo, aquí lo propiamente creativo del espacio imaginativo ha sido eliminado: la libertad del creador cede a la autoridad del sistema establecido acerca de cómo imaginar, cuándo, por qué, y para qué. Más que imaginar propiamente, el *vajrayāna*, al modo de la tradición hermética y gnóstica de la que es heredera, quiso transformar la realidad objetiva con encantamientos mágicos; y, subjetivamente, aunque incorporó a la metodología soteriológica prácticas activas de imaginación, no puede decirse que fueran individuales y creativas, únicas.

El *mahāyāna*, al haber perdido pie con respecto a la noción central de la originación dependiente, es filosóficamente muchísimo más endeble que la doctrina original del Buddha, la cual será todavía alabada, aunque perdiendo de vista su sentido. Endeble y, lo que es más importante para el historiador del pensamiento, incoherente con la doctrina original. Si el despliegue imaginativo no es en sí mismo algo perjudicial, la mezcla entre los dominios poéticos y filosóficos aquí producida conducirá a consecuencias nefastas. En concreto, supondrá la reintroducción de la superstición, el autoritarismo mítico y la negligencia del desarrollo de esferas no subjetivas del pensamiento. En el *mahāyāna* la subjetividad lo acapara todo; todo se reduce a lo interior.

De ahí la facilidad con que el *mahāyāna* ya no solo se amoldará a regímenes de poder absolutistas –algo que puede decirse también del budismo primitivo en cierto modo–, sino que se ofrecerá precisamente como marco para sus operaciones.

El *mahāyāna*, en fin, habría constituido un aumento considerable de la imaginación (mítica) dentro del budismo; pero con respecto a la originación dependiente, que es una explicación naturalista del mundo que no acude a absolutos de ninguna clase para establecerse y que es, por tanto, un proyecto crítico de comprensión siempre en marcha y susceptible de mejora, el *mahāyāna* constituye un retroceso. En cierto modo, podría decirse que es con el *mahāyāna* (**PIII**) cuando puede hablarse propiamente del budismo como una religión establecida, allí donde prevalece el ritual y el dogma por encima de una investigación de la verdad asociada a un modo de vida (**PI**), o como un desarrollo intelectual de sus premisas (**PII**) –fallido o no es otra cuestión–. Ello no significa que ya en el **PI**, y no digamos en el **PII**, no encontremos signos evidentes de lo que se denomina "religión establecida" (prácticas comunes asiduas, rituales, fundamentación de principios, desarrollo escolástico), sino tan solo que el *mahāyāna*, al proveer al budismo de un marco mítico propio, le dota así de un modo de presentación ante el mundo equivalente al de otras religiones o cosmogonías con las que competía, principalmente las de cuño helénico. No puede negarse que, sin tal marco, el budismo como fue presentado por el Buddha habría perecido con más facilidad (así lo había pensado, de hecho, el Buddha histórico, quien no previó una larga duración a su descendencia), pero igualmente ha de reconocerse que, con él, la enseñanza original quedó prácticamente sepultada.

Para finalizar, me gustaría recordar otro de los factores cruciales en la génesis del *mahāyāna*, a saber: el cisma entre la Escuela de los Antiguos y la Gran Comunidad. A mi juicio, la causa del cisma –con la eventual continuación de la *mahāsaṅgha* en el *mahāyāna*– no ha sido determinada de modo concluyente hasta la fecha debido a que refleja un conflicto entre los universos del discurso natural y simbólico no dilucidado como tal. La liberalidad moral de la *mahāsaṅgha* ensanchó, además de pervertir, los dominios cosmológicos del budismo. Valga como ejemplo el hecho de que el budismo *mahāyāna*, al haber adoptado una filosofía monista abierta a la influencia del pensamiento helénico, abandonó el marco de la reencarnación que era constitutivo en los *sutta* del Buddha histórico. Y su desacuerdo con la interpretación literalista de la libertad y del liberado en el *theravāda*, creyendo posible una regresión, y en este sentido permaneciendo fieles a la idea de la necesidad de conquistar constantemente la libertad, acabó por buscar nuevas respuestas a preguntas ya respondidas en una trascendencia de la libertad que se haría, justo por el camino opuesto de la metáfora, igualmente remota. Las tendencias se iban asentando: en la Escuela de los Antiguos, literalidad de lo que era metafórico –esa contundente afirmación de la libertad– y, en general, aplicación de métodos inquisitivos naturalistas; en la Gran Comunidad, que dará lugar al *mahāyāna*, expansión del universo metafórico y simbólico, que con el tiempo daría lugar al trascendentalismo absolutista, con su consiguiente desprecio por las explicaciones naturales y causales. Dentro de esta última tendencia, la visión de nuevos mundos fue acompañada, así, de superstición, y careció del realismo existencial que había caracterizado la visión de Gautama el Buddha.

II. EL ESCOLLO DEL *MAHĀYĀNA*

La discusión que iniciamos en el capítulo 2 acerca de las distintas concepciones de la causalidad previas y contemporáneas al Buddha nos llevó a la conclusión de que su propia concepción trataba de combatir el sustancialismo inherente a todas ellas, adelantando una teoría propia que constituía una vía media entre el eternalismo de la Causa Primera y el nihilismo acausal. Aunque debido a cierto tipo de inercia metafísica esta supuesta Causa Primera tienda a identificarse con una Razón Última a la que todo regresaría tras la interminable procesión o manifestación natural e histórica de cosas y acontecimientos, lo cierto es que en los discursos tempranos del Buddha no hallamos tanto una referencia a este Fin como críticas a las concepciones sustancialistas (absolutistas o nihilistas) de la realidad. La razón es, a nuestro juicio, que la Causa y el Fin no son equiparables en todos los tipos de discurso; a saber: uno puede coherentemente argüir –como hizo el Buddha– que nada puede saberse del Origen, y, aun así, no solo tratar de comprender la realidad que deviene, sino dotarla de un sentido enfocado hacia la adquisición de un fin: la libertad. Naturalmente, este fin no es metafísico (*a priori*), ni puede hipostasiarse en la culminación de un sistema filosófico absolutista. Es un fin de tipo escatológico o moral que, por lo demás, quizá pueda ser aplicado, si desarrollamos la dialéctica que corresponde, a otros dominios (como la política, por ejemplo). En todo caso, el fin de la libertad que el Buddha quiso enseñar, y que él mismo y tantos otros que le siguieron conquistaron, no marcaría *a priori* el tipo de realidad que observamos. Más bien se trataría de lo opuesto: la aceptación y comprensión de la realidad tal como es, o viene siendo, marca el sentido de la libertad. El fin de la libertad, cuya consecución es definitiva según el ángulo desde el que se mire la cuestión, no puede, sin más, convertirse en *el* Fin, que se impone sobre Todo. Pero este es precisamente el paso que dio el *mahāyāna*: una regresión del realismo filosófico a la metafísica; una confusión de lo propiamente subjetivo con el Todo, y así una reducción totalitaria a lo subjetivo. En otras palabras, un regreso al "paradigma de la conciencia".

El *mahāyāna*, que había partido de ciertas edulcoraciones metafísicas de la *mahāsaṅgha* en torno a la omnisciencia, acabaría estableciendo una concepción, no ya soteriológica y espiritual de la libertad, sino filosófica y metafísica del reinado absoluto de la Iluminación (*dharmakāya*), desde el cual descienden los demás reinos (*śambhogakāya*, *nirmaṇakāya*), un tanto al modo de las emanaciones plotinianas del Uno. Con el *mahāyāna* ya no se trata, como con el Buddha, de humildad y escepticismo filosóficos, por un lado, y entusiasmo vital con la libertad como meta, por el otro, sino de lo opuesto: absolutismo en lo primero y escepticismo (disfrazado) en lo segundo. Escepticismo en lo segundo porque aquí nadie cree que *realmente* uno pueda conseguir alcanzar los reinos maravillosos de omnisciencia que describen los *sūtra* mahayánicos. El sentido fuerte de la importancia de la libertad para el individuo, que era el motor de las enseñanzas y filosofía original de Gautama, se diluye ahora en torno a maravillas poéticas que, aunque al principio asombran y deslumbran, son en el fondo poco más que espejismos. Es verdad que esta tendencia idealizadora y mistificante encontrará algunos correctivos cuando penetre en el mundo chino, mucho más práctico. Así, Hui-Neng, el conocido Sexto Patriarca del *ch'an*, parece haber abogado por un tipo de budismo mucho más cercano al espíritu antimetafísico original y primordialmente existencialista, poco parecido al idealismo del deshilachado (pero aun así reverenciado) *Sūtra de Laṅkāvatāra*.

Con el *mahāyāna* asistimos a una subjetivización reduccionista de líneas argumentales que el budismo original había procurado evadir en la medida de sus posibilidades. La libertad devenida de comprender la originación dependiente (a su vez, el modo de comprensión que procura la libertad), que el Buddha había considerado definitiva, alude a un tipo de permanencia –o, si se prefiere, de incondicionalidad– que no puede ser adscrita sin más a la metafísica india del *Ātman* según la cual un Yo o una Sustancia fundamental –la Libertad, por ejemplo, ahora con mayúscula– subyace a los epifenómenos ilusorios de la existencia. Recordemos que la visión del Buddha no es tampoco la del escéptico radical o la del nihilista, pues la consecución de su libertad mediante la comprensión es incuestionable (además de psicológica y filosóficamente verificable y articulable). La libertad búdica no encajaría bien con ningún modelo metafísico, pero sin embargo es segura: una conclusión indudable basada en la experiencia y la razón. El *mahāyāna*, por su parte, inicia un regreso a una concepción metafísica más similar al sustancialismo yoico (*Ātman*) de las *Upaniṣad* que al medialismo de Gautama, allí donde el elemento soteriológico se hace no ya prominente sino envolvente. Esto es, la libertad existencial que el Buddha había considerado definitiva –si se comprende bien que nuestro sufrimiento proviene de causas y se inspeccionan tales causas con determinados métodos– pasa a ser en el *mahāyāna* una entidad metafísica que lo recubre y explica todo. La protoseparación entre las esferas del ser y el conocer que había realizado el Buddha retornaría así al "paradigma de la conciencia", y con él al sustancialismo y al pensamiento metafísico absolutista.

El *Sūtra del Corazón*, uno de los *sūtra* principales de la literatura *prajñapāramitā* y referencia imprescindible del *mahāyāna*, sugiere el cambio de visión acontecido. Para empezar, ya no se trata de un diálogo histórico entre dos personas reales precupadas por su libertad en este mundo, sino de una arenga a cargo de un ente mítico (Avalokiteśvara) a un atribulado y confundido Śāriputra, que propone como ideal "marcharse al otro lado". Por el modo en que se desarrolla el discurso (que, en un afán desustancializador, antepone un "no" a todo lo descubierto por el Buddha, incluida la originación dependiente, como si esta no llevase consigo el empeño de la desustancialización) puede concluirse que este "otro lado" no es el del discurso simbólico complementario pero incompatible con el filosófico, sino el de lo Trascendental en el discurso filosófico mismo: hipóstasis o sustantificación de la libertad, que ahora hay que realizar por medio de procedimientos místicos cada vez más anodinos, y que, sin embargo, siempre se hará de rogar o pertenecerá exclusivamente a las figuras del poder establecido que se considere necesario encaramar al rango de lo cuasi divino.

En virtud de esa voluntad de producir explicaciones totales, válidas para todos los dominios, el primer paso hacia el absolutismo filosófico consistió en confundir lo gnoseológico –o relativo al conocimiento– y lo ontológico –o relativo al ser–. De este modo, lo que de acuerdo con el Buddha era una sencilla distinción entre la experiencia (el "esto causa aquello") y la teoría (la causalidad dependiente) se transforma en una distinción entre un reino ontológico absoluto y otro relativo o "convencional". La interpretación de Chandrakīrti del verso XXV.18 de la *MMK* permitió este trasvase o, al menos, lo estableció filosóficamente.

Para conseguir esta hazaña había primero que diluir la originación dependiente en una idea de mera relatividad. Chandrakīrti se encargará de materializarla, aparentemente preservando el núcleo búdico ("la originación dependiente"), pero en realidad despojándolo de su potencia explicativa, que es una concepción de la causalidad sin absolutos. Chandrakīrti entendió *idampratyayatā* –que, como demuestra Kalupahana, en los *sutta* unas veces se utilizó como sinónimo de *pratītyasamutpāda* y otras como una característica suya–[247] como simple relatividad entre dos elementos, tal como se deduce de la afirmación: «cuando esto existe, aquello existe" (*asmin sati idam bhavati*). Nótese que esta expresión es tan sólo la primera parte del verso que se utiliza en los *sutta* para describir la causalidad. La idea de mera dependencia aquí implicada es distinta de una causación activa (*pratītyasamutpāda*) a la que se hace referencia, la segunda parte del mismo verso: "cuando esto surge, aquello se produce» (*asyotpādād idam utpadyata*). Como demostramos en la sección V del capítulo 3, una mera relatividad sin causalidad apunta directamente al monismo. Estamos, pues, ante las puertas de la teoría de las dos verdades: la relativa, donde suceden las relaciones (en último término ilusorias, o en todo caso carentes de importancia para la libertad), y la verdad absoluta y una, que de ahora en adelante cabalgará entre lo conocible y lo incognoscible, según la ocasión. Es imposible subestimar aquí la más que plausible influencia de la filosofía tradicional griega (desde los eléatas a los neoplatónicos) y su concepción de las dos naturalezas, la humana y la divina.[248] Esta concepción habría facilitado el abismo entre ambos dominios del ser, que buena parte de la filosofía occidental seguirá promocionando bajo el marco del noúmeno y el fenómeno, la cosa en sí y la apariencia.

Una de las consecuencias de la fusión entre lo gnoseológico y lo ontológico es el postulado de un mundo sin principio, en lugar de hablar, como hizo el Buddha, de un mundo del cual no conocemos el principio. El budismo tardío, en efecto, habría transformado esta suspensión del juicio acerca de cuestiones metafísicas últimas en un conocimiento perfecto acerca del Origen. El budismo tardío no hablará de un Origen cognoscible mediante la introspección y la meditación que conduce a la aprehensión del Yo Absoluto –como en la filosofía upanishádica–, ni tampoco hablará del más allá del ser y del no ser –como en el *advaita vedānta*–, sino que hablará –como Aristóteles y buena parte de la cosmología griega– de un mundo sin principio, eterno. Mas la absolutidad dogmática de este aserto, que presume saber que el mundo no tiene principio y cuyo conocimiento puede ser en teoría revelado si uno alcanza la Iluminación, es idéntica a la de las tradiciones orientales mencionadas.

La Ley de la Causalidad como un principio gnoseológico general y universalmente válido no justifica una transferencia a un discurso metafísico que determina los niveles ontológicos. Discurso este que obviamente reserva la absolutidad para sí, para el que lo enuncia. En otras palabras, afirmar que *todo* depende de condiciones y que esta ley se cumple *siempre* no equivale a adoptar un sistema filosófico en el que existen ciertas cosas eternas allí y cosas efímeras aquí. Cuando una operación de inducción y deducción epistemológicas eclosiona en el dominio de las categorías ontológicas, o sea, cuando el paso de lo empírico a lo teórico (o viceversa) se convierte en la diferencia ontológica entre, por un lado, lo mundanal y, por otro, lo eterno y trascendente, se deslizan innumerables errores. Se regresa a un punto que precisamente había querido ser abandonado, donde la especulación ociosa toma las riendas de la auriga científica. Se pasa de un dominio en el que las cosas pueden ser explicadas, y se explican, a otro plagado de contrasentidos. Sus programadores no dudarán en pretender tener acceso a la verdad absoluta (por muy oculta y trascendente que sea), mientras que los que disienten son demasiado mundanales o están sencillamente equivocados.

La superación de este escollo está plagada de consecuencias no solo epistemológicas sino también espirituales. En cuanto a lo primero, postular una verdad absoluta por un lado y una relativa por el otro, por mucho que luego se afirme que ambas son idénticas en último término, no soluciona el problema asociado a todo eternalismo, a saber el de cómo se comunica eso absoluto con lo efímero. Y, en cuanto a lo segundo, semejante concepción no aclara aquello que efectivamente nos es dado conseguir (la libertad mediante la comprensión) y aquello que más bien se evapora en el limbo de un "todavía no, porque en realidad nunca".

La distinción entre las dos verdades (tal como aparece en el famoso verso de Nāgārjuna) solo puede entenderse escatológicamente, y por tanto teniendo en cuenta que la libertad, aunque en cierto sentido "definitiva" y "última", no ocupa un trono ontológico aparte y trascendental, innombrable. Es decir, no puede interpretarse literalmente, sino figurativamente. Esto es como decir que también este verso se produce en un universo del discurso que no obedece a una dicotomía predeterminada entre lo convencional y lo real. Incluso si traducimos *paramāthataḥ* como "verdad última" y no como "fruto moral último", al conceder que se trata de una expresión tan convencional como real, entonces la verdad supuestamente absoluta no es tal, sino que es *también* un modo de hablar y depende de la relativa. Si hubiese que interpretar esta sentencia de un modo literal, a saber, si hubiésemos de ver en ella el postulado de un absoluto ontológico ignoto que envuelve a lo relativo, Nāgārjuna lo habría dejado más claro y habría establecido no ya aquí, sino desde el principio, una distinción radical entre lo inefable y lo ilusorio, cosa que brilla por su ausencia. Nāgārjuna sí afirmó con toda contundencia, en cambio, que aquellos que consideran la vacuidad como una cosa más son imposibles y nunca aprenderán. "Como una cosa más": como una cosa separada, trascendente, por encima, absoluta.

Este es tal vez el problema fundamental al que se enfrentó el *mahāyāna*: el de las ganas incontenibles de seguir afirmando positiva y absolutamente la libertad, pero abrazando sistemas filosóficos que, paradójicamente, caminan en su contra. En el transcurso de la realización de este gran deseo, el *mahāyāna* habría ido tropezando –a contrapelo, por así decir– con todos y cada uno de los obstáculos que el Buddha había sorteado cuidadosamente en su crítica a la metafísica de lo absoluto. De una visión realista marcada por la condicionalidad de todas las cosas, se pasó a una dominada por el binomio ilusión/absoluto; de una visión que daba importancia a lo concreto y a lo bien definido, se pasó a vaguedades conceptuales; de las parábolas, ejemplos y analogías, se pasó al mito; de un modo de convivencia basado en la excelencia, el respeto mutuo, y el consenso se pasó al autoritarismo y el desprecio por la diferencia; de una prudente relativización de la metafísica mediante una filosofía crítica, se pasó a su absolutización dogmática; de un énfasis por lo existencial individual, se pasó a lo masivo y lo intangible; y, en fin, de una visión cabal de la realidad como la que procura la originación dependiente, se pasó a un relativismo radical con ínfulas nihilistas, incapaz –dirán con orgullo– de no sostener visión alguna. Tal cosa dio lugar a un absolutismo conceptual que tuvo que recurrir a la introducción de prácticas y visiones metafísicas cada vez más fantásticas y subjetivistas, como la de que "Todo es Mente". Por su parte, sin negar lo trascendente de la libertad de cada uno y por eso mismo de todos, anclándose en la percepción clara de lo perecedero y la muerte, y así mirando la vida de cara, el budismo primitivo pudo ensanchar su mundo a realidades no solo objetivas, sino además intersubjetivas que irán desapareciendo con la paulatina aparición de las constelaciones paradigmáticas subsiguientes.

Con el *mahāyāna* se ha pasado asimismo de un camino espiritual que divide por igual lo contemplativo, lo ético y lo filosófico –como es patente en el Sendero Óctuple, con sus secciones de (en pāli) *samādhi*, *sīla* y *paññā*– a otro en que el *samādhi* o profundización meditativa es predominante. Formalmente se hablará todavía de (en sánscrito) *prajñā*, pero la sabiduría está aquí supeditada a un entendimiento filosófico absolutista que mana de la absorción subjetiva, cuyo paradigma por antonomasia es la meditación sentada. A pesar de las apariencias, en la introducción en la noción de *prajñā* de elementos intuitivos e inefables (como en el *zen*) o mágicos (como en el *vajrayāna*), que parecen trascender la mera absorción contemplativa, lo interiorizador sigue siendo preponderante.

Uno de los desarrollos filosóficos más importantes del *mahāyāna* condensa esta concepción general en su propio nombre: *yogācāra* ("práctica del yoga"); por no hablar de la derivación, ya mencionada, del término japonés *zen*, proveniente del chino *ch'an*, el cual procede del sánscrito *dhyāna* ("meditación"). De ahí el significativo comentario de D.T. Suzuki: «Cuando *pañña* se despierta en nosotros, la moralidad es abandonada, la meditación dejada atrás, y solo queda un estado iluminado de la mente en que "el espíritu sopla donde quiere"».[249] Con el *vajrayāna* tibetano, esta tendencia no hace sino incrementar. Acudiendo, por un lado, a un populismo todavía más marcado que borra las fronteras entre el budismo en cuanto tal y prácticas religiosas locales (especialmente, en la India a partir del siglo IV d. C., del tantrismo shivaita), y, por otro lado, acudiendo a una inmersión muchísimo más elaborada e imaginativa de la conciencia, el *tantra* permanece atrapado en un universo subjetivo que, antes de aspirar a comprenderse a sí mismo y al mundo, quiere lograr un tipo de experiencia lumínica interior y exclusiva, ahora apellidada "Iluminación búdica última". Este movimiento espiritual, que explica el tránsito de **PIII** a **PIV** y que estudiaremos en el próximo capítulo, trae como causa la insatisfacción con el árido escolasticismo mahayanista, al que por otro lado ya no podía renunciarse. En todo caso, lo que importa destacar ahora es que en el *mahāyāna* el centro rector pasa a ser uno solo de los senderos que, de acuerdo con el Buddha, conducen a la libertad: la meditación. Es decir, se regresa a una filosofía y una práctica espiritual (o, si se quiere, psicológica) prebudista. Es lógico: una vez desterrada la originación dependiente, la libertad solo puede residir en la adquisición de cierto estado contemplativo, cuya aprehensión supuestamente autoriza, por lo demás, a establecer el absolutismo ontológico y así a extenderse a todas las esferas del conocer.

A mi entender, la razón principal por la que los redactores de los *sūtra* del *mahāyāna* se sintieron autorizados a "mejorar" (según ellos) la doctrina budista original mediante la negación mística de todos los descubrimientos de Gautama (cfr. de nuevo el *Sūtra del Corazón*, tal vez el que más ha marcado el destino de esta constelación paradigmática) es que tomaron el estadio contemplativo más profundo (el estadio de lo sin forma) por la cúspide del sistema. Es precisamente esta cualidad contemplativa de lo sin forma lo que explica también el ascenso del término "vacío" (*śūnyatā*) a categoría de experiencia última e incontestable, cuando originalmente *suñña* era nada más que la conclusión *lógica* de la aplicación de la idea de la originación dependiente en nuestra comprensión de lo real.[250] Como vimos en el capítulo 2, sabemos que el Buddha conoció este tipo de experiencia contemplativa, y que, sin embargo, rehusó darle la categoría finalizadora que adquirió después con el *mahāyāna* y que buena parte de la filosofía india había tenido antes de su iluminación. La iluminación del Buddha, como hemos repetido ya tantas veces, *no fue una experiencia* como la que las distintas ramas del *mahāyāna* intentarán conseguir por distintos medios (una experiencia que necesariamente, por su naturaleza de lo sin forma, ha de navegar en la paradoja y lo enigmático, a caballo entre "lo que es" y "lo que no es"), sino una conclusión, un pensamiento acabado, una síntesis reflexiva. El hecho de que en tal estadio contemplativo sintamos por dentro (subjetivamente, por así decir) que nada tiene causa y que su espacio es una especie de principio y fin definitivos, no significa que por fuera (objetivamente) carezca de causa, pues resulta obvio que semejante experiencia es producida mediante una serie de aplicaciones contemplativas previas bien diferenciadas ya antes del Buddha, y que el Buddha incorporó a sus enseñanzas como un vehículo sumamente útil para la comprensión ecuánime de lo que viene sucediendo.

No es posible discutir con el detalle que requerirían tantas nociones centrales del *mahāyāna*, como su peculiar concepción de *yathābhūtaṃ*, que, de un "tal como las cosas han venido siendo", donde se encuentra inscrita la idea de la originación dependiente, pasa a ser un "las cosas como son", dando a entender la absoluta identidad del Ser.[251] O desarrollos de conceptos tales como *tathāgatagarbha*, el cual, por influencia mahayánica, se traduce habitualmente como "Naturaleza del Buddha" (*Buddha-nature*), dando a entender una concepción monista y espiritualista del mundo, aunque sería posible traducirlo más bien como "potencial del Buddha", a saber, como el simple potencial de lograr la iluminación. Tampoco podemos detenernos a estudiar la paulatina transformación del *bodhisattva*, personaje ya aparente en los *sutta* tempranos, donde se entendía como un simple aspirante a la iluminación, y cómo pasa a ser una figura arquetípica semejante o equivalente a una deidad. Un estadio intermedio de esta transformación habría consistido en denigrar la figura del *arahant* (iluminado) original, por estar –supuestamente– preocupado tan solo por su propia salvación. El *mahāyāna* habría impuesto así su propia versión del *bodhisattva*: un ser que renuncia al *nirvāṇa* hasta haber salvado a todos los seres sin excepción. No resulta extraño que semejante idealización vaya cobrando con el tiempo dimensiones cada vez más sobrenaturales. Aunque religiosamente tal paso pueda constituir un acierto, soteriológicamente supone una regresión, pues incita no ya a la libertad efectiva (que es necesariamente de uno y de todos, o no lo es en absoluto), sino más bien al culto mitómano. Cabría todavía indagar hasta qué punto este tipo de aspiración, indudablemente inspirada en una compasión universal por toda la vida, no redunda en una especie de conformismo. En efecto, si la renuncia al *nirvāṇa* es una renuncia a la libertad, solo queda un deseo de algo espiritual que carece de forma propia. Aquí notamos de otro modo que en la aspiración mahayánica del *bodhisattva* está implícita una concepción del *nirvāṇa* como huida metafísica a lo sin forma; de ahí la necesidad de compensarlo con el elemento compasivo, que nunca había faltado en las enseñanzas del Buddha histórico.

En definitiva, el atomismo o momentarismo sustancialista de las primeras escuelas (*sarvāstivāda* y *sautrāntika*, **PII**) quiso ser superado en el *mahāyāna* (**PIII**) mediante un regreso, en absoluto acorde con la originación dependiente, al monismo filosófico. La ventaja de este posicionamiento es que puede darse ínfulas de ser "más universal" y más abarcante aunque, de hecho, redujo las posibilidades abiertas por la originación dependiente, que, justamente por no sujetarse a ningún absoluto y enfocarse en la realidad tal como viene sucediendo, permitía un análisis más cabal de la realidad. No es extraño, pues, que la nueva creación de discursos (*sūtra*) supusiese primero, e impusiese después, la condena tácita de los *sutta* tempranos (**PI**). Aunque en muchos casos tal condena puede atribuirse simplemente a la ignorancia, pues como hemos visto la constelación paradigmática de las Dieciocho Escuelas (**PII**) ya había prácticamente abandonado los *sutta* tempranos como fuentes de sabiduría, una reflexión sobre los supuestos y las consecuencias filosóficas de la originación dependiente era todavía inexcusable. Y, además, no faltaron quienes la reintrodujeron con rigor (Nāgārjuna). Si, entonces, la originación dependiente se pasó por alto debe ser porque sus implicaciones iban en contra del nuevo impulso mitificante, al parecer irresistible, y del absolutismo filosófico, que permite con asombrosa facilidad afirmar que uno tiene razón y los demás no. Es curioso notar que, con variaciones de acento, este es un elemento común a todos los **PIII** del judaísmo, el cristianismo y el islam, cuando la universalización de su religión viene acompañada de una notable expansión territorial y de una explicitación de premisas (dogma), sustentado por un absolutismo (filosófico) incuestionable.

III. ALGUNOS *SŪTRA* DEL *MAHĀYĀNA*

Resulta sumamente interesante comprobar que, en las presentaciones de los *sūtra* del *mahāyāna* más relevantes, sus traductores y comentaristas parecen no tener el menor interés en indagar los orígenes (las causas) de un cambio tan espectacular de perspectiva. Tanto Edward Conze como D.T. Suzuki, Robert Thurman, Burton Watson o Thomas Cleary (para los *Sūtras de la Prajñapāramitā*, *de Laṅkāvatāra*, *de Vimalakīrti*, *del Loto* y *Avataṃsaka*, respectivamente) reconocen que ninguno de estos textos puede datarse con ninguna precisión, aunque en la mayor parte de los casos comienzan a aparecer algunas traducciones chinas a partir del siglo II d. C., y, a principios del siglo V d. C., sobre todo gracias al trabajo de Kumārajīva (el "biógrafo" de Nāgārjuna), se asientan como textos venerados y conferidos de una autoridad doctrinal que desplaza, y con mucho, los discursos originales del Buddha histórico. Este proceso fue sin duda lento, y es seguro que no estuvo exento de conflictos con el budismo establecido hasta entonces en la India (el de las Dieciocho Escuelas), que de ahora en adelante pasará ser denominado *hīnayāna* ("vehículo pequeño") con desdén.

Esta ausencia de un deseo de indagar en los orígenes del *mahāyāna* por parte de algunos de los traductores más prominentes de sus principales *sūtra* se explica cuando adivinamos que se trata de autores enamorados de la metafísica y fantasía del *mahāyāna*, y, por tanto, para ellos, este nuevo vehículo se explicaría por sí mismo, "por sus frutos". Pero la cuestión no es ya solo que cabe cuestionar sus frutos desde un punto de vista filosófico y doctrinal, si tomamos como referencia las admoniciones y enseñanzas del Buddha histórico, sino que además esta falta de explicación tampoco puede considerarse académicamente justificable, allí donde deberían tenerse en cuenta criterios históricos. Kalupahana criticará duramente a D.T. Suzuki por no haber siquiera señalado, en su estudio sobre el *Sūtra de Laṅkāvatāra*, que, si el título de este discurso es traducible como "Descenso a Lanka", es porque sus redactores tenían la idea de realizar una invasión doctrinal al entonces –y todavía– bastión principal del *theravāda*: Sri Lanka. Y si esta invasión planeada existió es porque la doctrina aquí propuesta era radicalmente diferente en principios y métodos a la de la Escuela de los Antiguos, cosa que se comprueba tan pronto como nos asomamos a este texto del *mahāyāna*. La ocultación de las verdaderas intenciones de este *sūtra* no puede obedecer a la ignorancia de su analista, sino a un afán de disimular las irreductibles diferencias filosóficas entre el **PI** y el *mahāyāna* (**PIII**), proponiendo una especie de síntesis que es en realidad pura y simple asimilación de lo primero a lo segundo.

En cualquier caso, la localización espacio-temporal del origen de estos textos es todavía tan pobre que es difícil ir más allá de algunas observaciones preliminares, de tipo general. El *Sūtra Avataṁsaka* está no ya influido, sino hundido, en motivos de la mitología india. El *Sūtra del Loto*, que será prominente en China, no contiene tantos elementos propiamente mitológicos, aunque es por entero mahayánico (de corte absolutista). El *Sūtra de Vimalakīrti* parece también de origen indio, y ha sido especialmente apreciado en el Tíbet. A juzgar por los incipientes elementos tántricos en este *sūtra* uno puede aventurarse a decir que recibió la influencia de escuelas budistas noroccidentales de la India, aunque también podría traer su causa del descontento de la comunidad de Vesali tras el primer conflicto documentado en la historia del budismo (véase *supra*, capítulo 5), cosa que, que yo sepa, no había sido notada con anterioridad.

Todo lo que puede decirse con seguridad es que, hacia el siglo I a. C. o algo después, los pozos de la vieja *Tipiṭaka* parecían haberse secado para muchos budistas. De ahí el lanzamiento hacia nuevas formas narrativas, que en parte retomaron elementos prebúdicos o simplemente no búdicos (como las especulaciones upanishádicas), y en parte hicieron de su viaje una empresa creativa que procuraba mantener un enlace con algunos de los axiomas budistas originales, tales como las Cuatro Nobles Verdades y la originación dependiente. Pero el *mahāyāna* es poco escrupuloso con ellos y, si sus autores no pueden obviarlos o colocarlos en un estrato trascendental y absoluto, los denigran como pertenecientes al "vehículo inferior".

Que los textos no puedan datarse con precisión, al revés de lo que sucede con los discursos tempranos, a pesar de que sean siete siglos posteriores o más, se explica también por el desprecio que sentían sus redactores por lo real. Para ellos lo único real era lo absoluto, y, como mucho, un modo de narración que ni siquiera me atrevo a llamar simbólico, sino mitológico. La historia, el devenir, los procesos naturales (ya sean subjetivos u objetivos) pertenecen a un mundo ilusorio que es preciso trascender. A él no pertenece la Iluminación, o el Cuerpo de la

Verdad (*dharmakāya*), el Absoluto de la Unidad que escapa a todas las palabras y que es Eterna y Cristalinamente Presente. Tanto sus redactores originales como los estudiosos actuales de los principales *sūtra* del *mahāyāna* se ven tan atraídos por una visión del mundo trascendentalista que pedir una investigación algo más detallada y objetiva supone prácticamente una afrenta espiritual. Lo espiritual es ahora una aprehensión de tipo intuitivo, subjetivo, y, a la vez, absolutamente fijada. La libertad es ahora mucho menos práctica, menos real y cotidiana, y sobre todo menos crítica para con lo dado, tanto en acontecimientos como en las ideas que los describen. La confrontación con otras opiniones no transcurre ya entre los presupuestos de la buena fe y la apertura que son tan manifiestas en los discursos tempranos, sino que parten de la mutua repulsa, el sarcasmo y la ambición de aniquilar al supuesto enemigo (ya no oponente). En una palabra, de un universo dialógico se pasa a otro monológico.

a. El Vajracchedikā

No todos los *sūtra* del *mahāyāna* tienen la marca del monismo metafísico y de la mitología. A pesar de que, como era de esperar, se ha procurado interpretar bajo la luz del *mahāyāna*, el *Vajracchedikā* o *Sūtra del Diamante*, uno de los más importantes de este período y perteneciente a la colección de la *Prajñapāramitā*, carece de sus elementos fundamentales. Ahora bien, observamos en él una fuerte voluntad de mantenerse dentro del marco de la vía media, la originación dependiente y las enseñanzas originales de Gautama el Buddha. También aquí, como vimos al estudiar las obras atribuidas a Nāgārjuna, lo que añade el traductor de su propia cosecha tuerce el sentido en una u otra dirección. Pero es notable que, incluso allí donde el traductor se siente afín al *mahāyāna* y da por hecho que este *sūtra* es mahayánico, el texto como tal se mantiene todavía fuera de sus coordenadas. Si tenemos esto en cuenta, la esmerada traducción con comentarios de Edward Conze toma otro color.

El *Vajracchedikā* es un *sūtra* mahayánico solo en cuanto que el encuentro del Buddha con Subhuti (quien plantea todas las preguntas) es imaginario. En la traducción de Conze se dice que en la asamblea hay "muchos *bodhisattvas*" además de los tradicionales 1 250 monjes.

Pero aun suponiendo que no tuviésemos otros datos –que sí los tenemos–, y a pesar de la novedosa introducción de los *bodhisattvas* como audiencia, resulta evidente que la puesta en escena procura permanecer dentro del orden de los *sutta* tempranos. Sabemos no obstante, por el trabajo de Hajime Nakamura (*Indian Buddhism*), que las versiones más antiguas (en chino) de este texto no hacen, de hecho, mención ninguna a *bodhisattvas*. Por eso Kalupahana comenta que: «la inclusión de los *bodhisattvas* como parte de la audiencia no sería una revisión de envergadura si no fuese por el hecho de que ocluye la significación filosófica de este trabajo mediante la introducción de un conflicto ideológico que solo emergería más tarde, con la compilación del *Sūtra Saddharmapuṇḍarīka* [el *Sūtra del Loto*]».[252] El texto que traduce Conze es, por tanto, muy posterior, y está alterado para encuadrarse con los intereses de un *mahāyāna* ya consolidado. Conze, por supuesto, traduce el texto partiendo de que es mahayánico de pura cepa –algo que se corrobora en sus comentarios a los versos–, pero, aun así, leyendo estrictamente lo que dice el *sūtra*, el panorama que se nos ofrece no tiene nada de tal cosa. No hay en él, por ejemplo, ni el menor rasgo de metafísica absolutista. Por el contrario, quiere ceñirse ajustadamente a la idea de *anatta*: no yo, no alma, no sustancia, y no ser (esto último entendido como no sustantificación del ser). Es más, aun en la traducción mahayanista y revisionista de Conze, el ideal sigue estando representado por el *arhat* (*arahant* en pāli), y no por el *bodhisattva*, ni por un Buddha trascendental, una deidad, o nada que se le parezca.

Uno de los momentos cumbre del texto está en el verso noveno.[253] En él hallamos diáfanamente la idea de que cualquiera de las consecuciones a lo largo del camino espiritual no se deben a ninguna clase de mérito personal. El sentido es claro: enfatizar la condicionalidad múltiple de toda conquista espiritual, no reductible a un Yo, y destruir el apego a todas y cada una de tales consecuciones. El verso duodécimo, entre otros (ibíd., págs. 49 y ss), contiene una criba antisustancialista a varias categorías filosóficas clave, e incluye otros elementos, tales como partículas de polvo o las 32 marcas de un superhombre (una creencia común en la India que ya aparece en los *sutta*). No se realiza aquí la pulverización para negarlas y dejarlas suspendidas, y así abrazar un Absoluto, sino para reestablecerlas una vez desustantificadas.

En toda la traducción de Conze no hay un solo momento en que se insinúe un Absoluto, a pesar de la insistencia con que Este aparece en sus comentarios. La única excepción se encuentra en el verso séptimo, que termina diciendo: «porque un Absoluto exalta a los santos» (ibíd., págs. 36-38). Pero el propio Conze viene a reconocer que su traducción es cuestionable cuando indica que el sánscrito original (*asaṃskṛtaprabhāvitā hy āryapudgalā*) "desafía toda traducción". Es evidente que, para sortear la dificultad, Conze ha acudido aquí a sus propias preconcepciones. Es también notorio que no haya mención alguna en todo el texto al concepto mahayanista por antonomasia: *śūnyatā*. Aunque la aplicación de una crítica desustantificadora es constante a lo largo del texto, *śūnyatā* no aparece ni siquiera en la versión más tardía que utiliza Conze del *Vajracchedikā*. Para Kalupahana esto se debe probablemente a que *śūnyatā* tiene connotaciones demasiado negativas,[254] y el *sūtra* prefiere utilizar, en su lugar, uno de los símiles más nítidos de los *sutta*: las palabras han de utilizarse como balsas; una vez que llegan a la otra orilla (o sea, al significado que quería indicarse), uno no sigue llevando la balsa a cuestas, sino que la deja allí mismo. Es posible que la ausencia de la utilización de *śūnyatā* se deba también a que la composición original del *Vajracchedikā* fue anterior a la emergencia no ya solo de la metafísica absolutista del *Mahā-śūnyatā* ("Gran Vacío"),[255] sino a su uso generalizado como plataforma crítica, que habría comenzado con Nāgārjuna.

La historia posterior de este *sūtra* y su utilización pertenece, como todos los textos de su género (es decir, de los que quieren retornar al corazón de las enseñanzas antisustancialistas originales), a la historia de una impostura. Pero el hecho de que llegase a componerse e incluirse en la literatura *Prajñapāramitā*, y de que intentase ser recuperado más tarde en alguna ocasión bajo el espíritu original, indica que sus rescoldos estaban aún encendidos y que no era nada fácil ahogarlos. Uno de los momentos más memorables de esta particular historia es cuando Hui-Neng pasa a ser el Sexto Patriarca del *ch'an* (*zen*) y toma el *Vajracchedikā* como su libro de cabecera. La historia de cómo Hui-Neng llegó a poseer este título merece la pena relatarse, pues es indicativa del contraste entre uno y otro espíritu.[256]

Corre el siglo V d. C. en China. Estamos en la era de la dinastía T'ang, habitualmente considerada el apogeo de la cultura china. El budismo *ch'an* ya había arraigado con fuerza en muchos lugares; un tipo de budismo que, partiendo del *Sūtra de Laṅkāvatāra* introducido por Bodhidharma (en japonés Daruma), había predicado una negación de toda articulación conceptual como vía a la iluminación y, como indica Kalupahana (ibíd., pág. 230), había asimismo renunciado a redefinir la naturaleza y función de los conceptos. Su lema era: «Una transmisión especial fuera de las escrituras y no a la dependencia en las palabras y las letras: un apuntar directo a la mente del hombre, viendo la naturaleza propia y alcanzando la budeidad».[257] Aunque sería posible discernir en esta consigna un intento de dar prioridad a la experiencia antes que a meras ideaciones, lo cierto es que, librado a sí mismo, este lema no puede conducir más que a la arbitrariedad subjetiva y al nihilismo. Nadie escapa a la conceptualización. Este apotegma, como todo lo que se dice y habla, es susceptible de diversas interpretaciones que deben exponerse bajo la luz de una discusión y una aclaración intersubjetiva. En cualquier caso, este misticismo de acento más práctico que especulativo era el universo en que se movía buena parte del budismo chino de la época, hasta que llegamos al Quinto Patriarca, Hung-jen, de quien se dice que atesoraba el *Sūtra del Diamante*.

Hui-neng, que será el Sexto Patriarca, era huérfano de padre y se ganaba la vida desde muy temprano vendiendo leña en una ciudad del sur de China. Un día, al salir de una de las casas donde vendía su mercancía, oyó por casualidad a un hombre recitando un *sūtra*, que le embargó por completo. Averiguó que se trababa del *Sūtra del Diamante*, y decidió ir a estudiarlo con un maestro. Es así como llegó al monasterio del Ciruelo Amarillo, donde vivían y estudiaban quinientos monjes a cargo de Hung-jen. La leyenda prosigue relatando cómo, a pesar de la buena impresión que le produjeron a Hung-jen las respuestas de Hui-neng en su primer encuentro, le fueron encargadas labores menores y poco placenteras (batir el arroz) durante un largo período de tiempo. Pasado un tiempo considerable llegó el día en que Hung-jen, debido a su ancianidad, debía decidir quién iba a relevarlo como sucesor espiritual y rector del monasterio. Para dilucidarlo propuso una suerte de concurso: a aquel que demostrase una comprensión exhaustiva de la doctrina se le otorgaría el manto patriarcal y sería proclamado su legítimo sucesor.

Todos creían que el candidato con más posibilidades de conseguirlo sería Shen-hsiu, un hombre de vasta cultura y versado en todos los textos asequibles de su día. Como muestra de su conocimiento, Shen-hsiu colgó en la pared de fuera de la sala de meditación unos versos que expresaban su perspectiva: «Este cuerpo es el Árbol-Bodhi,/ el alma es como un espejo resplandeciente;/ prestad atención a mantenerlo siempre limpio,/ y no dejéis que se apile en él el polvo». Los versos causaron una gran impresión, y todos asumieron que su autor recibiría inmediatamente el relevo. Pero a la mañana siguiente la sorpresa fue tremenda cuando se encontraron escritos, junto a los otros, los siguientes versos: «El Bodhi no es como el árbol,/ el espejo brillante no reluce en absoluto;/ y dado que lo primero no existe,/ ¿dónde podría apilarse el polvo?».[258] El Quinto Patriarca vio en estos versos una comprensión más diáfana de la doctrina y decidió que Hui-neng, su autor, debía de recibir el hábito. No obstante, se dio cuenta de que esta decisión estaba plagada de peligros, pues muchos estarían en desacuerdo, de modo que el Quinto Patriarca hizo venir a Hui-neng a sus aposentos muy tarde por la noche para darle el hábito en secreto, y le aconsejó que se marchase hasta que los tiempos fuesen más propicios para él.

Lo que no cuenta D.T. Suzuki en su narración de este suceso es que también esa misma noche Hung-jen transmitió y comentó el *Sūtra del Diamante* completo a Hui-neng. Esto es indicativo de que este *sūtra* contenía una enseñanza que nadaba contracorriente y que ya entonces se consideraba peligrosa. Aunque muchos, incluido Suzuki, han visto en los versos de Hui-neng una aproximación al budismo de tipo intuitivo y permeada por contradicciones formales y sinsentidos que indicarían la naturaleza no intelectiva de la iluminación, la verdad podría ser muy otra.

La tradición *ch'an* (*zen*) se dividió, justamente a partir de este incidente, en dos escuelas principales: *Ts'ao-Tung* (en japonés *Sōtō*) y *Lin-chi* (en japonés *Rinzai*). La divergencia refleja un conflicto de tipo filosófico cuyos antecedentes pueden rastrearse hasta los inicios del *mahāyāna* en la India, cuando el monismo sustancialista estaba empezando a emerger como una fuerza poderosísima, y cuando, por otro lado, existieron todavía intentos de preservar el centro de las enseñanzas antimetafísicas del budismo original (en el *Vajracchedikā* o en la *MMK*). La escuela *Ts'ao-Tung* estaría emparentada con el *yogācāra* y con el *Sūtra de Laṅkāvatāra* que trajo Bodhidharma a la China desde la India; la escuela *Lin-chi*, por su parte, partiría del *Sūtra del Diamante* que atesoraron tanto el Quinto como el Sexto Patriarca del *ch'an*, iniciando una revolución en el seno de esta tradición.

Así, mientras que los versos de Shen-hsiu reflejan la ambición de Bodhidharma, que es mantener la mente pura y limpia de acuerdo con las premisas de una metafísica del Yo y una extrema práctica de la meditación sentada, los versos de Hui-neng, que Hung-jen percibió como afines a su propio entendimiento del budismo, representan una crítica tanto de la idea de "alcanzar la propia naturaleza última" como de las prácticas meditativas que la acompañan; algo que la leyenda ha transmitido cuando relata que Hui-neng se dedicó tan solo a batir arroz y otras tareas menores mientras el resto practicaban la meditación y acariciaban la metafísica del monismo subjetivo. Que Hui-neng tuviese que salir a hurtadillas del monasterio aquella misma noche con el manto del Patriarca es muestra precisa de cuánto había hecho mella el dogmatismo de las concepciones absolutas en el *ch'an*. Es más, se cuenta que el Quinto Patriarca le advirtió: «Desde tiempos muy antiguos la transmisión del Dharma ha sido tan tenue como un hilo. Si te quedas aquí habrá quien te haga daño. Debes marcharte». La advertencia revela hasta qué punto el Quinto Patriarca comprendía que la enseñanza de la vía media, siendo tan difícil de sostener, había pasado por muchos momentos de peligro mortal a lo largo de su historia.

Aunque sea algo percibido con poco frecuencia, la tradición de enseñar la doctrina budista mediante *kung-ans* (*koans* en japonés) típica del *ch'an* reflejaría asimismo una diferencia de relieve sobre si estos provienen de una escuela o de la otra. Mientras que la escuela *Ts'ao-Tung*, bajo el influjo antiintelectualista y absolutista de Bodhidharma, tiende a plantear *kung-ans* lógicamente absurdos con el propósito de que se abandone todo razonamiento y así aprehender de un modo "intuitivo", nunca susceptible de mentarse, "la naturaleza del Buddha", la escuela *Lin-chi*, más cercana al *Vajracchedikā*, tiende a hacer una criba del concepto para después reinstaurarlo, aunque ahora desustantificado. Léase como ejemplo el siguiente *kung-an* atribuido a T'ou-Tzu Tai-t'ung: «¿Quién es el Buddha? El Buddha. ¿Cuál es el camino? El camino. ¿Cuál es la doctrina? La doctrina».[259]

Por supuesto, ambas escuelas se mezclarán a menudo en el futuro (no en vano Hui-neng se comprometió a reconciliar ambas formas del *ch'an*), lo cual ha dado lugar a que muchos intérpretes no hayan diferenciado entre la naturaleza de sendos principios. Además, dado que la cultura china es mucho más dada a lo pragmático que a la especulación teórica, muchas veces el espíritu del *ch'an* (y luego del *zen*) se ha interpretado simplemente como antiintelectualista, y se ha equiparado, sin más distinciones, a la tradición de Bodhidharma y el *Sūtra de Laṅkāvatāra*, como si no hubiese acontecido una ruptura significativa en el seno de la tradición que apuntaba en otra dirección.

La razón por la que es importante traer a colación el *Vajracchedikā*, así como algunas de sus incidencias posteriores, es que debemos tener presente que aun en la época del *mahāyāna* existen intentos de retornar al centro paradigmático (la originación dependiente, **PI**). Como señala lúcidamente Kalupahana,[260] sería posible de este modo establecer dos formas de *theravāda* ("*hīnayāna*") y dos formas de *mahāyāna*, uno sustancialista y otro no sustancialista. Tal cosa está en perfecta consonancia con nuestra idea, esbozada en el capítulo 1, de que todas las constelaciones paradigmáticas, aspirando a constituirse como una superación del paradigma anterior, contienen, por un lado, intentos de regresar al origen o centro, y, por otro, desviaciones de este.

Pasamos ahora a examinar con brevedad algunos de los *sūtra* del *mahāyāna* más relevantes, todos ellos empapados de sustancialismo y absolutismo filosófico.

b. El Sūtra Saddharmapuṇḍarīka

Este *sūtra*, conocido generalmente como "del Loto" (la traducción completa sería "Discurso sobre el Loto del Dharma Verdadero"), es acaso el texto más importante del budismo *mahāyāna* popular, no académico. Según Nakamura,[261] su composición habría comenzado alrededor del siglo I d. C., pero no habría concluido hasta después de la vida de Nāgārjuna (siglo II d. C.). Es algo desalentador que el estudio de Thich Nhat Hanh sobre este *sūtra* parta de la idea históricamente insostenible de que fue un discurso original de Gautama, realizado en el Pico de los Buitres hacia el final de su vida,[262] cosa que justifica porque en los capítulos 12, 13 y 14 aparece la figura del príncipe Ajatashatru (ibíd., pág. 56), como si los redactores del *sūtra* no pudiesen haberla introducido *a posteriori*. Thich Nhat Hanh reconoce inmediatamente que los estudios historiográficos modernos localizan el texto 700 años más tarde, hacia finales del siglo II de nuestra era, como si lo uno y lo otro fuesen de algún modo compatibles. Es obvio que Thich Nhat Hanh toma por históricamente cierta la presentación literal del propio *sūtra*, si bien lo que él llama la "dimensión última" (no histórica) es lo predominante en esta preparación del escenario (ibíd., pág. 19).

Thich Nhat Hanh ha querido hacer del *Sūtra del Loto* el discurso ecuménico budista por antonomasia, pues, según su criterio, «tiene la capacidad para encajar y aceptar todas las escuelas del budismo» (ibíd., pág. 7). Mas, como veremos, en parte gracias a un examen de sus comentarios, este discurso adolece de un fuerte absolutismo –si bien nunca es definido con precisión–, y se separa, por tanto, de la vía media. Para justificar la unificación de caminos y metas a la que aspira el *sūtra*, Thich Nhat Hanh argumenta que «los pensadores del *mahāyāna*, partiendo de las mismas enseñanzas que forman la base del *theravāda*, continuaron la expansión de tales enseñanzas, añadiendo nuevas visiones e interpretaciones para así responder a las condiciones cambiantes y las necesidades espirituales de la gente» (ibíd., pág. 9). Lamentablemente, esta es una afirmación aún muy vaga que puede operar, de hecho, como una coartada para la introducción de visiones en contra de las posiciones filosóficas originales de Gautama.

Por ejemplo, en uno de los pocos pasajes en los que el redactor se esfuerza en establecer su punto de vista filosófico, el *Sūtra Saddharmapuṇḍarīka* informa que: «el *nirvāṇa*, Kāśyapa, proviene del entendimiento de la identidad de todos los dharmas (*sarva-dharma-samatāvabodha*). Y es uno, no dos, no tres».[263] En efecto, los intentos de unificar doctrinas diversas apenas escapan a la tentación del monismo absoluto, por más que la intención y las declaraciones del Buddha histórico fuesen muy otras. Pero, como dice Kalupahana, la novedad aquí está en que la identidad de todos los *dharmas* o cosas no se defiende en términos de sustancia –como hicieron los *sarvāstivādins*– ni tampoco en forma de un Yo absoluto –como en algunas *Upaniṣad*–. En el *Sūtra del Loto*, la identidad se consuma recogiendo una idea jerárquica de la realidad que se corresponde con tres niveles escalonados de conocimiento.

En el primero reside la vida ordinaria de los seres humanos basada en los tres venenos (codicia, aversión e ignorancia); el segundo es el mundo de lo impermanente, lo vacío y lo no sustancial de todos los *dharmas*; y, finalmente, el tercero representa un mundo de los *dharmas* «no nacido, no cesado, no encadenado, no libre, no oscuro y no brillante» (ibíd., págs. 113-114). Aquí está el prototipo de lo que con el correr del tiempo irá elaborándose cada vez con más detalle: las enseñanzas del Buddha histórico (segundo nivel) son tan sólo un primer paso hacia la liberación, que culminaría solo con una metafísica de la unidad absoluta (tercer nivel).

Siguiendo la estela de las investigaciones históricas de Gómez de Liaño, entre otras, sospecho que esta idea de los niveles de la realidad es una influencia de la filosofía griega, y en concreto de Platón. Kalupahana mismo, muy reservado a la hora de sacar conclusiones en este sentido, ha determinado que los símiles utilizados en el *sūtra* para ilustrar los tres niveles hablan de alguien que «permanece en su oscura casa interior y no percibe ni colores ni formas [...], pero el Buddha le anima a salir fuera». Además, «el Buddha tiene la función de ayudar o salvar a los otros [de este modo], quien es como el Sol». Y remata Kalupahana: «Una comparación con la famosa "parábola de la caverna" de Platón es irresistible» (ibíd., pág. 172). Pero lo decisivo del caso sigue siendo que «aunque la filosofía del *Loto* puede ser distinguida del pensamiento sustancialista de los no budistas así como de los *sarvāstivādins*, difícilmente puede compararse con el punto de vista filosófico del Buddha o de la línea principal de la tradición budista. La razón es que la no-sustancialidad (*anatta*) debe ser también aplicada a la realidad más alta que uno puede experimentar, a saber, a la libertad (*nirvāṇa*), así como a la concepción (*paññatti*)» (ibíd., pág. 173).

En el *Sūtra del Loto* se ofrece por vez primera, pues, una concepción del budismo completamente trascendente, y por ello Gautama y sus enseñanzas, así como los individuos concretos que en su historia más o menos temprana decidieron trabajar con ellas, pasan a un segundo plano. De acuerdo con Thich Nhat Hanh, la forma en que se cuaja la supuesta reconciliación entre todas las escuelas (lo cual daría a entender un resquebrajamiento previo, sobre todo entre la comunidad monástica ortodoxa y un creciente colectivo de aspirantes laicos que se iban adscribiendo a las enseñanzas del *mahāyāna*) es proponer a Sāriputra, uno de los monjes principales de la comunidad primitiva, como el recipiente adecuado de este discurso. Es verdad que tal cosa contrasta con la propensión mahayanista a colocar a uno o varios *bodhisattvas* míticos como los receptores ideales del mensaje búdico. Mientras que, como veremos, el *Sūtra de Vimalakīrti* pinta a Sāriputra como a un idiota y ubica al propio Vimalakīrti, un laico (*upasaka*), como el verdadero poseedor de la sabiduría, el Sāriputra del *Sūtra del Loto*, de nuevo según Thich Nhat Hanh, aspira a acompasar las ambiciones de la comunidad monástica y de la laica. No obstante, algunos pasajes atestiguan que el *Sūtra del Loto* «condenó los discursos del período primitivo y denigró a los discípulos tempranos como aquellos que "se deleitan en lo más bajo" (*hīnābhiratā*), y como no sabios».[264]

La diferencia con los *sutta* es en todo caso notable: mientras que en el capítulo tercero del *Sūtra del Loto* Sāriputra guarda muchas dudas dentro de sí y piensa que acaso Māra se le está apareciendo como Buddha para endosarle falsas enseñanzas, sabemos por los discursos tempranos que lo que ocurrió verdaderamente es que Sāriputra alcanzó la iluminación conocida como "entrada en la corriente" tan pronto como oyó, a través de terceros, que el Buddha enseñaba la originación dependiente. La idea de que Sāriputra tuvo dudas al oír la doctrina del Buddha es un claro vestigio de que las nuevas enseñanzas del *mahāyāna* no eran siempre bien recibidas y eran consideradas engañosas (Thich Naht Hanh, óp. cit., pág. 30), cosa que este discurso se propone combatir. A este respecto, Kalupahana ha ofrecido una imagen muy nítida del posible origen del *Loto*, como heredero de la tradición trascendentalista *vaipulya* (óp. cit., págs. 173-174), que sostenía un fuerte conflicto dialéctico con las líneas directrices de las primeras enseñanzas, remontándose al *Kathā-vatthu*.

De mano del trascendentalismo, el giro mitologizante del *mahāyāna* va tomando las primeras curvas. El Buddha aparece, pues, como una figura sobrehumana, reposando "en lo último", mientras que sus discípulos inmediatos –de acuerdo con los *sutta*, tan iluminados como el propio Buddha– son exhibidos en una posición muy inferior. Y, si esto es así para los renombrados discípulos, coetáneos al Buddha, qué no será para el oyente medio de este *sūtra* mahayánico.

El capítulo sexto es otro ejemplo del modo en que se vira hacia lo mítico, pues en él se profetiza que los discípulos históricos serán Buddhas de tipo cósmico (Kashyapa, el Buddha del Aura Brillante; Subbhuti, el Buddha del Signo de la Luna; Katyayana, el Budhha del Aura Dorada; Maudgalyayana, el Buddha de la Fragancia de Sándalo; etcétera). Todos estos Buddhas –afirma Thich Nhat Hanh– «tienen todo tipo de adornos espléndidos y están libres de todo tipo de dificultades o dolor» (ibíd., pág. 50). Resulta patente que esto ya no pertenece al dominio de lo real, en el que todos los seres vivos –como percibió el Buddha histórico– están abocados al dolor, la enfermedad y la muerte, sino que se trata de una proyección idealizada de un mundo en el que tales cosas no existen.

Asimismo, el espíritu de la investigación abierta, propiamente científica, de la realidad interior, que era típico en los discursos tempranos, se transforma en una presuposición dogmática de la verdad, que lo es porque la pronuncia un Buddha sobrehumano: «Bhikshu, deberías saber que el Tathāgata es el Rey el Dharma. Si el Tathāgata dice algo, sus palabras no son falsas. Si el Tathāgata dice que algo existe, eso es verdad. Si el Tathāgata dice que algo no existe, eso también es verdad. Si el Tathāgata enseña el mahāyāna, eso es verdad. Y si el Tathagata enseña el hīnayāna eso también es verdad».[265] A esta cita del *sūtra*, Thich Nhat Hanh añade la siguiente observación: «Mirando con profundidad, el Tathāgata es capaz de conocer las circunstancias de todos los seres vivos». Pero esto es omnisciencia, que el Buddha histórico nunca reclamó para sí ni creyó posible para nadie. Este paso hacia la omnisciencia se procura –en el capítulo décimo del *sūtra*– mediante el traspaso de la autoridad del Dharma (la Doctrina) –que el Buddha había dicho debía suplantarle tras su muerte– a una figura del Buddha hipostasiada en deidad (ibíd., pág. 62), que, según parece, ahora lo sabe todo y siempre. El salto de lo humano a lo divino está descrito un capítulo más tarde, cuando la audiencia implora a Śākyamuni que les muestre su "dimensión última", cosa que hace inmediatamente «entrando en profunda concentración y emitiendo un rayo de luz brillante que le sale de la frente y que viaja en las diez direcciones» (ibíd., pág. 69).

c. El Sūtra de Laṅkāvatāra

El *Sūtra de Laṅkāvatāra* ("Discurso del Descenso a Lanka") es uno de los textos más importantes del budismo *mahāyāna*, y es fuente de inspiración de escuelas tan importantes como la *Sōtō*, del *zen*. Se dice que fue el *sūtra* que Bodhidharma, el fundador del *ch'an* (*zen*), llevaba bajo el brazo cuando cruzó la frontera india e introdujo el budismo en China. Sus seguidores admiten que se trata de un texto muy poco sistemático, y la historiografía ha demostrado que los dos capítulos principales, el primero y el octavo, son adiciones posteriores al texto.[266] Sin ellos, el texto carecería de la relevancia que se le ha concedido. Como explica Kalupahana, su relevancia radica en que introduce el trascendentalismo en una región (Sri Lanka) que desde el siglo III a. C. (cuando el envío de emisarios a la isla por parte de Aśoka) se había mantenido leal a una forma filosóficamente más pragmática y realista de budismo (*theravāda*). A pesar del título del *sūtra*, no aparece mención ninguna a este texto en las crónicas singalesas de la época, lo cual demuestra el poco éxito que tuvo la empresa.

Esto D.T. Suzuki, en su estudio clásico del *Laṅkāvatāra*, lo pasó por alto, del mismo modo que dejó sin explicar las circunstancias históricas de su composición. Kalupahana ha apuntado (ibíd., pág. 242) que el hecho de que un tratado mucho más completo, sistemático y riguroso, como fue el *Abhidharmasamuccaya* del idealista Asaṅga (cuyos principales trabajos fueron compuestos entre los años 333 d. C. y 353 d. C.), hubiese sido escrito justo antes o simultáneamente al *Laṅkāvatāra* (el cual se cree que fue compilado aproximadamente entre los años 350 d. C. y 400 d. C.) necesita una explicación. Pues, ¿por qué habría de repetirse una doctrina pareja, solo que peor expresada? La explicación reside en que, en los dos capítulos mencionados del *Laṅkāvatāra*, la concepción mahayánica por excelencia, la del interiorismo trascendentalista, se establece con gran fuerza. Prescindiendo del contexto establecido en los capítulos restantes, donde el Buddha mantiene un diálogo con un *bodhisattva* menor de nombre Mahāmati, en el capítulo primero el Buddha aparece mágica y repentinamente en Lanka «encarnando "el estado más interior de la conciencia alcanzado por los Tathāgatas, que no se encuentra en el sistema de ninguna doctrina"» (ibíd., pág. 243). El capítulo octavo, por su parte, constituye un ataque frontal a la raza singalesa que había colonizado la isla en el siglo VI a. C. (ibíd., págs. 243-244), lo que demostraría la ambición invasora de este tratado. La hipótesis de que en el curso de los siglos III y IV d. C. el budismo *mahāyāna* estaba aquí plantando batalla al budismo más antiguo, y que el *Sūtra de Laṅkāvatāra* fue su principal arma, está apoyada por numerosas evidencias externas (ibíd., pág. 244) que, por desconocimiento de la historia de Sri Lanka, fueron obviadas hasta que Kalupahana (un natural de la isla) llamó la atención sobre ellas.

En cuanto a la expresión, no puede decirse que sea un texto muy acabado o preciso. Kalupahana lo califica de "crudo", lo cual concuerda con la especulación de Suzuki –tintada de un optimismo apenas justificable– de que este discurso es una colección de anotaciones sueltas de un maestro del *mahāyāna* para sintetizar sus aspectos más esenciales (ibíd., pág. 246). Por otro lado, de acuerdo con Kalupahana (ibíd., págs. 177 y ss), el contenido es muy similar al del *Sūtra del*

Loto, mientras que el método utilizado quiere imitar el del *Diamante*. Veamos esto con cierto detenimiento.

El capítulo segundo, que es de donde parte el estudio de Suzuki, comienza con la propuesta –en teoría– de 108 preguntas (aunque en realidad son unas pocas más, algunas de ellas repetidas y muchas pueriles), que Mahāmati plantea al Buddha. Las respuestas de éste, a menudo díscolas e inconexas, siguen un patrón marcado por la expresión sánscrita *utpādapadam anutpādapadam*, que podría traducirse de dos maneras: 1) como "un término para el surgimiento (*utpāda*) no es un término para el surgimiento", o 2) como "un término para el surgimiento es un término para el no surgimiento".

Kalupahana señala que en la primera traducción –que es la que utiliza Suzuki– se rechaza que el término tenga capacidad alguna de significar, si bien deja intacto el significado. «Esto implica –comenta Kalupahana– asumir que el significado está más allá de la descripción.» La segunda traducción, por su parte, dejaría intacto el término, pero sin fijar el contenido significativo, lo cual permitiría introducir nuevos contenidos en el término, que es, de acuerdo con Kalupahana, justamente lo que hace el *Vajracchedikā*. Tal cosa, prosigue Kalupahana, «podría acomodar la modificación o cualificación tanto del término como del contenido». Estamos, pues, ante un momento decisivo en la expresión, que puede o bien lanzarse hacia el inefabilismo místico y el idealismo absolutista, o hacia una comprensión racional que asume el cambio y la transformación como parte del discurso.

Asimismo, mientras que el método del *Vajracchedikā* incorpora un movimiento crítico dialéctico de destrucción y reconstrucción, aquí se produce tan solo (como será también más tarde con el *prāsaṅga* de Chandrakīrti) el segmento que corresponde a la destrucción de toda conceptualización. La diferencia principal con el *Sūtra del Loto* es, pues, que mientras este reconoce la incorruptibilidad de los conceptos, el *Laṅkāvatāra* apunta a un más allá de los conceptos que cobrará verdaderos bríos con el *ch'an* y el *zen*. El atractivo de esta perspectiva es enorme, sobre todo para los poetas, pues ellos conocen hasta qué punto es difícil, si no imposible, describir la realidad transfigurada que perciben. Pero una cosa es la experiencia poética, que se resiste a la descripción, y otra muy distinta la elaboración de una filosofía que desprecia los conceptos como irrelevantes y acude a un absoluto inefable como la explicación de todo. Esté uno o no de acuerdo con esta perspectiva (anti-)filosófica, es preciso notar una vez más que desde luego no fue la de Gautama el Buddha. El *Laṅkāvatāra* habría abierto la vía a una concepción de la realidad (¿o habría que decir irrealidad?) que más tarde tendrá una influencia enorme, hasta el punto de que a menudo se identifica al budismo, como un todo, con ella: la del Gran Vacío (*mahā-śūnyatā*).

También el *Laṅkāvatāra* incluye una concepción ontológica jerárquica como la del *Loto*, correspondiente a tres grados de conocimiento: mundanal (*laukika*), supranormal (*lokottara*) y trascendental (*lokottaratama*). La doctrina de los Tres Cuerpos (*dharmakāya, śambhogakāya, nirmāṇakāya*), cuyos esbozos ya encontramos en el *Laṅkāvatāra*, habría provenido de aquí. Pero en este peculiar discurso el acento está puesto en una consolidación interior de los distintos grados; en especial, claro, del último, gracias una absorción contemplativa que conduce al conocimiento absoluto. El último estadio, el trascendental, se describe como «generado por "un examen radical de la ausencia de imagen y apariencia de todos los dharmas" (*nirābhāsa-dharmapravicaya*), por "la percepción de la no-cesación y no-surgimiento" (*anirodhānutpādadarśana*), y por "la percepción de la no-sustancialidad en el estadio del Tathāgata" (*tathāgatabhūminairātmyādhigama*)» (ibíd., pág. 179).

Mientras que la idea de "no imagen y no apariencia" apunta por un lado a la hoy archiutilizada –en distintos contextos espirituales– concepción de un reino ontológico de identidad perfecta entre el sujeto y el objeto, el "estadio del Tathāgata" está labrado a base de profundización subjetiva. Esta es la única forma de afirmación que concibe el *sūtra*, algo verdaderamente curioso porque los relatos tradicionales del Buddha histórico daban testimonio de una patente insatisfacción con todos los estadios meditativos conocidos. El estadio al que se refiere el *sūtra* coindice con aquel que logró alcanzar Gautama por encima de todos sus predecesores: el de cesación (*nirodha-samāpati*), que, de acuerdo con la tradición de los discursos tempranos, no constituyó la solución al dilema del sufrimiento que Gautama andaba buscando. El afán propagandístico del *sūtra* incurre además en la flagrante contradicción de atribuir a este estadio «una triple bendición» (ibíd., pág. 179), cuando todos los estados de bendición mística tienen, por necesidad, que desaparecer en este estadio. Kalupahana concluye:

> Lo que el budismo temprano había contemplado como un estado no-cognitivo de rapto (*samādhi*, *jhāna*) ahora se convierte en el estadio del Tathāgata (*tathāgatabhumi*) o el seno del Tathāgata (*tathāgata-garbha*). Se trata de un estado de experiencia última completamente libre de discriminación (*nirvikalpa*) y sin imágenes (*nirābhāsa*), y por tanto es referido como *nirvikalpa-samādhi*, el estado más alto que puede experimentar un practicante de yoga (*yogācārin*).[267]

Así, esta teoría constituye poco más que una regresión a una concepción mística prebúdica, que aún no ha captado la liberación engranada en la originación dependiente parida por el Buddha el día de su iluminación, quien ya había conocido mucho antes el famoso estado de cesación. Ello no impide a sus redactores darse el bombo que corresponde a seguir una doctrina absolutista, y aparentemente más cuanto más escape a la definición.

La concepción del *Laṅkāvatāra* se ancla, pues, en la exclusividad de la subjetividad como forma de adquisición de conocimientos, y en concreto del conocimiento absoluto trascendental, más allá de toda dualidad. Esto se comprueba una y otra vez en capítulos tales como «Perspectivas erróneas sostenidas por algunos *brāhmans* y *śramanas* acerca de la causación, continuación, etcétera; las perspectivas budistas acerca de temas tales como el *ālaya-vijñāna*, el *nirvāṇa*, Sólo-Mente (2, VII)»; «El *bodhisattva* debe comprender la significación del Sólo-Mente» (2, X); «Lo Eterno-Impensable» (2, XVII); «Todas las verdades son no-nacidas» (2, XIX); o «*Śūnyatā* como no-nacimiento y no-dualidad» (2, XXVII). De aquí surge la minusvalía de no poder afirmar nada de valor en el dominio relativo, corolario de un tipo de absoluto conceptualmente vacío. En el estadio trascendental se descubre que el mundo objetivo no existe, y que todo es "sólo mente". Como dice Suzuki: «Ésta es la naturaleza tal como es (*dharmatā*) de todas las cosas, que pertenecen al reino de la Mente, y no es comprendida por los ignorantes puesto que están muy confusos con todas las formas de la imaginación» (ibíd., pág. 180).

El surgimiento de las cosas y su cesación, el cambio y la duración, etcétera, son sucesos que ocurren exclusivamente dentro de uno, y comprender tal cosa equivale en principio a la máxima sabiduría. Tal "realización" sería, de acuerdo con el *sūtra*, algo instantáneo, lo cual dará pie más tarde a concepciones inmediatistas de la iluminación, menospreciadoras de la razón. Arrancando de aquí también habrá ocasión de componer filosofías mixtas, que combinan la inmediatez como vehículo supremo y la gradualidad para los más torpes (así el *vajrayāna* tibetano, por ejemplo). El *sūtra* refleja una transición hacia lo que después cobrará plenitud con el aconceptualismo e inmediatismo total del *kung-an* (*koan*) de la escuela *ts'ao-tung* (*sōtō*) del *ch'an* (*zen*). Y partiendo de algunas categorizaciones psicológicas de los *sutta*, pero transformándolas gravemente, el *Laṅkāvatāra* hace un esbozo de lo que más tarde también acabará por ser el modelo psicológico-filosófico del *yogācāra*. Aquí aparece la octava conciencia llamada "depósito" (*ālaya-vijñāna*), ya explorada por Vasubhandu (lo que ha llevado a creer que este fue un idealista del mismo tipo que los redactores del *Laṅkāvatāra*), solo que con firmes tonos absolutistas y subjetivistas, ausentes en el autor mencionado. Aunque no puede decirse que la concepción de Vasubhandu sobre las ocho conciencias[268] sea eternalista, abriendo por eso mismo el camino hacia una interpretación intersubjetiva o colectiva de tal depósito de la conciencia, el *Sūtra de Laṅkāvatāra* la hunde en el subjetivismo más oscuro e inaccesible.

d. El Sūtra Avataṁsaka

Si de algunos de los tratados de la *Piṭaka Abhidhamma* se ha dicho que son prolijos, del *Sūtra Avataṁsaka* (o "del Ornamento Floral") debe afirmarse lo mismo solo que en grado superlativo. La extensión no sería *a priori* un problema si, como en el caso del *Dhammasarigaṇi*, el *Dhātukatthā* o el *Kathāvatthu*, existe un propósito filosófico definido que requiere precisamente exhaustividad en el tratamiento, a saber: la enumeración de todos los elementos filosóficos y categorías psicológicas concebibles, rastreadas en los discursos originales del Buddha y sus discípulos inmediatos, para poder realizar en todas ellas un análisis desustantificador. El *Sūtra Avataṁsaka*, en cambio, es en gran parte lo que indica el propio título: pura ornamentación. Las descripciones paradisíacas de los distintos estratos que conducen al Cuerpo del Buddha, plagados de joyas, arcoíris, fragancias celestiales, rayos de luz, ruedas de zafiros y perlas en llamas, guirnaldas de flores, espacios sin nombre, tesoros inauditos, océanos de verdad, brillos encantadores de luna, leones de cristal, oro a raudales, poderes espirituales más que extraordinarios y estados místicos supinos, decorados con toda suerte de detalles fantásticos, se repiten sin cesar a lo largo de las 1 600 páginas –en letra pequeña– de la traducción inglesa del *sūtra* completo. Este tratamiento es mucho más difícil de justificar cuando lo verdaderamente sustancial del *sūtra* podría fácilmente condensarse en un par de cientos de páginas como mucho, y cuando lo imaginativo en cuanto tal se ciñe a dos o tres visiones que son incesantemente repetidas.

En realidad, sería imposible describir en unas pocas líneas lo etéreo de este "discurso", considerado por algunos como D.T. Suzuki el punto más álgido no ya sólo del budismo sino de todas las religiones del mundo. Encuentro francamente improbable que un lector occidental moderno saque algo en claro de la lectura completa de esta obra, caso de acometerla, a no ser que venga ya regurgitada por un bondadoso corazón, que señale los pasajes clave y nos ahorre la cascada de repeticiones formulaicas que inunda el texto. La razón por la que esta obra es conocida es sin duda por su magnífica extensión, que –colegimos– aspiraba a hacer del budismo algo sublime en un grado hasta entonces inusitado. Y, a juzgar por la cantidad de elementos de la mitología clásica india que contiene, resulta evidente no sólo que sus redactores la conocían muy de cerca, sino que tenían como objeto asimilar mitología védica y doctrina budista, como si semejante síntesis fuese algo deseable y superior a todo lo concebido hasta la fecha.

Procesos sintéticos semejantes plantean al filósofo de la historia y al historiador de las religiones un problema sobre el modo en que cabe aplicarse la etiqueta de "evolución" a corrientes de fenómenos culturales como este, como si todo lo anterior fuese inferior. Este es el principal inconveniente de la división tradicional de los Tres Vehículos o Tres Giros que siguen buena parte de los intelectuales modernos que tratan el budismo, incluido uno de los más grandes: Ken Wilber. Si no somos capaces de distinguir entre lo propiamente regresivo (menos espíritu crítico, menos racionalidad, menor universalidad) y la (necesaria) acumulación de saberes, no idéntica tampoco a la asimilación de elementos culturales históricamente dada por fuerzas no voluntarias (justificadas –como es natural– *a posteriori*), no creo, en primer lugar, que hagamos justicia a ninguna religión conocida y, en segundo lugar, forzaremos el pensamiento crítico a amoldarse a una macroconcepción que hace aguas por numerosos flancos.

En todo caso, el *Sūtra Avataṁsaka* es quizá la confirmación y la conformación más patente del giro idealizante y mistificante que iba tomando el *mahāyāna*: una narración sin acción que contiene tan sólo levísimos asomos de algo que pueda denominarse filosofía, y sólo en pequeñas dosis perfumadas algo espiritualmente útil. Aunque la anexión de componentes extraños al budismo se contemplase entonces como una ganancia, lo cierto es que la universalidad de la doctrina budista es, de hecho, con este nuevo modo de aproximación, defenestrada. La aplicación del mensaje budista original, cuya simplicidad lo hacían atractivo a todas las clases sociales y a todo tipo de circunstancias, se ve ahora drásticamente reducida a un tipo muy concreto de personaje falsamente prototípico de esta religión: místicos con ínfulas de superdioses y con más tiempo para solazarse en paraísos literarios del que disponen aquellos de condición mortal. En una palabra, en un *sūtra* como este se percibe un giro drástico al hermetismo, que culminará más tarde en el círculo cerrado y selecto del *vajrayāna*. Asimismo notamos una tendencia al sincretismo, que andando el tiempo dará lugar a toda suerte de híbridos, plausiblemente pensados como más capaces de acoger una cierta diversidad cultural y religiosa, pero en el fondo más provinciales. Esta es una de las paradojas principales del *mahāyāna*, que debería enseñarnos una lección: la inyección de elementos míticos, incluso cuando son relativamente cercanos, no añade necesariamente valor propio ni tampoco acerca el texto a lo más. El mito es una cosa viva, creadora, que mora entre los humanos sin que pueda destilarse al gusto de un programador de una nueva concepción del mundo. De ahí que la razón, y no la mitificación, sea el fruto maduro del mito. Los programas del *mahāyāna*, creyendo estar un paso por delante de la perspectiva racional de Gautama el Buddha tal como se refleja en los *sutta*, estaban más bien uno por detrás.

Me dispongo ahora a ofrecer una descripción esquemática de algunos de los libros –39 en total– que componen el *Sūtra Avataṁsaka*,[269] para finalizar con unas pocas anotaciones en torno a la homeomería.

El Libro I ("Los Adornos Maravillosos de los Líderes del Mundo") es una vacua eulogía de diversas "realizaciones" místicas simbolizadas por una asamblea de distintos personajes frente al lugar donde el Buddha alcanzó la iluminación. El Libro II ("Aparición del Buddha") nos recuerda que las características del Buddha son la infinitud y la eternidad, y que el *Tathāgata* es aquel que proviene de "la tal-idad", de "las cosas tal como son" o, como señala inmejorablemente Cleary, de "la realidad sin predicado". El Libro III ("La Meditación del Ser Iluminado Bien Universal") nos introduce al Bien Universal expuesto mediante la metafísica mítica del *bodhisattva* Samantabhadra. El Libro V ("El Banco Mundial de Flores") es quizá uno de los más interesantes en un sentido poético y espiritual, pues contempla el universo como un océano de mundos virtualmente infinitos, cada uno de los cuales contiene ingentes tesoros de flores. En él se percibe una influencia del *Laṅkāvatāra* y de la filosofía *yogācāra* cuando habla de un «almacén» (ibíd., pág. 33) que guarda todas las acciones y todas las impresiones experimentales. El Libro VI identifica a Varioćana (en tanto que "Iluminador Universal" e "Iluminador Específico") con el Buddha.

Uno de los pasajes más conocidos y citados del *Sūtra Avataṁsaka* es aquel en el que se describe la Red de Indra. Indra es un dios de la mitología védica que en el presente *sūtra* aparece como «rey o emperador de los dioses en el vigésimo tercer cielo»[270]. En la mitología india, su red cuelga de su palacio en el Monte Meru, el *axis mundi* de la cosmología védica. Este elemento se toma tal cual y se inserta en el Libro XIII. El Libro XIV lo desarrolla en términos doctrinales: definir el mundo con conceptos y representaciones es limitado y restringe la atención, de modo que lo ideal es dejar la "realidad convencional" atrás para alcanzar la iluminación. Todo lo social, cultural o psicológico no es absoluto, y el budismo aspira a trascender semejantes condicionamientos. Más aún, se establece que la base de todo engaño y falsedad es la realidad, a lo que se contrapone «una ausencia de existencia inherente que es llamada realidad absoluta o verdad» (ibíd., pág. 36).

También es importante el Libro XV, en el que se describen las Diez Habitaciones o estadios hasta lograr la Iluminación. Aunque los redactores se esfuerzan en incluir los ocho senderos predicados por el Buddha (ahora llamados *pāramitā* o "perfecciones"), la descripción se realiza en términos por entero místicos. Es como si se hubiesen tomado las descripciones de los estadios de la meditación en los *sutta*, que ciertamente están planteados con analogías de mundos bienaventurados, y se hubiese obviado todo lo demás. El Libro XVIII ("Método Clarificador") presenta una lista de elementos que jalonan el camino hacia la iluminación, el primero de los cuales es la determinación a ser omnisciente. Aunque se aclare que esta omnisciencia es sólo relativa a todo lo referente a la Iluminación, la concepción místico-sideral que lo rodea, en la que todo lo real es irreal, implica, de hecho, una omnisapiencia prácticamente literal. El Libro XXI habla de Diez Prácticas que, aunque quieren asemejarse al Óctuple Sendero, se interpretan como para "la trascendencia del mundo". Preguntar qué se entiende exactamente por "mundo" es ocioso, pues minucias así son estorbos conceptuales, dando a entender que lo principal es trascenderlo todo para serlo todo.

El Libro XXVI es uno de los más famosos, traducido a menudo de forma independiente y dedicado a los Diez Estadios de la Iluminación, en el que se resalta el desarrollo de la doctrina de los vehículos menores (salvación individual), pasando por la cesación sin esfuerzo de toda acción mental y física, hasta por fin llegar a la conciencia cósmica que nos enseña que «todo es en uno, y uno en todo» (ibíd., pág. 40). Por último, el Libro XXXIX ("Entrada en el Reino de la Realidad"), siendo uno de los más extensos, es también de los más alabados. Cleary lo califica como «el mayor drama del canon budista» (ibíd., pág. 45). Se trata de una narración del peregrinaje espiritual de Sudhana, al que es enviado por Mañjuśrī, la personificación de la sabiduría. A lo largo de su periplo, Sudhana «se encuentra con diversas guías espirituales, cada una de las cuales le manda a otra para avanzar así en su iluminación. Al fin Sudhana entra en la mansión de Maitreya, el Buddha inminente, y finalmente se integra con el ser total de Samantabhadra, la representación del Bien Universal, la actividad de la iluminación» (ibíd., pág. 45).

Aunque el peregrinaje espiritual de Sudhana o la descripción de los diez estadios místicos puedan ser útiles e informativos para determinados propósitos, a mi juicio el *sūtra* muestra un cierto desprecio por la inteligencia del lector ya que, según parece, tiene que narcotizarlo a base de hileras cuasi infinitas de fórmulas antes, mientras y después de presentar la doctrina propiamente dicha. Doctrina que, por lo demás, en cuanto produce algo original y no reconfirma lo enseñado por el Buddha, tan sólo consolida un proceso de subjetivización de la iluminación. Lo principal para el *sūtra* es hacer de todo lo real, irreal, así como hacer de un absoluto, que ni se puede mentar ni concebir, la única realidad. Esta perspectiva está anclada en el nihilismo y el desprecio por la realidad, sólo salvada en la medida en que se percibe en los términos fantásticos propuestos. Y, por más que la experiencia mística a veces nos dé a entender la vida como un paraíso, la ausencia del realismo existencial del Buddha se echa en falta. Es hora de plantearse por qué el Buddha, quien sin duda conoció y exploró a fondo el universo místico de la contemplación, no encontró en ninguno de sus estados o visiones la solución última a los problemas de la existencia.

Para finalizar, me gustaría subrayar un aspecto doctrinal que tendrá una influencia decisiva en todo el budismo posterior, sobre todo en lo que respecta a ideas que aún hoy circulan acerca de la doctrina de la originación dependiente. En efecto, es este *sūtra* el que presentó la idea de *pratītyasamutpāda* como equivalente a la homeomería (véase *supra*, capítulo 3). La originación dependiente es aquí vista como una interpenetración de cada parte con el todo y del todo con cada parte; y no como una teoría de la causalidad que no recurre a absolutos de ninguna clase. Como hemos visto, la homeomería no puede considerarse a esas alturas de la historia una innovación filosófica ni una hazaña en coherencia intelectual. Con ello no pretendo disminuir el valor de la intuición espiritual de que todos somos *de algún modo* responsables ante todos; de que, como dice Dostoievski en *Los hermanos Karamazov* siguiendo de cerca la experiencia de Jesús, yo soy responsable no sólo de mis propios pecados, sino, de algún modo, de los pecados de todo el mundo.

El argumento contra la homeomería no puede ser, pues, espiritual o poético, sino filosófico: es decir, hasta qué punto puede decirse *literalmente*, científicamente, que cada parte contiene el todo. La primera dificultad de la homeomería como teoría general de la realidad, y no como una bella metáfora, reside en que la falta de distinción entre las distintas partes, que no son mutuamente subsumibles y que tampoco tienen que estar necesariamente en contacto, paraliza sin más el discurso, y tiende en cambio a la imposición del absolutismo. Esto ya lo había adivinado Platón en el diálogo *El sofista* (tal como nos ha recordado Gustavo Bueno), quien esbozó una especie de vía media entre el nihilismo atómico que no puede establecer relaciones entre unas cosas y otras, y el absolutismo que, en último término, no puede tampoco establecer relaciones entre cosas distintas porque no admite el pluralismo óntico para empezar.

El budismo primitivo toma esta visión entre medias de los extremos nihilista y absolutista como punto de partida, obviando una amplísima tradición de henoteísmo en suelo indio, la cual habría dado pie con tanta facilidad a la visión filosófica de la homeomería. Esto explicaría, a mi juicio, por qué la homeomería aparece precisamente en este *sūtra*, tan recargado de motivos indios tradicionales. Antes que dar rienda suelta a la fantasía, el camino budista primitivo parte de la percepción del sufrimiento personal, y procede a distinguir cuidadosamente tanto sus causas como los modos de ponerle remedio. Tales modos implican necesariamente el trato con los demás, pues somos seres sociales, y nada inclina aquí a diluir el yo y el otro en proyectos espirituales fantásticos que poco o nada tienen que ver con la realidad cotidiana. Más bien, con el budismo primitivo asistimos a una relativamente bien equilibrada tensión entre el cuidado del yo y el cuidado del otro, que contradice la idea común (introducida precisamente por el *mahāyāna*) de que el budismo primitivo tenía la iluminación personal como meta primordial.

La concepción homeomérica del *Sūtra Avataṁsaka* hace de lo ético algo mucho más vago e indefinido, y por tanto menos práctico y aplicable a la realidad de todos los días. Si lo ético supone una responsabilidad basada en la conquista de la libertad –una conciencia no "de sí" sino de lo originado dependientemente–, la concepción metafísica de este *sūtra* apunta más bien a una general disolución de los modos y maneras concretos en las que esta responsabilidad puede ponerse en marcha. Responsabilidad ética que es entonces suplantada por nuevos accesos de subjetivismo y contemplación mística. La definición concreta de parámetros éticos se desdibuja sin remedio, adoptando en cambio una concepción en la que la ayuda al prójimo no implica ya el esfuerzo de saber y determinar qué es exactamente lo que ayuda, sino que se hunde en el vapor metafísico de un mundo subjetivo, aislado de lo(s) demás.

e. El Sūtra de Vimalakīrti

Para Robert Thurman, uno de los múltiples traductores de este *sūtra*, el de *Vimalakīrti* es acaso el más representativo de todos los del *mahāyāna*, el «quintaesencial».[271] Comparado con el de *Avataṁsaka* y el del *Loto*, el *Sūtra de Vimalakīrti* es un primor en economía.

El *sūtra* se abre con un primer capítulo en que el Buddha se dispone a realizar un discurso ante una asamblea de 8000 monjes, todos *arahants*,[272] 32 000 *bodhisattvas*, 10 000 *Brahmās*, 12 000 *Śakras* y «otros dioses poderosos» (ibíd., pág. 12) en la ciudad de Vesali o Vaiśālī. Que el discurso se lleve a cabo precisamente aquí difícilmente puede ser una casualidad, y, aunque Thurman no parece haberlo notado, dado que el protagonista de este discurso, Vimalakīrti, es un laico que se mofa de la ignorancia de los monásticos, su redactor o redactores sin duda tuvieron presente el conflicto surgido con la visita del monje Yaśas a esta ciudad (cfr. capítulo 5). Recordemos que Yaśas había percibido determinadas irregularidades en el código de conducta de la comunidad de Vesali, las cuales, aunque temporalmente resueltas de modo satisfactorio tras la convocatoria de un Concilio general, habrían dado lugar al primer cisma entre la Escuela ortodoxa de los Ancianos y la Gran Comunidad, moralmente mucho más relajada. Como hemos tenido la oportunidad de ver, y aún comprobaremos en este *sūtra*, el proceso de idealización filosófico del *mahāyāna* corre paralelo a uno de relativización moral que arranca precisamente de la *mahāsaṅgha*, más afín a la comunidad de Vesali.

El *bodhisattva* Ratnākara se acerca al Buddha con 500 jóvenes Licchari y postran delante de él un parasol, que mediante «el poder milagroso del Buddha» se convierte en un baldaquín que cubre «esta galaxia de billones de mundos» (pág. 12). A ello se añade la descripción de algunos de esos mundos en un estilo no muy alejado del *Avataṁsaka*, y todos los presentes entran en un rapto extático. Después de un largo discurso metafísico sobre «la pureza de los campos del Buddha» (*Buddha-fields*), «el Buddha tocó el suelo de este universo galáctico de billones de mundos con su dedo gordo del pie y de pronto se transformó en una masa gigante de joyas preciosas» (pág. 18). Tras lo cual, el Buddha «retira su poder milagroso y el campo búdico retorna a su apariencia habitual» (pág. 19). Estamos evidentemente ante una concepción de la realidad basada en la experiencia del rapto místico. Mas, lejos de dejarlo en la belleza de una intuición poética, la conclusión que se desprende es que «comprendiendo que todas las cosas son creaciones mágicas por naturaleza, todos los presentes concibieron en sus propias mentes el espíritu de la iluminación totalmente perfecta» (pág. 19), aludiendo así no sólo a lo esencialmente ilusorio del mundo, sino a lo absoluto de una percepción tal.

El capítulo 2 introduce al laico (*upasaka*) Vimalakīrti, perfecta encarnación del ideal del *mahāyāna*. Se dice de él que: «había adquirido tolerancia así como elocuencia. Jugaba con los grandes súper-saberes. Había conseguido el poder de los encantamientos y de la ausencia del temor. Había conquistado a todos los demonios y oponentes. Había penetrado en el profundo camino del Dharma. Había sido liberado mediante la sabiduría transcendental. Era un experto en conocer los pensamientos y actos de todos los seres vivos» (ibíd., pág. 20). Se dice también que vive en su casa; tiene un hijo, una mujer y asistentes femeninos, pero que con ellas mantiene la continencia sexual. «Se involucra en todo tipo de asuntos y negocios, pero no siente interés por beneficios o posesiones. [...] Aparece en las esquinas y cruces de calles y participa en el gobierno» (ibíd., págs. 20-21). Hasta aquí se está procurando representar a un hombre íntegro que, para ser libre, no renuncia al mundo, sino que por el contrario se involucra en él; un ideal que será prominente, al menos en teoría, de nuevo en el *vajrayāna*. Es difícil no ver aquí una potencial extensión de la doctrina budista a ámbitos sociales, políticos y de la acción que antes quedaban relegados exclusivamente a la comunidad monástica. Este es uno de los aspectos más loables de este *sūtra*, si bien el budismo del *mahāyāna* apenas salió tampoco del ámbito monacal, y nos consta que durante los tiempos del Buddha histórico la comunidad monástica realizó un esfuerzo notable no sólo por hacer llegar a la comunidad laica los rudimentos de las enseñanzas, sino que, de hecho, tras cierta conversación con Sāriputta, algunos pidieron que se les enseñase en toda su profundidad.[273] Aunque se consideraba que una vida dedicada a estudiar y practicar el Dhamma era lo más favorable, jamás se dice en los *sutta* que los laicos no puedan adquirir la libertad. Algo que, por el contrario, sí encontramos en textos *mahāyāna* que critican al *hīnayāna*. Es preciso, en todo caso, que separemos lo propiamente filosófico (a saber, lo metafísico y fantástico del *mahāyāna*) y la introducción de un ideal nuevo, encarnado no sin razones en el laico, por aquello de que, además de cultivar la libertad, vive *también* plenamente inmerso en el mundo. Así, pues, Vimalakīrti, negociante, empresario, gobernante, oficial, honrado en palacio, «apreciaba la excelencia de los méritos ordinarios», además de «mostrar una excelencia especial en la gnosis» (ibíd., pág. 21). Pero la pulla no se hace esperar: «para que la gente dé la espalda al *hīnayāna* y se vuelva al *mahāyāna* aparece entre los que escuchan y enseña el Dharma» (ibíd., pág. 21).

La trama de la obra comienza cuando Vimalakīrti «se manifiesta como si estuviese enfermo» (ibíd., pág. 22). Una cohorte de reyes, oficiales y señores se deciden a visitarlo, ocasión que Vimalakīrti aprovecha para propinar un discurso sobre la impermanencia de lo mundanal, por un lado, y de la imperturbabilidad del cuerpo del Dharma, por el otro. Y he aquí lo que sucedió: «Muchos cientos de miles de seres vivos concibieron el espíritu de la iluminación perfecta e insuperable» (ibíd., pág. 23).

El tercer capítulo constituye un descarado intento de menospreciar a los discípulos del Buddha histórico. El Buddha del *sūtra*, omnisciente, sabedor de la (pretendida) enfermedad que aqueja a Vimalakīrti, manda a Sāriputra a visitarlo, pero este se muestra reacio porque cierto día, cuando iba a meditar al bosque, Vimalakīrti se le acercó y lo criticó duramente por absorberse en la contemplación, ante lo que, según nos cuenta el *sūtra*, Sāriputra no supo qué contestar. Lo irónico de esta presentación es lo ya mencionado a propósito del absolutismo subjetivista del *Laṅkāvatāra*, a saber, que en el budismo primitivo la meditación no era sino uno sólo de los caminos hacia la libertad, mientras que en el *mahāyāna*, y a pesar de la "laicización" que encarna Vimalakīrti, lo místico pasa a ser lo principal. Esta escena referente a Sāriputra contrasta también con otra narrada en el *Udāna* (4.7), donde el Buddha queda maravillado y se inspira con la visión de un Sāriputra sentado en tranquila meditación. Más tarde, Maudgalyāna (Moggāllana) también tiene un encuentro igualmente desagradable con Vimalakīrti, quien acusa al primero de "parcialidad" por visitar sólo las casas de los pobres y no las de los ricos (ibíd., pág. 26). Y así sucesivamente con algunos de los principales discípulos de Gautama: Pūrṇamaitrāyaṇiputra, Mahākāatyāyana, Aniruddha, Upāli y Ānanda, a los que Vimalakīrti deja confundidos con un fulminante discurso que demuestra al lector su superioridad en todos los aspectos doctrinales.

En el capítulo cuarto, la indecisión de ir a visitar a Vimalakīrti pertenece a los *bodhisattvas* Maitreya, Prabhāvyūha y Jagatīṃdhara, a los que asimismo ha superado en anteriores ocasiones en todo tipo de poderes paranormales y comprensión del Dharma. En el capítulo quinto, Mañjuśrī accede a visitarlo a condición de que la gracia del Buddha permanezca con él. Al verlo venir, Vimalakīrti «transforma toda la casa mágicamente en vacío» (ibíd., pág. 43), excepto la camilla en la que está postrado. Vimalakīrti aparenta estar enfermo por su «ignorancia» (ibíd., pág. 43), momento en el que mantienen la siguiente conversación, importante de cara a una elucidación de la concepción mahayánica del vacío:

> M: ¿Por qué está vacía tu casa? ¿Por qué no tienes sirvientes?
> V: ¿Qué los hace vacíos?
> M: Todos los campos búdicos están también vacíos.
> V: Están vacíos por el vacío.
> M: ¿Qué es "lo vacío" del vacío?
> V: Las construcciones están vacías por el vacío.
> M: ¿Puede construirse el vacío conceptualmente?
> V: Incluso este concepto está vacío, y el vacío no puede construir lo vacío.[274]

Como se puede observar, una enrevesada dialéctica verbal que confunde más que aclara quiere pasar por sabiduría última. Pero este paso es esencial, pues sin dejar anonadada la mente no podría inyectarse el remedio propio, que es un abrazo acrítico de lo mágico y supranormal. Desde luego no hay mención a nada remotamente parecido a la originación dependiente.

El capítulo sexto contiene otra pulla mortal a Sāriputra, quien es presentado buscando una silla para sentarse, y Vimalakīrti, adivinando lo que piensa, le da una tanda de palos intelectual por estar pensando más en su comodidad física que en el Dharma. En el capítulo séptimo, "una cierta diosa" arroja pétalos de flores sobre toda la congregación y ninguno de los discípulos históricos puede desprendérselos de la piel, incluso utilizando sus poderes mágicos. La diosa pregunta a Sāriputra por qué se los intenta despegar, y este, melindroso, contesta que «las flores no son apropiadas para personas religiosas» (ibíd., pág. 58). A ello sigue un discurso admonitorio de la diosa en la que informa a Sāriputra de que «la liberación es inexpresable» (ibíd., pág. 59).

El capítulo noveno es la culminación del *sūtra*, cuando Vimalakīrti pregunta a los *bodhisattvas* qué es la no dualidad (*advayatva*) –que Thurman en una nota equipara a la vía media (*madhyamapratipat*)– y estos contestan de diversos modos, pero siempre en la línea del diálogo citado más arriba con Mañjuśrī. Es el propio Mañjuśrī el que dictamina que todas estas respuestas habitan todavía en lo dual, y cuando pide a Vimalakīrti que conteste él mismo, este se queda en silencio. Aquí sí, y no en el Buddha histórico, tenemos delante una idea mística de la realidad expresada mediante el silencio. Se ha pasado de una actitud de no contestar a preguntas porque son sustancialistas y cuya respuesta conduce inevitablemente a extremos metafísicos, a otra de inefabilidad, que para justificarse quiere pasar por "la vía media". Mas este tipo de aproximación contrasta demasiado con la cantidad ingente de enseñanzas acerca de la vía media que procuró el Buddha histórico, y la ausencia virtual de alusión ninguna a una inefabilidad de lo último, llamado "uno" o "no dos".

El capítulo décimo y último describe a Sāriputra preocupado acerca de qué van a comer todos los reunidos. Vimalakīrti adivina una vez más telepáticamente lo que cavila, lo castiga por prestar más atención a eso que al Dharma, y, concentrándose, visualiza un universo repleto de manjares, adonde envía a algunos *bodhisattvas* para que traigan lo preciso (ibíd., págs. 78-79). Entonces se sirve un soberbio festín (ibíd., pág. 81). La animadversión hacia Sāriputra, representante típico del budismo primitivo, llega a extremos pasmosos: en cierta ocasión, incluso Brahma entra en discusión a favor del Buddha pero en contra de Sāriputra.[275] Imagen que una vez más contrasta con un fragmento en la *Nikāya Dīgha* donde el Buddha cuestiona a su interlocutor acerca de si conoce a Brahma, o si conoce a alguien que conozca a Brahma.

Quizás lo más llamativo del *sūtra* es que, a pesar de todas las ínfulas de superioridad y los despliegues de poderes mágicos, no se enseña nada que no esté en los discursos tempranos. Una explicación coherente de la originación dependiente no ha sido ni siquiera intentada, mientras que el resto de las enseñanzas soteriológicas tradicionales quedan envueltas en una metafísica de la maravilla que, bien mirada, resulta mucho más estrecha que la doctrina original. También es interesante notar que incluso algunos que sienten gran afinidad por el budismo *mahāyāna* consideran este *sūtra* innecesariamente polémico. Me refiero en especial a Thich Nhat Hanh, quien obviamente se resiente del tratamiento que reciben los discípulos del Buddha histórico.[276] Aunque es muy probable que en ciertos sectores y andado el tiempo la comunidad monástica fuese abusiva, cerrada y dogmática, y que por otro lado existiese entre la gente común y los laicos muchos diestros en la práctica espiritual, el modo de proceder de los redactores de este *sūtra* se aparta mucho de la realidad histórica, y tiene como objetivo una destrucción de todos los paradigmas anteriores.

Para clausurar este capítulo he querido detenerme unos instantes en la «Introducción» a cargo de Thurman de este *Sūtra de Vimalakīrti*, pues es un excelente breviario de las fases filosóficas por las que atraviesa la idea de la originación dependiente hasta la impostura metafísica del *mahāyāna*. El punto de partida es un entendimiento bastante cabal de su centro rector. Debo añadir inmediatamente que su descripción es, de hecho, algo imprecisa, más afín a una idea de relatividad desprendida del corazón causal que verdaderamente pertenece a este concepto. Razón por la cual pronto no cabe más remedio que acudir a absolutos subyacentes. El punto de llegada sería, así, un universo uno y absoluto cuyas transformaciones son tan sólo manifestaciones varias de una misma sustancia espiritual inaprehensible.

Thurman comienza por señalar que "*matter is voidness*". A mi juicio, en esta traducción al inglés de lo que podría en principio todavía interpretarse como un intento de desustanciar ("vacío") todo lo relativo al mundo (aquí "materia"), ya se percibe una intención sustantificadora de fondo cuando *śūnyatā* se sustantiva ("*void-ness*", "vacuidad") en una sentencia predicativa. El idioma español, gracias a la diferencia entre el verbo ser y el estar, que en inglés ha quedado sintetizada en el verbo "*to be (is)*", permitiría traducir "la materia *está* vacía (de sustancia inherente e independiente)", en lugar de, como aparece en la traducción de Thurman, "la materia *es* el vacío". Esta última traducción ya está en el vórtice de una metafísica absolutista (por no decir en la incoherencia). Bastaría, pues, escribir el término "vacío" con mayúsculas (= Vacío) para lograr la impostura. En todo caso, podemos todavía reconocer en la presentación de Thurman un ánimo desustantificador genuino cuando afirma: «Así, "la materia es el vacío" no niega a la materia como un fenómeno relativo; niega cualquier noción falsa de la materia como ente último, como poseedora de un ser independiente y sustancial, como poseedora de un estatus verdadero *en último término*».[277] Thurman, siguiendo la estela de la vía media, añade que:

> Existen dos tipos de teorías sobre la realidad última: el "absolutismo" y el nihilismo. Por supuesto, la historia intelectual abunda en teorías muy distintas en sus detalles, pero todas comparten uno u otro de los siguientes postulados acerca de la realidad. O la niegan completamente o postulan alguna suerte de entidad última, sustrato o superestrato que sirve de fundamento, esencia, contenedor, o lo que sea, de la realidad inmediata.[278]

Aparentemente inofensivas, las comillas que envuelven el término "absolutismo" al inicio de la cita son muy significativas. Es como si Thurman tuviese miedo de considerar toda forma de absolutismo claramente en contra de la vía media promulgada por el Buddha, y estuviese preparando el terreno a una forma legítima de absolutización.

El segundo paso, donde ya se observa con más claridad el giro hacia el absolutismo, tiene una extraña lógica. Viene a argumentar lo siguiente: si «Dios, Brahman, el universo, el vacío, nirvana, mente pura, el Tao, el ser puro, etcétera, son una realidad última más allá de la imperfección de nuestro mundo, el hombre espiritual debe naturalmente esforzarse en escapar de la imperfección para así alcanzar su bienestar último y eterno», entonces cae por su propio peso que, teniendo en cuenta que «la materia es vacío», «nuestra realidad inmediata y relativa es la realidad última y perfecta, que no puede ser evadida o negada y que debe aceptarse como es, sin esperanza alguna de poder nunca hacerla última porque ya lo es» (ibíd., pág. 3). La conclusión es obvia: «La sabiduría no nos permite asentarnos en nuestra habitual participación con objetos sensoriales (como "dados" "ahí fuera"), y nos impulsa a aprender y practicar debajo de la superficie de la "realidad" aparente para conseguir una atención directa de la realidad última de todas las cosas» (ibíd., pág. 3).

Aquí no sólo se ha logrado hacer de todo lo del mundo un absoluto que inadvertidamente sigue dualizando entre lo aparente y lo real gracias a un escabroso juego de entrecomilleo conceptual, sino que además se ha introducido también una idea de la iluminación como atención, por oposición a una de comprensión. De ahí, finalmente, que «Vimalakīrti ponga gran énfasis en el tema de la inconcebibilidad, esto es, de la inconcebibilidad de todas las cosas, relativas o absolutas». Aquí, como vemos, la distinción –antes negada– entre lo absoluto y lo relativo porque «*matter is voidness*" resurge de nuevo. Pero no sólo eso. Prosigue Thurman: «Vimalakīrti articula así la última implicación de la aplicación el vacío: que la mente finita y egocéntrica no puede nunca concebir la naturaleza última de las cosas, y que, por tanto, en lo que respecta a las mentes, su realidad última es en sí inconcebible» (ibíd., pág. 3). Esto puede ser, o bien una reformulación de la postura antimetafísica del Buddha mediante un cuestionable giro metafísico, o, de hecho, la afirmación metafísica de un absoluto real que es, por otro lado, inaprehensible. En tal caso, estaríamos muy lejos de la postura budista original. Y, en efecto, esta parece ser la postura tomada cuando Thurman, citando el propio *sūtra*, habla de «la tolerancia del no-nacimiento último de todas las cosas (*anutpattika-dharmakṣānti*)». Como ya hemos examinado, decir que las cosas no tienen nacimiento es muy distinto a afirmar que el Nacimiento Primero de las cosas no puede conocerse. Mientras que la última afirmación es la que da lugar a la vía media y a la originación dependiente, la primera es la forma que adopta el absolutismo del *mahāyāna*, aparentando ser fiel al budismo original, pero en realidad proponiendo una tesis tan absolutista como la del *vedānta* que había combatido originalmente. Aparte de una cuestionable traducción por "tolerancia" (*kṣānti*),[279] lo más decisivo es que la idea de "no-nacimiento" es completamente incompatible con la causalidad dependiente del Buddha, y que el paso a esta concepción viene dado por un entendimiento flojo de *pratītyasamutpāda* como simple relatividad.

Por último, y de cara a nuestro próximo capítulo, es importante señalar que el *Sūtra de Vimalakīrti*, con su idea de que el pecado es la vía del *bodhisattva* (ibíd., pág. 7), deja la vía expedita para el tantrismo budista y el *vajrayāna*. No es que el *hīnayāna* no conozca "el pecado" o no parta del sufrimiento (*dukkha*) para alcanzar la libertad; se trata tan sólo de que el *vajrayāna* sintió la necesidad de ahondar en él. Tal cosa se vio favorecida por la coyuntura histórica allí donde el budismo tendió a lo ceremonioso y se hizo progresivamente indistinguible de otros cultos, en particular del *tantra* indio. Nada que objetar a una exploración de este tipo, pero sí cabría poner en cuestión hasta qué punto este vehículo se funda, como alegan, en una perspectiva superior a todas las anteriores y da mejores resultados.

Como sucede con el *Avataṁsaka*, el *Sūtra de Vimalakīrti* parte en realidad de la premisa de una budeidad universal donde «el devoto cultiva su percepción de sí mismo como un Buddha, de todos los seres como Buddhas y deidades, el mundo como un reino puro de Tathāgatas, y de su propia residencia como un palacio celeste de cristal, etcétera» (ibíd., pág. 7). Thurman señala tantos otros elementos tántricos en el texto –como la transmutación del universo entero en un grano de mostaza– que a su vez se parecen a lo descrito por uno de los primeros textos tántricos budistas, el *Guhyasamāya* (ibíd., pág. 8). Thurman concluye que, sea cual sea la historicidad de este asunto, «el método de reconciliación de opuestos, basado en la liberación inconcebible del *bodhisattva*, forma un Tantra por derecho propio, esto es, un método rápido y efectivo de desarrollar simultáneamente la sabiduría y la compasión en un grado muy alto» (ibíd., pág. 8). Cabe aclarar que lo aquí propuesto como "reconciliación de dicotomías" no es –aunque superficialmente se le parezca– la operación realizada por Nāgārjuna en la *MMK*, ni por tanto conduce a la misma meta. En un caso, desustantificación de los conceptos para evitar extremos metafísicos que conducen a absolutos incomprobables; en el otro, anulación de todo pensamiento para abrazar mágicamente lo inefable, dejando amplio espacio para la arbitrariedad.

A pesar de la propaganda del *vajrayāna* al respecto, no queda claro qué pueda ser esta rapidez a la que se alude con tanta frecuencia, cuando los *sutta* están inundados de instancias en las que interlocutores, tras una conversación con el Buddha, comprenden de inmediato la originación dependiente y deciden unirse a la comunidad hasta, se añade, alcanzar al poco tiempo la libertad definitiva; y cuando, por otra parte, el mástil del *mahāyāna* y el *vajrayāna* está puesto tan alto que roza la imposibilidad. Esto plantea graves problemas a la alegada idea vajrayanista de que su vehículo es uno de "iluminación instantánea" por posición al *hīnayāna*, que es meramente "gradual". Como buen pedagogo y maestro realista, el Buddha habló de una consolidación gradual de las enseñanzas espirituales, si bien lo instantáneo de las comprensiones está tan presente como en el *vajrayāna*, sólo que sin tintes mágicos. El *vajrayāna*, hundido en las brumas metafísicas del *mahāyāna* –que aspiran a una identidad con el Todo, un principio cósmico universal, o la Conciencia En Sí– requiere de sus adeptos la fe en una iluminación absoluta siempre elusiva, constantemente aplazada; o bien pide adscripciones a un entendimiento fundamentado en el poder más o menos paranormal de su mistagogo (*guru*), ahora identificado con cualidades deísticas de todo tipo.

9. *MAHĀYĀNA* Y *VAJRAYĀNA*

«Sancho, pues vos queréis que os crea lo que habéis visto en el cielo, yo quiero que vos me creáis a mí lo que vi en la cueva de Montesinos. Y no os digo más.»
MIGUEL DE CERVANTES, *Don Quijote* (Segunda Parte, XLI).

I. GÉNESIS DEL *VAJRAYĀNA*

El término *vajrayāna* ("vehículo diamantino") aparece por primera vez en el siglo VIII d. C., coetáneamente a la entrada de Padmasambhava en el Tíbet. Padmasambhava, considerado sobre todo por la escuela tibetana Nyingma otro "segundo Buddha" (este título ya había sido concedido, como hemos visto, a Nāgārjuna), fue quien dio consistencia sistemática al tantrismo. En *El círculo de la sabiduría*, Gómez de Liaño atribuye en parte este logro a su conocimiento de los diagramas mnemónicos (*maṇḍalas*) utilizados por el maniqueísmo asentado en la región del actual Afganistán, de la que sabemos provino Padmasambhava. Diagramas de la memoria que, a su vez, como demuestra Gómez de Liaño, habrían sido heredados del gnosticismo cristiano (con antecedentes judíos y helénicos) y del mitraísmo. No obstante, el *tantra* budista en cuanto tal no fue inventado por Padmasambhava (¡como si estas cosas pudiesen inventarse por una persona!); encontramos rastros suyos muchos siglos antes, cuando el culto a dioses y diosas hindúes había comenzado a mezclarse con el budismo, haciendo de aquellos y aquellas *bodhisattvas* y otras deidades superiores. Snellgrove comenta por ejemplo con respecto a Mañjuśri:

> Así encontramos a Śākyamuni representado en ciertos *sūtras* tempranos del *mahāyāna* como un *bodhisattva* de nombre "Dulce Sonido" (*Mañjughosa*) bajo forma de un príncipe (*kumābhūta*). Es más cono-

cido como Mañjuśri ("Dulce Gloria"). Una forma alternativa de llamarle, más temprana, Pañacasikha, indicaría claramente una relación con Brahmā, quien ya estaba asociado con el sonido divino. Mañjuśri es, por tanto, una adaptación, ya sea espontánea o deliberada, del dios Brahmā, del mismo modo que muchas otras "conversiones" llegaron a articularse más tarde.[280]

Estas conversiones incluirían las de *bodhisattvas* tan prominentes como Avalokiteśvara, quien estaba inicialmente emparentado con Śiva (algo que se percibe todavía en la fonética de ambos nombres; ibíd., pág. 61), y como la ya mencionada (véase *supra*, la primera nota al capítulo octavo) del Buddha Maitreya con el dios romano Mitra.[281] Por su parte, T.W. Rhys Davids, refiriéndose más específicamente al dominio tántrico de este proceso de asimilación entre dioses hindúes y budismo, comenta:

> Uno de los principales agentes de este tipo de desarrollo parece haber sido Asaṅga, un monje muy influyente de Peshavar en el Punjab, que vivió y escribió el primer libro de tal credo –el *Yogacara Bhumi Shastra*– cerca del siglo VI de nuestra era. Consiguió reconciliar con gran habilidad los dos sistemas opuestos mediante la colocación de cierto número de dioses shivaítas en el panteón de su nuevo budismo, e incorporando en él una gran cantidad de doctrina mística tántrica asimismo prevalente entonces. Así consiguió que las rudas tribus, convertidas a medias, permanecieran budistas mientras ofrecían sacrificios, incluso de sangre, a sus altares congeniales, mientras que sus creencias prácticas no tenían nada que ver con las Cuatro Nobles Verdades y el Sendero Óctuple, sino que más bien se ocupaban de conseguir poderes mágicos (*siddhi*) por medio de frases mágicas (*dharaṇi*) y círculos mágicos (*mandala*).[282]

Aclaremos que este proceso de amalgamamiento no puede sin más considerarse negativo o regresivo, como tampoco lo fue la extensión laica en algunos cuarteles del *mahāyāna* y pronunciada por ejemplo en el *Sūtra de Vimalakīrti*. Para una evaluación de estos desarrollos todo depende del contenido que adscribamos a los parámetros "negativo/positivo" o "regresivo/progresivo". La fusión entre culturas diferenciadas tras una larga convivencia es poco menos que inevitable, pues ayuda a una comunicación a muchos niveles entre ellas. Pero filosófica y doctrinalmente tiene a menudo consecuencias desastrosas, sobre todo cuando los sintetizadores piensan que semejante fusión trae lo mejor de cada una y renuncia a lo peor, lo cual no es casi nunca el caso.

La aleación hindo-budista constituye, pues, un arma de doble filo, como casi todo lo concerniente al *vajrayāna*. Por un lado, de mano de ese previo acudir a fuentes populares, se produce una incorporación del universo mítico, así como del mágico, que permite sin duda una cura en salud allí donde la comunidad de monjes regidos exclusivamente por las directrices del *Vinaya*, ya desprendidas del contexto del que emergieron, se había tornado en una especie de desierto social e intelectual. El caudal mítico y mágico que el budismo primitivo había superado (pero guardado) en aras de una concepción más racional del mundo tenía que ser recuperado para fecundar mundos nuevos y liberarse de una pureza ya anquilosada. Pero la desintegración de los principios filosóficos propiamente budistas y la anexión de un discurso contra el que precisamente aquéllos habían nacido fueron nefastas. Lo más genuino de la práctica del budismo primitivo –su visión del mundo predominantemente racional, y su potencial explicativo, sin dogmatismos, en todas las ramas del saber asequible– fue borrándose poco a poco, mientras que, creciendo en su mismo dominio, iban en ascenso concepciones espirituales afines al hinduismo vedántico o shivaita en donde la iluminación no es ya razón, sino atención incondicional de la Conciencia o despliegue de poderes extraordinarios.

Aunque el origen del *vajrayāna* o del tantrismo budista está envuelto en tinieblas, la imagen histórica que aquí evoca Rhys Davids parece bastante realista. Si no es exacta, un proceso muy similar de congeniación entre el hinduismo y el budismo tuvo que producirse para generar los panteones de deidades que se veneran en el también llamado *mantrayāna*. Además, habría que considerar más de cerca condiciones históricas de degeneración política, económica y cultural, a menudo el caldo de cultivo perfecto para las religiones arcanas y esotéricas, allí donde la única solución (libertad) posible parece la interiorización.

Al igual que lo que sucede en el *mahāyāna*, el problema con el "vehículo diamantino" es que la mayor parte de los estudios existentes están dedicados a su doctrina y práctica espiritual, y apenas inciden en lo propiamente histórico. Recuerdo que durante mi larga estancia en un centro que se jactaba de ser vajrayanista, y por tanto de superior doctrina, asistí a cierta charla a cargo de uno de sus veteranos en la que pregunté de dónde provenía este tropel de deidades que uno debía visualizar hasta la augurada fundición conciencial. Aquel confesó que no tenía ni la más remota idea, y no faltaron en muchos asistentes caras tanto de perplejidad como de incomodidad. Y es que las determinaciones históricas de ciertas prácticas y creencias religiosas las torna de pronto demasiado humanas. Sin embargo, dilucidarlas es esencial para ensanchar nuestro conocimiento de la verdad, y opino que, bien asimiladas, no caminan en contra de su valor espiritual o sacramental.

Nadie niega que, formas cultuales y rituales aparte, el *vajrayāna* bebiera ante todo de fuentes del *mahāyāna* para establecerse como doctrina en propio derecho. Su metafísica le pertenece por entero, disimulando apenas ya el monismo absolutista.[283] De hecho, el *vajrayāna* logra esquivar casi completamente la inoculación de los elementos constituyentes del budismo primitivo. Este es considerado –como veremos, en parte por falta de documentos y textos apropiados– simplemente el *hīnayāna*, es decir, un vehículo ampliamente superado que sólo utilizan los menos avispados. Relegando de este modo las enseñanzas del budismo primitivo a una suerte de primer estadio espiritual, lo ulterior pasa a ser ascenso a lo doctrinalmente superior, justificando así de paso su pertenencia a una tradición distintiva de la que no sólo sería continuadora, sino su producto más acabado. De acuerdo con la arquitectura filosófica del *vajrayāna*, después del *hīnayāna* vendría el estadio intermedio de la gran metafísica del *mahāyāna*, que por fin habría abierto el espacio a la unidad. Y, por último, surgiría el insuperable vehículo diamantino, a veces íntimamente ligado a la filosofía del *yogācāra*, pero en todo caso arraigado en un mundo práctico nuevo para el budismo, tomado del *tantra* indio y acaso de otras técnicas mágicas (recitaciones, encantamientos) más o menos locales. Mediante procedimientos y esquemas pneumáticos de índole más bien chamánica, la altitud de la metafísica mahayanista y la estructura formal de sistemas mnemónicos que habían arraigado en la zona mesopotámica más cercana a China, el *vajrayāna* consigue algo en verdad inaudito, que es combinar cultos religiosos mágicos con monismo filosófico y con un alto grado de desarrollo en el edificio doctrinal. Aunque cabría investigarlo con más detalle, en esta configuración encontramos algunos paralelos importantes con la cuarta constelación paradigmática (**PIV**) de otras religiones.

Huelga decir que filosóficamente apenas aporta nada nuevo. Mas, si hemos de utilizar el rasero de la originación dependiente –cosa que *debemos* hacer, pues incluso el *vajrayāna* quiere montarse sobre este concepto de mano de las especulaciones del *mādhyamaka* tardío (sobre todo Chandrakīrti)– es de justicia observar que, al haber tomado el concepto de *śūnyatā* como base a partir de la cual uno debe emprender la aventura del *vajrayāna*, se da una notable tendencia a restar importancia a lo descubierto mediante su plétora de técnicas espirituales. La advertencia preliminar a la entrada en el *vajrayāna* acerca del vacío (*Sūtra del Corazón*: «el vacío es forma y la forma vacío»)[284] constituiría, por así decir, una operación desustantificadora aplicada no ya a la esfera de los conceptos y las ideas, sino a la de las visiones beatíficas, encantamientos y uniones místicas con diversos principios divinos y, al fin, con Mahā-Ati (personificación deística del Ser Absoluto). De este modo, se introduciría una especie de instancia crítica en cada operación tántrica, algo quizá único en las religiones mistéricas. Ello no es óbice para que, sin notar contradicción, en el *vajrayāna* se siga asimismo la estela mahayánica de *śūnyatā*, más próxima a una experiencia primordial y dificílisima que a un arma intelectual para desustantificar conceptos. Como vimos, este tránsito de crítica al lenguaje que toma lo designado como una cosa-en-sí a una experiencia se produce cuando la idea de que comprender el *śūnyatā* conduce al *nirvāṇa* adopta connotaciones místicas ausentes al inicio.[285]

No es de extrañar que tan peculiar vehículo espiritual sea tomado hoy como propio por algunos (sobre todo anglosajones y europeos nórdicos) como una alternativa real a su propia tradición, pues en el *vajrayāna* observamos una combinación relativamente equilibrada de todos los estratos de la conciencia (arcaico, mágico, mítico) *hasta* la razón. Porque el budismo comenzó con una visión del mundo eminentemente racional, a pesar de que más adelante haya ido pasando a segundo plano, cierto tipo de occidental contemporáneo puede quedar aquí espiritualmente satisfecho. Por desgracia, la idea de que el budismo primitivo es *hīnayāna* y de que la metafísica del *mahāyāna* es a todas luces superior es difícil, si no imposible, ya de desarraigar de la estructura doctrinal del *vajrayāna*. Y, además, por más que se predique lo contrario, y a pesar de la advertencia preliminar del *śūnyatā*, la autoidealización de sus practicantes y la tácita asunción de su insobornable superioridad espiritual apenas permiten la introducción del espíritu crítico en sus fundamentos.[286] Sin mencionar que la cultura es como los árboles: nada fáciles de trasplantar a un lugar lejano cuando son viejos.

Sólo si enarbolamos el mundo simbólico como paradigma principal del budismo puede aceptarse el esquema de la evolución que parte del *hīnayāna*, pasa por el *mahāyāna* y culmina en el *vajrayāna*. Estrictamente hablando, o filosóficamente hablando, podría decirse que lo que sucede es lo inverso, pues en cada paso se incide, de hecho, sobre zonas cada vez más primitivas y más apartadas de la razón. Ello no significa que esta búsqueda carezca de sentido o que no obedezca a ciertas causas. Por el contrario, significa que debemos determinar estas últimas, en lugar de pretender absurdamente que este sistema es el que quiso enseñar Gautama el Buddha –para lo cual no cabe más remedio que urdir embustes y distorsionar la realidad histórica–, o que es absoluta e intemporalmente verdadero. Por lo demás, la concepción absolutista de esta evolución camina, a mi juicio, en contra de su posible futuro en nuestras sociedades tardomodernas, pues confía excesivamente en la superstición y no pasa por exámenes críticos racionales que, aunque puedan ser momentáneamente aparcados, terminarán por imponerse.

Apartarse de la razón y justificar la doctrina propia mediante prácticas y teorías supuestamente superiores a aquella es una treta que han utilizado muchas corrientes religiosas desde antiguo. En concreto, todas las que emanan del tronco del gnosticismo han sido, a este respecto, paladinas. Que existen estratos no racionales de la conciencia y que tienen una importancia vital no puede negarse. Pero la huida en desbandada de la razón para ceñirse a todo lo que incurra en ingredientes secretos y arcanos, presuntamente más espirituales, pero, en el fondo, sobre todo más arbitrarios, no puede constituir un verdadero avance. La explicación es que, en lugar de permitir una salida de *la exclusividad* de lo subjetivo –donde, por necesidad, en las relaciones entre sujetos, impera la autoridad exógena– vuelve a reducirla a su mundo. Un mundo este, el subjetivo, sin duda lleno de maravillas y terrores, pero también muy estrecho en tanto no tenga en cuenta la objetividad de los hechos (la cual, bien atendida, ensancha la mente) o la realidad del otro como un sujeto dotado de una subjetividad distinta. La absorción en la subjetividad y la filosofía esotérica que de ella resulta, si no está contrapesada por firmes códigos éticos y por un afán de descubrir la verdad por encima de todo, no puede calificarse sino de regresiva. Opino que esto es precisamente lo que sucede con el *vajrayāna*, por oposición al budismo primitivo inaugurado por Siddhārta Gautama.

El sujeto del *vajrayāna*, como el adepto a otras religiones arcanas, está convencido de que la salvación, ahora identificada con un absoluto, sólo se encuentra dentro. Lo propio aquí, pues, no es tanto transformarse a sí mismo y el mundo en la humildad de saber que nada absoluto podrá lograrse, sino más bien alcanzar un *poder* que me encarame, de modo exclusivo, a esa supuesta libertad. Así, la concepción de la originación dependiente (del yo), que libera justamente porque ya no nos agarramos a la idea de que sea posible alcanzar este tipo de libertad incondicional, pierde relieve. En realidad se extravía por caminos de tipo absolutista ya muy transitados por aquellos suelos.

En suma, el esquema de la evolución de vehículos (*yānas*) hasta culminar en el *vajrayāna* –que sin duda encantará a muchos buscadores espirituales hastiados del arduo ejercicio de la razón, suprema configuradora de nuestras limitaciones, y cuyo potencial explicativo muchos adeptos pasan por alto– obtura el paso de elementos esenciales para la comprensión de un mundo crecientemente complejo y especializado. Ello no significa que la regresión subjetiva, cobre la forma que sea, no tenga ningún valor. Parece ser, de hecho, un momento crucial de nuestro crecimiento. Mas el peligro yace en su absolutización, que no es sino estancamiento. A la hora de enfrentarse a los retos filosóficos y prácticos de la modernidad y la postmodernidad (ciencia e intersubjetividad), un esquema semejante fenece sin remedio.[287] Dejada atrás la racionalidad, la perspectiva subjetiva solo puede colegir que el mundo natural es catastrófico, y cada vez más. Sus suscriptores buscarán refugios desesperados en una subjetividad cada vez más exclusiva y opaca, y repetirán, de modos ligeramente alterados, viejos patrones gnósticos contra la filosofía crítica y la ciencia. Esto, por otro lado, no implica que el mundo simbólico deba dejar de mirar con ojos de sospecha ("mundanidad") a ciertos veneros estrechos de filosofía naturalista, sobre todo cuando esta también quiere hacerse hegemónica y desprecia todo lo interior.

Hasta qué punto el *vajrayāna*, a pesar de todo, también necesita de la razón se muestra no sólo en el hecho de que acuda a la originación dependiente –al fin y al cabo una teoría del mundo, y no del absoluto– y a las enseñanzas éticas y soteriológicas del Buddha como base, sino en su afán de "fichar" –por utilizar una expresión del mundo del deporte– a los más renombrados filósofos budistas afines a una vía media estricta. Los menos afectos al medialismo auténtico y con tendencias sustancializadoras retomaron los desarrollos pertinentes de la teoría original –que a su vez respondían a desvíos previos–, por ejemplo la *MMK* de Nāgārjuna, y los desfiguraron con el objeto de dar cabida a esa "gran novedad" que supone la regresión al paradigma de la conciencia o de la subjetividad.

II. Los Tres Giros de la Rueda del Dharma

Una vez más Kalupahana nos ayudará a resumir la situación histórica a la que se enfrentó el desarrollo del budismo en el Tíbet:

> El estudio de los discursos tempranos prevaleció ciertamente entre los intelectuales budistas y sabios durante el inicio del primer milenio. La traducción al chino de la mayor parte de los discursos asequibles en la India, y eso era mucho más de lo que se encuentra en las *Cestas* pali, se llevó a cabo entre el siglo I y el V d. C. El budismo se introdujo en el Tíbet durante el siglo VI d. C. En aquel tiempo, la influencia del *Sutra Saddharmapuṇḍarīka*, que menospreciaba el valor de los discursos tempranos del Buddha, ya se sentía con fuerza, y se estaba estableciendo el mahāyāna en su forma más extrema. El Buddha estaba encaminado a convertirse en un avatāra deViṣnu. Chandrakīrti, Sthiramati y Dharmakirti (comentaristas de Nāgārjuna, Vasubandhu y Dignāga, respectivamente), todos sucumbieron a la metafísica sustancialista y esencialista, dejando las puertas abiertas a los filósofos hindúes para que los destruyesen. Los últimos supervivientes de esa tradición, Śāntarakṣita y Kamalaśīla, encontraron asilo en el Tíbet.

Y prosigue, refiriéndose específicamente a los textos que fueron entonces asequibles a los budistas tibetanos:

> El canon budista tibetano cuenta una triste historia. Una tradición que preservó casi cada trabajo budista importante perdido en el original, tra-

> bajos que incluyen los s tras más tardíos así como trabajos de los filósofos más importantes de la tradición, contiene menos de cuarenta discursos de las colecciones Nikāya o Āgama, comparadas con los miles conservados en pali o chino. El budista tibetano estaba así privado de la oportunidad de echar un vistazo a los discursos tempranos, incluso si estaban enamorados de los ideales del mahāyāna.[288]

Y, por eso mismo, estaban también privados de la oportunidad de conocer la doctrina original de la causalidad dependiente, así como de sus numerosas aplicaciones. En el Tíbet, el escepticismo devastador de un Chandrakīrti no dejó más opción que adherirse a un absoluto afirmativo, si bien no mentable. Y la jerarquía ontológica de los sistemas mistéricos y gnósticos, o de influencia neoplatónica, ya aparentes también en los principales *sūtra* del *mahāyāna*, ofreció una articulación acabada de la estructura de esta realidad absoluta, cuya cúspide solo los iniciados podrían alcanzar.

La realidad es que el budismo tibetano nunca pudo conocer de primera mano lo que despectivamente llamaron *hīnayāna*, en teoría refiriéndose a la doctrina original de Gautama tal como se grabó en los *sutta*. Todo lo que conocieron fueron las recensiones parciales y regurgitadas de alguna de las Dieciocho Escuelas. De ahí que no extrañe, en una filosofía o religión que debía competir con otras muy sólidas como el *vedānta*, la producción de un proceso "evolutivo" que viajase del pluralismo sustancialista (**PII**) al monismo sustancialista (**PIII**), y desde ahí a una pulida jerarquización por niveles que mezcla lo histórico con lo ontológico y que incorpora elementos de estratos de la conciencia más primitivos (**PIV**). Como un primer paso en la apreciación de esta concepción "evolutiva", es preciso notar que la filosofía de cualquiera de las escuelas de la segunda constelación paradigmática era incapaz por sí misma de resistir ante el poderosísimo impulso del unitarismo filosófico. Recuérdese que incluso allí donde la única potencia crítica posible –la vía media y la originación dependiente (**PI**)– se había restablecido, por ejemplo en la filosofía *mādhyamika* de Nāgārjuna, terminó también por sucumbir al absolutismo.

Para no alargar una discusión que podría extenderse considerablemente, en lo que resta de capítulo me voy a limitar a hacer algunos comentarios críticos a la exposición clásica de la evolución histórico-filosófica del budismo a cargo del venerado Mipham (siglo XIX) en su obra *Resumen de sistemas filosóficos*, así como al también descomunal trabajo de David Snellgrove (1987) acerca del budismo indo-tibetano, el cual, aparte de ser uno de los trabajos más comprehensivos sobre el *tantra* budista hasta la fecha, constituye una explicación modernizada de los orígenes del *vajrayāna* que sigue muy de cerca las asunciones de la tradición tibetana, en concreto el esquema *hīnayāna-mahāyāna-vajrayāna* (los famosos Tres Giros de la Rueda del Dharma).

Empecemos por este último. La concepción del budismo de Snellgrove, como la de tantos estudiosos que parten, o bien del idealismo mahayánico, o del más acabado vajrayánico, es que, si su doctrina general parece en ocasiones negativa (o nihilista), esto es tan solo la contracara de un absolutismo radical acerca del cual nada puede decirse, pero que es en último término la Verdadera Realidad, aprehensible mediante ciertas técnicas espirituales, principalmente la meditación, pero también, en el *tantra*, otras de tipo mágico o imaginativo. De este modo, la idea original del Buddha de que este absoluto *no puede conocerse*, y que, por tanto, buscarlo es una pérdida de tiempo (que además causa más sufrimiento), queda obstruida. Mientras que en el primer caso se parte de una dicotomía entre un mundo relativo, que es preciso negar, y uno absoluto, que es preciso afirmar, en el budismo original se habla de una vía media entre lo uno y lo otro justamente como el modo de evitar un absolutismo ontológico que no conduce a la verdadera libertad (*nibbāṇa*). De nuevo, en el primer caso, la vacuidad (*śūnyatā*) tiene los visos de constituir el absoluto mismo, a partir de la cual emerge todo lo demás; mientras que, en el segundo, *suñña* es utilizado simplemente como un método de exposición crítico contra toda conceptualización que tienda al sustancialismo, ya sea absolutista o nihilista. Gracias a semejante concepción absolutista del Vacío, el *mahāyāna* y el *vajrayāna* acarician la idea de que el mundo no tiene principio;[289] mientras que el Buddha habló de que tal principio no puede conocerse ni mediante la contemplación mística, ni con la razón ni la observación empírica. El Buddha deja así en suspenso la cuestión de la existencia objetiva del Principio por ser irrelevante para la existencia cotidiana –además de gnoseológicamente imposible de resolver–, acercándonos, en cambio, a aquellas cuestiones más concretas que sí pueden y deben resolverse (la libertad mediante un análisis de causas concreto).

Como mencionamos al inicio de nuestra andadura (véase *supra*, capítulo 3.I.a), Snellgrove parte de la idea de que el budismo es un todo uniforme de tipo mítico.[290] Semejante aseveración debe explicarse por una falta de estudio de los discursos tempranos (*suttas* o *āgamas*); algo lógico si el autor se centró sobre el canon tibetano. Snellgrove pretende hacernos creer que mientras que lo típicamente fantástico y metafísico del *mahāyāna* puede ya encontrarse en esencia en los discursos originales –sin aportar pruebas– hay en cambio algo nuevo –sin definir– que es muy superior en el *mahāyāna*. De este modo, todo lo negativo del así llamado *hīnayāna* queda justificado y todo lo que tuvo de novedoso y revolucionario queda oculto o –aunque parezca increíble– pospuesto, como si fuese un descubrimiento del propio *mahāyāna*. Que hay elementos míticos y legendarios en los *sutta* resulta evidente, pero es muy discutible –en realidad falso– que su temperamento no sea eminentemente realista y racional. Todo lo contrario que los *sūtra* del *mahāyāna*, acerca de los cuales, por otro lado, Snellgrove no avanza más allá de las vaguedades metafísicas –supuestamente de superior cuño– a las que sus comentaristas predilectos nos tienen acostumbrados. En una palabra, falta una discusión mínimamente consecuente de la vía media.

Acerquémonos, pues, a la idea tradicional de los Tres Giros de la Rueda del Dharma. Al comienzo de su exposición, Snellgrove cita el siguiente fragmento del *Sandhinirmocara Sūtra* ("Resolviendo enigmas"), un discurso, según él, muy apreciado por la escuela *yogācāra*:

> El Señor dio el Primer Giro de la Rueda de la Doctrina en el Parque de los Ciervos (donde los sabios aguantan, para mayor beneficio de aquéllos que siguen el Sendero Interior), y enseñando las Cuatro Nobles Verdades dio el giro a la Rueda de un modo maravilloso que nadie, ni hombre ni dios, ha vuelto a hacer en este mundo en relación con la Doctrina. Pero esta enseñanza podía ser superada, puesto que daba ocasión a la argumentación y su significado requería interpretación. Entonces el Señor dio el Segundo Giro de la Rueda del Dharma para aquellos que siguen el Gran Camino [*mahāyāna*], empezando con la no-sustancialidad de los elementos, su no surgimiento y no cesación, su estado primordial de reposo y su natural estado total de nirvana. Y con este tipo de enseñanza del Vacío, dio otro giro de la Rueda maravilloso. Pero esta enseñanza también podía ser superada, puesto que daba ocasión a la argumentación y su significado requería interpreta-

> ción. Entonces el Señor dio un Tercer Giro a la Rueda del Dharma para todos los budistas, empezando con la no-sustancialidad de los elementos, su no-surgimiento y no-cesación, su estado primordial de reposo, su estado natural de nirvana total, y dio el giro de un modo maravilloso con definiciones precisas. Por tanto este giro de la Rueda es insuperable, porque el significado es seguro sin posibilidad de malinterpretación o argumento.[291]

Lo que llama la atención de este fragmento no es solo cómo, tanto en el Segundo como en el Tercer Giro de la Rueda, se combina la idea de la no-sustancialidad con la de no surgimiento y no cesación (que son ideas contradictorias entre sí, puesto que el antisustancialismo está inextricablemente unido a la originación dependiente, la cual, como su propio nombre indica, es una teoría sobre cómo se causan –surgen– y perecen –cesan– las cosas), sino ante todo que el Segundo y el Tercer Giro de la Rueda son literalmente idénticos, salvo en que el Tercero, al parecer, trae consigo "definiciones más precisas". Sin embargo, el cambio parece radical: se nos asegura que con ellas ya no existe posibilidad de malinterpretación; la Doctrina está establecida ahora de un modo definitivo. Cómo y por qué estas precisas definiciones establecen la Doctrina de un modo absoluto, y en qué se diferencian de las definiciones budistas originales, no se nos informa.

Es de notar asimismo que el Tercer Giro está pensado "para todos los budistas", indicando así la clara voluntad de que todas las escuelas se conviertan a esta nueva concepción. Por último, y de cara a la Parte IV de esta investigación, percíbase que la interpretación y la argumentación son vistas como algo negativo, que hay que superar. Esto, por supuesto, solo puede suceder si interviene una instancia que no admite réplica, impuesta absolutamente. A nuestro juicio, es difícil, si no imposible, que una concepción basada en el cese de lo interpretativo y lo argumentativo tenga futuro. La tentación –contra la que ya nos había alertado el Buddha– de obtener seguridad mediante una filosofía absolutista es, no obstante, muy poderosa. El lobo se ha colado en el redil bajo la piel de un cordero.

Una presentación como la de este *sūtra*, tan poco escrupulosa con lo que sucedió verdaderamente –a saber, que la no-sustancialidad (*anatta*) fue propuesta desde el inicio por el Buddha–, solo puede provenir de dos posibles confusiones, no incompatibles entre sí. La primera, filosófica: el afán de acercarlo todo a la visión absolutista hace que la doctrina original, peligrosa para la otra, quede ocultada o distorsionada. La segunda, histórica: los redactores de este *sūtra* no sabían en realidad, o solo de oídas, o a través de documentos que reflejaban ya una gran distorsión, en qué consistió la enseñanza *filosófica* original del Buddha. A juzgar por todos los indicios sucedieron, de hecho, ambas cosas. La primera porque incluso allí donde, dentro del universo mahayánico, se ofreció la oportunidad de leer un texto que abogaba tajantemente por la vía media original (la *MMK*), la balanza acabó por inclinarse –nihilismo mediante– hacia el absolutismo. La segunda por lo que ha señalado Kalupahana en la cita anterior: el canon tibetano no conoció los discursos originales. A este respecto, más tarde tendremos asimismo ocasión de comprobar que el repaso de los sistemas filosóficos budistas que hace Mipham confunde la doctrina original con la de una de las escuelas del **PII**.

Snellgrove, por su parte, no tiene reparos en reconocer su adhesión al Tercer Giro aquí descrito:

> Como oyente desinteresado de las varias pretensiones de representar la interpretación más válida de la suma total de la doctrina budista, uno tiende a favorecer a aquellos que se suscriben al Tercer Giro de la Rueda.[292]

Lo de “la suma total de la doctrina budista” tiene, por supuesto, truco, pues no hay suma que valga allí donde hay incompatibilidad entre los factores. En efecto, la idea de la suma indica una ambición de totalización y de reducción de la diferencia. Y, por añadido, no existe algo remotamente parecido a “un oyente desinteresado”. Justamente aquí, aunque tal vez de un modo inconsciente, yace la impostura. La historia es siempre narrada desde cierta perspectiva con ciertos intereses a la vista. Tras la supuesta objetividad del desinteresado se oculta la falta de argumentos convincentes, y en suma una elección puramente subjetiva que pide de continuo el principio.

Snellgrove explica por qué se adhiere al Tercer Giro arguyendo que constituye una «síntesis extraordinaria de las dos interpretaciones previas de la Doctrina, que eran o excesivamente positivas o confusamente negativas». Describe la negatividad aludiendo al *mādhyamaka*, el cual, según Snellgrove, «se corresponde con la tesis mahāyāna general de que todos los elementos de la existencia son irreales» (ibíd., pág. 95). Con una interpretación así de la filosofía *mādhyamika* no sorprende la necesidad de una "síntesis" entre ella y una doctrina que abogue por lo absolutamente Real. La principal candidata para esto último es el absolutismo del *yogācāra*,[293] que Snellgrove pasa a discutir inmediatamente después.

Es interesante que, en este contexto, Snellgrove cite a Bhāvaviveka criticando la filosofía absolutista e inefabilista del *yogācāra*, si bien la conclusión que saca del texto es muy flácida. Merece la pena citar este texto de Bhāvya, pues nos da una idea bastante clara de por dónde caminaba la interpretación *svātantrika* del *mādhyamaka*, a nuestro juicio mucho más acorde con lo expuesto en la *MMK*.

> Si dices que *tathāta* (tal-idad, mismidad), aunque más allá de las palabras, es algo verdadero, entonces es el *ātman* de los heréticos el que estás designando, sólo que con un nombre distinto. [...] Los heréticos también creen que el *ātman*, una cosa real, es omnipresente, eterno, actuante, sintiente, pero aun así más allá de todas las categorías y conceptos. Porque no pertenece a la esfera de las palabras, porque no presenta un objeto al intelecto discursivo, se dice que está más allá de las categorías. La enseñanza de los heréticos dice: «Las palabras no llegan allí, el pensamiento no se presenta; ésta es la razón por la que se le llama *ātman*». Aunque éste sea el carácter del *ātman*, dices en todo caso: «El conocimiento que confía en *tathāta* produce salvación, pero el que confía en el *ātman*, no». Mas, ¿cuál es la diferencia entre tu *tathāta* y el *ātman*, si los dos son inefables y poseen realmente naturaleza intrínseca [sustancia]? Es solamente con ánimo partidista que hablas como lo haces. Por tanto, no puedo aceptar este *tathāta*, idéntico al *ātman*, según tú real pero no-existente.[294]

El breve comentario de Snellgrove apenas responde a lo expuesto: «Para hacer justicia a la escuela de la Sólo Mente puede ser indicado que este argumento solo puede ser avanzado si tomamos *ātman* en un sentido purificado del vedānta, y disociándolo de toda noción y sentido personal» (ibíd., pág. 98). Y, sin más, prosigue con su "análisis desinteresado" del portentoso Tercer Giro de la Rueda.

En lo que se refiere a mis propósitos, no hay mucho más que añadir al desarrollo doctrinal de Snellgrove, quien, por otro lado, a continuación produjo el estudio de textos tántricos más detallado hasta la fecha, con una discusión muy minuciosa de sus principios. Dado, empero, que tales cosas en principio no se revelan más que a los adeptos, para ofrecernos este inmenso regalo Snellgrove tuvo inevitablemente que adoptar el punto de vista filosófico del *vajrayāna*. Y este, como hemos comprobado, no se sostiene sin el absolutismo del *mahāyāna* y sin el recurso a sistemas cosmológicos y arcanos más completos adoptados de otras fuentes (mitraísmo, gnosticismo cristiano, maniqueísmo).

III. EL MONO-LOGOS

Nadie discute que una misma teoría o concepción no deba enseñarse de modo diferente a personas con distinto nivel cultural o social. Esta es, naturalmente, una de las razones por las que se ha hablado de tres vehículos, aunque a menudo se haya pasado por alto el creciente impulso hacia el absolutismo que aloja esta concepción tradicional, así como la falsificación histórica que debía necesariamente acompañarla. Cierta jerarquización es inevitable, pero tal cosa no constituye un argumento a favor del monismo ni del absolutismo, que son productos históricos y contingentes y obedecen, por tanto, a causas concretas susceptibles de análisis. Tan razonable –o más, creemos nosotros– sería colocar la doctrina de la originación dependiente, tal como la hemos esbozado aquí, en la cúspide de la jerarquía, relegando doctrinas absolutistas, místicas y mágicas a los puestos inferiores de la escala filosófica. El hecho de que las jerarquías estén implícitas en todo discurso filosófico (porque, como recuerda Gustavo Bueno, «siempre se filosofa contra alguien», y por consiguiente nuestro discurso aspira a colocarse "por encima" de otro discurso) no justifica uno u otro uso de ellas, ni tampoco predice nada acerca de su contenido.

Llegamos, así, al último trecho de nuestra aventura en el mundo de la filosofía budista propiamente dicha. Si la verdad descubierta por el Buddha fue la culminación de un largo proceso metafísico y filosófico que se remonta a las especulaciones védicas, la historia de esta verdad después del Buddha muestra una indefectible decadencia, salvo en ocasiones excepcionales, algunas de las cuales nos hemos detenido a describir con cierta pausa. Gran parte del budismo posterior pone rumbo no, tal como pretenden, hacia una doctrina mejor y más elevada, sino que, de la mano de un monismo sustancialista y una reducción subjetivista, camina por senderos filosófica (y soteriológicamente) francamente prebúdicos y prerracionales. Debido en parte a que no se comprendió bien la doctrina de la originación dependiente como la vía media entre el absolutismo y el nihilismo, las narraciones de una historia de la filosofía budista solo han podido ser las de una justificación de la doctrina monisto-absolutista de siempre, solo que adaptada a los tiempos.

Puede decirse con justicia que esta narración es crítica solo en el sentido de que simula estar en conversación con oponentes. Lo cierto es que constituye un círculo perfectamente cerrado; se constituye, una vez más –al igual que antes que ella todas las filosofías emanadas del paradigma de la conciencia–, como mono-logos. Así, algunas de las descripciones de las ideas de sus adversarios cometen los atropellos propios de la distorsión interesada. Otras, en cambio, son simplemente falsas en cuanto que la diferencia que señalan es tan solo de palabra y no de fondo.

La influyente obra *Resumen de sistemas filosóficos*, a cargo de Mipham 'Jam-dbyangs rnam-rgyal rgya-mtsho (1846-1914), toma como motivo principal la explicación del sistema absolutista e incuestionable del *vajrayāna* desde ángulos que, tal como nos ha sido legada,[295] llevaría algunas páginas más desentrañar apropiadamente. Lo esencial del trabajo es que en él se desarrolla una crítica de cuatro escuelas filosóficas y epistemológicas budistas (la *vaibhāṣika* –una de las Dieciocho, de cuño pluralista y sustancialista–, la *sautrāntika*, la *yogācāra* –fenomenológica e idealista–, y la *mādhyamika*), para apuntalar una escuela que Guenther califica de "existencial", aspirante a «descubrir una forma más fundamental y profunda de existencia desprendida de todas las ficciones de la conciencia sobre ella».[296]

Como admite el propio Guenther, la idea que guía sus intentos epistemológicos no es otra que «aprehender aquello que es en sí» (ibíd., pág. 18), lo que le lleva al inevitable corolario de "las dos verdades". Aunque Guenther nos reta a pensar que las dos verdades nada tienen que ver con el fenómeno aparente y el noúmeno real de la filosofía occidental, la descripción que hace de ellas no difiere sustancialmente de esta concepción clásica. Además, lo que Guenther afirma que las distingue es un elemento, según él, propiamente budista que no aparece en los discursos tempranos: el de «la concepción de la realidad incondicional de lo que existe» (ibíd., pág. 19). Idea que, por lo demás, es propiamente tan occidental como oriental.

Para describirnos este budismo existencial que sería la cima de toda la filosofía budista, Guenther recurre al símbolo del *vajra*:

> Vajra es el término simbólico del Ser en cuanto tal, que, como el corazón indestructible, subyace a todo crecimiento y auto-realización de la misma manera que la verdad misma subyace a toda búsqueda de la verdad. Debe ser notado que el término "auto" (*self*) en auto-realización no implica un ego glorificado o filosofías subjetivistas con su postulado del Yo (*Self*). Del mismo modo, "existencial" no es la característica definitoria de cierto sujeto humano, sino que se refiere al Ser como tal. El budismo "existencial" es por tanto totalmente diferente de las varias formas del existencialismo occidental, que es puramente antropocéntrico y ego-céntrico, incapaz de comprender que el Ser como tal y la yoidad son dos categorías diferentes.[297]

No pensamos que estas últimas observaciones hagan justicia al "existencialismo" de, por ejemplo, un Heidegger o un Gabriel Marcel, pero tampoco parece un avance portentoso, ni con respecto al absolutismo de ciertos trechos del *mahāyāna*, ni desde luego para con el *mādhyamaka* correctamente entendido. Más aún, parece una adopción de terminología y objetivos filosóficos griegos, aunque el *vajrayāna* añadiese un cuerpo de técnicas espirituales que, al menos en teoría, proporcionarían esta deseada aprehensión "del Ser en cuanto tal". La idea de que en el *vajrayāna* no se habla del yo (*Ātman*, *Self*) en términos absolutistas y puramente subjetivistas es poco convincente, y Guenther la argumenta poco más. Tan solo añade –con razón si visto a partir de la originación dependiente– que el budismo evita la reducción del objeto al sujeto, o viceversa.

Tanto la teoría como la práctica vajrayanistas son incuestionablemente absolutistas y subjetivas. Es verdad que se pierde el acento marcadamente subjetivista de la filosofía de la conciencia *yogācāra* para pasar a enfatizar el Ser en cuanto tal; pero, en rigor, la unidad del Ser así requerida no deja de pertenecer al discurso de la subjetividad, y se le podría, por tanto, objetar punto por punto todo lo que objetaba Bhāvaviveka al *yogācāra* (cfr. apartado anterior). No en vano la idea de aprehender el Ser en sí equivale, según el *vajrayāna*, a haber recorrido el así llamado "camino de no-más-aprendizaje" (ibíd., pág. 42). Aquí se aprecia hasta qué punto se acude al absolutismo epistemológico y, con él, al cierre de las vías a una filosofía crítica y la posibilidad de una ciencia entendida como un conocimiento en construcción permanente.

En cualquier caso, resulta para nosotros del máximo interés que en la caracterización del *hīnayāna* del propio Mipham se mencionen los siguientes siete elementos constitutivos:

> Primero, las cuatro verdades como realidades objetivas; segundo, los átomos y los momentos son los edificios últimos del universo; tercero, la meta final es la *arhant*-idad; cuarto, el no reconocimiento de un fundamento primero; quinto, el no reconocimiento del mahāyāna; sexto, el no reconocimiento de los diez niveles espirituales; y séptimo, la pretensión de que el Buddha es meramente un ser humano.[298]

En cuanto a lo primero, la traducción por "realidades" es confusa, puesto que una verdad es una descripción de la realidad y no una realidad en sí misma. A partir de aquí se procede a desustanciar, como si lo necesitasen, las Cuatro Nobles Verdades, utilizando métodos similares al *prāsaṅga*. Pero el resultado es más bien una subjetivización, por oposición a una supuestamente dañina objetivación en la concepción *hīnayāna*. En el segundo punto observamos cómo la idea que tenía Mipham del Primer Giro de la Rueda del Dharma o de la concepción del Buddha histórico viene dada por las Escuelas de la segunda constelación paradigmática (**PII**), y no por una lectura de los discursos originales. Lo tercero es cierto, naturalmente, pues la figura del *bodhisattva* no pasa a predominar hasta más tarde. De ahí que el argumento que utiliza Mipham para justificar su crítica en este punto sea tautológico, al igual que en el caso del quinto punto de controversia:

> El rechazo del *mahāyāna* no es admisible. No sólo el *mahāyāna* no contradice a la *Tripiṭaka* y los cuatro axiomas, sino que es incluso superior a la enseñanza más temprana, porque en el *hīnayāna* el camino hacia la budeidad es incompleto, mientras que en el *mahāyāna* el camino culmina en la forma más sublime de iluminación.[299]

Hablar de "rechazo" es anacrónico, pues el *mahāyāna* sencillamente no existía entonces, lo mismo que la idea de budeidad.

El cuarto punto evidencia que el *vajrayāna* se apoya en ideas metafísicas –típicas en el *mahāyāna*– de fundamento (monismo). Los diez niveles espirituales (*bhūmis*) a los que alude el sexto punto son una reelaboración de motivos del *mahāyāna* acerca del ascenso hasta la iluminación total, que no puede decirse que superen en ningún sentido las trabajadísimas fases en la contemplación mística que aparecen en los *sutta*; las cuales, sin embargo, no conducen a ningún absoluto o comprensión del Ser en cuanto tal. Los *bhūmis*, por el contrario, incorporan elementos de muchas otras clases[300] que a mi juicio confunden más que aclaran, pues aquí un desarrollo de la capacidad contemplativa corre paralelo a un desarrollo, digamos, ético. Mezclarlos puede cundir, pues, en atascamientos diversos.

Por último, la crítica a la idea de que para el *hīnayāna* el Buddha era meramente humano habla por sí misma. La hipóstasis está concluida. El Buddha es sobrehumano, es absoluto: regresión a una forma mítica de entendimiento.

IV. NATURALEZA, ARTE Y ANTIINTELECTUALISMO EN EL BUDISMO *CH'AN* (*ZEN*)

David Snellgrove defendió con gran rigor la tesis de que, una vez desaparecido el budismo de la India, se prolongó de un modo orgánico y consistente en un territorio vecino, el Tíbet. Su acuñación "budismo indotibetano", denotando un fenómeno unitario y continuado de un lugar a otro debe ser considerada fundamentalmente correcta, sobre todo porque fue en el Tíbet donde se preservó lo más esencial del *mahāyāna* indio.

El *mahāyāna* en China constituye, sin embargo, una historia muy diferente, cuyo relato no podemos acometer aquí. En el capítulo 8 vimos cómo en cierto segmento del budismo *ch'an* (*Lin-chi*), y después en el *zen* japonés (*Rinzai*), se conserva una fuerte corriente de realismo, en parte sostenida por el *Vajracchedikā*, texto que a su vez es heredero inmediato de los discursos tempranos. Además, el espíritu práctico chino, sumado a su amor poético por la naturaleza, nos emplaza en una situación muy distinta a la del *mahāyāna* indio. No deja de ser cierto que en el budismo *mahāyāna* chino y japonés encontramos idénticos elementos metafísicos y una preponderancia de la subjetividad, encarnada en la búsqueda de la escurridiza experiencia de *śūnyatā*, a veces de modos muy originales y no demasiado acordes con las enseñanzas originales de Gautama el Buddha. Pero aquí el elemento mitológico es mucho menos fuerte que en los *sūtra* del *mahāyāna* indio y tibetano, encontrando en cambio un acento muy peculiar en el humor como vehículo para la libertad, así como en un tipo de absurdo que no puede caracterizarse precipitadamente de irracional, aunque sí de antiintelectual. Los relatos de la vida de Bodhidharma, de quien parte esta tradición, son buena prueba de ello. Baste recordar el relato de los ruegos a Bodhidharma (Primer Patriarca del *ch'an*) por parte del que será después el Segundo Patriarca, para que le instruya. Bodhidharma no quiere saber nada del asunto, no contesta, prosigue mirando su pared. Incluso cuando el aspirante a discípulo se corta el brazo, presentándoselo como obsequio, Bodhidharma le propina una retahíla de insultos: ¿cómo voy a enseñar a un idiota como tú? A partir de aquí puede comprenderse sin dificultad el desarrollo de una tradición que cabalga cómodamente entre la aparente crueldad, la astucia, el absurdo, los golpes a diestro y siniestro y la carcajada.

El *ch'an* y el *zen* lograron obras de arte soberbias e incomparables en su finura, sutileza y simplicidad. A ello se añade una alegría por la vida nada recargada en la expresión, a veces solitaria, a veces acompañada de cerveza de arroz y tal vez un instrumento musical, pero dominada por la perspicacia y la conexión con el mundo natural. Cualquier lugar humilde y cualquier material sencillo sirven como soporte para la expresión en apariencia casual de verdades poéticas que no por ser rabiosamente terrenales dejan de ser intemporales y exquistas. Pero todo ello no es óbice para que sus exponentes budistas no nadasen en la misma confusión filosófica que sus ancestros del *mahāyāna* indio, acercándose igual de peligrosamente al nihilismo y la arbitrariedad. La causa reside en que el budismo chino y japonés aceptó acríticamente aquella memorable y enfática negación de todo lo descubierto por el Buddha (me refiero al mahayánico *Sūtra del Corazón*) como la culminación misma de su doctrina. En el mejor de los casos, esta negación, que tan bien encajaba con el espíritu antiintelectualista chino, aspiraba a desustancializar los productos filosóficos de la doctrina original, como si en verdad lo necesitase. Pero, en el peor de los casos, viajó hacia un ocaso intelectual, en el cual se buscaba no ya tanto una comprensión de los fenómenos, sino una iluminación (*satori*) más de tipo místico, anticonceptual, y sumamente abierta a interpretaciones arbitrarias, que racional.

La negación plasmada con firmeza en el mencionado *Sūtra del Corazón* no puede entenderse exclusivamente como una operación de vaciamiento de conceptos que con el tiempo se habían empachado de sustancia (esta sería la principal razón alegada por sus partidarios), por la sencilla razón de que, correctamente entendida la originación dependiente, la desustancialización opera sin más. Presentar la "no originación dependiente" como una verdad superior, o la idea de que las cosas o elementos (*dharmas*) "ni se producen ni se destruyen", es ya una filosofía de corte francamente absolutista y en cierto modo nihilista, por mucho que a los redactores de este *sūtra* les pudiesen guiar al inicio las mejores intenciones desustancializadoras.

El *ch'an* no supo abordar un regreso a la doctrina original, aunque no carecía de los medios (textos) para ello. Antes bien, inventaron un concepto nuevo de iluminación, en casi todo basado en la meditación, aunque tanto el medio de conseguirla como sus resultados no estuviesen exentos de las paradojas metafísicas que ya hemos examinado. La falsa dialéctica entre el todo y la nada presentes en cada cosa es aquí la base de una búsqueda que tampoco logra ser tal. Y, entretanto, sus poetas más audaces –con o sin doctrina "zen", nunca se sabrá– dejaron sembrado el terreno de joyas literarias y plásticas inolvidables. Para el artista, la reducción de la filosofía al puro absurdo es legítima, y puede ser incluso uno de sus vehículos más queridos y necesarios. Pero para el religioso, dependiente al fin de un cuerpo doctrinal, resulta poco menos que imposible. De ahí que la tradición *ch'an* o *zen* fomente prácticas espirituales un tanto indigeribles, extremando la distancia entre el rigor en la práctica contemplativa y el más completo absurdo y gratuidad en la forma de conseguir la iluminación. Ello no impide que buena parte de los occidentales atraídos por el budismo engrosen las filas precisamente de esta tradición, algo que me explico más por razones estéticas que estrictamente doctrinales, si bien los elementos mencionados (rigor en la meditación, gratuidad en la iluminación, amor por la naturaleza y sentido cómico) tienen un peso indiscutible.

PARTE IV:
CIENCIA E INTERSUBJETIVIDAD

10. ACTUALIDAD DE LA ORIGINACIÓN DEPENDIENTE

«Pero el hombre no vive solo ni es individuo aislado, sino que es miembro de la sociedad, encerrando no poca verdad aquel dicho de que el individuo, como el átomo, es una abstracción. Sí, el átomo fuera del universo es tan abstracción como el universo aparte de los átomos. Y si el individuo se mantiene por el instinto de conservación, la sociedad debe su ser y su mantenimiento al instinto de perpetuación de aquél. Y de este instinto, mejor dicho, de la sociedad, brota la razón. [...] La razón, lo que llamamos tal, el conocimiento reflejo y reflexivo, el que distingue al hombre, es un producto social. Y debe su origen acaso al lenguaje. [...] Pensar es hablar con uno mismo, y hablamos cada uno consigo gracias a haber tenido que hablar los unos con los otros.»

MIGUEL DE UNAMUNO, *Del sentimiento trágico de la vida*, 2.

I. INTRODUCCIÓN

Nuestra investigación carecería de sentido si considerásemos que el concepto central del budismo –la originación dependiente– es un producto meramente atávico, sin menoscabo de que este concepto, como en realidad todos los filosóficos, haya que contemplarlos, desde su génesis y las condiciones históricas (subjetivas, intersubjetivas, objetivas o interobjetivas) de donde surgieron. El análisis de viejos conceptos de la filosofía es siempre interesante porque nos da pistas acerca de los senderos por los que caminaron nuestros antecesores, y asimismo acerca de los retos a los que nos enfrentamos hoy. Por ello, ciertos conceptos filosóficos, que son resultado de una solución a problemas afrontados entonces, aunque hayan cambiado los enfoques y el número de órbitas que los rodean, tocan la fibra de nuestro tiempo y de nuestro modo de pensar la realidad. Corresponde ahora, pues, confrontar la idea de la originación dependiente con algunos de los rasgos filosóficos principales de nuestro mundo actual.

Dada la complejidad de nuestra situación, debida principalmente a una creciente especialización disciplinar, no cabe más remedio que tomar ciertos senderos heurísticos, en detalle muy susceptibles de crítica y revisión, pero en general, nos parece, aceptables por cuanto abordan lo más esencial del conjunto. Tomamos, entonces, como medida esa disciplina del pensamiento que trabaja simultáneamente con un altísimo grado de universalidad y con realidades efectivas del mundo concreto: la filosofía. Dentro de este dominio, tan íntimamente entrelazado con todos los campos del saber, hemos de bastarnos con adivinar aquellas tendencias que aportan más comprensibilidad y resisten una crítica firme y veraz de acuerdo con los descubrimientos incontrovertibles realizados hasta la fecha.

Mi punto de vista es el siguiente: que la filosofía antigua, hasta la modernidad occidental, se ha movido fundamentalmente (aunque no exclusivamente) dentro del marco que Jürgen Habermas ha denominado "paradigma de la conciencia". Hemos visto por el camino algunas excepciones a esta regla general, como, según mi opinión, el concepto de la originación dependiente budista, los extraordinarios avances en la ciencia producidos en el mundo griego, o un puñado de acciones de libertad colectiva. En el mundo medieval europeo, muchas de estas corrientes y otras de diferente cuño cobraron cierta vida. Con todo, la imagen que nos ofrece la filosofía de la antigüedad (metafísica) es más bien de sujeción a un modo de entendimiento que parte de un Absoluto (Conciencia), esté o no puntualmente identificado con el Sujeto. Predomina entonces la idea de que filosofar es acercarse a ese Absoluto, y, en algunas versiones de esta misma tendencia, hacer consciente lo que el Sujeto tiene en la conciencia: objetos. Menos importante –y muy peligroso de entretener– habría sido la objetividad de las cosas mismas; y prácticamente inaudita la idea de que el conocimiento es en gran medida una construcción colectiva (intersubjetiva), y por tanto no dependiente del arbitrio de un sujeto. Hasta qué punto la primacía de la subjetividad sobre la objetividad y la intersubjetividad se hace todavía notar hoy podemos observarla en bien conocidos senderos de la filosofía postmoderna, que arrancan de Nietzsche y culminan, por ejemplo, en las filosofías de Heidegger y Derrida, a pesar de que sus programas contenían precisamente un intento de superación de la metafísica ligada al paradigma de la conciencia.

Hemos querido tomar como referencia este triángulo (subjetividad, intersubjetividad y objetividad –esta última comprehendería tanto la ciencia de objetos singulares como la de su interacción, que hemos denominado, con Ken Wilber, interobjetividad–) porque nos parece que es el que más luz puede arrojar sobre la situación actual de las limitaciones y posibilidades del conocimiento.[301] Es, según nuestro criterio, el que resiste mejor los embates de la crítica y el que incorpora óptimamente las investigaciones filosóficas más sólidas y punteras. Dedicaremos, pues, unas palabras a la ciencia y a la intersubjetividad –siempre frente al horizonte de la originación dependiente– y, en un segundo momento, hablaremos de dos de los "meta-marcos" más interesantes de la actualidad filosófica: el *sistema post-metafísico integral* de Ken Wilber, y el *materialismo filosófico* de Gustavo Bueno. De este modo espero lograr poner en perspectiva lo que hay aquí en juego: nada menos que la creación de un conocimiento lo más adecuado posible de nuestro mundo (*verdad*), y, así, tal vez, el engendramiento de la máxima *bondad* y *belleza*. Un "Gran Tres" –como lo denomina Wilber– que refleja justamente, y respectivamente, la esfera objetiva (verdad), la intersubjetiva (bondad) y la subjetiva (belleza).

En el «Proemio» declaramos que la tesis principal de esta obra es que la originación dependiente y el paradigma intersubjetivo (sin cuyas aplicaciones puede hacerse una filosofía cabalmente comprehensiva) tienen una relación como de potencia a acto. Añadimos entonces también que este es un aserto que requiere matizaciones. Pasemos, pues, a ellas. Para ello hemos de definir primero el sentido de la una y del otro, así como el marco general del cual partimos. Un boceto de este último lo he ofrecido en mi obra *La gran alternancia*, basado a grandes rasgos en lo que Wilber ha denominado "sistema postmetafísico integral".

En primer lugar, hemos de cuidarnos de no confundir lo que Habermas denomina paradigma intersubjetivo, en cuanto un modo genuinamente dialéctico de comprender la realidad histórica concreta, con la esfera intersubjetiva como tal, que engloba muchas disciplinas diferentes (Política, Derecho, Hermenéutica, Sociología: lo interior-colectivo siendo el denominador común a todas ellas). En este sentido, un paradigma intersubjetivo (o el modelo de la originación dependiente) puede ser utilizado en todas las esferas (subjetiva, intersubjetiva, objetiva e interobjetiva), arrojando luz antes insospechada.

Mientras que la esfera intersubjetiva ha estado presente y ha sido aplicada desde el inicio mismo de la vida (por ejemplo, en el Derecho o en lo político), el discernimiento de su peso desde la filosofía apenas ha sucedido hasta lo que se conoce como "postmodernidad", con prolegómenos evidentes en Hegel, a saber: tras el agotamiento del paradigma de la conciencia (subjetivo) primero, y del objetivismo moderno después. Incluso, como ha demostrado Habermas, tal discernimiento en la postmodernidad ha estado lejos de ser diáfano, y autores a ambos lados del Atlántico (Heidegger o Foucault, Peirce o Mead), aunque han manifestado las deficiencias de los paradigmas previos, no han acertado a alumbrar una solución completa, que pasa por la incorporación incontaminada de un paradigma intersubjetivo a nuestra comprensión.

Por ello, cuando en lo sucesivo hablemos de "paradigma intersubjetivo" no nos estaremos refiriendo a la aplicación específica en diferentes campos disciplinares de naturaleza eminentemente intersubjetiva (u otros íntimamente relacionados, como la economía, más bien perteneciente al área interobjetiva), sino a un modo de comprensión que toma como punto de partida la evidencia incontestable de que toda producción humana (y, en realidad, zoológica) se da a través de un proceso interactivo entre sujetos que otorgan significados a aquello que experimentan; proceso interactivo del que provendría, a nuestro juicio, la idea misma de dialéctica. La idea de que la originación dependiente es al paradigma intersubjetivo lo que la potencia es al acto viene, pues, dada por esta forma de comprensión irreductible al sujeto aislado o al objeto. Ello sin perjuicio de que, como vimos (capítulo 3), en los textos tempranos del budismo encontrásemos una novísima aplicación de la originación dependiente a la propia esfera intersubjetiva, como en su especulación –precisamente más realista o materialista que metafísica– del origen de las sociedades.

Este proceso de construcción de significados es eminentemente *crítico*, y, de hecho, conforma a todas las ciencias sin excepción, por más que la teoría de la ciencia en sus primeras fases lo haya ignorado en aras de una concepción objetivista en donde los datos que la ciencia produce no necesitan ser interpretados por un grupo de investigadores y como si esos mismos datos viniesen "caídos del cielo", como si fuesen algo dado desde el principio (o sea, todavía en cierto modo metafísico). Esta es la razón por la que Habermas piensa que la objetividad moderna está todavía enmarcada dentro del paradigma de la conciencia. Es cierto que la objetividad de la ciencia, tal como fue concebida por la filosofía moderna, ponía críticamente en entredicho la operación comprensiva, fundamentalmente arbitraria, por subjetivista, de las construcciones metafísicas antiguas. Pero el paso decisivo a un momento crítico de la filosofía solo se ha producido en torno al último siglo, y ello gracias a la idea general de que todo conocimiento es *construido* históricamente de acuerdo con cruces variados y complejísimos entre las distintas esferas, pero ante todo a través de procesos de comunicación intersubjetivos (entre sujetos).

La "vocación" intersubjetiva de la originación dependiente está incubada en su clara voluntad (filosófica) de no recurrir a absolutos metafísicos para la explicación de la realidad, centrándose en cambio en las cosas tal como se van produciendo o cesando de producir. Y, aunque por falta de desarrollo teórico e investigación pormenorizada de materias objetivas e interobjetivas concretas, la originación dependiente no es, en rigor, un teoría tan completa y tan sólida como las que hoy sí seríamos, en principio, capaces de articular, ello no es óbice para que indiquemos hasta qué punto se asemejan en su génesis filosófica. El escepticismo griego se encuentra acaso en una posición similar, solo que este, a pesar de las consideraciones de Sexto Empírico en el Libro I de sus *Hipotiposis pirrónicas*, es una filosofía dogmática que en último término no es capaz de crear, y que por ello obstaculiza los firmes hallazgos de nuestro conocimiento del mundo. Tal cosa, como hemos visto, no se corresponde con el modo de afrontar problemas del Buddha, ni tampoco con la de un puñado de autores que se mantuvieron fieles a la idea de la originación dependiente. Y ello, repetimos, por más que los conocimientos desarrollados por el budismo primitivo no superasen esa fase inicial, bien por falta de datos concretos, que requerirían a su vez técnicas y métodos adecuados, bien por la absorción subjetivista que efectuaron las constelaciones paradigmáticas subsiguientes, propias de un paradigma de la conciencia clásico con motivos a caballo entre la mitología y la metafísica.

La originación dependiente pretende, pues, en primer lugar, ser una teoría de claro talante científico en cuanto aspira a un conocimiento objetivo de las realidades que se van presentando (casi siempre de la mente, en la esfera subjetiva), sin dar por buenos conceptos hasta que sus realidades correspondientes se hayan experimentado. Pero, debido al rechazo del absolutismo metafísico, la originación dependiente es también una especie de protoparadigma intersubjetivo, en tanto que la investigación personal de las conclusiones arribadas hasta la fecha presupone un círculo hermenéutico de discusión. No ignoramos que la pertenencia a una era en la que predominaban aún abundantes elementos míticos convirtieron al Buddha, ya en el mismo seno de su comunidad, en el sabio por antonomasia (lo cual relativamente tarde, con la *mahāsaṅgha*, resultó en hipostatización). Pero tampoco podemos desdeñar el hecho igualmente incontrovertible de que en la comunidad budista primitiva existió una apertura intelectual manifiesta y un diálogo permanente entre sus miembros acerca de los resultados de sus prácticas, sin que se pueda decir en ningún caso que solo el Buddha fue maestro, o que no se efectuasen numerosas revisiones de ideas engendradas en el grupo original o incluso en las primeras generaciones de budistas.

De cara al papel futuro del budismo estas consideraciones son insoslayables. No tanto porque nos anime una intención apologética sino porque por un tortuoso camino como este pueden detectarse las primeras huellas de un tipo general de comprensión que hoy no puede pasarse por alto. Aunque la originación dependiente ha querido pasar tanto ayer como hoy por una teoría (metafísica) de la relación cósmica y espiritual de todo con todo, en los *sutta* encontramos más bien una reducción ("cierre categorial") del problema a determinado campo científico, el de la psicología. Allí, sin presunciones metafísicas, si bien dentro del paradigma del *yogā* y la contemplación, pudo desarrollarse una serie muy precisa de conocimientos acerca del funcionamiento de la mente que renunció a recurrir a un postulado metafísico absoluto como explicación final, sin por ello renunciar a la libertad, entendida ahora más como una conciencia de la necesidad basada en la comprensión de causas concretas que como evasión a un mundo trascendental.

No me cansaré de repetir que esta idea de la libertad trasciende, no metafísicamente sino *de facto*, todos los estados contemplativos beatíficos adquiribles. La prueba yace en lo efímero del propio estado contemplativo como contrapuesto a la permanencia de la comprensión de la originación dependiente y su libertad. No es, por tanto, una libertad de tipo místico, por más que la contemplación fuese uno de los vectores esenciales de las "prácticas" o "cuidados del yo" sugeridos por el Buddha y su entorno. No obstante, es importante aclarar en este punto que el hecho de que la originación dependiente fuese aplicada sobre todo al campo de la psicología, y que, de hecho, tal concepción partiese de él, no significa que esté intrínsecamente reducido a él.

Que al Buddha, por ejemplo, no le interesase la cuestión social es debatible, y, por lo que podemos adivinar, su aproximación a tales asuntos no fue, desde luego, tradicional. Desde el punto de vista político, la comunidad budista es ciertamente complaciente (en este sentido no estoy de acuerdo con la visión ofrecida por David Brazier del Buddha como revolucionario), y se acomodará a cualquier situación siempre y cuando se le permita practicar su camino ético, pero incluso aquí no deja de ser cierto que navegó a veces a contracorriente de tradiciones políticas establecidas. Además, en su contacto con los monarcas de los reinos que atravesó, la comunidad legó una serie de directrices éticas para el gobierno que sin duda tuvieron un impacto político. La impresión de racionalidad en su modo de acercarse a los asuntos públicos es patente, y a ella debemos atribuir en parte la consolidación del imperio de Aśoka, así como la propagación del budismo en diversas sociedades urbanizadas.

No obstante, una concepción de la originación dependiente que quiera ser admitida dentro del discurso racional actual no puede ir más allá de ciertos límites que nos toca a nosotros determinar, y que no debemos esperar encontrar ni en las enseñanzas de Gautama ni en tratados budistas posteriores. El Buddha determinó sus propios límites para los propósitos que a él le movieron, a saber, la conquista de la libertad por el individuo mediante el perfeccionamiento moral y un compromiso ético más respetuoso con el resto de seres.

Si seguimos el curso histórico del budismo y su progresiva penetración en nuestro mundo, lo primero que encontramos es que el budismo tradicional (**PII**, **PIII** o **PIV**) ha de enfrentarse a esa rasgadura de la modernidad científica (**PV**) a la que hacíamos antes alusión. Ello pasaría por una trituración, como diría Gustavo Bueno, de todas las nociones metafísicas que se han ido colando desde la segunda constelación paradigmática en adelante. Con todo, el budismo podría efectuar este tránsito, en todo caso largo y dificilísimo, a través de un retorno a una comprensión adecuada –no metafísica– de la originación dependiente. El **PVI** postmoderno, anclado en un paradigma intersubjetivo, supondría, por su parte, la criba definitiva a todo intento metafísico (subjetual u objetual) de discurso. El **PVI** deberá incluir, en fin, tanto las cuatro esferas de valor de las que hemos partido (subjetiva, intersubjetiva, objetiva e interobjetiva) como las dos perspectivas innatas a cada esfera, que en *La gran alternancia*, siguiendo a Wilber, llamé "desde dentro" y "desde fuera" (perspectivas *emic* y *etic*).

II. EN TORNO A LA CIENCIA

a. Grecia y la India

La tradición filosófica occidental ha proclamado que el origen de una concepción científica del mundo, por oposición a (o evolución desde) una mitológica, se remonta a Tales de Mileto, quien, en lugar de encontrar una explicación satisfactoria de la vida acudiendo a las peripecias de los dioses (tal como encontramos todavía en Hesíodo), responde con un argumento naturalista: el *arjé* es el agua. Merece la pena contrastar esta idea, en sí llena de razones, con el trasfondo filosófico indio más o menos contemporáneo a Tales.

La ciencia debe consistir en algo más que en una proyección de causas previamente mitológicas al mundo natural. En efecto, aunque el apelativo "materialista" sea en uno y otro caso cuestionable –pues ni Tales ni los más reduccionistas de entre los cārvākas, lokāyatikas, bārhaspatyas y ājīvikas negaban en el sentido materialista moderno una realidad espiritual coalescente con la materia–, estos grupos de carácter heterodoxo que reaccionaron contra el brahmanismo védico apelaron, de formas o bien monistas o bien pluralistas, a algún elemento material como causa/s última/s del universo. Mas, sin embargo, a partir de ellas no germinó el prodigioso árbol de la ciencia tal como lo entendemos hoy en día, cuyas raíces se hunden sin duda en el mundo occidental, y concretamente en el mundo griego.

Además de apelar a causas naturales, la ciencia exige un pulimento cada vez más sofisticado de conceptos, que tenga a su vez cierto respaldo empírico. Aunque durante el curso desigual de las especulaciones así llamadas presocráticas admiramos una depuración de este tipo, la impronta decisiva, de la cual surgirá el árbol de la ciencia tal como la entendemos hoy, proviene en gran parte, como ha demostrado Bueno, de la geometría, así como del trabajo de generaciones sumidas en proverbial curiosidad por conocer y analizar lo dado. Nada parecido, sobre todo si tenemos presente las colosales figuras de Platón y Aristóteles, puede encontrarse en la tradición filosófica india. Su filosofía no tiene una impronta neta de lo científico, no porque sus conclusiones en la esfera que ellos trataron mayormente (la Psicología, la fenomenología interior) no sean científicamente válidas, sino porque no se aprecia una ambición igual en determinar las leyes que operan detrás de los fenómenos dentro de un orden natural, y no metafísico, de cosas. Espero haber mostrado, no obstante, que una excepción a esta regla en el mundo indio es la teoría de la originación dependiente de Gautama el Buddha, y cabe preguntarse por qué hasta ahora no habíamos caído en la cuenta de ello.

Aparte de que apenas se ha comprendido el intento y alcance de esta revolucionaria formulación de la causalidad (empezando porque durante siglos ni siquiera se ha percibido que era, de hecho, una teoría de la causalidad), otro obstáculo de diferente naturaleza nos ha venido al paso. La ciencia moderna partía de descubrimientos pertenecientes a la esfera objetiva del conocer, es decir, a un dominio de datos exterior. Incluso hoy existen notables dificultades en admitir que investigaciones realizadas, no en el mundo exterior, sino en el interior o en el intersubjetivo, puedan caracterizarse legítimamente de científicas. Y, sin embargo, no hay serios impedimentos para hacerlo, salvo tal vez el de que en los dominios subjetivo e intersubjetivo es más fácil que se cuele el prejuicio ideológico. Habrá todavía quien argumente que el ámbito objetivo trabaja con realidades sólidas y seguras en cuanto visibles o palpables a través de los sentidos, pero la Física postnewtoniana ha puesto en entredicho semejante asunción.

La práctica contemplativa, por ejemplo, es susceptible tanto de examen y validación empírica como de amplias generalizaciones transculturales. Y aunque los presupuestos teóricos de nuestros análisis hayan de ser constantemente cuestionados a tenor de nuevos descubrimientos intelectuales o históricos, debemos terminar con la falsa idea de que la ciencia (tal como la concibieron los modernos, basándose en el mundo objetivo) es un conocimiento absolutamente seguro, mientras que todo lo que no pertenezca a este mundo supone tan solo flotar en puros vapores metafísicos. De admitir tal cosa, la propia teoría de la ciencia elaborada por los modernos sería poco más que excreciones gaseosas de ese estilo. Por esta razón, la ciencia entendida en el sentido moderno puede suponer un inmenso impedimento para el avance del proyecto científico en ramas del saber no pertenecientes a la esfera objetiva. No es, pues, descabellada la idea popular de que "la ciencia se ha convertido en una religión", es decir, en bastión del prejuicio que impide tanto la investigación empírica como la teorización en dominios del saber que no pertenecen originalmente a la esfera objetiva, si bien sí se conforman a criterios objetivos de verdad.

La teoría budista de la originación dependiente, aun partiendo casi siempre de realidades interiores, supone un intento conceptualmente coherente, empírico y cautelar, abierto a nuevos descubrimientos, que puede calificarse de científico. No solo incita, como debe hacer toda ciencia, a la investigación de causas,[302] sino que implica una destrucción del mundo metafísico previo. Un mundo metafísico que se remonta con ingenuidad a una causa única de tipo interior (la Conciencia o lo Uno, por ejemplo) como explicación de todos los fenómenos. Es preciso, pues, que, a pesar de todas las diferencias de bulto entre esta crítica a la metafísica tradicional y la que sobrevino durante la modernidad occidental, no pasemos por alto su parentesco. Del mismo modo que, en la modernidad occidental, solo muy lentamente se fue difuminando el prejuicio de las formas geométricas perfectas como la única descripción adecuada del movimiento orbital de los planetas –un prejuicio heredado de la tradición platónica (*Timeo*), perceptible aún en las investigaciones de Kepler–, en el mundo filosófico indio solo en ciertos grupos de buscadores (*śramana*) se fue abriendo la posibilidad de entender la libertad no desde una perspectiva eternalista (o nihilista), sino originada dependientemente. El hecho de que esta perspectiva no acabase por imponerse es una cuestión que pertenece no tanto a la historia de la gnoseología, sino a la sociología y la política.

Ya en el pensamiento presocrático podemos contemplar, gracias a la perspectiva que nos ofrecen siglos de distancia, una libertad de pensamiento más determinante que la del pensamiento indio. Si este se adelantó en su desprendimiento de lo mitológico para mirar y comprender lo dado desde una perspectiva natural, el pensamiento griego fue mucho más decidido a la hora de querer mirar el mundo con el mínimo posible de prejuicios. El pensamiento indio, y como decimos esto es aplicable a grandes rasgos también a Gautama el Buddha, acaso el pensador más avanzado de su era y las eras por venir, estaba todavía atrapado en el aura del psicologismo. Si tenía sentido pensar acerca del mundo sobre todo para la salvación personal, la liberación (*mokśa*). Tal cosa no permitió el surgimiento de la investigación en el dominio objetivo (tipificado por la modernidad como el propiamente científico), que sí se encuentra presente en el mundo griego.

Resulta sobresaliente, en todo caso, que, casi sincrónicamente, y sin todavía una poderosa conexión comercial e intelectual como sucederá más tarde gracias a las conquistas de Alejandro, ambos mundos –griego e indio– llegasen a una determinación similar de abandonar el mundo explicativo mitológico para abrazar uno más racional. Aunque aquí no salgamos de lo puramente tentativo, esta sincronía puede tal vez explicarse por una ascendencia mítica común, así como por un acceso a materiales relevantes para la construcción de modos de investigación naturales más que míticos, tales como la astronomía caldea, los cálculos babilónicos o la ingeniería egipcia. Nada de esto puede ocultar el hecho de que el grueso del esfuerzo indio se encaminó hacia las técnicas del yoga (subjetividad) y que el mundo griego lo hizo hacia la razón, lo cual procuró una ambición de conocer y actuar más equilibrada entre las distintas esferas (subjetiva, objetiva e intersubjetiva).

Así, pues, tanto el reto de pensar sin prejuicios –por más que esto sea un ideal de imposible cumplimiento–, que vuelve la atención sobre lo objetivo desplazándose de lo subjetivo, como el ejercicio intelectual, que requiere afinar los conceptos de acuerdo con lo observado, marcaron el destino del pensamiento occidental, que a su vez ha marcado el de nuestro mundo planetario. Y, no obstante, la evolución análoga entre los mundos indio y griego en cuanto se desprendieron casi simultáneamente de sus premisas metafísicas para buscar otras más naturales, ya fuesen de carácter interior-personal (yoga) u objetivas, nos emplaza ante la cuestión de hasta qué punto la aspiración a un esclarecimiento científico o protocientífico de la realidad es también común a ambas.

La originación dependiente budista, aunque permaneció magnetizada por el mundo interior y fenomenológico, contiene no solo una determinación ético-individual que la emparenta con decisivos desarrollos de la cultura occidental moderna, sino una voluntad de pensar lo que se manifiesta allende prejuicios metafísicos y sin apelar a fuentes divinas. En este sentido, el budismo primitivo consolida un proceso de antropomorfización o humanización, también solidario con el llevado a cabo en algunos lugares de la modernidad, por ejemplo la filosofía de

Espinosa. Efectivamente, en la cosmogonía budista el ser humano pasa a ser el centro, pues solo él es capaz de conquistar la libertad. Ni los dioses ni los animales ni los *daemones* tienen la posibilidad de desprenderse de las disposiciones que los fijan en determinado estado. Y por ello tampoco es casual que el budismo esté llamando a las puertas del mundo occidental contemporáneo con tanta fuerza, y con más fuerza aún en el mundo anglosajón, allí donde la ciencia, la objetividad y la ética han sido tal vez más acentuadas (también hay otras explicaciones que abordaremos en la «Conclusión»).

La originación dependiente, en fin, desprendida de las connotaciones psicológicas que le dieron nacimiento, ofrece el esquema de una comprensión universal capaz de acoger los dominios subjetivos, objetivos e intersubjetivos sin mayores problemas que los que requiere la constante actualización de nuestro conocimiento. Cosa que no puede decirse del enclaustramiento monista y acosmista del *vedānta*, o del idealismo subjetivo del budismo tardío, incapaz de salir de la Mente o Conciencia para investigar la naturaleza sin prejuicios subjetivistas, o de avanzar en los estudios intersubjetivos en general (desde la Lingüística, la Economía, Política o la Jurisprudencia).

b. Ciencia y budismo

Gustavo Bueno nos ha enseñado que, al revés de lo que explicaba el pensamiento clásico, la filosofía es un saber de segundo grado y no de primero, porque parte de una reflexión acerca de ciencias específicas regidas por prácticas concretas y con resultados teóricos precisos. La filosofía no sería más –¡nada menos!– que una especie de integración de todos estos conocimientos varios. Así, en rigor, no podría hablarse de filosofía hasta que haya surgido un cuerpo lo suficientemente compacto de saberes concretos a partir de los cuales se substraen leyes, categorías o principios de mayor alcance y universalidad.

Si esto es así, y si concedemos que el budismo es una filosofía (o contiene una filosofía), ¿de qué ciencia concreta surge? Ya lo hemos apuntado: de la Psicología, y en especial de las prácticas contemplativas del *yogā*. No sería este el momento de recapitular el estado actual de la Psicología como ciencia, sino tan solo de evaluar si las prácticas del *yogā* que entonces se llevaban a cabo, y que se han mantenido durante centurias hasta el día de hoy, merecen el calificativo de científicas, de tal modo que puedan ser fuente de una filosofía en sentido riguroso. A nuestro juicio, la respuesta es afirmativa. Y, en muchos sentidos, se trata de una Psicología no solo más elevada, sino más completa que la que hoy, en el ámbito académico occidental, se considera como la única científica: la del conductismo y cognitivismo. Aquí estaríamos ante una de las mencionadas instancias de prejuicio moderno en que solo se considera científico aquello que proviene de datos tomados del mundo exterior, o, todo lo más, como en el caso del cognitivismo, de operaciones mentales seguras dentro de un marco técnico predeterminado (y oculto a los que operan dentro de él).

El budismo retomó las investigaciones contemplativas tradicionales y añadió una dimensión ética de carácter humanista que escaseaba entonces, del mismo modo que falta en la hoy triunfante Psicología de cuño exteriorista. Pero acaso lo más decisivo de la aproximación budista a la contemplación, que procuró no solo un nuevo modo de investigar, sino un profundo cambio de concepción filosófica, es que, mientras que la mayor parte de los *śramana* contemporáneos del Buddha aspiraban a una unión con el Principio Divino, que daban por sentado, Siddhārta Gautama prescindió de este supuesto por ser experimentalmente indemostrable y propuso un método de investigación del sufrimiento y la libertad con observaciones de causas concretas y no metafísicas. De su mano, pues, adelantó una teoría general de la causalidad diferente a todas las que se habían concebido hasta la fecha, que demostraba una capacidad mucho mayor de explicar fenómenos y de saciar el hambre de verdad.

Los discursos tempranos tienen, naturalmente, un marcado carácter apologético. Pero no podemos pasar por alto que no carecen tampoco de gran objetividad. En ellos hallamos encuentros con centenares de personas de toda condición que, gracias a la nueva proposición de Gautama y después de sus principales discípulos, alcanzan un grado de libertad insospechado y en contraste con el misticismo ascético tradicional. Este retrato de la situación no se debe solamente a razones apologéticas, sino también y sobre todo a verdaderos descubrimientos.

El Buddha había caminado el sendero contemplativo completo, e incluso había penetrado en estados meditativos que sus maestros desconocían, pero aun así no concluyó que cualquiera de los estados meditativos por él conquistados fuese el centro de la libertad verdadera. La libertad estaba, en cambio, en un progresivo perfeccionamiento moral, y en el desarrollo de una visión de las cosas anclada en la concepción de la originación dependiente, esto es, en una vía media entre el eternalismo y el nihilismo que determina las causas de nuestros padecimientos tal como han venido a ser. La contemplación siguió siendo una herramienta útil para conquistar la libertad, en cuanto contiene un componente de pacificación mental (*samatha*, pāli; *śamatha*, sánscrito) y otro de comprensión interior[303] (*vipassanā*, pāli; *vipashyanā*, sánscrito), pero no fue ni mucho menos, a pesar de la imagen popular y desgraciadamente a menudo también erudita, el centro a partir del cual se adquiere eso tan vago a lo que alude con el nombre de "Iluminación". La contemplación es, por el contrario, solo uno de los Ocho Senderos que el practicante budista debe tener en cuenta para lograr la libertad. Los otros incluyen el pensamiento, el análisis, la moral, la voluntad o la comunicación virtuosa. Como hemos dicho, aunque el paradigma de la ciencia actual esté aún lejos de considerar como científico una práctica específica en estas áreas, que dan lugar a ciertos resultados susceptibles de análisis comparativo, no hay razones de relieve para no hablar en estos términos.

Las formulaciones específicas de la concatenación causal que encontramos en los discursos tempranos (por ejemplo, de los agregados [*skandhas*]) pueden ser tal vez retocadas de mil y una maneras, pero tales cambios, hay que reconocerlo, tampoco arrojarán una luz mucho más potente sobre un material trabajado una y otra vez durante siglos. Las formulaciones no están escritas en piedra; son heurísticas y, por tanto, están, como dice Kalupahana, ancladas pragmáticamente (y por tanto culturalmente). Pero no por ello son arbitrarias, y son susceptibles de replicarse y de criticarse, lo cual las acerca mucho a proposiciones de carácter científico. La complejidad del mundo fenoménico, así como el hecho de que siempre existen causas ocultas para determinados efectos, no permiten hacer predicciones totalmente seguras en este campo, pero sí muy plausibles, y han sido replicadas por muchos autores de distinta procedencia cultural a lo largo de los siglos. En el reino moral, tales "predicciones" están dibujadas en numerosos tratados al respecto, que acumulan una sabiduría nada desdeñable. Por supuesto que cabe definir sus parámetros de muchos modos, pero ello no significa que debamos quedarnos estancados en el relativismo intelectual o, en último término, en la evasión de la responsabilidad.

En definitiva, un examen causal racional permite un cálculo aproximado de lo involucrado en cada caso, aunque la incertidumbre de muchos factores no autorice el dogmatismo en la materia. No podemos olvidar tampoco que la ciencia es acumulativa, de tal modo que lo que se ha corroborado durante siglos del mismo modo, siempre y cuando se haya usado la razón y la experiencia, posee un gran fundamento para el discernimiento de la verdad, por más que nunca puede decirse que esta, tal como la entendemos ahora, sea definitiva. Como dice Bunge en su obra *Causality* (pág. 42):

> Las afirmaciones de las leyes causales, y en general las leyes científicas, no afirman que algo sucederá inevitablemente bajo cualquier circunstancia independientemente de las condiciones pasadas o presentes. Por el contrario, las afirmaciones de las leyes causales afirman que si y solo si ciertas condiciones se producen, entonces se seguirán ciertos resultados.[304]

Este es sin duda un principio que rige sobre la articulación de la originación dependiente. Si la ciencia procura descubrir *principios generales* en *el cambio*, la teoría general de la originación dependiente es el resultado natural de investigar lo causado dependientemente. Según vayan detectándose más y más causas gracias a pensamientos intrépidos y las experiencias corroboradoras correspondientes, avanza la ciencia y consiguientemente la amplitud y coherencia de la teoría general (filosófica). No debemos olvidar que la originación dependiente, en cuanto teoría general, no dictamina cómo debe proceder la ciencia. Más bien es al revés: la creciente investigación científica en determinado campo produce una concepción filosófica más y más capaz de desprenderse de bagajes metafísicos innecesarios, ateniéndose cada vez mejor a las observaciones. En este sentido, la originación dependiente es el sustituto óptimo a una concepción monológica y monista de la ontología, generado a partir de los avances científicos de su tiempo. La experiencia –en concreto la experiencia pionera del Buddha– indicaba que ya se había acabado la posibilidad de seguir sosteniendo la idea de una unidad absoluta basada en una supuesta experiencia contemplativa. Las continuadas experiencias contemplativas del Buddha refutaron tal concepción unitarista, y, así, se vio obligado a crear otra que estuviese de acuerdo con los datos. Dado que el nihilismo causal, asociado a la falta de continuidad de la responsabilidad (moral) en el individuo, no podía mantenerse tampoco bajo la luz de la experiencia, el Buddha creó una teoría entre medias de ambas: de determinadas causas se siguen determinados efectos, sí, pero sin necesidad de acudir a una Causa Prima absoluta para explicarlos.

Previamente, como sucedió con los presocráticos, se había dado un prodigioso proceso de intelectualización del mito que pronto abocaría en exámenes y teorías naturalistas. La ontología unitaria (metafísica) de Parménides o de algunas de las *Upaniṣad* son un avance inaudito del pensamiento, pero dejan tan poco espacio a la ciencia en sí como ciertamente constituyó la consumación del abandono del pensamiento mítico. Cambios de gigantescas proporciones empezaron a darse: mientras que en el mundo mítico la separación cuerpo-mente es apenas concebible, en la era metafísica la separación se hace abismal. En la originación dependiente, aunque existe una distinción diáfana entre lo mental y lo corpóreo, asistimos a un enlazamiento causal que merece el nombre de *integral*, en el sentido de no dualista y comprehensivo. Siempre existirá la tentación de recurrir al trascendentalismo subjetivista de la tradición yóguica, y así a una concepción eminentemente dualista (a pesar de sus apologetas monistas) entre el Espíritu y la Materia. Pero según avanzamos en nuestro conocimiento de las cosas, tal posibilidad queda más y más trasnochada, sin que ello signifique renunciar al acervo de sus prácticas y la bondad (subjetiva) de sus resultados.

Inscrita, pues, dentro del proyecto subsiguiente de comprensión de causas específicas está la ambición de desabsolutizar la misma razón, de determinar más estrictamente el radio (*ratio*, razón) de nuestra comprensión.[305] No de demoler la razón (nihilismo, métodos escépticos de *reductio ad absurdum*, etcétera), ni tampoco de encaramarla al rango de lo absoluto, como en el grueso de la metafísica oriental,[306] sino de utilizarla para mejorar las condiciones de la existencia, sin perder de vista sus límites.

La efectividad de esta crítica a un instrumento ya de por sí crítico, como es la investigación científica de causas, pertenece a un tipo de comprensión que incorpora lo intersubjetivo, a saber: se trata de una filosofía capaz de poner en conexiones dialécticas significativas los distintos campos de la acción y el conocimiento.

III. EN TORNO A LA INTERSUBJETIVIDAD

a. El problema de la transmisión

Para el Buddha, la muerte (*paranibbāṇa*) constituía el fin de *todas* las disposiciones personales; la libertad (*nibbāṇa*) era, por su parte, el cese de aquellas disposiciones –odio, deseo e ignorancia ("los tres venenos")– que causan sufrimiento o insatisfacción (*dukkha*), sin que el resto de las disposiciones dejen de operar mientras se vive. El Buddha además postulaba –y las *Jātakas* lo desarrollaron con tremenda fantasía– que aquellos que no logran tal libertad en vida pasarían sus disposiciones venenosas a otra vida por venir, exponiendo, por tanto, el problema de la conquista de la libertad individual todavía dentro del marco (dravídico y prevédico) de la reencarnación, a pesar del marcado giro antropocéntrico de su cosmología. Solo teniendo presente este metamarco en el que se basó el Buddha cobra pleno sentido la formulación típica, pero no exclusiva, de la originación dependiente –esto es, la cadena causal duodécupla–, donde el último eslabón, el envejecimiento y muerte (*jarāmaranaṁ*), conecta con el primero, la ignorancia original (*avijjā*).

Independientemente de algunos estudios interesantes sobre la reencarnación,[307] es muy improbable que este tipo de explicación pase los exámenes pertinentes de la modernidad y la postmodernidad, aunque solo sea porque estas han emergido de un marco cultural que, salvo excepciones (Pitágoras o Platón), apenas han contemplado la posibilidad. Y, en todo caso, las pruebas –de tipo subjetivo– no son concluyentes. No obstante, la continuidad (causal) a través de las generaciones de tales tipos de disposiciones, incluso a nivel muy específico, debe ser todavía explicada, pues es, en realidad, el pegamento esencial de la cadena causal como vía media entre una explicación que recurre a un ente sobrenatural y metafísico, y la falta de explicación.

Tal explicación se halla fácilmente si tenemos en cuenta mecanismos de transmisión intersubjetiva. Es obvio que resulta inútil recurrir a los rudimentos del budismo primitivo, o a cualquier otra filosofía de la antigüedad, para localizar una explicación de este tipo. Lo cual no significa que los mecanismos de transmisión intersubjetivos en cuanto tales no estuviesen presentes desde el inicio. Se trataría tan solo de que tales mecanismos no han sido explícita o debidamente considerados, hasta que sus evidencias han sido tan patentes como la falta de coherencia de las explicaciones pretéritas. Teniendo presentes estas coordenadas, la hipótesis que planteábamos al inicio de nuestra investigación –que la originación dependiente constituye algo así como un paradigma intersubjetivo en potencia– se asienta sobre terreno más firme.

Debido a la falta de desarrollo de una perspectiva intersubjetiva, las disposiciones (*saṅkhārā*) transmitidas de una vida a otra fueron en el budismo primitivo (también en Nāgārjuna) encuadradas en el marco tradicional de la reencarnación, que es todavía de orden subjetivo. En justicia a todos los interlocutores perplejos ante las exposiciones medialistas y silencios del Buddha –que, recuérdese, rondaban alrededor de la cuestión de si permanece o no el alma personal (*ātta*)– cabe decir que, aunque fuesen la salida óptima dado el avance del conocimiento entonces, que era evidentemente mucho mejor que las respuestas metafísicas tradicionales (eternidad o inexistencia del yo), no es la más adecuada a día de hoy. Para comprender bien, no obstante, lo verdaderamente original de su silencio como respuesta a este problema, hay que percibir primero sus motivos (las respuestas imposibles ya ofrecidas), en lugar de presumir en él altitudes místicas o metafísicas de un orden que justamente el propio Buddha estaba intentando impugnar. Este tipo de acercamiento místico –con mucho el mayoritario– no hace más que oscurecer la cuestión debatida.

El Buddha, con su silencio a la pregunta del origen y destino del yo, no estaba remontándose a un universo indescriptible e inefable por la sencilla razón de que, de haber sido así, hubiese sostenido la tesis eternalista tal como fue formulada en algunas *Upaniṣad* (a través del ser [*sat*]), o tal como fue formulada más tarde en el *vedānta* (ni a través del ser ni del no ser [*na-sat-na-sat*]). Más bien, el Buddha estaba intentado dar una respuesta racional y razonable a una cuestión empírica como era la permanencia y el cambio de la personalidad individual. Consciente de que la reducción a, por un lado, un permanentismo absoluto del Yo que no entiende del origen y el cese de las disposiciones no puede conducir a la verdadera libertad, y, por otro, de que una teoría del cambio radical en la que nada permanece tampoco es capaz de atender a su descubrimiento de que la libertad es segura, el Buddha calló porque, como comentó después a Ānanda, si hubiese contestado en alguna de las dos direcciones, hubiese confundido más a su interlocutor. Debemos comprender la dificultad de la tarea que se presentaba ante el Buddha en estos límites filosóficos (ya aparente en sus deliberaciones junto al río, tras su iluminación, acerca de cómo plantear su nueva visión), cuya salida óptima fue la teoría de la originación dependiente como la vía media entre estos dos extremos, y no caer en la tentación de desprendernos por completo del contexto para arbitrariamente proyectar nuestra propia idea mística del problema de la causalidad y la libertad sobre aquellas conversaciones memorables.

No resulta, pues, tan extraña la interrogación de tantos al Buddha acerca del problema de la continuidad del alma, que este criticó consistentemente en términos de su sustantificación o eternalización –criticando asimismo la absoluta falta de continuidad por la que abogaban los filósofos materialistas de su tiempo–, pero que admitió en términos efectivos, construyendo una teoría coherente al respecto. La efectividad de la transmisión de las disposiciones, sin embargo, no puede ya sostenerse en el dominio exclusivo de la subjetividad, apoyado entonces por un metamarco (incuestionado) como era el de la reencarnación. Debemos, por tanto, *trasladar decididamente parte del problema a la intersubjetividad*.[308] Ello no contradiría ni una sola palabra del Buddha, sino que más bien las des-diría en parte para proseguir en la misma dirección filosófica. Si la reencarnación de ciertas disposiciones –cuya diversidad todavía podríamos ampliar y definir con más precisión– no puede entenderse en términos estrictamente individuales, hay que acudir consecuentemente a la intersubjetividad: a los modos en que, de generación en generación, transmitimos valores estéticos o morales, tendencias volitivas, presupuestos y/o prejuicios, etcétera. En este sentido, la aproximación del Buddha a este asunto decisivo es solo un paso intermedio que no podía ser plenamente resuelto hasta considerar cierta masa de datos producidos por diversas disciplinas científicas.

Nuestra tesis explicaría también por qué la desustantificación del concepto de alma (*atta*, o *ātman*), ejecutada por el Buddha y sus discípulos, no cuajase en la historia subsiguiente del budismo; la cual, manteniendo sin embargo formas cultuales nacidas del seno de su comunidad, se lanzó a explicar nuevamente de un modo metafísico toda suerte de permanencias a través del tiempo, bien de un modo atomista (escuelas *sautrāntika* y *sarvāstivāda*, **PII**), bien retornando a explicaciones totales típicas del paradigma de la conciencia (**PIII** y

PIV). La idea, por ejemplo, de la conciencia-almacén (*ālaya-vijñāna*) sobre la que trabajó Vasubandhu (concepto aquí desprendido de las connotaciones absolutistas del *Sūtra de Laṅkāvatāra*) se encontraría en una situación parecida a la de la originación dependiente del Buddha, a caballo entre la explicación total y falta de explicación. La conciencia-almacén permanecería aún como una explicación metafísica y anclada en la subjetividad, pero estaría mucho más cerca de un material que considera condiciones y disposiciones de tipo colectivo (social, institucional, político, legislativo).

Por otra parte, la reducción efectuada por Chandrakīrti de la idea de *samvṛti* o *sammuti* –que significa consenso o acuerdo– a "lenguaje", permitió el giro trascendentalista a una realidad más allá del lenguaje, que es absoluta. Pero dentro de esta idea hay mucho más que "lenguaje"; puede detectarse en él lo intersubjetivo en general. Como dice Kalupahana, en *sammuti* se hallan elementos lingüísticos, sociales, políticos, morales o religiosos.[309] El Buddha había utilizado, de hecho, términos específicos para referirse a este tipo de "convenciones lingüísticas" a las que se estaría refiriendo Chandrakīrti (ibíd., pág. 18): *nirutti-patha* (el camino de la etimología) y *adhivacana-patha* (el camino de la definición),[310] aunque con la gran diferencia de que el Buddha había advertido a sus discípulos de no sobrepasar los límites de las convenciones lingüísticas (*janapada-niruttiṃ nābhiniveseyya sāmaññaṃ nātidhāveyya*).[311] Si a ello se añade el análisis ya efectuado (capítulos 6 y 7) del término *param'attha* o *paramārthataḥ*, que no significa "verdad absoluta" sino fruto moral último, estamos en condiciones de vislumbrar con más acierto la lejanía de Gautama-Nāgārjuna con el monismo ontológico y el claro potencial que tiene su aproximación de ser una filosofía postmoderna, si entendemos por esta la capacidad de incorporar ciencia e intersubjetividad.

b. Origen y horizonte de la perspectiva intersubjetiva

La perspectiva intersubjetiva ha venido consolidándose desde principios del siglo XIX en gran medida gracias a la investigación creciente en disciplinas tales como la Sociología y la Psicología social, la Teoría Política, Teoría del Derecho, la Economía, la Hermenéutica o la Lingüística. A partir de este interés y su correspondiente generación de datos, pueden irse rastreando los contornos de las filosofías sistemáticas que siguieron, conscientemente o no, su curso.

Jürgen Habermas ha sugerido en su *El discurso filosófico de la modernidad* que la primera apreciación de una perspectiva intersubjetiva como punto de partida filosófico puede detectarse en el joven Hegel, quien no obstante acabó por sucumbir a la tentación de la explicación total en una nueva instalación del "paradigma de la conciencia". Pero de la mano del trabajo de otros autores a ambos lados del océano, a mi juicio sintetizados magistralmente por Habermas, puede comenzar a hablarse de un paradigma intersubjetivo capaz de ofrecer explicaciones alternativas a fenómenos hasta ahora condenados a mirarse, o bien de modo subjetivo, o bien objetivo, ignorando por tanto los datos generados por las disciplinas mencionadas más arriba, entre otras.

Así, algunas conclusiones van emergiendo cada vez más diáfanas y parecen ya inescapables, alterando gravemente concepciones gnoseológicas previas: la naturaleza histórica y constructiva del conocer (muy marcada, por ejemplo, en la teoría crítica de la Escuela de Fráncfort,[312] aunque desde luego ya presente en Marx), como opuesta a concepciones de lo ya-dado (bien subjetivamente, bien objetivamente); la cualidad trascendente de cada momento comprensivo y la relevancia de todo lo antecedente, que a su vez fue compuesto de momentos creativos marcados por esa misma cualidad (Gadamer, Apel) [tal cosa, por cierto, apuntaría a la idea de que el verdadero origen de la dialéctica es intersubjetivo, si bien genios de la filosofía como Platón, o después Hegel, la habrían proyectado sobre la Conciencia Absoluta]; que todo discurso es solo susceptible de comprensión donde hay dos sujetos comunicativos o más; la necesidad de una crítica constante y la racionalidad que de ahí deviene; etcétera.

Quizá porque el medialismo budista comporta esquemáticamente estos principios a que ha llegado lo mejor de la filosofía de la postmodernidad, resulta tan importante señalarlo. Ambos tienen en común ser capaces de desprenderse de un bagaje metafísico innecesario (reconociendo, no obstante, su necesidad anterior y hasta qué punto nos mueve todavía a hablar de determinadas cosas y de determinados modos), y, a la vez, corresponderse con una verdad de las cosas que, por otro lado, siempre está en construcción y es susceptible de crítica. Los principios se mantienen como guías no por ser inmutables y dados de antemano, más allá del mundo cotidiano o histórico, sino porque se ajustan a los resultados de investigaciones aplicadas concretas. Tal cosa facilita, en general, comprensiones más verdaderas de lo real.

La doctrina original budista de la originación dependiente, sobre la que se han dicho cosas tanto acertadas como carentes de sentido, avala, por tanto, una interpretación de la realidad muy en común con los designios de una filosofía sistemática en la actualidad. Una sistematización que ya no tendría, como en la *Lógica* de Hegel, que morder el polvo de la totalización, pero que tampoco tiene que echarse a perder necesariamente como proyecto, tal como han sostenido sobre todo aquellos autores postmodernos enclavados en la subjetividad como única fuente fidedigna de datos para la filosofía (así casi todos los que analiza Habermas en *El discurso filosófico de la modernidad*, sobre todo Heidegger y Derrida). La inmensidad de la tarea del pensamiento, no ya entendido como una dualidad insalvable entre tiempo y eternidad, sino como alumbramiento de todo momento constituido por ambos a la vez (trascendencia e inmanencia simultáneamente), y la disolución del sujeto como punto de referencia único y principal a la hora de elaborar una filosofía (ahora *necesariamente* sistemática, que comprenda tanto lo subjetivo como lo objetivo y lo intersubjetivo) serían otras características en común entre la filosofía budista original y lo mejor de nuestro actual momento filosófico.

Naturalmente existen también diferencias importantes que no pueden pasarse por alto, empezando por el abismo entre tomar la psicología como prácticamente la única fuente de datos y la mareante diversidad de disciplinas científicas en la actualidad, pertenecientes a las cuatro esferas de valor principales (subjetividad, intersubjetividad, objetividad e interobjetividad). Abismo que se cruza mediante la recolección de ese gigantesco proceso histórico que nace del mito, pasa a la metafísica, genera la ciencia y alcanza la intersubjetividad como paradigma, para así poder tener en cuenta todas las posibles perspectivas nativas de la realidad.

El **PVI** budista (postmoderno) haría por primera vez posible la contemplación de todas las visiones correspondientes a las constelaciones paradigmáticas sucedidas a lo largo de su propia historia, algo que era imposible sin asomarse a la verdadera esencia del **PI**. Era preciso primero desposeer esta de interpretaciones proyectadas desde los paradigmas subsiguientes, que pretendían hacer del budismo algo acrítico y no especialmente en contra de otras concepciones filosóficas, ahora más bien amigas, salvo en cuanto distintas en su representación cultual. La crítica que hemos formulado a los **PII**, **PIII** y **PIV** en las páginas anteriores se atiene principalmente a esta necesidad de purga del **PI**, la cual a su vez parte de un paradigma intersubjetivo. Nada tiene que decir, por supuesto, acerca de las ambiciones personales de libertad de los muchos adeptos budistas circunscritos a cualesquiera tradiciones. Los sujetos inmersos en sus tradiciones, más o menos asociadas históricamente a ciertas constelaciones paradigmáticas, pueden, en teoría, mediante un análisis ecuánime y crítico de los textos llegados a nosotros, dilucidar el verdadero sentido de la originación dependiente (**PI**) sin por ello reñir con el culto o la forma que ha escogido o le pertenece. Siempre que uno se mantenga crítico (condición ínsita al **PVI**), la conservación de la tradición no es un problema *en general*, aunque pueda serlo en algunos aspectos concretos. Es más, como ha demostrado Hans Küng en sus trabajos acerca del judaísmo, el cristianismo y el islam, un retorno al **PI** respectivo como punto de referencia parece una condición *sine qua non* pueden rejuvenecerse cualesquiera constelaciones paradigmáticas posteriores.

No se puede, en conclusión, identificar el **PI** con el **PVI** en el budismo, aunque es muy improbable que el primero pudiese haber visto su verdadera luz sin un programa de investigación afín al segundo. En otras palabras, la originación dependiente no constituye un modo de entendimiento genuinamente intersubjetivo, empezando porque el **PI** parte casi exclusivamente de las experiencias generadas de una disciplina subjetiva como la Psicología. La diferencia de la originación dependiente para con (a)cosmovisiones previas, y lo que tiene en común con cierto segmento del **PVI** que hasta él había pasado desapercibido, es que en ella prima la investigación de *la relación* entre los entes sometidos a examen, y no el sujeto (obligadamente hipostasiado). El sujeto, o cualquier otro ente, resultaba, ya entonces (**PI**), inconcebible sin su relación con otros. Es verdad que la relación sobre la que insisten los discursos más tempranos es ante todo de tipo objetual (científica), y se produce dentro del universo interior del sujeto. Pero a diferencia del paradigma de la conciencia tradicional, plasmado por ejemplo en el *vedānta*, y de aproximaciones budistas posteriores como el *yogācāra*, el Buddha jamás concedió que el Sujeto o la Conciencia fuesen el fundamento último o la totalidad de la vida. Antes prefirió hablar de que cada cosa es originada dependientemente, y de la originación dependiente como una teoría general de relaciones causales entre entes relativamente diferenciados. Mientras que esta concepción original de la causalidad es posible abrirla a un paradigma intersubjetivo, y por tanto a una constelación paradigmática verdadera transmoderna (**PVI**), el *mahāyāna* o el *yogācāra*/*vajrayāna* tienden a regresar al "paradigma de la conciencia", cerrando así el paso a la modernidad y la transmodernidad.

Aunque los desarrollos más tempranos de la teoría de la originación dependiente estén subordinados a la idea prebudista de la reencarnación, no es perentorio que una reflexión acerca de la originación dependiente quede abandonada a este marco mítico, como ha demostrado con sus escritos el quizá más conocido maestro budista contemporáneo –a quien difícilmente puede calificársele de heterodoxo–, Thich Naht Hanh, con su idea de la interdependencia o entre-ser. El concepto de la interdependencia causal, con especial énfasis en una aplicación ética y espiritual, se nos antoja perfectamente cabal, y acaso reproduzca la impresión de maravilla que sintieron los discípulos contemporáneos de Siddhārta cuando lo oyeron hablar por vez primera de originación dependiente. En efecto, la comprensión del infinito en que estamos inmersos (o con el que "entre-somos"), miremos donde miremos, libera al ego de su típico enclaustramiento. Como método racional de análisis de causas específicas, la originación dependiente constituye la cura por antonomasia de padecimientos engendrados de una comprensión deficiente de lo que (nos) sucede.

Además del proceso, ya descrito, de humanización de la cosmogonía budista, resultante de su crítica a concepciones metafísicas absolutistas, el fuerte acento ético del budismo se nos antoja otro puente hacia la esfera intersubjetiva. Un *ethos* que no disminuye ni en rigor filosófico ni en profundidad subjetiva con respecto a la metafísica tradicional india, pero que en cambio permite la ampliación de su marco de operaciones a otros sujetos que no son yo. El budismo ciertamente heredó el énfasis interior-contemplativo de la tradición filosófico-religiosa india, pero la idea de la originación dependiente viraba hacia una atenta contemplación, no ya solo de uno mismo, sino de los demás. Todo un mundo de posibilidades prácticas, y después filosóficas, se abre aquí.

Reconocer el legado intersubjetivo en nuestra comprensión del mundo, de nosotros mismos o de la sociedad, no debería significar que lo propiamente objetivo o subjetivo pasen a un segundo plano. Implica tan solo reconocer que la perspectiva intersubjetiva es una no solo legítima sino necesaria para comprender el mundo real, y que la construcción o evolución de este ha tenido siempre un dominio intersubjetivo propiamente dicho, por más que se haya venido ignorando. Por otro lado, sin menospreciar el hecho de que efectivamente existimos a través de, y gracias a, un legado intersubjetivo, y que la transmisión objetiva o la intuición subjetiva no son suficientes para explicarlo, el "aprendizaje de la vida" sigue correspondiendo en buena medida a cada cual, o a cada generación en particular (dependiendo de a qué nivel queramos enfocar la iniciativa). De ahí que considerar la subjetividad (donde reside la voluntad individual, por ejemplo) y las determinaciones objetivas e interobjetivas siga siendo imprescindible.

c. Dialéctica y originación dependiente

La perspectiva intersubjetiva permite comprender procesos de aprendizaje del mundo que, por su naturaleza eminentemente dialógica, no pueden caer en el exceso subjetivo de partir de un yo soberanamente creador desde el primer instante, ni en el exceso objetivo que tiende a dar el mundo externo por hecho, como si este no fuese interpretado activamente por sujetos inmersos en contextos culturales, políticos o económicos, y que asimismo propende a calificar toda interpretación transempírica de "metafísica" (como en el caso del positivismo).

La polémica Blake contra Locke, por ejemplo, no tiene visos de ser satisfactoriamente resuelta a no ser que se introduzca una mediación semejante: una que no pueda ser reducida ni al mundo subjetivo ni al objetivo. Este "vehículo intermedio" –lo intersubjetivo– es justamente el que permite la transmisión de conocimiento. Gracias a él podemos hablar de cierta objetividad, pues el consenso acerca de los significados tiende a consolidarse con el tiempo, posibilitando asimismo la novedad y la creatividad, cuyo origen último seguramente habría que localizar en la subjetividad, sin perjuicio de que esté incrustada en un contexto objetivo e intersubjetivo que la determina en parte. Así, mientras que la concepción védica tardía del *Ātman* (metafísica) no puede desestimarse sin más, tampoco puede aceptarse *in toto*. Un intento de imaginar el mundo actual –incluidas sus manifestaciones sociológicas, jurídicas o físicas, por ejemplo– desde la eternidad del instante poético, allí donde cada cual en soledad forma su propia imagen del mundo y asiste a la verdad del todo –eterno– en cada parte, no pasa –ni admite– los exámenes críticos más elementales. La racionalización de esta perspectiva fundamentalmente poética, o su traslado literal a la filosofía natural, tenderá por pura inercia a infravalorar lo objetivo y a engañarse con respecto a cuánto debemos a la tradición y a los otros (o a contextos políticos, económicos determinados).

Una teoría comunicativa como la formulada por Habermas permite salir de las aporías de "la cosa en sí" engarzadas en todos los tipos de paradigma de la conciencia –y destrozadas, por ejemplo, por Nietzsche y por el empirismo filosófico–, sin caer en un nihilismo intelectual –ya sea positivista, ya sea subjetivista– que es en realidad incapaz de explicar el origen y cohesión semántica de sus propias reflexiones. En el pasado, tal cohesión se atribuía al Sujeto, y después, en la modernidad, pasó a la cosa misma, objetiva. Ambas interpretaciones, como ha demostrado Habermas, estando íntimamente relacionadas, resultan insatisfactorias.

El significado de las palabras y de los discursos, variable y abierto pero no arbitrario y enteramente subjetivo (Derrida), históricamente construido, pero no siempre carente de cierto grado de universalidad, solo puede explicarse plenamente en la dimensión intersubjetiva y comunicativa, a saber: en el acuerdo o consenso entre dos o más sujetos sobre aquello de que se habla, donde se produce un proceso de progresiva abstracción que tiende a la universalidad. Como ya hemos dicho, ello no significa que el paradigma intersubjetivo sea satisfactorio por sí mismo, pues en tal caso caeríamos en el reduccionismo intersubjetivista que Gustavo Bueno, por ejemplo, ha explicitado en sus *Ensayos materialistas* (cfr. págs. 140 y ss), sino en conjunción con los otros tres (subjetivo, objetivo e interobjetivo).

Así, la dialéctica clásica de la filosofía sería un subproducto de un proceso crítico intersubjetivo hipostasiado en categoría monológica (ya sea, por ejemplo, en el Espíritu Absoluto de Hegel o en "la sociedad sin clases" de Marx). Opuesto a las totalizaciones de los sistemas monológicos cerrados, el paradigma intersubjetivo no permite presumir un Fin (o un Principio) determinado de antemano, que solo puede ser metafísico. Aquí nos encontraríamos de nuevo con el problema de la incompatibilidad o inconmensurabilidad entre los lenguajes simbólico y natural (o metafórico y descriptivo, según la denominación de Frye),[313] allí donde de un universo del discurso metafórico, que habla en términos de absolutos no solo con facilidad sino perentoriamente, se pasa a uno científico y natural, donde tal absolutismo no solo es extraño sino imposible.

Ni la originación dependiente ni un paradigma intersubjetivo admiten una conclusión definitiva más allá de la crítica y de la historia, aunque sus descubrimientos puedan ser muy seguros y estén corroborados científicamente. En el caso de la libertad budista (*nibbāṇa* o *nirvāṇa*), la seguridad con que puede ser conquistada de acuerdo con el Buddha es total, aunque se abstenga de hipostasiarla o de inferir, a partir de esta seguridad, su sustancialidad metafísica, que abocaría a un regreso al paradigma de la conciencia. Ni la originación dependiente ni el paradigma intersubjetivo asienten, por tanto, a ningún absoluto ontológico o metafísico, o a ningún cierre definitivo del saber *en general*, aunque sí a cierres específicos en determinados dominios gnoseológicos. Vivimos en un presente labrado con pasado, generado causal e inmanentemente a través de las cuatro dimensiones aludidas (subjetividad, intersubjetividad, objetividad e interobjetividad), susceptible de investigación, y apuntando a un futuro (trascendencia) aún indeterminado y en gran medida indeterminable.

El proceso dialéctico, intersubjetivo en último término, no puede clausurarse. No se trata de un proceso que sucede exclusivamente en la inmanencia o que es susceptible de reducirse a esta (como pensaban Feuerbach y Marx), pues en tal caso no sería posible explicar lo Nuevo en el proceso histórico. No es posible prescindir del momento trascendente de cada ocasión. El proceso dialéctico, dado su anclaje intersubjetivo –que ha de tener en cuenta la perspectiva del otro, por lo menos en cuanto intenta superarla–, apunta siempre y en todos los casos a un ideal (trascendente) anclado en la comunicación sin el cual no puede entenderse ni siquiera él mismo. Aunque sea decisivo mirar siempre hacia atrás, hacia la inmanencia de lo ocurrido, y aunque debemos abstenernos de hipostasiar *transcendens* ninguno, pues en tal caso retornaríamos al paradigma de la conciencia en cualquiera de sus numerosas vertientes, ello no significa que el *transcendens* no exista o no esté operando. El ideal no puede sustantificarse, pero tampoco desdeñarlo como un espiritualismo atávico o como mera abstracción. Es uno de los principios sin los cuales puede hablarse de dialéctica, que por eso mismo es in-finita. En otras palabras, lo trascendente es lo otro radical;[314] lo inmanente es esto (ser, no unitario) radical.

La naturaleza dialéctica de la realidad, uno de cuyos fundamentos materiales es precisamente la comunicación entre sujetos a lo largo de la historia, no permite que nuestro proceso de comprensión se coagule ni en lo inmanente ni en lo trascendente. Hace así de toda comprensión un proceso crítico con el pasado, al que se enfrenta en virtud de una nueva visión. Percibimos, pues, aquí una vía media análoga a la budista, en la que se exige determinar la conexión casual con un pasado que no podemos destruir (la tentación del eternalismo), así como la exigencia de trascenderlo, pues tampoco podemos quedarnos en él (la tentación del nihilismo).

La intersubjetividad como paradigma demanda que todo aserto sea susceptible de crítica, lo cual no significa, como hemos señalado, que una investigación crítica continuada no haya consolidado o pueda consolidar determinadas verdades en ciertos dominios. Lo que sí se afirma es que ninguna verdad del mundo está dada, subjetiva u objetivamente, y que su nacimiento como verdad, tanto si está establecida como por establecerse, fue originalmente crítico. Esta perspectiva se distancia del apotegma hegeliano de que "todo lo real es racional" porque una filosofía crítica determina precisamente hasta qué punto el pasado está plagado de ilusiones. Y, no obstante, todo lo pasado tiene una causa, una explicación, y en ese sentido pertenece a un círculo susceptible de análisis racional, aunque lo concluido entonces no lo fuese necesariamente.

Una perspectiva crítica de este estilo debe someter los conceptos principales de la metafísica a un análisis minucioso. Tal proyecto ya está presente en las enseñanzas del Buddha histórico. Ideas tales como la de "unidad", en el sentido ontológico, abocan a entendimientos del mundo ahistóricos y acríticos, hoy ya insostenibles. Frente a un análisis crítico y racional, la metafísica se excusará siempre arguyendo que sus visiones (o no visiones) están más allá de toda conceptualización, haciéndose de ese modo impasible ante todo devenir histórico o investigación de causas concretas. Aunque semejante amparo intemporal quiera justificarse como espiritualmente superior, filosofías como la de Gautama el Buddha lo ponen en entredicho.

Por lo demás, no debemos subestimar el hecho de que la metafísica sea refractaria a la crítica, pues esa es precisamente su naturaleza, y en ello reside gran parte de su fuerza. Se trata de un castillo inexpugnable, y desde luego no carente de un incalculable valor intelectual, que se explica bajo la luz del desarrollo histórico que lo produjo. Pero ello no quiere decir que debamos tomar sus afirmaciones como la primera y última palabra en la materia (en *toda* materia, necesariamente), tal como le gustaría. En realidad, la metafísica está herida de muerte, aunque todavía muchos apelen a sus estructuras para sostener la más o menos ornamentada arquitectura de sus concepciones.

IV. DOS GRANDES SISTEMAS

a. El materialismo filosófico de Gustavo Bueno

La crítica a la metafísica es parte del proyecto filosófico del budismo primitivo, del paradigma intersubjetivo y del materialismo filosófico de Gustavo Bueno. He aquí una definición de metafísica (Bradley), que Bueno cita en sus *Ensayos materialistas*:

> Quizá acordemos comprender por metafísica el intento de conocer la realidad como oposición a la mera apariencia, o el estudio de los primeros principios o verdades últimas, o, de nuevo, el esfuerzo por comprender el universo no simplemente en trozos o fragmentos sino de algún modo como un todo.[315]

En las páginas anteriores hemos estudiado que la dicotomía realidad/ilusión en un sentido ontológico y no metafórico está por completo ausente de la filosofía del budismo primitivo. Lo originado dependientemente es justo aquello que se manifiesta, y ante lo que jamás se contrapone un universo de verdad por encima, tachando así lo originado dependientemente de ilusión o falacia. Este tipo de entendimiento dicotómico vino más tarde, cuando el paradigma de la conciencia volvió a irrumpir en la escena budista (**PIII**), algo para lo que la consolidación de entendimientos sustantificadores del **PII** ya había dejado el camino expedito. Así, la metafísica estaría vinculada al paradigma de la conciencia en cualquiera de sus formas filosóficas, ante todo la monista, pero en general frente a cualquier tipo de sustantificación.

> Si el monismo filosófico es el resultado de la más grande hipostatización de la Idea de unidad y llamamos "metafísico" a todo pensamiento que hipostatiza cualquier idea, el monismo filosófico podrá ser considerado como el contenido por antonomasia del concepto de "metafísica".[316]

De acuerdo con estas definiciones, el budismo primitivo (**PI**) es claramente antimetafísico; no así el budismo del **PII**, que comienza sustancializando los conceptos elementales utilizados por el Buddha, ni mucho menos el del **PIII** en adelante, que entronca fielmente con el monismo filosófico y el paradigma de la conciencia. El propio Bueno empareja metafísica con el paradigma de la conciencia cuando dice que el materialismo atacará la concepción unitaria del Ser «en la medida en que la unidad del Mundo es solidaria de la conciencia, núcleo siempre de la noción de "espíritu"» (ibíd., pág. 47). No obstante, esto no equivale o debería equivaler a un destierro completo de la esfera subjetiva, ni más concretamente de aquellos de sus niveles que suelen calificarse de "espirituales". Volveremos sobre esto más adelante.

Si el paradigma de la conciencia está emparejado con el monismo filosófico, la adopción de un paradigma intersubjetivo aboca al pluralismo ontológico.

> El análisis crítico-dialéctico de la propia realidad mundana nos arroja precisamente hacia el camino opuesto, el del pluralismo más radical: el Cosmos es sólo una idea mítica; el Mundo no es nada "clausurado" –la propia sustancia corpórea aparece y desaparece–, ni es nada armónico –las partes del Mundo son inconmensurables entre sí–, ni es eterno –comenzó hace 10.000.000.000 años.[317]

El pluralismo ontológico significa pasar por el reconocimiento de un discurso filosófico dirigido a una variedad (clasificable) de otros. Esa clasificación es lo que Bueno denomina ontología-especial, la cual a mi juicio cabría enriquecer si incorpora a *los otros* no solo como objetos, sino también como sujetos en comunicación, conmigo o con otros (intersubjetividad). El materialismo filosófico de Bueno no es más que, ni en principio pretende ser más que, una filosofía cabal del Ser desprendida de sus elementos metafísicos (postmetafísica), y está decididamente dentro de los requisitos de objetividad e intersubjetividad impuestos por la modernidad y la postmodernidad, respectivamente.

No obstante, lo intersubjetivo en cuanto tal –y su relación con la ontología-general, tal como la llama Bueno– podría adherirse de un modo más efectivo. También volveremos sobre esto dentro de un momento.

Como marca de su proyecto filosófico materialista, Bueno habla además de «la "desustancialización" de todo tipo de realidad: la destrucción de toda "fijación" como irrevocable; la perspectiva –prácticamente posibilitada por el proceso revolucionario– de la fluidez de todo lo real» (ibíd., pág. 176). Para Bueno, como para el Buddha, los dioses serían creaciones (no eternas, por tanto) que dependen de condiciones materiales e históricas. No existen en sí y de por sí.

Es preciso explicar que la originación dependiente es una concepción que se sitúa, si seguimos la terminología del materialismo filosófico de Bueno, en el plano ontológico-general. Ello significa que aunque la originación dependiente sea una teoría de la causalidad que evita todo extremo metafísico, lo cual tiene en común con el materialismo filosófico, los contenidos explícitos o las maneras concretas de explicar los sucesos del mundo solo se dan en el mundo mismo. Y el mundo no solo tiene un desarrollo histórico que obliga a especificar contextos y constelaciones causales diversas –no siempre causalmente conectadas entre sí–, sino, además, siguiendo otra vez la jerga de Bueno en sus *Ensayos materialistas*, varios géneros de materialidad. En otras palabras, varias "esferas de valor" (Weber), o "cuadrantes" (Wilber), en las que la causalidad puede ser aplicada; esferas que son independientes entre sí, aunque no carentes de interrelación.[318]

Dado que hemos venido escogiendo, por parecernos más completa y más acorde con el desarrollo histórico del problema, la nomenclatura de Max Weber que ha cobrado bríos con el sistema postmetafísico integral de Ken Wilber (que estudiaremos en el próximo apartado), a saber, las esferas o cuadrantes subjetivo, objetivo, intersubjetivo e interobjetivo, conviene explicar en este punto la diferencia entre una y otra clasificación. Quisiera también recordar que, por ser para mí un descubrimiento relativamente fresco, en las próximas páginas no contemplo los desarrollos más recientes del materialismo filosófico, esbozados en los cinco volúmenes publicados hasta la fecha de la *Teoría del cierre categorial* (otros diez están pendientes de publicación), entre otras obras. Me referiré casi en exclusiva a los *Ensayos materialistas* de 1972.

En esta obra, Bueno divide la ontología-especial en tres géneros de materialidad, tomados de la clasificación de Christian Wolff: yo (M_1), mundo (M_2), y Dios (M_3). A mi modo de ver, y muy resumidamente, esta clasificación adolece de dos problemas principales. El primero es que no es una clasificación enteramente nacida del curso de los descubrimientos históricos. El segundo es que, si bien el yo (M_1) se corresponde exactamente con la subjetividad (ámbito estético, belleza), y el mundo (M_2), con la objetividad (ámbito científico, verdad), el tercer género de materialidad, Dios (M_3), es una especie de cajón de sastre que incluye desde la moral hasta la lógica.

Ambos problemas están íntimamente entrelazados: porque M_3 no es una esfera de valor históricamente producida, aparece más bien como el material estructural, formal y lógico en virtud del cual se conforman cada uno de los géneros. Su dominio es propiamente la Lógica, y no la moral, como sugiere Bueno en alguna ocasión. Solo lo sería en cuanto determinamos lógicamente la estructura del ámbito moral, del mismo modo que hacemos con la Física o la Química.[319] Así, pues, la tercera esfera de valor clásica, la de la moral, estaría, en este modelo propuesto por Bueno, o bien faltando, o bien sumergida en un ámbito cualitativamente distinto de él, como es el de la Lógica. Y la Lógica no sería una esfera de valor propiamente dicha, sino en todo caso la forma que estructura las propias esferas. Dicho en otras palabras, en esta clasificación no aparece la intersubjetividad, sin menoscabo de que muchos de sus presupuestos estén implicados a lo largo de su exposición. Resulta, pues, algo extraña, y más ecléctica de lo que corresponde a un género, la combinación de Dios, ideales objetivos (matemáticas) y estructura moral. Por lo demás, es interesante notar que la inclusión de lo moral en este género (M_3) indica que no cupo en los otros dos; es decir, la intersubjetividad no cabe en la subjetividad o en la objetividad. Esto desde luego apuntaría a una separación nítida entre las tres esferas de valor principales, aunque aquí no esté del todo perfilada.

Una de las diferencias sustanciales entre el materialismo filosófico y el sistema postmetafísico integral de Wilber es que mientras que en el primero los dos primeros géneros de materialidad (M_1, M_2) son empíricamente generados y el M_3 es más bien formal y técnico (ideal), en el segundo sistema los cuatro cuadrantes (subjetividad, intersubjetividad, objetividad e interobjetividad) son empíricos y experimentales (materiales, en el sentido de Bueno), además de nacidos a partir de un proceso histórico evolutivo. En el sistema esbozado en los *Ensayos materialistas* habría, por tanto, que separar los valores morales del M_3 para que constituyan un género de materialidad por derecho propio: la esfera moral como tal, desprendida de aquellos elementos metodológicos o estructurales que ahora pasarían a formar parte integral de todos y cada uno de los géneros, esferas o cuadrantes. De este modo obtendríamos un mapa completo de las perspectivas *nativas* u originales a partir de las cuales puede observarse la realidad (subjetividad, objetividad, intersubjetividad; estético, cognitivo, moral; belleza, verdad, bien), notando además la sucesión histórica de su aparición (metafísica – modernidad – postmodernidad).

Retornemos ahora a nuestro tema. Como hemos señalado, el Buddha se centró en la esfera subjetiva de la acción, y por tanto sus análisis causales inciden una y otra vez sobre esta esfera. No obstante, su postura francamente antimetafísica (en la ontología-general), a saber, la vía media entre los extremos metafísicos del eternalismo y el nihilismo, abre la posibilidad de examinar, o de tener en cuenta, el resto de las esferas. Ello es así por la propia naturaleza del proceso descentralizador de la Conciencia o la Unidad implícito en toda empresa racional, científica y empírica, como fue la del budismo primitivo. Si el resto de las esferas no pudo desarrollarse mínimamente en el budismo primitivo se debió a una falta de datos e investigaciones precisas en sus dominios, pero no a una imposibilidad lógica, como sí es el caso de los proyectos metafísicos asociados al paradigma de la conciencia.

Lo clave es, en fin, percibir que en la originación dependiente está inscrito lo más revolucionario de todo proyecto antimetafísico. Todas las cosas dadas poseerían un desarrollo histórico, una colosal historia de la causalidad, donde ya no resulta legítimo acudir a causas trascendentales para explicarlas. De aquí se infiere que no se puede decidir de antemano qué causas son las que determinan o han determinado ciertas ocurrencias o sucesos. Hay que acudir a la realidad material para averiguarlo. Es verdad que con la apertura, ya insoslayable, de las esferas objetivas e intersubjetiva, la causalidad, tal como la propuso el Buddha en sus distintos esquemas, se ve completamente desbordada. Las causas sociales, políticas, económicas, jurídicas o fisiológicas tienen ahora tanto que decir como, pongamos, la teoría de los agregados o la duodécupla cadena causal, más bien pertenecientes a la esfera subjetiva. Pero mientras que los sistemas filosóficos del paradigma de la conciencia son congénitamente incapaces de abrirse a estas esferas, y las interpretarán necesariamente como algo contingente, reabsorbiéndolas en la absolutidad y unidad de su Conciencia, la originación dependiente budista es potencialmente capaz de incorporar estas esferas sin daño ni para el dominio ontológico-general, ni para los descubrimientos concretos que efectuó en la esfera subjetiva y que podría realizar en otras. Y, además, por no haber clausurado la investigación de la realidad en ningún absoluto ontológico, que siempre puede ser convocado para suprimir de golpe nuestra sublime ignorancia e instaurar el reino de la verdad, la originación dependiente nos permite mantener una actitud curiosa frente al mundo, fraguada con libertad. La unidad del Ser y la libertad son mutuamente incompatibles, a no ser que, o bien tomemos lo primero de un modo metafórico, o bien lo segundo de un modo exclusivamente transmundano.

La introducción de todas las esferas o géneros de materialidad a la hora de presentar explicaciones claras y coherentes de lo que sucede en el mundo destapa un proceso que, den principio, podría antojársenos como de pura indeterminación, pues ninguna de las esferas tiene prioridad. Pero, mirado de cerca, lo que sucede es justamente lo opuesto, puesto que gracias a la posibilidad de investigar las causas desde más ángulos (siempre y cuando tenga sentido investigarlas desde allí), las causas verdaderas de ciertos acontecimientos pueden determinarse con mayor precisión. Si no fuese por la incorporación de estas esferas al estudio causal, la indeterminación, la confusión y el error serían mucho mayores. La contrapartida es que, justo por admitir la infinitud del mundo, así como por aceptar la base histórica de todo saber-acción, las perspectivas tomadas para explicarlo no son nunca definitivas.

Tanto la ciencia (no el cientifismo) como el paradigma intersubjetivo (no la reducción a los aspectos colectivos de una cuestión) tienen en sus cimientos una clara proyección de apertura hacia el descubrimiento de lo nuevo, cosa que no puede suceder en sistemas cerrados como los derivados del paradigma de la conciencia. Esto no significa tan solo que todo descubrimiento deberá ser destruido en el futuro por otros mayores o más comprehensivos, sino que, en cada instancia, una declaración definitiva sobre los elementos causales que están en juego nunca será posible. Esto no constituye nihilismo filosófico, sino que, más bien, recupera de nuevo el espíritu de la vía media entre este y el eternalismo. Un corolario de ello sería que ninguna esfera de valor, o género de materialidad, puede apropiarse de la preeminencia a la hora de explicar instancias del mundo natural; otra consecuencia sería que debemos procurar contemplar un fenómeno desde el máximo número de perspectivas posibles, siempre y cuando sea relevante hacerlo.

En este sentido, por muy cargados de metafísica que estén los estudios que llamaremos cautelarmente "espirituales", la subjetividad sigue teniendo un peso indudable a la hora de otorgar un sentido a nuestra existencia, que es impermeable al modo de otorgar sentido propio de las otras perspectivas. Podría discutirse largo y tendido acerca de cómo se produce y a qué conduce esta dotación de sentido subjetiva, así como sus distintos tipos según los lugares y los tiempos (que por cierto no son necesariamente compatibles entre sí, como quisiera la filosofía perenne). Pero es indudable que este fenómeno se produce, incluso allí donde se niega enfáticamente –como en determinados cuarteles cientifistas–, o allí donde arrecia la burla simplona –como en aquel nihilismo excepcionalmente descrito por Dostoievski.

Si menciono esto aquí es porque el materialismo filosófico nació con una clara vocación antisubjetiva, que es todavía apreciable, por ejemplo, en la preeminencia que obtiene, en este sistema, lo científico sobre lo literario o sobre lo artístico. La filosofía, si ha de ser ese conocimiento de segundo grado al que se refiere Bueno, debe mantener la ecuanimidad con respecto a los campos de donde proceden los datos que le son necesarios para formarse. Y aunque los datos de la literatura y el arte no son tan fáciles de manejar, no por ello pueden ser menos considerados. En concreto, la influencia del mundo simbólico sobre el arte y la literatura, no siempre traducible al discurso científico y filosófico del mundo natural, es tan decisiva que pasarla por alto equivaldría a una grave amputación. No obstante, la pasmosa exactitud y riqueza conceptuales de este sistema filosófico, para mí todavía por descubrir, ha levantado notablemente el listón de mi sentido crítico, en especial en las áreas limítrofes de la subjetividad con la filosofía. Se trata de uno de los proyectos filosóficos más prometedores y rigurosos de la actualidad, de cuyo estudio solo pueden cosecharse los mejores frutos, y por cuyas propuestas ha de atravesar cualquier filosofía de la religión moderna.

b. El sistema postmetafísico integral de Ken Wilber

Ken Wilber tiene razón cuando expone[320] las insuficiencias del sistema del budismo primitivo, en concreto la comprensión deficiente que supone sujetarse a la teoría de los agregados tras la irrupción de un paradigma intersubjetivo –reproche que admite como anacrónico–, si bien a mi juicio se equivoca al aprobar una supuesta evolución de este hacia el *mahāyāna*, entre otras cosas porque exactamente el mismo reproche podría hacérsele a este, y todavía con más razón.

Es verdad que la teoría de la originación dependiente, en cuanto concepción de una concatenación causal, sin diferenciación entre las esferas, tiende a simplificar las cosas. Pero la simplificación del monismo ontológico al que regresó el budismo tardío es mucho mayor. La originación dependiente permite, en efecto, poner en suspenso el sentido unitario del Todo (pues no se pronuncia acerca de un Final o un Principio); se coloca en una posición crítica para con la metafísica; y se arraiga en una concepción científica del mundo en nada ajena a la demanda de abrirse a un mundo creado intersubjetivamente. Nada remotamente parecido puede afirmarse del *mahāyāna*, del *yogācāra* o del *vajrayāna*. Si Wilber siente afinidad por estos movimientos budistas es ante todo por su grandiosa concepción de lo espiritual, que por cierto no encaja necesariamente con resultados prácticos verificables, y que filosóficamente es muy inferior a la verdadera revolución efectuada por Gautama con respecto a sistemas metafísicos semejantes a los así llamados "vehículos superiores".

Esta afinidad de Wilber por la espiritualidad típica del paradigma de la conciencia, y en especial por el *vedānta*, el budismo *mahāyāna-vajrayāna* y el neoplatonismo, pone, a mi modo de ver, un lastre a su, por otro lado, colosal sistema filosófico. Y aunque también sea cuestionable su asimilación de todas las religiones a un gran sistema que es en cierto modo más bien monista, lo cierto es que la consideración de un crecimiento humano que considera estadios espirituales, realizando estudios transculturales al respecto, resulta muy sugestiva. Una de las peores consecuencias de no haberse desprendido del todo del monismo filosófico es que, tal como está esbozado hoy su sistema, tales estadios espirituales –emergidos de experiencias subjetivas– tienden a predeterminar futuros estadios en la intersubjetividad y la objetividad, sin que se hayan dado aún las evoluciones históricas precisas en estos ámbitos. Además, su concepción de los estadios espirituales parte de un paradigma eminentemente contemplativo, cosa que no encaja –por más que se pretenda lo contrario– con el corazón de muchas religiones, empezando por el de las grandes religiones monoteístas.

No obstante, su sistema postmetafísico integral es, a día de hoy, uno de los sistemas filosóficos más completos y actualizados. Yo diría que su capacidad comprehensiva es en algunos aspectos mayor que la del materialismo filosófico de Gustavo Bueno, ganando tal vez en altitud y amplitud lo que pierde en precisión y rigor conceptual, que en el materialismo filosófico son extraordinarios. También es necesario decir que este último tiene una voluntad crítica mucho más firme, lo cual resulta útil para no pretender haber alcanzado verdades que distan mucho todavía de haber sido establecidas con la mínima fiabilidad.

La filosofía actual no puede pasarse sin el pluralismo ontológico, entendido como la compresión de que ciertas perspectivas son inconmensurables con respecto a otras, y que por tanto no pueden someterse a la voluntad de un Uno metafísico, llámese como se llame. Ya solo en un ámbito puramente metafísico, la noción de Uno está anegada de problemas, pues estrictamente hablando ha de ser Total, y lo que es total no puede comprender lo Nuevo. Pero, además –y Wilber está naturalmente de acuerdo–, la filosofía actual no puede pasarse sin la ciencia, que por supuesto no puede decidir nada acerca de ninguna Unidad metafísica; ni tampoco puede pasarse sin la idea, en último término de naturaleza intersubjetiva, de que nuestro conocimiento es una permanente construcción histórica, algo que también pone en un aprieto al monismo filosófico. Los esfuerzos de Wilber por preservar «el núcleo de la filosofía perenne sin llevarse por delante con ello sus bagajes metafísicos» no son, por el momento, a mi juicio, del todo satisfactorios. En realidad, se diría que para ello habría simplemente que *esperar*: tanto a la generación de más datos en todas las esferas como a la creación de un nuevo lenguaje adecuado a tales datos. A mi modo de ver, si su sistema filosófico ha de sobrevivir, debe quedar abierto a construcciones futuras que no partan necesariamente de una estructuración de estadios evolutivos que apuntan a "la realización de lo Uno o lo No Dual", y, en lo propiamente espiritual, donde lo contemplativo no sea su corazón paradigmático (sin negar, por otro lado, su importancia, tanto histórica como existencial).

Lo integral del sistema de Wilber es válido solo allí donde el eje vertical de sus coordenadas (*angular* en el espacio antropológico de Bueno), propiciado en gran parte por "la filosofía perenne", las tradiciones religiosas terciarias y la Gran Cadena del Ser (A. Lovejoy), no aboque metafísicamente a una supuesta Unidad sujeto-objeto, mucho menos allí donde esa unidad es "realizada" o "iluminada" permanentemente –cómo si no–. Evitar este paso metafísico no significa la aniquilación de lo propiamente subjetivo o lo espiritual, sino, siguiendo a Kierkegaard y a Levinas (o incluso a Platón, en el *Parménides*), la introducción de lo Otro (trascendente), que es irreductible a la categoría inmanente de la unidad. Gracias a ello podría asimismo atenderse a una amplia gama de literatura de inconformismo espiritual, justo porque la libertad no puede asimilarse a una unidad que no deja ser, paradójicamente, de naturaleza dualista, pues se contrapone al Mundo.

Habría, por otro lado, que diferenciar entre un pluralismo "postmoderno" consistente en relativizar todo conocimiento amparándose en la subjetividad, y lo que Wilber mismo llama "pluralismo metodológico integral", afín al pluralismo del materialismo filosófico (*symploké*), donde "la solidaridad general e indistinta" del monismo se cae hecha pedazos. La expresión "pluralismo metodológico integral", que es como Wilber denomina a su método de investigación, indica que tal método está basado en una concepción de la pluralidad ontológica que, más tarde –y solo más tarde–, la filosofía tiene la obligación de integrar en un conjunto cabal. Pero este conjunto no puede estar fundamentado *a priori* en una unidad de orden metafísico, ante la cual los datos de la experiencia (por ejemplo, los datos generados a partir de una fenomenología contemplativa interior, por no hablar de otros en el resto de esferas) tienen que rendirse. Aun presuponiendo una unidad material de principio, la libertad de los entes no admite la superioridad ontológica absoluta de lo Uno, algo que se confirma de mil modos a cada paso. Lo así llamado "integral", pues, no puede consistir en un regreso a la Lógica de Hegel; es tan solo la constatación de que necesitamos ir actualizando mapas del conocer a medida que se amplían nuestras perspectivas.

En su crítica a la metafísica, que Wilber admite como esencial para la construcción de un mapa del conocer puesto al día, ha partido de Heidegger más que de Habermas, aunque en muchos pasajes haya reconocido la deuda que tiene con este último, sin el cual la idea de un cuadrante intersubjetivo hubiese sido imposible. Pero, aun así, la crítica a la metafísica proviene de un autor fuertemente anclado en la subjetividad como Heidegger y, por tanto, no resuelve los problemas que plantea el paradigma intersubjetivo a la metafísica, que son los verdaderamente decisivos. La criba antimetafísica de la postmodernidad por medio de la adopción de un paradigma intersubjetivo no puede detenerse convenientemente en cierto punto (lo racional) y no proseguir en lo así llamado "trans-racional". Etiqueta que todavía precisaría más aclaraciones y menos presunciones, en cuanto, de poder hablar en esos términos, tendría que producirse un desarrollo histórico intersubjetiva y objetivamente mediado, que aún falta. La investigación acerca de los estados místicos de la conciencia subjetiva no avalan todavía la hipótesis wilberiana de que, ejercitándose constantemente en sus técnicas, acaben por convertirse en estructuras permanentes (estadios), que a su vez pueden ser, sin más, transferidas como estructuras a los cuadrantes o esferas intersubjetiva, objetiva e interobjetiva. Y más importante todavía: tales estados contemplativos no pueden proponerse como *el* paradigma que determina qué pueda ser lo trans-racional; no solo porque deja aspectos importantes de la espiritualidad fuera, sino porque, como hemos visto a lo largo de todas las páginas anteriores, lo que Wilber no duda en llamar trans-racional para tradiciones como el *vedānta* y el budismo *mahāyāna* no pasan de ser especulaciones metafísicas en absoluto superiores a la racionalidad, pongamos por caso, del Buddha histórico y la originación dependiente.

La toma del misticismo como paradigma obedece a condicionantes históricos que debemos y podemos analizar, sin necesidad de concederle la dimensión más elevada y universal concebible. Pero, repetimos, esto no implica el olvido del "cuidado de sí" o de la subjetividad en todas sus facetas, incluidas algunas que el budismo primitivo no tuvo en cuenta, como la creación artística. Si estas pueden o deben llamarse "trans-racionales", el futuro responderá mejor que nosotros. Por el momento podemos advertir acerca de los peligros enhebrados en esta reflexión, y podemos asimismo adelantar una alternativa, que parte de la introducción del Otro siempre irreductible, por un lado, y de la distinción entre un discurso natural-racional y otro simbólico, por el otro. En este último tipo de discurso, lo racional quedaría suspendido precisamente para presentar lo maravilloso de un modo más diáfano, y es por eso paradigmático tanto en las artes como en la religión. Aplicar aquí las etiquetas, propias del discurso racional, de "pre-racional" o "trans-racional" es, en el mejor de los casos, algo arriesgado.

Mas este tema no puede ser debidamente acometido hasta que partamos del estudio de una tradición que parte de la visión simbólica propiamente dicha, desde la cual podríamos apreciar cómo y en qué medida pueden producirse "ajustes" racionales.

El afincamiento en la subjetividad, y muy especialmente el misticismo, opera como un pegamento perfecto entre doctrinas o experiencias heterogéneas porque cada cual puede tomar elementos de distintas épocas y tradiciones, y hacerlos compatibles a su gusto y en concordancia con sus peculiares disposiciones, sin tener que considerar si objetivamente y durante su desarrollo histórico tales elementos o tales doctrinas concuerdan o no. Lo importante para este sujeto es que le funcionen *a él*. A nivel subjetivo, no hay ningún problema con esta adecuación; a nivel objetivo sí es problemática y debe ser explicada. Así, por ejemplo, la historia del budismo que hemos investigado apunta a evidentes diacronías con concepciones metafísicas unitarias y subjetivistas.

En cualquier caso, el marco wilberiano de las cuatro esferas (subjetividad, intersubjetividad, objetividad, interobjetividad), por las que corren caminos evolutivos generalmente simultáneos, es de gran potencia explicativa, y se ve corroborado por numerosísimas observaciones. Las cuatro esferas, como hemos dicho, son cuatro perspectivas o cuatro modos de ver la realidad que, aunque se han ido desvelando en cuanto tales a través del tiempo, han estado siempre materialmente presentes. En el budismo, por ejemplo, las tradicionales "Tres Joyas" –*Buddha*, *Dharma*, *Saṅgha* [el Maestro, la Doctrina y la Comunidad]– reflejan meridianamente la necesidad de distinguir los aspectos subjetivos, objetivos e intersubjetivos de su visión. Que han estado siempre materialmente presentes quiere decir que no pueden explicarse en términos de mutua causalidad, aunque sí puedan detectarse relaciones causales entre eventos pertenecientes a sus distintas esferas de acción. Se trata, en conclusión, de perspectivas nativas y originales desde las que siempre puede contemplarse lo que sucede. Han estado ahí siempre y siempre lo estarán. Precisamente la falacia destruida de modo definitivo en la postmodernidad es que el mundo puede contemplarse exclusivamente desde una o dos de ellas, dejando el resto fuera. Lo cual no es óbice para que existan todavía numerosos intentos de absorción y/o eliminación, dependiendo del programa ideológico (asociado a un momento histórico determinado) del que se parta. Lo integral, como voluntad de no permitir este tipo de reduccionismo, cobra aquí pleno sentido.

CONCLUSIÓN: EL BUDISMO COMO FILOSOFÍA CRÍTICA Y UN EXAMEN CRÍTICO DEL BUDISMO

«Mucho para luego, déjame hacer la cuenta...»
TIRSO DE MOLINA, *Los amantes de Teruel*, Jornada III

I

Una de las cosas que hacen a las religiones tan discutibles y polémicas, y el budismo no es una excepción, es que operan simultáneamente como motor de trascendencias, como modos críticos de confrontar la realidad, y como formas de cristalización (dogmática, institucional) por antonomasia. A grandes rasgos, las eras mítica y metafísica tendieron hacia el conservadurismo religioso: tenían que preservar la supremacía de su (supuesto) núcleo, ahora centralizador. La era de la razón moderna, en teoría dejando atrás la religión, ha tendido en cambio a acentuar el aspecto crítico. Si podemos hablar de una era (hoy) capaz de integrar ambas tendencias, se ha de considerar ambas como momentos históricos necesarios; sin olvidar, por otra parte, que en una "era conservadora" hay progreso y que en una "era crítica" se dan también procesos de cristalización.

La intuición original budista se fue conformando históricamente como una religión en un sentido institucional, y en esa medida tiende a preservarse a sí misma, atacando a sus potenciales enemigos. Pero también contiene, como todos los momentos religiosos originales, un tremendo potencial crítico para con la realidad dada, así como un afán de trascendencia necesario en toda empresa intelectiva o volitiva. El budismo y su idea central de la originación dependiente sobresale en el gran contexto del mundo filosófico y religioso oriental como una instancia crítica superadora de las grandes concepciones metafísicas, que, tras unos pocos siglos, remitió para diluirse en el océano mítico del que había surgido. Esta sucinta imagen histórico-filosófica implica dos cosas.

Por un lado, que el budismo es una teoría crítica de la realidad, no solo de la realidad de su tiempo, confrontada como estaba a otras interpretaciones, sino potencialmente de todos los tiempos en cuanto estos conserven tendencias a la metafísica, sobre todo en la forma del monismo ontológico. La espiritualidad generada desde aquí supondrá un proceso de desmitificación y humanización basado en una concepción de la libertad centrada en el ser humano y crítica con todo proceso de sustantificación de deidades, absolutos ontológicos o formas rituales como modos genuinos y efectivos de conquistar la libertad. Y, por otro lado, nuestro aserto supone asimismo que, al proceder así, estamos realizando una revisión crítica del budismo, precisamente despojándole de aquellos elementos metafísicos que no se corresponden con su núcleo.

La nuestra ha sido, pues, una doble operación: acercarnos a la originación dependiente desde un punto de vista acorde con las necesidades implícitas de nuestro tiempo (que a su vez había que rescatar y sacar a la luz), por *regressus*, y explicar la originación dependiente en el curso de su historia como apuntando a cierta culminación conceptual, que no pudo concluirse por razones ya estudiadas, por *progressus*.

II

Creo, así, que todavía no se le ha hecho suficiente justicia al budismo. Esto no debe sorprendernos, pues ha pasado poco más de un siglo desde que fue introducido en Occidente con cierto conocimiento de causa. Y, visto con perspectiva, se ha avanzado mucho desde entonces. Pero existen aún tremendos agujeros en nuestro conocimiento factual, por no hablar de la dificultad de desembarazarse de las perspectivas arraigadas en las sucesivas constelaciones paradigmáticas. Las interpretaciones populares no dejan de mostrar parecida torpeza a la de los prejuicios ensartados en los trabajos académicos más serios y sofisticados, de donde parten.

Cuando hablo de que no se le ha hecho suficiente justicia al budismo me refiero a la llamativa falta de definición de su núcleo conceptual, y, a partir de él, sacar las conclusiones precisas, mirando críticamente aquellos momentos en los que tal núcleo se pasó por alto. Sean o no adecuadas algunas de mis conclusiones y críticas, creo evidente que en este momento de la historia del budismo (llegada a Occidente) un proyecto semejante (el doble antedicho, por *regressus* y *progressus*, de establecer el budismo como filosofía crítica y de criticar el budismo desde la posición filosófica que hoy gozamos gracias a desarrollos en numerosas esferas del conocer) resulta imprescindible.

Mientras el budismo sea entendido, ya sea en el mundo libresco o en el popular, como una religión fundamentalmente mística, estaremos recortando su significación histórica, filosófica y espiritual. Lo tornamos así indistinguible de otras filosofías y religiones indias, y, más allá, de grandes corrientes de todas las religiones terciarias. Este trabajo ha querido mostrar que el centro del budismo no es el misticismo, sino la originación dependiente. Y que la originación dependiente, como teoría racional explicativa de las cosas del mundo, es capaz de sostener el aspecto contemplativo del que nació, pero asimismo atender, sin dogmatismos, a la dimensión ética (humanista) de la existencia, a las demandas científicas de la era moderna y, finalmente, a la capacidad para reconstruirse en sus detalles cuando sea preciso.

Quisiera enfatizar que, para efectivamente comprender la originación dependiente tal como la concibió el Buddha –y otros tras él, por ejemplo Nāgārjuna–, es imprescindible reconocer nuestro propio momento filosófico. Aunque nuestro abordaje de la ciencia y de la intersubjetividad como los rasgos esenciales de la modernidad y la postmodernidad, respectivamente, pueda ser discutible o defectuoso, no creo que lo sea afirmar que toda perspectiva filosófica es de naturaleza histórica, y que pretender lo contrario supone ahogarse en la ciénaga de la metafísica. Todas las interpretaciones de la originación dependiente a lo largo de la historia del budismo obedecen a intentos de organización de un material dado y de cara a problemas tanto de cohesión interna como de ataque desde el exterior. Son interpretaciones, pues, históricamente determinadas, y la nuestra, hoy, no puede ser una excepción. Sabiéndolo, lo que no resulta admisible es la pretensión de que una interpretación carece de tales determinaciones históricas (o, en otras palabras, de que no es originada dependientemente). Este es un patente mecanismo de ocultación de las verdaderas causas, que conduce indefectiblemente al falseamiento de la realidad y que se acurrucará, sin duda, en el nido intemporalista de la metafísica.

El hecho de que no podamos asumir cuál fue la verdad budista original sin reconocer cuál es la posición y la perspectiva desde la que la abordamos no significa que no exista tal verdad. En este sentido, estamos lejos del relativismo histórico, cuya madre es más subjetiva que objetiva. El sentido y significado de la originación dependiente pueden determinarse con mucha precisión, si bien el contexto histórico del que se parte para examinarlos permite que se dibujen con más o menos claridad algunas de sus prolongaciones. Algunos contextos históricos han perdido de tal modo el rumbo original que se ven obligados, en la práctica, a prescindir del núcleo. Y recuperarlo entraña una operación más objetiva que creativa.

Aunque solo sea por esta razón, creo que en esta obra hemos conseguido algo original en los estudios budistas. En ciertos pasajes me he esforzado en lanzar cabos hacia las consecuencias prácticas de las conclusiones teóricas que íbamos avanzando, pero gran parte de esta tarea queda para el lector. Aparte de los errores que por descontado contiene esta investigación, lo novedoso siempre corre el riesgo de considerarse peligroso para lo ya establecido, y con razón. No obstante, opino que no solo mi visión del budismo es ortodoxa, sino que algo parecido a lo aquí emprendido ofrece verdaderas oportunidades para óptimos desarrollos de un material que todavía está por venir.

III

El budismo no es la única religión que vive momentos delicados de tensión entre los distintos paradigmas históricos que la han conformado. Incluso en las sociedades occidentales más o menos civilizadas que no necesitan hacer la guerra para justificar sus posiciones, la falta de diálogo y conexión entre los distintos subgrupos budistas es notoria, algo que en cierto modo se incrementa con el espíritu individualista ínsito al Occidente moderno. Se diría que la única posibilidad consiste en detectar el núcleo de su enseñanza, dibujar una visión histórica objetiva, no partidista, de su evolución, y comparar cada uno de sus momentos con el original.

Los estudios budistas están en una posición relativamente afortunada. Poseemos una enorme cantidad de textos fidedignos acerca de la doctrina original de su fundador, y no pocos, aunque aún sumidos en la oscuridad de remotos monasterios, de lo que siguió, aunque sea en traducciones más o menos apropiadas (del sánscrito al tibetano o al chino, por ejemplo). Las dificultades históricas para establecer el verdadero centro filosófico del budismo son nimias comparadas con las verdades seguras que podemos producir al respecto. Mas la documentación histórica es inútil si no le acompaña una *iluminación filosófica*. Y la iluminación en este caso no puede ser otra que la que tuvo y enseñó el Buddha. Tal vez muchos se escandalicen con la insinuación de que uno ha adquirido un despertar semejante al de Gautama. Quede claro que no lo reclamo desde un punto de vista moral. No obstante, es necesario recordar que los *sutta*, además de perfilar una veneración sin límite por el Despierto, no dejan de dar a entender un realismo extremadamente sugerente para aquellos espíritus poco dados a la fantasía espiritual. La iluminación budista es, en cierto modo, algo que se adquiere en cierto momento del trayecto vital, pero también algo que se cultiva indefinidamente: nada está acabado por la sencilla razón de que el mundo en que vivimos, con el que nos relacionamos y del que dependemos para todo, no lo está. Semejante in-finitud no contradice la posibilidad de alcanzar la libertad, a condición de que no la interpretemos bajo el prisma del paradigma de la conciencia, que hace de ella algo perpetuamente inalcanzable justo en virtud del imposible absolutismo en que se basa. La libertad (*nibbāṇa* o *nirvāṇa*) para el Buddha está relacionada, no con la conquista de un absoluto ontológico, sino con la comprensión y cesación de las causas que engendran *dukkha*, la insatisfacción o sufrimiento, en virtud de la práctica de lo que llamó el Sendero Óctuple. Una libertad que, por estar plenamente inserta en el mundo, debe ser reactivada a cada instante.

Todo ello está inscrito en la idea misma de la originación dependiente. Si, por otro lado, resulta importante rememorar el momento de la iluminación del Buddha no es tanto por mor devota, sino porque constituye el inicio histórico (en Oriente) de un tipo original de comprensión de fenómenos, inicialmente ligado a lo psicológico, pero susceptible de aplicarse también a otras ciencias. Iluminaciones espirituales, por lo demás, hay muchas. Cualquier estudiante de meditación, que el Buddha incluyó en el Sendero Óctuple, conoce no solo diversos grados de profundización y luminosidad subjetivas, sino tal vez una gran variedad de otras experiencias, algunas de las cuales aguardan categorización. Sin siquiera entrar en el asunto de la diversidad de campos de conocer a que nos enfrentamos en la actualidad ajenos a lo subjetivo, incluso aquí no cabe confundir *prajñā* con *samādhi*. Y, se nos dice, la sabiduría del verdadero *dhamma* es la comprensión de *paṭiccasamuppāda*. Comprender su esencia, como Moggāllana y Sāriputta tras apenas haber oído hablar de esta idea a través de un tercero, es cosa de un instante. Después resta toda una vida de aplicaciones concretas. Ni la fantástica elevación del budismo tardío tanto de la figura del Buddha como de su Iluminación, ni los destellos estéticos que se hacen sentir en el *zen*, ni experiencias de unión cósmicas, ni por supuesto la facilidad con que caemos en pretender que periódicos rituales sirven para hallar la libertad, son el despertar entretejido en la comprensión de la originación dependiente. Todas ellas son religiosamente útiles, bellas, apasionantes, o necesarias, pero no son la doctrina original de Gautama, ni el punto común entre todas las escuelas budistas.

IV

T.W. Rhys Davids tenía la esperanza de que algún día lo que él llamó entonces (en 1890 aproximadamente) *Diálogos del Buddha* alcanzase en Occidente un grado de reconocimiento filosófico y sapiencial parejo al de Sócrates.[321] Decía: «Esta colección de Diálogos de Gotama acabará por ser colocado, en nuestras escuelas de historia y filosofía, al mismo nivel que los *Diálogos* de Platón». Ha pasado más de un siglo, y la esperanza de Rhys Davids, en lo que respecta a los círculos de élite intelectual y académica, se ha visto frustrada. La razón es por lo menos doble.

Por un lado, la intelectualidad occidental sigue aferrada a la idea de una superioridad de su filosofía, que habría que examinar críticamente y con más detalle. No digo que no sea cierta en sentidos importantes (por ejemplo, en el desarrollo, ya incipiente en Grecia, de las ciencias físicas, la teoría y acción políticas, las matemáticas, la historia o la crítica del arte), pero al tomar estos como el todo se desprecian aquellos ángulos o prominencias en los que Oriente, y más en concreto la filosofía de la India, supera a Occidente. Cosa imposible de determinar allí donde ha desaparecido aquella curiosidad natural que caracterizó a los griegos. No en vano estos mandaron numerosas embajadas a la India desde los tiempos de Alejandro para averiguar qué "se cocía" por aquellos lares.

Hay quien dice que el escepticismo (Pirrón) fue traído de la India en una de estas primeras embajadas culturales. Y uno de sus últimos visitantes, antes de que se desmoronase el mundo antiguo, Plotino, marcó el destino de la filosofía occidental subsiguiente de modo indeleble. Yo diría, muy sumariamente, que si existe un aspecto del conocimiento en que Oriente supera a Occidente es en ciertas técnicas de profundización subjetiva, y son ellas las que están jugando el papel más determinante cuando se introducen las religiones orientales, sobre todo el budismo, en Occidente. Es verdad que la progresiva falta de credibilidad de las instituciones cristianas produce que algunos todavía interesados en la religión busquen remedios en religiones exóticas venidas de lejos. Pero pienso que la introducción masiva del budismo en el Occidente moderno no sería posible sin, por un lado, un cuerpo de técnicas introspectivas y, por otro lado y no menos importante, sin un componente racional que esté a la altura de las circunstancias. Ambos factores explicarían que el budismo, de entre todas las religiones orientales, sea la que goce de más estima, cuantitativamente hablando, en la actualidad.

En el segundo sentido mencionado tenemos la obligación de contemplar la teoría general de la originación dependiente como un marco digno de discusiones filosóficas del más alto nivel, perfectamente actuales y en absoluto desmerecedoras de la atención que recibe, por ejemplo, la metafísica aristotélica. Con todo, no puede achacarse toda la culpa de esta falta de interés por la filosofía oriental a la cerrazón intelectual de Occidente, que es quizá, salvo excepciones, comparativamente mucho menor que la inversa. En contra de los estudios pioneros del matrimonio Davids y la Pāli Text Society, la mayoría de los historiadores posteriores del budismo –por no hablar de sus filósofos y maestros– han ofrecido una versión esencialmente distorsionada del descubrimiento búdico, catalogándolo dentro de una línea de continuidad de tipo místico que apenas se distingue de la filosofía india monista prebudista. Esta aproximación, que caracterizó a toda una era de estudios, induce ella misma sin quererlo a una dicotomía insalvable entre la interiorización "propiamente oriental" y la exteriorización (científica) "típicamente occidental". Esta dicotomía no es solo reduccionista, sino que es sencillamente falsa. Y encontró eco en los filósofos interioristas occidentales repudiadores de todo lo científico (comprendido parcialmente), como Heidegger, dando como resultado una visión del mundo que contrapone antitéticamente la poesía y la ciencia. Visión que va cediendo con el tiempo a una más comprehensiva, a medida que notamos, por un lado, lo creativo en el ámbito científico y, por otro, lo seguro y universal de la intuición poética. Por no mencionar la raíz común a ambos dominios –el mito–, lo que Vico llamó "Sabiduría Poética" (*Ciencia Nueva*, Libro II).

Comparto, pues, con Rhys Davids, Edward Conze y tantos otros, la ambición de hacer presentable a un público occidental moderno la filosofía budista. Pero la dicotomización que realiza, por ejemplo, este último autor para lograrlo pone en peligro desde el inicio la misma empresa. Para Conze, cabe distinguir entre una filosofía perenne, de naturaleza ante todo espiritual, y una filosofía empirista en el sentido más estrecho del término, otorgando como es lógico superioridad a la primera, y colocando en ella la filosofía oriental en conjunto, mientras que todo lo sucedido en la modernidad occidental se coloca en la segunda. Aunque es cierto que el marco cientifista de la modernidad es o ha sido reduccionista y no ha sabido encajar verdades interiores de ninguna clase, no puede tomarse una parte por el todo. Y aunque las técnicas contemplativas de la India merecen muchísima más consideración de la que ha sido concedida por la filosofía occidental, la dicotomía propuesta agudiza la falta de conexión, para nosotros insostenible, entre lo uno y lo otro. Conexión cuyo enlace sería proporcionado por la racionalidad, que atenúa tanto los excesos del reduccionismo cientifista como los de un interiorismo dualista, escapista y falto de rigor científico.

En definitiva, la dicotomía de Conze, en absoluto atípica, conduce, más que a dar la bienvenida a la filosofía oriental a posibles interesados con cierto nivel de instrucción filosófica, a asustarlos. Su visión del budismo es difícilmente atrayente cuando se plantea en términos tales como:

> En el budismo, la fe, la intuición mística, el trance y el poder de la sabiduría trascendental se consideran como capaces de descubrirnos la estructura de los mundos intermedios y espiritual. Nadie puede decir que le ha dado al budismo una oportunidad si persiste en condenar estas fuentes de conocimiento como fútiles e insignificantes.[322]

Sin hacer caso omiso de ciertas experiencias subjetivas como las que Conze refiere en la cita, nuestra perspectiva del budismo ha querido orientar su centro en una dirección diferente, y hemos querido sostener que el budismo puede sostenerse sobre sus dos pies –y ser más coherente y susceptible de experimentación, y al menos tan "espiritual"– sin acudir a experiencias tales como el trance o la intuición mística. Ello no significa condenar los ejercicios del cuidado de sí o introspectivos, que juegan un papel tan importante tanto en el budismo como en toda religión digna de ese nombre, y que en la tradición espiritual india han sido explorados, desde cierto punto de vista, con tanta exhaustividad.

Así, pues, los historiadores budistas más prominentes, ya fueran occidentales u orientales, no percibieron lo verdaderamente distintivo del descubrimiento original budista; creyeron que se trataba de una iluminación mística más –de algún modo (inexplicado) culminante– y, por tanto, no tuvieron más remedio que clasificar la historia del budismo con criterios para empezar deformados, amén de generalmente negar o infravalorar los discursos tempranos. De esto modo, lo que hemos llamado **PI** se mezcló indiscriminadamente con **PII**, como si **PI** no hubiese existido nunca por derecho propio y como si **PII** fuese una vulgar interpretación de catetos religiosos sin la realización mística apropiada y verdadera (otra vez sin definir, y tan diversa como los mitos que creó el *mahāyāna* para justificarla). **PIV**, fundamentalmente una continuación de este proceso, en cuyo seno se han formado gran parte de los historiadores y filósofos budistas, no hizo más que confirmar y asentar filosóficamente los mitos susodichos.

Tal estado de cosas mantuvo un curso firme hasta que recibió un vuelco drástico, anticipado por los trabajos pioneros de los Rhys Davids y después de Jayatilleke, de mano del filósofo e historiador David Kalupahana, en cuya obra encontré la simiente de una idea a la que he intentado, en la presente obra, dotarle de un contexto filosófico más amplio. Sus primeros trabajos son académicamente excelentes (su estudio de la causalidad budista es un clásico imprescindible), pero incluso su *Buddhist Philosophy: A Historical Analysis* (1976), como él mismo reconoce, navega todavía entre las inconsistencias de la división clásica entre el *hīnayāna* y el *mahāyāna*. Es en su traducción de la *MMK* de Nāgārjuna del año 1986 y en su *Principles of Buddhist Psychology* (1987) cuando consolida la visión filosófica de que hubo un budismo original (que, siguiendo a Hans Küng, yo he designado como "primera constelación paradigmática" –**PI**–) diferente del *sarvāstivāda*, *sautrāntika*, etcétera. (**PII**), y del *mahāyāna* (**PIII**). Asimismo, aparece por vez primera la idea revolucionaria de que hubo al menos un filósofo, el Nāgārjuna de la *MMK*, que, lejos de ser el padre de la nueva constelación paradigmática del *mahāyāna* (**PIII**), es un fiel recuperador de la filosofía original de la vía media y la causalidad dependiente (**PI**) como aproximación filosófica central del budismo, de mano de un nuevo y sofisticado lenguaje filosófico. Y será en uno de los últimos trabajos de Kalupahana, *A History of Buddhist Philosophy: Continuities and Discontinuities*, donde queda claramente articulada una visión completa y crítica de la historia del budismo.

La idea seminal de Kalupahana es, no obstante, susceptible de ampliaciones de cara a nuestro mundo filosófico actual. Creo no solo que la filosofía del Buddha puede encajar con el pragmatismo de William James y con el empirismo racionalista más envolvente, tal como sugiere en su *Principles*, sino que además puede hacerse cargo de un paradigma intersubjetivo de entendimiento, con todo lo que ello implica. Pues, por mucho que intentemos reducirlo todo a la subjetividad –incluso aunque reconozcamos, como hizo el Buddha en oposición al absolutismo vedántico, una historia de la subjetividad–, es inevitable comprender la dimensión colectiva de esta historia. Se trataría en parte de reconocer hasta qué punto la subjetividad y la objetividad se ven condicionadas por el desarrollo de una historia y unas circunstancias generadas intersubjetivamente, que implican numerosos aspectos, desde propiamente filosóficos (como tomar una perspectiva crítica y dialógica) hasta políticos, jurídicos o económicos.

La grandeza de Gautama el Buddha, todavía por explorar, no necesita hipostasiarse en deidad, ni compararse con otras (el legendario Lao-Tsé, Jesucristo) para ser discernida. Se trata de una grandeza que deviene ante todo de la coherencia, integridad, racionalidad, profundidad ética, susceptibilidad de experimentación directa, capacidad de crítica interior y exterior, amplitud, rigor conceptual, belleza y alegría que se desprenden de su doctrina. Elementos todos aún por estudiar más en profundidad tanto por los filósofos budistas –quienes obviamente lo reconocen– como por los occidentales –quienes habitualmente ni lo consideran–. No es imposible que este estado de cosas cambie, y de hecho ya existen signos de que el budismo está penetrando tanto en el ámbito académico como en la sociedad. Un fenómeno que, precisamente bajo la luz de la breve historia de perspectivas que acabamos de esbozar, debe ser esclarecido.

V

Cuando comencé esta obra tenía la idea de que el creciente éxito del budismo en sus diversas denominaciones en las sociedades occidentales se debía al componente racional-humanista nuclear a la originación dependiente, así como a haber provisto de un cuerpo útil de técnicas tanto introspectivas como de relación con el mundo circundante. Pero tal vez esto no lo explique todo. También creo preciso acariciar la idea, no sé si complementaria, de que la acogida del budismo en nuestra sociedad está emparentada con el abrazo de una religión más interiorista y personal que social e institucional, y en este sentido habría que asociarlo más bien a la historia del protestantismo (cristiano). Esto cuadraría con el hecho sociológico indiscutible de que el budismo cuaja mejor en suelos de países tradicionalmente protestantes y no católicos. Una inteligente y vibrante discusión de este asunto puede encontrarse en el librito del maestro budista occidental Sangharakshita, *The FWBO and Protestant Buddhism* ("Los amigos de la Orden Budista Occidental y el Budismo protestante"), quien combate vigorosamente –aunque a mi juicio no del todo convincentemente– esta tesis.

Al contrario que las religiones monoteístas, por ejemplo, el budismo convive fácilmente con otras religiones o cultos. La introducción del budismo en Occidente –sin perjuicio de sus muchos correligionarios estrictos, pertenecientes de pleno a una tradición concreta– está marcada por una idea ante todo *personal* de la espiritualidad antes que *institucional*. Los maestros más renombrados del budismo no tienen ningún problema en admitirlo, y a menudo animan a los estudiantes budistas a volver a sus hogares religiosos primitivos. Mientras que el catolicismo responde a un afán de racionalidad de corte intersubjetivo (primacía de la cohesión grupal, la consolidación del dogma y la institucionalización de valores), el protestantismo, para liberarse de sus constricciones, acudió a la subjetividad (la *sola fide*, sin obras) como salida. Además, se diría (y Charles Taylor lo ha mostrado con elocuencia)[323] que el humanismo moderno surge de una tensión insoportable ínsita en el protestantismo. Creo que este gran contexto histórico de las religiones debe tenerse en cuenta a la hora de averiguar por qué razones el budismo está calando hoy en Occidente, y, además, tal vez pueda servir de guía para una aplicación óptima de sus principios.

Dado que ambas, la subjetividad y la intersubjetividad, deben ser tenidas en cuenta, y dado que ambas están, por decirlo así, en perpetua transformación, las adaptaciones entre los distintos vectores serán tan numerosas e imprevisibles como el tema es vasto en sí mismo. Para combatir la tendencia individualista de las sociedades occidentales modernas, sobre todo de tradición protestante, el maestro budista Thich Naht Hanh enfatiza la relevancia de la *saṅgha* (Comunidad, Iglesia). Para contrarrestar el peso de las tradiciones budistas, Kalupahana acude a un verso de la *MMK*, una vez más interpretado de un modo sumamente original y en contra de las traducciones habituales, para recordarnos que a veces, cuando el hilo de la tradición se ha extraviado, la verdad de las cosas tiene que ser hallada por *pratyekabuddha* ("buddhas solitarios"). Si ya dentro del budismo la tensión entre los polos de la subjetividad, intersubjetividad y objetividad es notable, cuánto no lo será cuando se superpone a una situación con una historia propia de esta tensión.

La teoría de la originación dependiente budista podría, por lo demás, operar como una vía media entre las propensiones descabelladas del interiorismo y el personalismo, por un lado, y del sofoco comunitarista del ritual y la dogmatización, por el otro. La insistencia, muy temprana, en las Tres Joyas (el *Buddha*, el *Dharma* y la *Saṅgha*), a saber, lo subjetivo (la persona), lo objetivo (la doctrina) y lo intersubjetivo (la comunidad), apunta al hecho de que en el budismo la aspiración fue siempre mantener estos dominios en relativo equilibrio, con predominancia de la Doctrina.

Creo que, así, tendremos algunas herramientas más para examinar la considerable cabriola que supone saltar de una constelación paradigmática **II**, **III** o **IV** a la actualidad, en eso que se ha denominado, no sin marcado etnocentrismo,[324] "budismo americano" (*American Buddhism*). El salto de un mundo a otro y de un tiempo a otro puede crear la fantástica ilusión de que las enseñanzas budistas son algo extra-ordinario en el sentido literal del término (como si en Occidente nunca hubiésemos dispuesto de algo remotamente semejante), y que sus maestros consumados son prácticamente encarnaciones de lo divino. Pero esta sensación, que se diría real y presente en muchos seguidores budistas, es generada no por las razones que aducen los que se ven a ella sometidos, sino por el salto cualitativo que va desde las constelaciones paradigmáticas medievales en que se encuentra mayormente el budismo hasta la modernidad occidental. La cual, al haber conservado posos muy vivos de superstición –seguramente por haber olvidado el sentido de su propio desarrollo histórico–, tiende a idear, dentro del contexto del budismo, representaciones verdaderamente fantasiosas de sí mismo y de sus principales personajes.

Habría que notar otro punto, a mi juicio más decisivo todavía, que tiene que ver con nuestro desarrollo histórico. La emergencia del "humanismo exclusivo" (como lo llama Charles Taylor), típico de la modernidad occidental, solo puede ser explicado desde coordenadas occidentales y en concreto cristianas, a pesar de que, y precisamente porque, el "secularismo" resultante pretende haber cortado toda conexión con sus raíces. Tal corte explicaría por qué los vástagos del humanismo moderno con inquietudes religiosas acuden a otras tradiciones, y en concreto al budismo. Creen ver en alguna de sus constelaciones paradigmáticas intermedias (**PII**, **PIII**, o **PIV**) el rudimento de una espiritualidad (post)moderna, en parte porque sin quererlo arrastran la racionalidad de la originación dependiente y de las enseñanzas originales del Buddha; en parte porque proporciona cierto alimento mítico y poético novedoso; y sobre todo porque se pretende –equivocadamente– que uno puede escapar de su propia historia o empezar desde cero. Pero acudir a una de estas constelaciones paradigmáticas como solución a *nuestros* problemas constituye una magna distorsión del verdadero problema, y, aunque pueda servir de apoyo, el budismo (o alguna otra religión oriental con elementos humanistas más o menos prominentes) jamás podrá ser aquí la base a partir de la cual una *integración* de los mundos mítico, metafísico y racional pueda ser efectuada.

Vancúver, julio 2009 – Jimena de la Frontera, abril 2010

BIBLIOGRAFÍA

Akira, Hirakawa. *A History of Indian Buddhism: From Śākyamuni to Early Mahāyāna*. Motilal Banarsidass, 1998.

Appel, Karl Otto. *Towards a Transformation of Philosophy*. Marquette University Press.

Aristóteles. *Basic Works*. The Modern Library, 2001.

Āryadeva. *Four Hundred Stanzas*. Now Lion, 2008.

Avatamsaka Sūtra: The Flower Adornment Scripture (trad. por Thomas Cleary). Shambhala, 1993.

Bailey, Greg; Mabbett, Ian. *The Sociology of Early Buddhism*. Cambridge University Press, 2003.

Baskin, Wade (ed.). *Classics in Chinese Philosophy. From Mo Tzu to Mao Tse Tung*. Philosophical Library, 1972.

Bhagavad Gītā, con los comentarios Advaita de Śankara (trad. por Consuelo Martín). Trotta, 1997.

Brahma Sūtras, con los comentarios Advaita de Śankara (trad. por Consuelo Martín). Trotta, 2000.

Brazier, David. *The New Buddhism*. Palgrave, 2001.

Bueno, Gustavo. *Ensayos materialistas*. Taurus, 1972.

—. *Los Filósofos Presocráticos*. Pentalfa, 1974.

—. *El Animal Divino*. Pentalfa, 1994.

—. *¿Qué es la Filosofía?* Pentalta, 1995.

—. *¿Qué es la Ciencia?* Pentalfa, 1995.

Chandrakīrti. *Prasannapadā. Lucid Exposition of the Middle Way* (trad. por Mervyn Sprung). Prajñā Press, 1979.

—. *Madhyamakavatara. Introduction to the Middle Way* (trad. por the Padmakara Tranlation Group). Shambhala, 2002.

Conze, Edward. *Buddhist Thought in India*. University of Michigan Press, 1973.

—. *Buddhism: its Essence and Development*. Harper Torchbooks, 1975.

— (ed.). *Buddhist Wisdom Books: The Diamond and the Heart Sutra*. Unwin, 1988.

— (ed.). *Selected Sayings from the Perfection of Wisdom*. Prajña Press, 1978.

Dhammapada (trad. por David Kalupahana). University Press of America, 1986.

Dhammapada (trad. por John Ross Carter and Mahinda Palihawadana). Oxford University Press, 1987.

Dign ga. *Fragments* (ed. por H.N. Randle). Motilal Banarsidass, 1981.

Diógenes Laercio. *Vida, opiniones y sentencias de los filósofos más ilustres*. Folio, 1999.

Dostoievski, Fiodor M. *The Brothers Karamazov*. Bantam, 1981.

Fatone, Vicente. *The Philosophy of Nāgārjuna*. Motilal Banarsidass, 1991.

Frye, Northrop. *The Double Vision: Language and Meaning in Religion*. University of Toronto Press, 1991.

—. *The Great Code*. Academic Press Canada, 1982.

Gandavyuha Sūtra: Entry into the Realm of Reality (The Final Book of the Avatamsaka Sūtra). (trad. por Thomas Cleary.) Shambhala, 1989.

Gómez de Liaño, Ignacio. *El círculo de la sabiduría (2 vols.)*. Siruela, 1998.

Gross, Rita M. *Buddhism After Patriarchy: A Feminist History, Analysis and Reconstruction of Buddhism*. SUNY, 1993.

Guenther, Herbert V. *The Tantric View of Life*. Shambhala, 1972.

—. *Philosophy and Psychology of the Abhidhamma*. Shambhala, 1974.

Guthrie, W.K.C. *A History of Greek Philosophy (vols. I-II)*. Cambridge University Press, 1997.

Gyatso, Khenpo Tsultrim. *Progressive Stages of Meditation on Emptiness*. Longchen Foundation, 1994.

Hazra, Kanai Lal. *The Rise and Decline of Buddhism in India*. Munshiram Manoharlal, 1995.

Hayward, Jeremy W. *Shifting Worlds, Changing Minds: Where the Sciences and Buddhism Meet*. New Science Library, Shambhala, 1987.

Hegel, G.W.F. *Lógica*. Folio, 2002.

Hopkins, Jeffrey. *Meditation on Emptiness*. Wisdom, 1983.

Horkheimer, M.; Adorno, Th. *Dialectic of Enlightenment*. Continuum, 1972.

Hui-Neng. *The Platform Sutra or The Sutra of Hui-Neng, Grand Master of Zen* (trad. por Thomas Cleary). Shambhala, 1998.

Hume, David. *Tratado de la Naturaleza Humana*. Tecnos, 2005.

—. *Enquiry Concerning Human Understanding*. Clarendon Press, 1982.

Jayatilleke, K.N. *Early Buddhist Theory of Knowledge*. Motilal Banarsidass, 2004.

Kalupahana, David J. *The Way of Siddharta*. Shambhala, 1982.

—. *The Principles of Buddhist Psychology*. Sri Satguru Publications, 1987.

—. *Buddhist Philosophy. A Historical Analysis*. University of Hawaii Press, 1983.

—. *Causality: The Central Philosophy of Buddhism*. University of Hawaii Press, 1975.

—. *A History of Buddhist Philosophy. Continuities and Discontinuities*. University of Hawaii Press, 1992.

Kierkegaard, Søren. *The Concept of Dread* (trad. por W. Lowrie). Princeton University Press, 1957.

—. *Concluding Unscientific Postscript* (trad. por M. Swenson and W. Lowrie). Princeton University Press, 1968.

Küng, Hans. *El Judaísmo: Pasado, Presente, Futuro*. Trotta, 2006

—. *El cristianismo: esencia e historia*. Trotta, 2005.

—. *El islam: pasado, presente, futuro*. Trotta, 2006.

Laṅkāvatāra Sūtra: A Mahāyāna Text (trad. por D. T. Suzuki). Motilal Banarsidass, 2003.

Lao Tzu. *Tao Te Ching: The Classic Book o Integrity and the Way*. (Nueva traducción de Victor H. Mair). Bantam Books, 1990.

Levinas, Emmanuel. *Totalidad e infinito*. Sígueme, 2002.

—. *De otro modo que ser o más allá de la esencia*. Sígueme, 2000.

Li, Tongxuan. *Entry Into the Realm of Realty: The Gandavyuha Sūtra, the Final Book of the Avatamsaka Sūtra*. Shambhala, 1989. Trad. por Thomas Cleary.

Lotus Sūtra: A Contemporary Translation of a Buddhist Classic (trad. por Gene Reeves). Wisdom, 2008.

*Lotus Sūtra (*trad. por Burton Watson). Columbia University Press, 1993.

Scripture of the Lotus Blossom of the Fine Dharma: The Lotus Sūtra (trad. del *Chinese of Kumārajīva by Leon Hurvitz)*. Columbia University Press, 1976.

Loy, David. *Non-Duality: A Study in Comparative Philosophy*. Humanity Books, 1995.

Macy, Joanna. *Mutual Causality in Buddhism and General Systems Theory: The Dharma of Natural Systems*. SUNY, 1991.

Maitreya. *Middle Beyond Extremes: Maitreya's* Madhy ntavibh ga *(Dharma-chakra Translation Committe*). Snow Lion, 2006.

Maitreya, Arya; Asanga, Acharya. *The Changeless Nature*. Karma Kagyu Trust, 1985.

Malantschuk, Gregor. *Kierkegaard's Thought*, Princeton, 1974.

Milarepa. *The Hundred Thousand Songs of Milarepa* (trad. por Garma C.C. Chang). Shambhala, 1962.

Monier-Williams, Sir M. *A Sanskrit-English Dictionary*. Motilal Banarsidass, 1993.

Murti, T.R.V. *The Central Philosophy of Buddhism. A Study of the Madhyamika System*. Unwin, 1987.

Nagao, Gadjin M. *Madhyamika and Yogācāra. A Study of Mahāyāna Philosophies*. Sri Satguru Publications, 1991.

Nakamura, Hajime. *Indian Buddhism*. KUFS, 1980.

Namgyal, Takpo Tashi. *Mahamudra*. Motilal Banarsidass, 2001.

Naropa. *The Six Yogas*. Snow Lion, 1996.

Nietzsche, Fridrich. *The Will to Power*. Vintage, 1967.

—. *El crepúsculo de los ídolos*. Alianza, 1987.

Padhye, A.M. *The Framework of Nāgārjuna's Philosophy*. Sri Satguru, 1988.

Panikkar, Raimon. *El silencio del Buddha: una introducción al ateísmo religioso*. Siruela, 2005.

—. *The Vedic Experience: Mantramañjarī. An Antology of the Vedas for Modern Man and Contemporary Celebration*. Motilal Banarsidass, 1977.

Platón. *Dialogues* (trad. por B. Jowett). Random House, 1937.

Prigogine, Ilya. *El nacimiento del tiempo*. Tusquets, 2001.

Questions of King Milinda (2 vols.). Traducido por T.W. Rhys Davids. Dover, 1963.

Radhakrishnan, Sarvepalli; Moore, Charles, A. (eds.). *A Sourcebook in Indian Philosophy*. Princeton, 1957.

Reat, Noble Ross. *Buddhism. A History*. Jain Publishing, 1994.

Rhys Davids, T.W. *History of Indian Buddhism*. Cosmo Publications, India, 2002.

—. *The History and Literature Of Buddhism*. Munshiram Manoharlal, 1999.

Rhys Davids, T.W; Stede, William. *Pali-English Dictionary*. Motilal Banarsidass, 2007.

Rhys Davids, C.A.F. *The Birth of Indian Psychology and Its Devepment in Buddhism*. Munshiram Manoharlal, 1978.

—. *A Buddhist Manual of Psichological Ethics*. Munshiram Manoharlal, 1996.

Rodríguez de Peñaranda, Miguel. *La gran alternancia: hacia un nuevo mapa del conocer*. Biblioteca Nueva, 2010.

Russell, Bertrand. *The Problems of Philosophy*. Oxford University Press, 2001.

Śantarakshita, *Madhyamakalankara: The Adornment of the Middle Way* (trad. por the Padmakara Translation Group). Shambahla, 2005.

Santayana, George. *The Life of Reason (5 vols.)*. Collier Books, 1962.

Śāntideva. *Bodhicharyāvatāra: The Way of the Bodhisattva* (trad. por Padmakara Translation Group). Shambhala, 1997.

Shastri, Yajneshwar S. *Mahayana Sūtra Lankara of Asanga: A Study in Vijñanavada Buddhism*. Sri Satguru Publications, 1989.

Schelling, F.W.J., *Investigaciones filosóficas sobre la esencia de la libertad y otros objetos con ella relacionados*. Anthropos, 2000.

Sexto Empírico. *Against the Logicians*. Cambridge Univeristy Press, 2005.

—. *Against the Ethicists*. Clarendon Press, 1997.

—. *Against the Mathematicians*. Clarendon Press, 1998.

—. *Hipotiposis Pirrónicas*. Akal, 1996.

Snellgrove, David. *Indo-Tibetan Buddhism*. Shambhala, 2002.

Sprung, Mervyn. *Lucid Exposition of the Middle Way: The Essential Chapters from the* Prasannapadā *of Chandrakīrti*. Routledge and Kegan Paul, 1979.

Stcherbatsky, T.H. *Buddhist Logic (2 vols.)*. Motilal Banarsidass, 1994.

Suzuki, Daisez Teitaro. *Studies in the Laṅkāvatāra Sūtra*. Motilal Banarsidass, 1999.

—. *Essays on Zen Buddhism (3 vols.)*. Munshiram Manoharlal, 2000.

Tachikana, Musashi. *An Introduction to the Philosophy of Nāgārjuna*. Motilal Banarsidass, 1997.

Taylor, Charles. *A Secular Age*. Harvard University Press, 2007.

The Holy Teaching of Vimalakīrti: a Mahāyāna Scripture (trad. por Robert Thurman). Pennsylvania State University Press, 2006.

The Flower Ornament Scripture: A Transaltion of the Avatamsaka Sūtra (de Thomas Cleary). Shambhala, 1993.

Thich Nhat Hanh. *Old Path, White Clouds*. Paralax, 1991.

—. *Opening the Heart of the Cosmos: Insights on the Lotus Sūtra*. Paralax, 2003.

—. *Transformation at the Base: Fifty Verses on the Nature of Consciousness*. Paralax, 2001.

—. *The Heart of the Buddha's Teaching*. Broadway Books, 1998.

Thurman, Robert. *Essential Tibetan Buddhism*. Castle Books, 1997.

Trungpa, Chögyam. *Cutting Through Spiritual Materialism*. Shambala, 2000.

—. *The Myth of Freedom*. Shambhala, 2001.

—. *Training the Mind*. Shambhala, 1999.

—. *Shambhala: The Sacred Path of the Warrior*. Shambhala, 2000.

—. *Collected Works (vol. IV): Journey without Goal; The Lion's Roar; The Dawn of Tantra*. Shambhala, 2003.

—. *Collected Works (vol. VI): Glimpses of Space; Orderly Chaos; Secret Beyond Thought; The Tibetan Book of the Dead: Commentary; Transcending Madness*. Shambhala, 2004.

Trungpa, Chögyam; Fremantle, Francesca. *The Tibetan Book of The Dead*. Shambhala, 2000.

Upanishads (trad. y ed. por Juan Mascaró). Penguin, 1967.

Vasubhandu. *Seven Works* (trad. por Stefan Anaker). Motilal Banarsidass, 1998.

Vico, Giambattista. *Ciencia Nueva*. Tecnos, 2006.

Vielhauer, Philip. *Historia de la literatura cristiana primitiva*. Sígueme, 2003.

Vimalakīrti Sūtra: The Holy Teaching of Vimalakīrti (trad. por Robert A.F. Thurman). Pennsylvania State University Press, 2006.

Vivekananda. *The Yogas and Other Works*. Ramakrishna-Vivekananda Center, 1996.

Walser, Joseph. *Nāgārjuna in Context. Mahayana Buddhism and Early Indian Culture*. Columbia University Press, 2005.

Warder, A.K. *Indian Buddhism*. Motilal Banarsidass, 2004.

Wasson, R. Gordon. *Soma: divine mushroom of immortality*. Mouton, 1968.

Weber, Max. *The Religion of India: the Sociology of Hinduism and Buddhism*. Free Press, 1958-1962.

Wilber, Ken. *Ciencia y religión*. Kairós, 1999.

—. *Sexo, ecología y espiritualidad* (vol. I de la *Trilogía del kosmos*). Gaia, 1997.

—. *Una teoría de todo*. Kairós, 2000.

Wittgenstein, Ludwig. *Investigaciones filosóficas*. Instituto de Investigaciones Filosóficas UNAM, 1998.

—. *Tractatus Logicus-Philosophicus*. Altaya, 1996.

Yates, Frances A. *Giordano Bruno and the Hermetic Tradition*. Vintage, 1969.

ESPECÍFICA DE NĀGĀRJUNA:

Versiones de la *Mūlamadhyamikākarikā*:
—. The *Philosophy of the Middle Way* (trad. por David Kalupahana). SUNY, 1986.
—. *The Fundamental Wisdom of the Middle Way* (trad. por Jay L. Garfield). Oxford University Press, 1995.
—. *The Mūlamadhyamikārikās of Nāgārjuna* (trad. por Keneth Inada). Hokuseido Press, 1970.
—. *Verses from the Center. A Buddhist Vision of the Sublime* (trad. por Stephen Batchelor). Riverhead Books, 2000.
—. *Fundamentos de la Vía Media* (trad. por Juan Arnau). Siruela, 2004.
—. *Versos sobre los fundamentos del Camino Medio* (trad. por Abraham Vélez de Cea). Kairós, 2002.
Vigrahavyāvartanī. The Dialectical Method of Nāgārjuna (trad. por Kamaleswar Bhattacharya). Motilal Banarsidass, 2002.
Maha-prajñapāramitā-śāstra. Nāgārjuna's Philosophy (trad. por K. Venkata Ramanan). Motilal Banarsidass, 2002.
Ratnāvalī. Precious Garland. Buddhist Advice for Living and Liberation (trad. por Jeffrey Hopkins). Snow Lion, 1998.
Sahṛdlekha. A Letter to a Friend. Nāgārjuna's Moral Philosophy and Sinhala Buddhism (trad. por David Kalupahana). Postgraduate Institute of Pali and Buddhist Studies, 1995.
—. *Suhṛllekha. The Letter to a Friend* (trad. por Geshe Lobsang Tharchin y Artemus B. Engle). First Kalmuk Buddhist Temple, 1977.
Vaidalyaprakaraṇa. Nāgārjuna's Refutation of Logic (nyāna) (trad. por Fernando Tola y Carmen Dragonetti). Motilal Banarsidass, 1995.
On Voidness: Yuktiṣaṣṭikākārikā, Śūnyatāsaptatikārikā, Catustava (trad. por Fernando Tola y Carmen Dragonetti). Motilal Banarsidass, 1995.
Twelve Gate Treatise (trad. por Hsueh-li Cheng). Reidel Publishing, 1982.
Seventy Stanzas (trad. por David Ross Komito). Snow Lion, 1987.

PÁGINA DE LA RED:

http://www.accesstoinsight.org/ (Readings in Theravada Buddhism)

NOTAS

1. Bueno, Gustavo. *Los filósofos presocráticos*, pág. 13.
2. A lo largo del texto utilizaremos generalmente denominaciones pāli para referirnos a los textos tempranos, y sánscritas para los más tardíos, especialmente los textos del *māhāyana*. En concreto, los discursos históricos de Gautama el Buddha serán referidos como *sutta* (pāli), mientras que los no históricos y muy posteriores, elaborados en sánscrito, serán referidos como *sūtra*. Para una discusión sobre la historicidad de los primeros y la no historicidad de los segundos, cfr. capítulo 3, IV, a.
3. Cfr. *Nikāya Majjhima* I, 190-191. Existen fundamentalmente dos modos diferentes de localizar citas en la Cesta de Discursos (*Piṭaka Sutta)*. La primera pertenece a la antigua edición realizada por la Pali Text Society, y la más moderna a cargo de Wisdom Publications. Dado que la moderna y hoy adquirible contiene los signos de correspondencia con la antigua, no existe problema alguno si utilizamos una u otra nomenclatura. La mayor parte de las veces usaremos la moderna, salvo en aquellos casos en que hemos tomado la cita de otras obras, cuando todavía no se había editado la edición moderna de las tres primeras Colecciones (*Nikāya*) de Discursos. Para una clasificación de las Tres Cestas (*Tipiṭaka*) –el canon pāli completo– y de las Cinco Colecciones dentro de la Cesta de Discursos, véase también el capítulo 3, IV, a.
4. Me refiero sobre todo a *El discurso filosófico de la modernidad*.
5. Hans Küng, *El Cristianismo: Esencia e Historia* ("Qué pretende este libro").
6. Dada la extrema popularidad de la voz "Siddhārta Guatama", lo más apropiado será mantenerla a lo largo del texto, aunque las fuentes de las que me sirvo para la presentación de su doctrina original provienen del pāli, donde se le conoce como Siddhatta Gotama. En general, la primera vez que mente un término extranjero mencionaré entre paréntesis la lengua de la que proviene, y a menudo incluiré tanto la voz pāli como en sánscrito, cuando ambas son comunes. Aprovecho la ocasión para aclarar que la transliteración correcta al alfabeto latino de quien se conoce como "el Despierto" es Buddha, y no Buda, como se suele presentarse en español.
7. La *Tipiṭaka* consiste en: 1) los discursos tempranos en pāli y chino (*sutta* y *āgama,* respectivamente), 2) el código disciplinario para los monjes y monjas (*vinaya*), y 3) los tratados filosóficos (*addhidhamma*). Cfr. capítulo 3, IV.
8. No obstante, puede mantenerse que el desarrollo de la quinta (**PV**) y sexta (**PVI**) constelaciones paradigmáticas (en el budismo y en tantas otras religiones terciarias) es posible solamente gracias al peculiar desarrollo de tales paradigmas *en el cristianismo*, sin el cual no podríamos estar hablando hoy de humanismo (secularismo) o de postmetafísica *como paradigmas hegemónicos*. Por supuesto no viene al caso que nos detengamos ahora a analizar cómo fue posible la emergencia del humanismo secular en Occidente, en parte, pero no exclusivamente vía protestantismo (**PIV**), pero sí es preciso recordar que si el budismo o el islam han de hacer hegemónicas tales constelaciones paradigmáticas es porque seguirán el curso de un proyecto realizado por la cristiandad.
9. Una de las diferencias fundamentales entre el cristianismo, por una parte, y el judaísmo y el islam, por el otro, reside aquí seguramente: el cristianismo incorporó en su seno vene-

ros de sabiduría tradicional pagana, empezando por la filosofía griega y el Derecho romano, y pasando por el culto de la Diosa en el Mediterráneo (culto mariano) o de reliquias (fetiches)..., entre otros tantos.

10. Cfr. *El crepúsculo de los ídolos*, óp. cit. «De cómo el "Mundo Verdadero" finalmente se convirtió en una fábula: la Historia de un Error».

11. La metáfora de la flecha se encuentra en innumerables *sutta* (*Sutta Cula-Malunkyovada*, la *Majjhima Nikāya*, 63; *Sutta Sunakkatha*, *Nikāya Majjhima* 105; en el *Sutta Devadaha*, *Nikāya Majjhima* 101; etcétera). La descripción clásica, que se refiere a un hombre al que se le ha clavado una flecha venenosa y, estando a punto de morir, sigue preguntándose por cuestiones inútiles (metafísicas), es la siguiente: «Es como si un hombre estuviese herido con una flecha envenenada. Sus amigos y compañeros, vecinos y parientes le traen un cirujano, y el hombre dice: "No me quitaré esta flecha hasta que sepa si el hombre que la lanzó fue un noble guerrero, un sacerdote, un mercader o un trabajador". Y prosigue: "No me quitaré esta flecha hasta que no sepa el nombre y el clan del hombre que la lanzó... hasta que sepa si era alto o bajo o mediano... hasta que sepa si era moreno, negro o dorado... hasta que sepa de qué villa, pueblo o ciudad proviene... hasta que sepa el tipo de arco que utilizó, si grande o pequeño... hasta que sepa si la cuerda del arco que utilizó estaba hecha de fibra, cáñamo, hilos de bambú, tendones o corteza de árbol... hasta que sepa si el asta era silvestre o cultivada... hasta que sepa si las plumas del asta eran de ganso, buitre, halcón, pavo real u otro pájaro... hasta que sepa si el asta estaba hecha de tendón de buey, de búfalo de agua, o de mono... hasta que sepa si la flecha estaba alambrada, curvada, dentada o laureada". El hombre moriría y estas cosas todavía le serían desconocidas». Es obvio que lo prolijo de la enumeración obedece no sólo a propósitos didácticos, sino a un ácido sentido del humor. [La traducción de este texto, como la de tantos otros tomados de fuentes inglesas que citaremos a lo largo de nuestra investigación, es nuestra.]

12. La traducción que ofrezco aquí es una combinación de las traducciones al inglés, directamente desde el sánscrito, de Raimon Panikkar en su clásico *The Vedic Experience* (pág. 58) y de David Kalupahana en *A History of Buddhist Philosophy* (pág. 4). Existen diferencias entre ambas versiones, pero no lo suficientemente importantes como para detenernos en ellas.

13 La *Bhagavad Gītā* también, como decía en el texto principal, se hace eco de este escepticismo en el siguiente pasaje: «Aquel que ve al mismo Dios en todas partes, ya sea en el placer o en el dolor, es el más alto atleta del Espíritu – *o eso es lo que los hombres piensan*» (6, 8-47). Esta apostilla no se encuentra en todas las versiones que he consultado (cfr. cap. 6, versión de Consuelo Martín con los comentarios Advaita de Śaṅkara, ed. Trotta).

14. Kalupahana, *A History of Buddhist Philosophy*, pág. 5.

15. La súbita iluminación de Sāriputta en cuanto oye decir que el Buddha predica la originación dependiente está narrada en el *Mahāvagga*, 1.23.1-10, *Upatissa-pasine* (*Piṭaka Vinaya*). Cfr. la obra *The Life of Sāriputta* de Nyanaponika Thera para una revisión de este momento, tradicionalmente denominado "obtener los frutos del que ha entrado en la corriente". En el *Mahāvagga* se narra también la conversión de Moggāllana, idéntica en lo esencial a la de Sāriputta, nada más enterarse por boca de este último de lo que enseñaba Gautama.

16. Ibíd., pág. 13. Lo que aquí se designa como materialismo es lo que Gustavo Bueno nombraría "doctrina corporeísta" para distinguirlo de un materialismo que naturalmente considera el mundo de las ideas. El materialismo indio es corporeísta, como algunas vertientes de la ciencia moderna (o cientifismo, deberíamos decir), porque piensa que en último término el mundo es reducible a la colisión entre partículas materiales, que son permanentes y eternas. Unos materialistas indios y otros variarán en el acento nihilista de sus propuestas, o en su capacidad de cobijar la experiencia sensorial como fuente válida de conocimiento.

17. Más tarde, en la Parte II, veremos cómo *śūnyatā* (sánscrito) pasa a ser, gracias a la reintroducción de un idealismo de tipo negativo, una especie de Origen inmanifiesto, Vacío Radical, que nada tiene que ver con el uso que hace Gautama de *suñña* (pāli). Sirva de contraste, por ejemplo, el *Sutta de Suñña* de la *Nikāya Samyutta* 35.85 y la concepción de *śūnyata* en el mahayánico *Sūtra de Laṅkāvatāra*.
18. Cfr. Kalupahana, David. *Causality: The Central Philosophy of Buddhism*, págs. 5 y ss. En este contexto sería importante tener presente que «azar y determinismo pertenecen a niveles, y aun a géneros, ontológicos diferentes» (Gustavo Bueno, *Ensayos Materialistas*, pág. 347: en esta misma página Bueno propone un ejemplo ilustrativo magistral).
19. En el capítulo 3, IV realizaremos algunas indicaciones básicas acerca de cómo están distribuidos los textos llamados canónicos (*tipiṭaka*), los más tempranos que conocemos y sin duda atribuibles en buena parte a las enseñanzas reales del Buddha histórico. Ahora me gustaría tan solo señalar que el discurso (*sutta*) que mencionamos es el primero de la primera colección (*nikaya*); una colección, según todos los indicios, pensada como *introducción* a las ideas budistas. Resulta altamente significativo, por ello, que este *primer* discurso se abalance, sin más preámbulos, sobre las cuatro teorías clásicas de la causalidad y la alternativa ofrecida por el Buddha.
20. Sobre algunos de estos asuntos, el Buddha no quiso ofrecer una explicación de inmediato (el famoso "silencio del Buddha") justo porque una respuesta en la forma en que se hacía la pregunta conduce indefectiblemente a una proposición metafísica. No obstante, aunque este silencio se ha querido interpretar a menudo de un modo místico, lo cierto es que el Buddha, tan pronto marcha su interlocutor, explica por qué calló, y su explicación está dentro de un orden racional: si hubiese dado una explicación en esos términos, el interlocutor hubiese caído en las trampas metafísicas que el Buddha quería evitar a toda costa. Los textos principales donde se puede encontrar una lista de temas sobre los que el Buddha no quiere ofrecer explicación, y las razones específicas de su negativa, son: el *Sutta Culla-Malunkya*, en la *Nikāya Majjhima* I 426 y ss.; el *Sutta Aggi-Vacchagotta*, en la *Nikāya Majjhima* I 483 y ss.; en el *Vachagottasamyutta* de la *Nikāya Saṃyutta* III.33; en *Abyākatasamyutta* de la *Nikāya Saṃyutta* IV.44.
21. Examino esta cuestión en mi breve ensayo «En torno a *El silencio del Buddha* de Raimon Panikkar».
22. *The Way of Siddhārta*, pág. 111. He mantenido el original inglés en el texto porque una traducción resulta sumamente difícil sin romper la sencillez con que la idea queda expresada: con sólo cambiar una preposición (*of* por *from*) cambia radicalmente el sentido en que el Buddha se relaciona con las visiones de la realidad. Pues una cosa es tener visiones de la realidad (*of*) y otra estar apegado a ellas (*from*). Una traducción podría ser: «El Buddha no se ve libre de visiones pero está liberado de ellas».
23. Esta idea guía buena parte de la trayectoria intelectual de Northrop Frye, quien detectó el problema de la mano de un poema de William Blake (a cuya obra dedicó su extraordinario estudio *Fearful Simmetry*) y le disparó a décadas de investigación de la simbología hebrea y cristiana (*The Great Code* y *Words with Power*). Su último trabajo, *The Double Vision*, expone esta idea seminal con precisión. El poema de William Blake dice así: «Pues mis ojos tienen una doble visión,/ y una doble visión está siempre conmigo:/ con mi ojo interior veo un viejo hombre gris;/ con mi ojo exterior es un cardo en mi camino» (la traducción es mía).
24. Brevemente, lo simbólico y lo mítico no son lo mismo porque dentro de un orden simbólico pueden todavía detectarse niveles de comprensión que se corresponden a grandes rasgos con los niveles mágico, mítico y racional del mundo natural.
25. Sobre la vida y leyenda de Pitágoras, cfr. el estudio de Guthrie, *History of Greek Philosophy*, I, págs 160-161. Un texto relativamente temprano (el frg. 129 de Empédocles) habla del poder que tenía Pitágoras de ver sus «diez o veinte vidas [pasa-

das]» (pág. 164), poder que curiosamente también se atribuye Gautama a sí mismo tras su iluminación. El *Theragatha* (vv. 375-380), por ejemplo, describe a un maestro muy conocido, de nombre Kassapa, con el mismo poder psíquico, quien queriendo permanecer en la fama y viendo en el Buddha a un contricante, intentó envenenarlo mediante la introducción de una serpiente en su choza cuando este accedió a hacerle una visita. Falló en su propósito, y Kassapa acabó por reconocer su intento de homicidio. El Buddha se ganó entonces para sí a los viejos adeptos de este taumaturgo, a éste inclusive, que cuenta la historia completa. Por lo demás, las coincidencias asombrosas entre las ideas de Pitágoras y el Buddha (la transmigración de las almas, el compromiso a practicar la comunidad de bienes, la purificación espiritual, la dieta vegetariana, el esoterismo y el cultivo del silencio, entre otros elementos) plantean la cuestión de una posible influencia india, más que egipcia como se creyó tradicionalmente, en Pitágoras.

26. En el *Sutta Mahāpadāna* de la *Nikāya Dīgha* (óp. cit. pág. 220) se habla de 1 250 monjes que son todos *arahant*, es decir, con la misma realización que la del propio Gautama, el Buddha.
27. De ahí la reacción *sautrāntika* –"los que acuden sólo a los *sutta*"–, que no fue de gran calado, y que por otra parte tampoco respetó el corazón antisustancialista de la originación dependiente. Lo veremos en la Parte II.
28. Cfr. Noble Ross Reat, *Buddhism: A History*, cap. 1.
29. Cfr. *Nikāya Majjhima* I, 167. "Ser" es también a veces traducido como "devenir". Ambas traducciones, en este caso no incompatibles, puestas una junto a la otra pueden confundirnos por la fuerza que poseen estos términos en nuestra propia tradición filosófica. Tanto ser como devenir han de entenderse en el contexto de la re-encarnación, como generación de vida aún ignorante de la libertad.
30. Cfr. Gebser, su descomunal obra *Ursprung und Gegenwart* (1949) –traducida recientemente al español como *Origen y presente*, 2011–; y Wilber, cualquier obra suya tras *Sexo, Ecología y Espiritualidad* (1996).
31. Así el *vajrayāna*, que afirma que sólo su método permite la libertad en la vida presente, mientras que los caminos del *arhant* del *hīnayāna* y del *bodhisattva* en el *mahāyāna* requiren juntos varios millares de vidas para ser completados.
32. Para narrar los acontecimientos principales de la vida de Gautama hemos partido especialmente de las biografías de Thich Naht Hanh (*Old Path, White Clouds*) y David e Indrani Kalupahana (*The Way of Siddharta*), ambas basadas en los discursos tempranos pāli (*sutta*) y chinos (*āgama*).
33. El examen tipificado es el de la cadena causal duodécupla, que estudiaremos más adelante en este capítulo.
34. Se trata de la hipótesis de R. Gordon Wasson en su original obra *Soma*. De acuerdo con Wasson, los *Veda* originarios giran en torno a la ingesta de una sustancia –*soma*– que conduce a visiones terroríficas y deslumbrantes sobre la naturaleza de la realidad. Wasson hipotetiza que esta sustancia es la *amanita muscaria*, también utilizada por otras culturas, como los chamanes siberianos, para propósitos similares. Una desaparición de la sustancia habría conducido a una ritualización de lo grabado en escritos tradicionales, ya patente en la época de Gautama. Es mi hipótesis que, para saciar un mismo hambre de visión, había que hollar otros caminos: los ejercicios ascéticos y el *yogā*.
35. Cfr. por ejemplo el *Sutta Ariyapariyesanā*, en la *Nikāya Samyutta* 35.85.
36. Cfr. por ejemplo *Sutta Mahānidāna*, en la *Nikāya Dīgha*, 15. En el *Sutta Mahāparinibbāna* (*Nikāya Dīgha*, 16) o "Los últimos días del Buddha", uno de los discursos más conocidos, se cuenta cómo el Buddha entra sucesivamente en todos estos estadios de meditación para paliar el dolor que siente en la entrañas a causa de su envenenamiento mortal, y, al alcanzar el nivel de Cesación de la Percepción y el Sentimiento, su fiel e inseparable asistente personal Ānanda piensa (incorrectamente) que el Buddha ya ha fallecido.

37. *Sutta Ariyapariyesanā*, *Majjhima Nikāya*, 26,18-19 (óp. cit., pág. 260).
38. Cfr. por ejemplo *Sutta Asuttava*, en la *Samyutta Nikāya* 12.61. Recuerda al «nada nace de la nada; nada vuelve a la nada» de Lucrecio.
39. Expresión que se repite en numerosos *sutta* y que se ha traducido de múltiples maneras. Cfr. por ejemplo el *Sutta Sāmaññaphala* (*Dīgha Nikāya*, 2), o en el mismo *Sutta Ariyapariyesanā* citado antes. En el siguiente apartado ofreceremos otra traducción diferente.
40. Una de las exposiciones más pulidas de esta macro-concepción se encuentra en el librito de Khenpo Tsultrim Gyamtso, *Progressive Stages of Meditation on Emptiness*.
41. Para una excelente discusión, en pura vena de diálogo platónico –típica de tantos otros *sutta*– acerca de aquello que se puede o no se puede conocer por experiencia directa, cfr. *Sutta Ariyapariyesanā* en la *Nikāya Majjhima* I, 167 y en *Nikāya Samyutta* 35.85.
42. Nietzsche: «Es obvio que las cosas-en-sí no pueden relacionarse unas con otras como causa y efecto, ni pueden las apariencias asimismo relacionarse con otras apariencias; de lo que se sigue que en una filosofía que cree en cosas-en-sí y apariencias, el concepto de causa y efecto *no puede ser aplicado*» (*La voluntad de poder*, 554). Y también: «Incluso suponiendo que hubiese cosas-en-sí, una cosa incondicional, ¡sería por esa misma razón incognoscible! Algo incondicionado no puede ser conocido, ¡de otro modo no sería incondicionado! [...] Llegar a conocer significa "colocarse a uno mismo en una relación condicional con algo"; sentirse condicionado por algo y uno condicionar esa cosa es establecer, denotar y hacer consciente en toda circunstancia las condiciones presentes (no entes venideros, cosas, lo que es "en sí"» (*La voluntad de poder*, §555).
43. *Sutta Kaccayanagotta*, en la *Nikāya Samyutta*, 12.15.
44. Mis citas de Espinosa provienen de la edición clásica inglesa de la *Ética* a cargo de Elwes. No citaré números de página porque es mucho más fácil seguir la clasificación del propio Espinosa.
45. No debemos olvidar que las letras no designan entes o sucesos fijos, independientes o separables, sino que precisamente el meollo del asunto está en concebirlos como causalmente relacionados con los precedentes, de tal modo que, sin dejar de ser ellos, no son sólo ellos. Esta solidificación de los elementos o de los momentos temporales fue característica de la filosofía *abhidhamma* (**PII**) en un intento de sistematizar la impermanencia (*anicca*, véase capítulo 4), y fue acertadamente criticada por el *vedānta* del gran Śa[illegible]ara (*Brahma Sūtra*, 2.2.20). Cfr. Kalupahana, *Causality*, pág. 72.
46. Hayward, *Shifting Worlds, Changing Minds*, pág. 61. La traducción es mía.
47. En Guenther, *Philosophy and Psychology of the Abhidhamma*. Citado por Hayward, óp. cit., pág. 61.
48. Cfr. Schelling, *Investigaciones filosóficas sobre la esencia de la libertad y otros objetos con ella relacionados*, en Anthropos, 2000.
49. Cfr. capítulo 27 de *The Heart of the Buddhist Teachings*, de Thich Nhat Hanh. Hay traducción española: *El corazón de las enseñanzas budistas*, en editorial Oniro, 2005.
50. Virgilio aludiendo a Lucrecio.
51. Santayana, George. *The Life of Reason*, vol. I (*Reason in Common Sense*), pág. 50.
52. Dado que en el texto principal vamos a centrarnos sobre la *Piṭaka Sutta* y *Abhidhamma*, tal vez convenga que digamos aquí unas palabras acerca de la *Piṭaka Vinaya*. *Vinaya*, de acuerdo con T.W. Rhys Davids, significa "Ley Canónica" (literalmente "Guía"), y se divide en tres libros: el *Suttavibhanga*, los 22 *Khandhakas* ("Tratados"), y el *Parivara* ("Accesorio", "Apéndice"). El *Suttavibhanga* es una descripción de las 227 reglas monásticas, divididas en ocho grupos de acuerdo con su importancia, que incluye descripciones acerca de cómo y cuándo (en qué contexto) la norma fue introducida. Las *Khandhakas* amplifican algunos aspectos esenciales del reglamento monástico budista, tales como la admisión a la Orden, la comida y habitación, medicamentos, regulación de

las diferencias de opinión, suspensión de la Orden y rehabilitación, o reglas especiales para monjas. Por último, el *Parivara* es muy corto y consiste en poco más que en un manual para estudiantes, con exámenes incluidos. Cfr. *The History and Literature of Buddhism*, págs. 28-31.

53. Se ha creído durante mucho tiempo que el criterio de división de los Discursos en las tres principales Cestas era su longitud. Investigaciones más recientes apuntan a la idea de que la longitud es sólo parte de la historia. La *Nikāya Dīgha*, en concreto, no sólo contiene algunos de los discursos más largos (a veces composiciones de varios de muy diferente naturaleza), sino que constituyen, en esencia, una primera presentación de los discursos del Buddha, plausiblemente para quienes no están familiarizados con sus rudimentos. Esta es la razón por la que contienen la máxima simplicidad conceptual, a veces muy de agradecer, y el máximo número de mitologemas, pues al fin y al cabo lo fantástico era todavía un modo de conectar con las grandes audiencias. El *Sutta Mahāgovinda*, 19, y el *Sutta Mahāsamaya*, 20, son buenas pruebas de esto último. No obstante, la diferencia con el mundo mítico precedente es notable. En estos *suttas*, las deidades son claramente personificaciones de cualidades psíquicas presentes o que hay que desarrollar, de tal modo que la jerarquía de los coros celestiales allí esbozada se corresponde punto por punto con los reinos meditativos explorados por la tradición yóguica, y practicados y explicados por el propio Buddha de un modo natural en muchos otros lugares. Todos los dioses acaban por inclinarse ante el Buddha (persona), pues ninguno ha alcanzado la iluminación, y unos dioses pueden acercarse a él más o menos según la concentración meditativa del Buddha en el momento porque no son más que cualidades psíquicas (superadas).
54. Se trata de una de las joyas principales del budismo. Fue un feliz intento de síntesis de las enseñanzas budistas en forma versificada, presumiblemente para una fácil memorización. Como ha demostrado Kalupahana –aunque una vez más hemos de señalar lo poco que ha transcendido su descubrimiento, a nuestro juicio capital–, la versión más temprana del *Dhammapada* fue compuesta explícitamente para confrontar las tesis filosóficas de la *Bhagavad Gītā*. Cfr. *A Path of Righteousnes: a Translation of the Dhammapada*.
55. Es conveniente anotar que desconocemos la lengua nativa en que enseñó Gautama, aunque sabemos con toda certeza que no fue ninguna en las que se preservaron sus doctrinas.
56. *Buddhist Thought in India*, pág. 31.
57. En *Nikāya Majjhima*, 28.
58. Notar que esto haría redundante la expresión habitual "Ley del Dhamma". T.W. Rhys Davids (*The History and Literature of Buddhism*, pág. 1) ha observado que la palabra *dhamma* es etimológicamente equivalente al latín *forma*.
59. Cfr. la nota al pie 341 de Bikkhu Bodhi a su traducción de la *Nikāya Majjhima*, pág. 1.223.
60. Cfr., por ejemplo, el *Sutta Paccaya*, en la *Nikāya Saṃyutta*, 12.20.
61. *Causality*, pág. 68.
62. Por ejemplo en el *Sutta Mahātaṇhāsankhaya* de la *Nikāya Majjhima*, 38; o en *Nikāya Saṃyutta* 2.28, 70, 96; también en *Udāna*, 2 (*Causality*, óp. cit., pág. 90). Comparar con la siguiente afirmación atribuida a Epicuro por Diógenes Laercio (*Vida, opiniones y sentencias de los filósofos más ilustres* 10, 38-39): «Primero, debemos admitir que nada puede provenir de aquello que no existe; pues, si fuese de modo, todo procedería de todo y no habría necesidad de una semilla. Y, si aquello que desaparece hubiese sido tan absolutamente destruido que se torne inexistente, entonces todo perecería pronto, pues las cosas con las que serían disueltas no tendrían existencia».
63. Cfr. *Nikāya Saṃyutta*, 2.26 (*Causality*, pág. 91).
64. *Causality*, págs. 91-92.
65. Términos recogidos en este contexto por Buddhaghosa, en *Visuddhimagga*, 532.
66. *Causality*, óp. cit., págs. 56 y ss. Fue la escuela *sarvāstivāda* la que realizó esta distinción por vez primera, e hizo creer a muchos intelectuales que se trataba de una distinción ori-

ginal budista. En último término, la distinción se basa en la idea de que, por un lado, está la cosa y, por otro, sus características. Pero esta distinción entre substancia y atributos está plagada de problemas filosóficos, como el Buddha y después Nāgārjuna se apresuraron a analizar. No corresponde ni con la vía media entre el sustancialismo y el nihilismo ni con la originación dependiente.

67. Cfr. Garfield, *The Fundamental Wisdom of the Middle Way: Nāgārjuna's* Mūlamadhyamikākarikā, pág. 103.
68. En su *Buddhism*, pág.119 (citado por Kalupahana, *Causality*, pág. 110).
69. Ibíd., pág. 111.
70. Así, por ejemplo, en el *Sutta Dhatu-vibhanga* de la *Nikāya Majjhima*, 140; en *Nikāya Saṃyutta* 25.9, 27.1-10.
71. Son innumerables los discursos donde aparece una descripción de los cinco agregados. Véanse, por ejemplo, *Sutta Khemaka* en *Nikāya Saṃyutta*, 22.89; *Sutta Mahā-punnama* en *Nikāya Majjhima*, 109; o en *Nikāya Majjhima*, 22; etcétera.
72. Algunos pasajes prominentes son: *Nikāya Saṃyutta*, 2.28; 12.12; 12.20; *Nikāya Majjhima*, 1.262 y ss.; *Nikāya Dīgha*, 15.
73. "Eslabón" en pāli es *nidāna*, que también significa "fuente", lo cual aludiría a hasta qué punto este concepto está impregnado de una idea de producción o desarrollo a partir de algo previo.
74. Cfr. Kalupahana, *A History of Buddhist Philosophy*, pág. 74.
75. «El problema que el Buddha afrontó era explicar cómo funcionaba el karma y el proceso del renacimiento sin caer en los dos extremos metafísicos de la auto-causación y la causación externa.» Kalupahana, *Causality*, pág. 142.
76. *Causality*, pág. 125.
77. Ibíd., pág. 132. Cfr. *Sutta-nipāta*, 260 (*Nikāya Kuddhaka*).
78. Citado por Kalupahana, en *Causality*, pág. 133.
79. *Nikāya Majjhima*, 2.149.
80. A estas traducciones se podrían añadir otras que ofrece Raimon Panikkar como posibles en *El silencio del Buddha* (pág. 316): producción convergente, emergencia armónica, generación condicionada, aparición conjunta, originación mutua, brotar conjuntamente. De estas, sólo denotan causalidad la primera y la tercera; las demás son relaciones no causales, y por tanto no representan la enseñanza original del Buddha.
81. Cfr. Kalupahana, *Causality*, cap. 3 («Clarificación de la Terminología») y Macy, *Mutual Casuality in Buddhism and General Systems Theory*, pág. 34.
82. Citas tomadas de Kalupahana, *Causality*, pág. 54. La primera es del *Visuddhimagga* ("Camino de Pureza"), acaso la obra fundamental del *Theravāda*; la segunda pertenece al *Saṃyutta-aṭṭhakathā* (lo acordado por el Sexto Concilio).
83. Cfr. Sexto Empírico, *Hipotiposis Pirrónicas*, Libro I, capítulos XIV y XV, entre otros.
84. Cfr. óp. cit., pág. 34.
85. Siguiendo a Kalupahana en la discusión mencionada en una nota anterior, aunque no lo indique.
86. A este respecto sería conveniente consultar la sólida crítica que realiza Gustavo Bueno al concepto de "causalidad circular" como uno que acude, por más que lo quiera ocultar, a la *causa sui*, y por tanto a un concepto que se consolida en una sustantificación de la causa, algo que, como hemos visto, se aleja de la concepción de la originación dependiente tanto como del materialismo filosófico que Bueno defiende y articula en sus *Ensayos Materialistas*. Cfr. págs. 353 y 355-356: «En la línea de la causalidad eficiente es absurdo suponer la reciprocidad de la relación causal»; etcétera.
87. *Sutta Sunakkhatta*, en *Nikāya Majjhima* 105.
88. Bateson, *Steps Towards and Ecology of Mind*, págs. 481-482.
89. Cfr. Brazier, *The New Buddhism*, págs. 101 y ss.

90. Gustavo Bueno ha asimismo apuntado, también en vena platónica, que el paso de un entendimiento mítico del mundo a uno racional vino dado por la geometría, es decir, por una ciencia segura y objetiva que *cerraba categorialmente* el saber. Esto es también característico de la originación dependiente, en la medida en que los eslabones causales ni son prescindibles ni aleatorios.
91. Ibíd., págs. 104 y 107.
92. Cfr. Lucrecio, *De la naturaleza de las cosas*, Libro I, 1041 y ss, para una definición y crítica de esta concepción; también Bueno, *Ensayos Materialistas*, pág. 12.
93. Cfr. *El silencio del Buddha*, óp. cit., pág. 234.
94. Cfr. sus obras principales *Totalidad e infinito* y *De otro modo que ser, o más allá de la esencia*.
95. Cfr. *Sexo, ecología y espiritualidad*, Libro I. No estamos de acuerdo con Wilber, sin embargo, en su equiparación de Plotino con Nāgārjuna, por razones que revisaremos en la Parte II.
96. *Non-Duality: A Study in Comparative Philosophy*. Humanity Books, 1995. [Edición en castellano: *No dualidad* de David Loy. Barcelona: Kairós, 2000.]
97. Me remito a un artículo no publicado a día de hoy (julio 2009) que me envió Loy personalmente, aunque muchos de sus otros escritos publicados se refieren a esta acepción de la no dualidad.
98. Cfr. *The Sociology of Early Buddhism*, pág. 1. La traducción del inglés es mía.
99. De hecho nos consta que fue así, pues los *sutta* ofrecen muchos episodios de encuentros con otros buscadores, ya fuesen lo que Alan Watts llamó "gurú tramposo", o genuinos, como Aḷāra Kālāna y Uddaka Rāmaputta.
100. Bareau, «Le Buddha et les rois», en el *Bulletin De L'École Française D'Extrême-Orient*, 80/I (1993), pág. 17. Citado por Bailey y Mabbet, óp. cit., pág. 2. La traducción es mía.
101. No es verdad, o no se corresponde con los documentos históricos que poseemos, que el Buddha concibió las Cuatro Nobles Verdades el mismo día de su Iluminación. Como hemos visto, lo que descubre el Buddha en este día es la originación dependiente. Las Cuatro Nobles Verdades aparecen por primera vez en el que es conocido como su Primer Discurso, ese que "puso en movimiento la Rueda del Dhamma" (véase más abajo) y que fue pronunciado ante sus cinco viejos compañeros de prácticas ascéticas, que se convirtieron, tras el discurso, en sus primeros discípulos (cfr. *Vinaya*, I, 8-10). Entre medias de estos dos episodios se produjo el transcurso de varias semanas –siete, concretamente– de meditación junto al río Neranjara, en el que el Buddha, asombrado por la novedad de su propio descubrimiento, debió de darle forma a lo esencial de sus enseñanzas espirituales para poder ser presentadas en público de modo cabal. Esto podemos colegirlo del hecho –documentado– de que el Buddha dudó de la posibilidad de enseñar lo descubierto el día de su Iluminación. Es más que plausible, casi seguro, que entonces el Buddha echó mano de la analogía médica de tradición ancestral, aunque también es probable que ya durante su camino antes de la Iluminación el Buddha hubiese considerado la idea. Aunque las Cuatro Nobles Verdades se han popularizado tanto y se han constituido quizá como la pieza soteriológica central del budismo primitivo –después desprestigiada por el *mahāyāna* como una doctrina para principiantes–, no es de cuño exclusiva u originalmente budista, si bien encaja conceptualmente a la perfección con la originación dependiente. Así, por ejemplo, el comentario tradicionalmente atribuido a Vedavyāsa del *Yoga Sūtra*: «Así como el sistema médico tiene cuatro divisiones (enfermedad, causa de la enfermedad, salud y remedio), así también este sistema presenta cuatro divisiones: ciclo del renacimiento, causa del ciclo de renacimiento, liberación y camino hacia la liberación». (Citado por Panikkar en *El silencio del Buddha*, pág. 303.)
102. *Sutta Dhammacakkappavattana* ("El discurso de la puesta en movimiento de la Rueda del Dhamma"), en la *Nikāya Saṃyutta* 56.11. Mi traducción al español proviene de una com-

binación de las traducciones inglesas de Bikkhu Bodhi (en Wisdom Publications) y Bikkhu Thassinaro (en www.accesstoinsight.org). Para un análisis más pormenorizado de las Cuatro Nobles Verdades puede consulatarse el *Sutta Ariyapariyeṣana* en *Nikāya Majjhima* 26, o el *Sutta Saccavibhanga* en la *Nikāya Majjhima*, 141.

103. Se ha dicho también que mientras que la enfermedad es el sufrimiento (subjetivo, psíquico), el Buddha es el médico y el *dhamma* (las enseñanzas espirituales), la medicina.

104. Cfr. Kalupahana, *History of Buddhist Philosophy*, pág. 90.

105. De acuerdo con Kierkegaard, en el momento del descubrimiento de la libertad se daría una reversión de la situación: la libertad es lo real, y la insatisfacción una posibilidad. «Cuando la salvación es propuesta, la angustia se deja atrás, así como la posibilidad. Con esto no se elimina, sino que juega otro papel, esto es, si se utiliza adecuadamente» (*El concepto de la angustia*, óp. cit., pág. 48.)

106. Una descripción típica del Óctuple Sendero puede encontrarse por ejemplo en el *Sutta Mahāsatipaṭṭhāna* (*Nikāya Dīgha*, 22); óp. cit., pág. 348.

107. Cfr. Weber, *La Religión en la India: la sociología del hinduismo y el budismo*.

108. *Sutta Mahā-paranibbāṇa* ("Los últimos días del Buddha"), en *Nikāya Dīgha*, 16.

109. Ya citado en varias ocasiones. Esta vez tomado de la *Nikāya Majjhima*, 65.

110. El maestro budista Thich Nhat Hanh ha argumentado que el tercer sello de la existencia debe ser considerado *nibbāṇa* y no *dukkha*. Para él resulta incomprensible que algo tan fundamental como "un sello de la existencia" sea algo tan negativo y por lo demás transformable como la insatisfacción. El *nibbāṇa* o la libertad sería un candidato más apropiado para este estatus de pilar fundamental, si bien, como examinaremos en el próximo apartado y como se deduce de lo dicho en el anterior, la insatisfacción y la libertad se suponen mutuamente. Aunque estamos de acuerdo con la apreciación de Thich Nhat Hanh, he preferido dejar constancia en el texto de cómo se han enmarcado las características de la existencia en la tradición.

111. Por ejemplo en *Nikāya Saṃyutta*, 3.41, 67, 180; 4.28, 85, 106 y ss (*Causality*, pág. 69).

112. Nietzsche vio con claridad la relación íntima que existe entre la eternalización del yo y la sustantificación del ente: «El concepto de substancia es una consecuencia del concepto de sujeto: ¡no al revés! Si renunciamos al alma, al "sujeto", la precondición de la substancia en general desaparece» (*La voluntad de poder*, §485).

113. Cfr. capítulo 6 de la *Chandogya Upaniṣad*, donde se enuncia el famoso «Tú Eres Eso» (*tat tvan asi*) como declaración de la Unidad de Todo reunida en el Yo.

114. Russell, *The Problems of Philosophy*, cap. 2, pág. 8.

115. Ayer, *Language, Truth and Logic*, pág. 127.

116. También podría ponerse al revés. Gustavo Bueno propone que la filosofía de Hume es un "formalismo psicologista" de la causalidad, a saber, un reduccionismo al mundo subjetivo o psicológico. De ahí que, como critica Karl Popper en sus *Conjeturas y Refutaciones* y en *Conocimiento Objetivo*, Hume no dé pasos decisivos en teoría de la ciencia (ni en la intersubjetividad deberíamos añadir), si bien su escepticismo le colocó más cerca de ello que el dogmatismo típico del paradigma de la conciencia. Bueno define la filosofía de Hume como «la reducción de la causalidad de relación real (real en M1) a relación de asociación mental (M2)» (*Ensayos materialistas*, pág. 150). Bueno matiza después (pág. 165) que «la causalidad de Hume se construye también sobre un máximo formalismo lógico (M3): el propio Hume habla de "la lógica de la causalidad"». (Para una discusión de los tres géneros de materialidad según G. Bueno, véase la Parte IV de esta obra).

117. Es evidente que la redacción del *sutta* que sigue es tardía, pues no sólo habla de sus cinco excompañeros como cinco monjes (*bikkhus*), sino que hacia el final se habla de "discípulos instruidos", cuando todavía es imposible que los tuviese. En todo caso, este discurso está generalmente considerado como el pronunciado ante aquellos cinco buscadores, tanto por las señas espaciales en que se circunscribe como por el hecho de que se refiere a ellos cinco.

118. *Nikāya Saṃyutta*, 3, 66.
119. *Nikāya Saṃyutta*, 2.13 y ss.
120. Cfr. Warder, *Indian Buddhism*, pág. 117.
121. Tema explícito de un *sutta* aparte: en *Nikāya Saṃyutta* 44, 1.
122. El así llamado *Sutta de Ānanda*, en *Nikāya Saṃyutta*, 44.10.
123. Cfr. http://www.accesstoinsight.org/tipitaka/sn/sn44/sn44.intro.than.html.
124. Es clásico también, por ejemplo, el *Sutta Alagaddupama* en la *Nikāya Majjhima*, 22, donde se comparan las enseñanzas budistas con la captura de una serpiente. Si se agarra mal, la serpiente podría morderte y matarte.
125. En esta sección utilizaremos indistintamente el término pāli (*nibbāṇa*), tal como hemos venido haciendo, o sánscrito (*nirvāṇa*), en parte porque la voz sánscrita es mejor conocida, y en parte porque aludiremos a textos y composiciones escritas originalmente en sánscrito, como la *Mūlamadhyamikākarikā* de Nāgārjuna.
126. Kalupahana: «Este patrón –que todas las cosas condicionadas son impermanentes (*anicca*), insatisfactorias (*dukkha*), y que todos los elementos son no substanciales (*anatta*)– es eterno». (*Causality*, pág. 84). Este patrón o el descubrimiento universal de la originación dependiente pasa después, en una lamentable confusión entre lo ontológico y lo gnoseológico, a ser tomado como un estrato del ser independiente que uno puede y debe, subjetivamente, "realizar".
127. «Bienaventurados los que sufren persecución por causa de la justicia» (Mt. 5, 10), porque están más cerca de la necesidad. Más cerca de la salvación, por tanto, que quienes entienden la libertad como *ausencia* de necesidad. Esta definición de libertad como conciencia de la necesidad proviene de Espinosa (cfr. Gustavo Bueno, *El animal divino*, capítulo 6: «Una ilustración histórica: la Filosofía de la Religión de Espinosa»).
128. *Udāna*, 8.3.
129. *Nikāya Dīgha*, óp. cit., pág. 29.
130. A esto habría que añadir: la belleza de la búsqueda espiritual interior, la intuición de la divinidad del mundo (que implica la percepción de este como un todo), lo sublime de la identificación del alma con lo absoluto y, finalmente, la idea de la universalidad de las religiones (Vivekananda). No obstante, esta concepción es fenomenológica y no histórica. Se basa ante todo en la experiencia contemplativa. Todas las religiones (terciarias) contienen esta dimensión, pero no tiene por qué ser la única, ni tan siquiera la más importante.
131. Kalupahana, *Causality*, pág. 181.
132. Cfr. Küng, *El Islam*, pág. 376.
133. D.T. Suzuki, *Essays in Zen Buddhism, vol. I*, pág. 121.
134. Concretamente, sin ir más lejos, el primer *sutta* del *Nikāya Dīgha* (el *Sutta Brahmajāla*, «La Red Suprema, o Lo Que No es la Enseñanza»), o sea, el primer discurso de presentación de la doctrina budista a alguien que la desconozca, está exclusivamente dedicado a la articulación de todas aquellas doctrinas que no son la budista, incluyendo la de la realización mística trascendental.
135. Cfr. Suzuki, *Studies in the Laṅkāvatāra Sūtra*, y su Ensayo IV del primer volumen de *Essays in Zen Budhism*.
136. Así, por ejemplo, en el *Sutta Tevijja-Vachagotta* (*Nikāya Majjhima* 1.481 y ss).
137. Kalupahana, *History of Buddhist Philosophy*, pág. 43.
138. Aunque el tratamiento de los seis sentidos, seis objetos y seis contactos por parte del Buddha es único y original (en tanto que esgrimido bajo la luz de la causalidad dependiente), esta división encuentra ecos en el capítulo 2 de la *Upaniṣad Chandogya*, y por tanto debió de ser corriente en la filosofía de su tiempo.
139. Este es el "conocimiento séxtuple superior" al que nos habíamos referido unas páginas atrás.

140. *Nikāya Saṃyutta*, 36.4.
141. Es verdad que los textos tempranos consideran que la continuidad de una vida a otra se produce por una conciencia (*viññaṇa*) devenida a partir de condiciones psicofísicas, la cual creará nuevas condiciones psicofísicas en la vida siguiente. Bajo la luz de un materialismo filosófico estricto, esta doctrina sigue siendo metafísica, aunque la diferencia con la doctrina upanishádica del alma inmortal sea ya notable. Con todo, esta visión budista era el único modo de explicar la continuidad y la historia moral sin caer en el eternalismo o en el nihilismo. Cfr. la excelente discusión de Kalupahana acerca de las distintas acepciones del término *viññaṇa* en los *sutta*, y el papel que juega esta última acepción, en *Causality*, págs. 119 y ss.
142. Warder, *Indian Buddhism*, pág. 199.
143. Akira, *A History of Indian Buddhism*, pág. 71.
144. A su reinado seguirán revueltas y regicidios que concluyen con la instauración de una nueva dinastía en Maghada, la Nanda, de bajo origen (*śūdra*). La tiranía de Mahāpadma Nanda extendió el imperio más aún, amasando gigantescas fortunas, pero aceleró un proceso de descomposición cultural y política. (Cfr. Warder, *Indian Buddhism*, pág. 206.)
145. Cfr. Akira, *A History of Indian Buddhism*, pág. 80. Fueron diez denuncias en total. Las otras nueve son: 1. Guardar sal en un cuerno; 2. Comer después del mediodía; 3. Comer y volver al pueblo a por más comida; 4. Realizar la ceremonia Uposatha con monjes que viven de la misma localidad; 5. Llevar a cabo actos oficiales cuando la asamblea no está completa; 6. Seguir cierta práctica sólo porque el mentor la realiza; 7. Comer requesón después del almuerzo del mediodía; 8. Beber un fuerte bebedizo antes de que haya fermentado; 9. Utilizar una alfombrilla de tamaño inadecuado. Las más relevantes de esta lista parecen la quinta, por violar la unanimidad el consenso, un principio básico de la comunidad budista, y la sexta, por inducir a la arbitrariedad en el comportamiento. A.K. Warder anota que conocemos la lista de las otras nueve violaciones gracias a documentos *sthaviravāda*, y no *mahāsaṅghika*: «Es incierto si los *mahāsaṅghika* las suprimieron como triviales o porque ellos mismos, más tarde, se relajaron con respecto a ellas, o si fueron los *sthaviravādin* las que los añadieron más tarde [...] De hecho, la versión *mahāsaṅghika* es muy breve con respecto a todos los procedimientos, y existe la sospecha de que fue una tradición simpatizante con la comunidad de Vesali. Los *mahāsaṅghika* habrían sido incapaces de ignorar el episodio, pero querrían haber pasado por encima de él tan breve y ligeramente como fuese posible» (*Indian Buddhism*, pág. 203).
146. Warder, *Indian Buddhism*, págs. 202-206. La recitación de la *Piṭaka Sutta* completa tras el Segundo Concilio no aparece en la *Piṭaka Vinaya* (común a todas las tradiciones), sino en el *Dīpavaṃsa* y en el *Mahāvaṃsa*, dos crónicas *theravāda* de Sri Lanka. Es en estos textos donde se recoge la manipulación de textos realizada por los *mahāsaṅghika*, eliminando algunos *sutta*, introduciendo otros y reordenando el conjunto. Como hemos mencionado ya (capítulo 3, IV, a), lamentablemente este *corpus* se ha perdido y no podemos comprobar hasta qué punto es cierto.
147. Cfr. Akira, *A History of Indian Buddhism*, pág. 108.
148. *A History of Buddhist Philosophy*, págs. 125-126.
149. Cfr., por ejemplo, *Nikāya Saṃyutta* 55.5.
150. En esta narración seguimos la crónica, más moderna, de A.K. Warder. Hirakawa Akira, por su parte, cuestiona que la cronología *theravāda* sea correcta, y argumenta que, aparte de los 218 años a los que se refiere esta tradición, el resto de tradiciones parecen más bien indicar que entre el *paranibbāṇa* o extinción final del Buddha y el reino de Aśoka habrían transcurrido tan solo 100 o ciento y pocos años. Que yo sepa, la historiografía actual no coincide con Akira, si bien las razones que aporta para su tesis (pág. 91, óp. cit.) merecen breve mención. De acuerdo con Akira, una división entre escuelas –las famosas dieciocho– tendría más sentido tras la desmembración del imperio de Aśoka, y no justamente en

su apogeo, como sería el caso si la refutación de las herejías en el *Kathāvatthu* es contemporánea al emperador budista (víd. texto principal *infra*). Pero no es, por otra parte, improbable que las corrientes heréticas estuviesen ya bastante desarrolladas en la época de Aśoka y, por tanto, que Mogalīputta-tissa estuviese al corriente de ellas lo suficiente como para elaborar una refutación, o por lo menos un denso núcleo conceptual de crítica que, con el tiempo, a medida que fuesen surgiendo otras herejías, pudiesen irse sucesivamente rebatiendo. A.K. Warder señala además que muchos expertos –y aquí habría que incluir presumiblemente a Akira– confundieron el reino de Aśoka con el de Aśoka el Negro, el cual efectivamente sucedió algo más de 100 años después del *paranibbāṇa*. Por último, y como contraprueba a la tesis de Akira, habría que mencionar uno de los Edictos grabados en piedra de Aśoka, que se refieren específicamente al peligro de los cismas y las escisiones en las comunidades monásticas.

151. Akira, *A History of Indian Buddhism*, págs. 87-88.
152. De acuerdo con Ignacio Gómez de Liaño, la primera mención que se hace al Buddha en Occidente pertenece también a este mismo texto: «Y en la India hay también quienes siguen los preceptos del Buddha, al que veneran como a un dios a causa de su extraordinaria santidad» (*Stromata*, I, 15). Citado en *El círculo de la sabiduría*, II, pág. 133.
153. Buddhaghosa significa literalmente "la voz del Buddha", y es considerado por la tradición *theravāda* como el comentador más apto. Fue un prolífico escritor, con comentarios a prácticamente todas las Colecciones y Secciones de la *Tipiṭaka*. Su obra *Visuddhimagga* ("Camino de Purificación") pretendía ser una guía para la Iluminación, y corresponde a lo que la *Suma Teológica* de Santo Tomás supone para el catolicismo. No obstante, como ha señalado Shravasti Dhammika, «Buddhaghosa no creyó realmente que la práctica *theravāda* fuese a conducir al *nibbāṇa*. Su *Visuddhimagga* es supuestamente un camino detallado paso a paso hacia la iluminación. Pero en la Postdata afirma que espera que el mérito acumulado por escribir esta obra le permita renacer en el cielo y permanecer allí hasta que Metteyya [Maitreya en sánscrito, "el Buddha por venir"] le escuche y pueda alcanzar entonces la iluminación».
154. Cfr. Akira, *A History of Indian Buddhism*, pág. 115.
155. El momento histórico de la escisión *sarvāstivāda*, como tantos otros, no ha podido ser establecido de un modo definitivo. Habitualmente se ha tenido más presente la crónica *theravādin* que la *mahāsaṅghika*, por la cuenta que a la primera le traía estar al tanto de las herejías en su propio seno.
156. Reat, *Buddhism. A History*, caps. 1-3.
157. El orden de la *Piṭaka Abhidhamma* en la tradición *theravāda* no es cronológico y fue compuesto por Buddhaghosa. Estos serían sus siete Tratados: 1. *Dhammasarigaṇi* ("Enumeración de los dhammas" o "Ética Psicológica Budista"); 2. *Vibhaṅga* ("Libro del Análisis"); 3. *Kathāvatthu* ("Puntos de Controversia"); 4. *Puggalapaññati* ("Descripción de los Tipos Humanos"); 5. *Dhātukatthā* ("Discurso sobre los Elementos"); 6. *Yamaka* ("Libro de las Parejas"); 7. *Paṭṭhāna* ("Relaciones Condicionales").
158. Kalupahana, *A History of Buddhist Philosophy*, págs. 145-146.
159. Akira, *A History of Indian Buddhism*, pág. 147.
160. Kalupahana, *A History of Buddhist Philosophy*, págs. 126-127.
161. Kalupahana, *Causality*, págs. 72-73.
162. Ibíd., pág.128.
163. Ibíd., pág. 129.
164. De hecho, también las escuelas más tarde arrojadas a la despectiva denominación de "*hīnayāna*", convivieron durante siglos, en los mismos templos y monasterios, con escuelas del *mahāyāna*. De ello tenemos conocimiento gracias a los relatos de algunos viajeros chinos a la India. Así, por ejemplo, Fa-hsien ya en el 399 d. C.; Hsüan-Tsang, 604-664 d. C.; e I-Ching cincuenta años más tarde.

165. Warder, *Indian Buddhism*, pág. 266.
166. Cfr. los capítulos 1, 2 y 3 del trabajo clásico de Frances A. Yates, *Giordano Bruno y la tradición hermética*.
167. Cfr. el Epílogo de Victor H. Mair en su traducción de esta obra, óp. cit., págs. 119 y ss.
168. Como botón de muestra, cito algunas de las traducciones del título publicadas hasta la fecha, en español y en inglés: *Versos sobre los fundamentos del Camino Medio* (Vélez de Cea), *Fundamentos de la Vía Media* (Arnau), *La filosofía de la Vía Media* (Kalupahana), o el más pomposo –aunque la traducción sea excelente– "La Sabiduría Fundamental de la Vía Media" (Garfield). De todos ellos, el más satisfactorio a mi juicio es el de Kalupahana, pues evita utilizar el término «versos» –que da a entender que de lo que se trata es de poesía, y no de filosofía, como es el caso– y tampoco utiliza la voz «fundamento», que tiene un evidente tinte sustancialista. «Raíz» no sólo es una traducción más literal para *mūla*, sino que alude un componente de crecimiento orgánico y no divisivo que encaja mejor con la idea de originación dependiente.
169. El trabajo de K. Venkata Ramanan, *Nāgārjuna's Philosophy*, un repaso a «la filosofía de Nāgārjuna tal como se presenta en la *Mahā-Prajñapāramitā-Śāstra*», publicado en el año 2002 por Motilal Banarsidass, presume todavía la legitimidad de esta adjudicación.
170. Cfr., por ejemplo, la Introducción a *Nagarjuna's Letter To a Friend (trans. by Geshe Lobsang Tharchin and Artemus B. Engle)*, publicada por el First Kalmuk Buddhist Temple en Nueva Jersey; o la Introducción a *Nagarjuna's Philosophy* (antes citado).
171. Gómez de Liaño, *El círculo de la sabiduría II: los mandalas en el budismo tántrico*, pág. 245.
172. Ibíd., pág. 250.
173. Warder, *Indian Buddhism*, pág. 258.
174. Lindtner, *Nagarjuniana: Studies in the Writings and Philosophy of Nāgārjuna*, pág. 9.
175. Aunque la escuela San-lun ha percibido el ánimo antisustancialista de la filosofía del Buddha, parece confundir el espíritu práctico chino, que no es nada amigo, como el espíritu indio, de especulaciones teóricas, con la idea de que «todos los problemas metafísicos son confusiones conceptuales. En su [de San-lun] crítica de todas las visiones, Nāgārjuna había escrito: "Yo no tengo una visión"» (Cfr. *Nāgārjuna's Twelve Gate Treatise*, op. cit., pág. 20). Asistimos aquí a una sustantificación de la idea de *śūnyatā* bajo la forma de una posición de "no-visiones", donde la crítica de que el *mādhyamaka* es nihilista resulta perfectamente legítima. En definitiva, no se puede renunciar sin más a la metafísica, si por "metafísica" entendemos hacer filosofía con conceptos.
176. Cfr. *Nāgārjuna's Twelve Gate Treatise*, op. cit., pág. 27.
177. Una extensa obra que, con razón, Kalupahana califica de "hegeliana" (cfr. la introducción a *Nāgārjuna's Moral Philosophy and Sinhala Buddhism*). Está traducida al inglés por K. Venkata Ramanan, en *Nāgārjuna's Philosophy*.
178. Los textos que Lindtner atribuye a Nāgārjuna en su estudio *Nagarjuniana* son: la *MMK*, *Śūnyatāsaptati*, *Vigrahavyāvartanī*, *Vaidalyaprakaraṇa*, *Vyavahārasiddhi*, *Yuktiṣaṣṭikā*, *Catuḥstava*, *Ratnāvalī*, *Pratītyasamutpādahṛdayakarikā*, *Sūtrasamuccaya*, *Bodhicittavivaraṇa*, *Sahṛdlekha* o *Suhṛllekha*, *Bodhisaṃbhāraka*.
179. Warder, por su parte, le atribuye, además de la *MMK*, sólo los siguientes: *Vigrahavyāvartanī*, *Śūnyatāsaptati*, *Yuktiṣaṣṭikā*, *Vaidalyasūtra* y *Prakaraṇa*, *Suhṛllekha*, y quizá la *Ratnāvalī* y algún himno (*stotra*), como los cuatro de la *Catuḥstava*.
180. *The Dialectical Method of Nagarjuna: Vigrahavyāvartanī*, pág. 113.
181. Kalupahana, *The Philosophy of the Middle Way*, pág. 93.
182. Ibíd., págs. 113-114.
183. *On Voidness: A Study on Buddhist Nihilism*, pág. 55.
184. *Nāgārjuna's Seventy Stanzas: A Buddhist Philosophy of Emptiness*, pág. 79.
185. *On Voidness*, pág. 72.

186. Verso 9 de la *Śūnyatāsaptatikārikā*, en *On Voidness*, pág. 73.
187. Ibíd., pág. 39.
188. Ibíd., pág. 40. Los paréntesis son de Tola y Dragonetti, indicando que son interpolaciones suyas. Uno se pregunta si podría haberse traducido de otro modo.
189. *Nāgārjuna's Refutation of Logic*, pág. 59.
190. *On Voidness*, pág. 101.
191. Cfr. Warder, *Indian Buddhism*, pág. 370.
192. *On Voidness*, pág. 102.
193. *Buddhist Advice for Living and Liberation: Nāgārjuna's Precious Garland*, pág. 93.
194. Versos 180-182. Ibíd., pág. 118.
195. Kalupahana, *Nāgārjuna's Moral Philosophy and Sinhala Buddhism* (que contiene una nueva traducción al inglés de la *Sahṛdlekha*), pág. 6.
196. *Nagarjuniana*, pág. 94.
197. Warder, *Indian Buddhism*, pág. 369.
198. Ibíd., pág. 21, en la Introducción.
199. *Sutta Caṅkī* de la *Nikāya Majjhima*. Citado por Kalupahana en *Buddhist Philosophy: A Historical Analysis*, pág. 17.
200. *Sutta Sandaka* de la *Nikāya Majjhima*. Citado por Kalupahana en *ídem*, págs. 17-18.
201. Por ejemplo, en el *Sutta Saṅgārava* de la *Nikāya Majjhima*.
202. Kalupahana, *Buddhist Philosophy: A Historical Analysis*, pág. 19. La cita en pāli pertenece a la *Nikāya Aṅguttara* 5.36.
203. Digo de Sexto Empírico porque Enesidemo, por ejemplo, «otro escéptico estricto, culminaba su sistema con la doctrina heracliteana del flujo» (Gómez de Liaño, *El círculo de la sabiduría*, II, pág. 138).
204. Gómez de Liaño, *El círculo de la sabiduría*, II, págs. 131-132.
205. Gómez de Liaño dedica tres largos capítulos a la cuestión: «El budismo primitivo y la filosofía griega», y dos partes consecutivas de análisis de «Escépticos griegos y escépticos budistas».
206. Ibíd., pág. 243.
207. *Madhyamika and Yogacara* (Prefacio, pág. xi).
208. Sexto Empírico, *Hipotiposis pirrónicas*, Libro I, capítulo XVIII, 206 (pág. 140).
209. Ibíd., Libro II, capítulo XIII, 179 (pág. 211).
210. Ibíd., pág. 221.
211. Cfr. *Concluding Unscientific Postscript* ("Postdata Acientífica Concluyente"), pág. 282: «La así llamada ataraxia de los escépticos era un intento existencial de abstraerse de la existencia».
212. Kierkegaard, *Papirer* IV A 72. Citado por Malantschuk en *Kierkegaard's Thought*, pág. 80.
213. En sus *Essays: Scientific and Literary* ("Ensayos: Científicos y Literarios").
214. *Enquiry Concerning Human Understanding*, Section XII, Part II, 128.
215. Habermas, *The Philosophical Discourse of Modernity* ("El discurso filosófico de la modernidad"), pág. 295.
216. Cfr. la Introducción a las *Four Hundred Stanzas* de Āryadeva, pág. 12.
217. Ibíd., pág. 16.
218. El primero sostenía que la causa era idéntica al efecto, y el segundo que causa y efecto son diferentes; para el budismo dos extremos filosóficos que hay que evitar. Cfr. Warder, *Indian Buddhism*, pág. 368.
219. Ibíd., pág. 368.
220. Cfr. su traducción de la *MMK*: *The Philosophy of the Middle Way*, págs. 102-103.
221. Warder (*Indian Buddhism*, pág. 452) denomina a esta escuela "independiente", porque según sus principios pueden establecerse argumentos y pruebas independientes. Aquí se

observa ya que la escuela *svātantrika* no tiende a mezclar los dominios ontológico y gnoseológico, como sí será el caso de la *prāsaṅgika*.

222. Cfr. Warder, *Indian Buddhism*, pág. 443.
223. Lamentablemente, la lógica medialista y antisustancialista de Dignāga se ha visto eclipsada por la interpretación tradicional y canónica de Dharmakīrti, del mismo modo que Vasubandhu se ha mirado a través de los ojos del idealista Sthiramati, y Nāgārjuna a través de Chandrakīrti.
224. Warder, *Indian Buddhism*, pág. 336.
225. Así traducen Keneth Inada, David Snellgrove (en *Indo-Tibetan Buddhism*, pág. 83) y Jay L. Garfield.
226. Snellgrove, *Indo-Tibetan Buddhism*, pág. 84.
227. Ibíd., pág. 88. La cita de Chandrakīrti parece pertenecer a sus comentarios a la *MMK*, en la versión francesa de L. de la Vallée Poussin.
228. Cfr. págs. 34-35 de Nāgārjuna, *Versos fundamentales sobre los fundamentos del camino medio* (Kairós, 2002).
229. Ibíd. pág. 35. La forma que tiene Garfield de descartar la traducción de Kalupahana es argüir que pertenece a la tradición *theravāda*, cosa patentemente falsa, por más que haya estudiado, sí, el canon pāli, o por más que sea oriundo de Sri Lanka. Nadie, ni siquiera el más acendrado mahayanista, ha sido tan lúcidamente crítico con las prolongaciones sustancialistas *theravāda* como Kalupahana.
230. Arnau traduce así este verso: «De ahí que el efecto no lo constituyan ni las causas, ni lo que no son las causas. [Entonces podemos decir que] no hay efecto, y, sin efecto, ¿cómo hablar de causalidad?». Como contraste a esta idea acausalista, que apunta vagamente al idealismo místico, valga citar la traducción de Vélez de Cea: «Por tanto, el efecto no existe ni creado por condiciones ni creado por no condiciones. A partir de la no entidad del efecto, ¿cómo pueden existir condiciones y no condiciones?». Como puede observarse, ambas versiones son notoriamente distintas entre sí, por no decir opuestas. En la segunda habría que percibir que Nāgārjuna está buscando triturar el sustancialismo de la idea de causa y de efecto (traducido por Vélez de Cea como "no entidad", algo perfectamente legítimo si entedemos el ente como algo sustancial, lo cual habría que explicar por adelantado), pero no negarlas, que es lo que hace Arnau.
231. Dice Arnau: «El tema central de la MK es la doctrina del "origen condicionado" (*pratītyasamutpāda*)». pág. 20 de Nāgārjuna, *Fundamentos de la Vía Media*.
232. Ibíd., pág. 21. Y otra vez, en la pág. 24, se refiere a «un conjunto de conceptos e ideales que *sin duda* [según él] influyeron en los trabajos de Nāgārjuna», a saber, «que todos los fenómenos deben considerarse ilusorios (*māyā*)».
233. Kalupahana, *Nāgārjuna: The Philosophy of the Middle Way*, pág. 27.
234. *Nikāya Saṃyutta* 2.17.
235. Cfr. *El círculo de la sabiduría*, II, pág. 218.
236. Cfr. nuestro capítulo 3, IV, b.
237. Para un desarrollo de esta idea, aparte de nuestro propio estudio en el capítulo 5, puede consultarse A.K. Warder, *Indian Buddhism*, págs. 216-217; 297; 304-305.
238. *The Philosophy of the Middle Way*, pág. 28. Es extraña la idea que introduce Kalupahana algo antes del fragmento citado, indicando que los cuatro tipos de condiciones pertenecen al primer tipo de causación esbozado en el primer verso. En su comentario posterior, explícitamente dedicado a este punto, no vuelve a insistir en ello; es más, apunta que las cuatro condiciones fueron sustraídas de los análisis *abhidhammika*. Pienso que se trata de un desliz debido a que en este pasaje Kalupahana quiere ante todo criticar la idea de R.T.V. Murti de que el budismo original es representado por el segundo tipo de causación, cosa que ayudó a su concepción de que Nāgārjuna vino a dar una segunda vuelta a la Rueda del Dharma de tipo trascendentalista.

239. Cfr. *Lucid Exposition of the Middle Way: The Essential Chapters from the* Prasannapadā *of Chandrakīrti*, pág. 76.
240. *The Philosophy of the Middle Way*, págs. 87 y 89-90.
241. *Lucid Exposition of the Middle Way*, pág. 15.
242. Ibíd., pág. 16.
243. Digo "las", en plural, porque, de acuerdo con Kalupahana, son cuatro las acepciones de la voz *dhamma* en los *sutta*: 1) *Dhammā* (en plural), que significa fenómenos o cosas; 2) *Dhammo* (en singular), utilizado para describir la uniformidad de los fenómenos o cosas, tal como se representan en el principio de dependencia causal (*paṭiccasamuppāda*); 3) *Dhammā* (en plural), para referirse a aquellas cosas o fenómenos considerados buenos o malos en un sentido moral, allí donde lo malo se expresa con el negativo (*a-dhammā*), y 4) *Dhammo* (en singular), para expresar la uniformidad de los fenómenos morales, que también representaba el ideal moral derivado de la perfección moral conseguida por el santo. De ahí que *nibbāṇa* o libertad también sea denominado *dhammo*. (Cfr. *The Philosophy of the Middle Way*, pág. 15).
244. Lo repetimos aquí, por si acaso: «La enseñanza de la doctrina de los Buddhas se basa en dos verdades: la verdad relacionada con las convenciones mundanales y la verdad en términos del fruto último».
245. Aunque no podemos tratar este asunto con detalle, es preciso tener en cuenta investigaciones como la de Gómez de Liaño en *El círculo de la sabiduría*, que apuntan a una influencia decisiva de la religiosidad helenística en el *mahāyāna*. En cierto momento, comenta: «El Buda del primer período no salvaba por ser quien era, sino por haber elaborado una doctrina que enseñaba a los hombres a que se liberasen por sí mismos. En el budismo antiguo impera la Necesidad, a la que con el propio esfuerzo uno puede sustraerse; no la Gracia que viene de lo alto. En el tránsito del Hinayana al Mahayana se observa, sin embargo, cómo, hacia el cambio de era, las regiones budistas más expuestas al influjo occidental empiezan a adoptar perspectivas de tipo soteriológico consonantes con la religiosidad mediterránea. Y así las importantes figuras soteriológicas de Sofía (Prounico entre los gnósticos) y Mitra (ref. Cristo) se introducen con éxito en las Escrituras búdicas bajo los nombres de Prajñaparamita (= Perfección de la Sabiduría) y Maitreya (= Mitra, el Buda escatológico del futuro). A partir de este momento, el budismo empieza a cobrar conciencia del lugar que ocupa en el vasto complejo hidrográfico de las ideas religiosas» (págs. 132-133). Tampoco debemos soslayar la posible influencia –vía helénica– de la literatura apocalíptica judía, acaso insuflada en el propio mitraísmo y en su idea escatológica del futuro. A favor de esta hipótesis contamos con la evidencia de que, igual que en el *mahāyāna* y después en el *vajrayāna*, la apocalíptica judía habla de un pertinente enterramiento de textos, hasta que llegue la era apropiada para leerlos. A propósito de este tipo de literatura (precristiana), Philip Vielhauer dice en su *Historia de la literatura cristiana primitiva* (pág. 503): «Para explicar por qué el libro se ha conocido en ese momento y no mucho antes, es frecuente relatar que el escrito estuvo sellado o debió quedar secreto hasta el final de los tiempos [justo el tiempo presente] (p. ej., Dan 12, 9; 4 Esd 12, 35-38)».
246. Si bien es verdad que Lucrecio representa esta tendencia hacia una filosofía natural, no deja de ser cierto que en su *De la naturaleza de las cosas* encontramos diatribas contra concepciones de tipo simbólico, como la heraclítea del fuego (Libro I, 870 ss), que surgen de haber mezclado los discursos natural y simbólico.
247. Cfr. *Nikāya Saṃyutta* 2.26: «Se dice que la causalidad tiene [las características de] objetividad, necesidad, invariabilidad y condicionalidad» (*tathatā avitathatā anaññathatā idappaccayatā ayam vucatti paṭiccasamuppādo*). En *Causality*, pág. 55.
248. Cfr. Küng, *On Being a Christian* ("Ser Cristiano"), pág. 131.
249. *Essays in Zen Buddhism, I*, pág. 149.

250. En el *Paṭisambhidāmagga* ("Camino de Comprensión"), un Tratado más bien tardío –del 237 al 100 a. C. aproximadamente– perteneciente a la línea del *abhidhamma*, se dice de *śūnya* que es lo que carece de sustancia (*atta*). Si retrocedemos aún más en el tiempo, observamos que el uso del término *śūnya* por el Buddha es muy polisémico y carente de la univocidad con que será determinado en el *mahāyāna*. Por ejemplo, en el *Sutta Cūlasuññata* ("El discurso corto acerca del vacío"), el Buddha habla primero del vacío como de aquello que no está presente. El monje debe discriminar y luego fijar la atención en algo concreto; todo lo que se omite en la atención es caracterizado como "vacío". No hay, pues, referencia o la más remota intención de dar a entender un "Vacío Primordial". El *sutta* prosigue indicando que el monje debe ir centrando su atención a través de los estados meditativos, y, por fin, llegará a la noción de la originación dependiente y la libertad (*Majjhima Nikāya*, 121).

251. Una explicación mahayanista típica de *yathābhūtaṃ* puede encontrarse en *Essays in Zen Buddhism, I*, págs. 146 ss.

252. Kalupahana, *A History of Buddhist Philosophy*, pág. 153.

253. Conze, *Buddhist Wisdom Books: The Diamond Sutra and The Heart Sutra*, págs. 43 y ss.

254. Kalupahana, *A History of Buddhist Philosophy*, pág. 158.

255. Esta concepción, de acuerdo con Kalupahana, «empezó a ser prominente con el *Sūtra Saddharmapuṇḍarīka* [más popularmente conocido con el *Sūtra del Loto*], que niega abiertamente la existencia del Buddha histórico, rechaza la significación de los discursos tempranos y condena a la comunidad (*saṅgha*), incluyendo a Sāriputta y Moggalāna; y llega a su culminación con el *Sūtra de Laṅkāvatāra*» (*A History of Buddhist Philosophy*, pág. 131). En el capítulo 9 comprobaremos que el rechazo del Buddha histórico, así como de la significación de los discursos tempranos, es fundamento del budismo tibetano clásico. La condena de los discípulos principales del Buddha histórico aparece también muy temprano en el *Sūtra de Vimalakīrti*.

256. Para nuestro relato de este singular episodio vamos a basarnos en la «Historia del Zen» publicada por D. T. Suzuki como parte de sus *Essays in Zen Buddhism (I)*; y para las conclusiones filosóficas que de él se derivan nos serviremos de las reflexiones de Kalupahana en el capítulo final de su *A History of Buddhist Philosophy*.

257. En Suzuki, *The Essentials of Zen Budhism* (E.P. Dutton, 1962), pág. 129. Citado por Kalupahana en *A History of Buddhist Philosophy*, pág. 230.

258. Sigo aquí la traducción de Suzuki. Kalupahana traduce: «Bodhi originalmente no tiene árbol./ el espejo no tiene sostén./ La naturaleza del Buddha está siempre limpia y pura:/ ¿dónde podría encontrarse el polvo?».

259. Kalupahana, *A History of Buddhist Philosophy*, pág. 234.

260. Kalupahana, *The Principles of Buddhist Psychology*, pág. 128.

261. Warder, *Indian Buddhism*, págs. 186-187. Citado por Kalupahana en *A History of Buddhist Philosophy*, pág. 170. De acuerdo con Kalupahana, Nakamura, siendo «el doyen [mayor en edad] de los estudios budistas en el mundo moderno [...] nos ha provisto de información sobre doctrinas, literatura, personalidades e historia del budismo a la que incluso el estudioso profesional apenas tiene acceso. Esta obra será el manual del investigador en los años por venir» (pág. 270).

262. Thich Naht Hanh, *Opening the Heart of the Cosmos: Insights on the Lotus Sutra*, pág. 1

263. *Scripture of the Lotus Blossom of the Fine Dharma (The Lotus Sūtra)*, pág.111. Citado por Kalupahana en *A History of Buddhist Philosophy*, pág. 171.

264. Ibíd., pág. 174. Referencias a *Scripture of the Lotus Blossom of the Fine Dharma (The Lotus Sūtra)*, vv. 44-46.

265. Ibíd., pág. 44. En el capítulo duodécimo del *sūtra* se repite la idea, apostillando un mandamiento a simplemente *creer*. El autor pone en boca del Buddha: «Cuando hablo digo la verdad y debéis creer y comprender mis palabras» (Ibíd., pág. 77). ¡Qué lejos estamos

aquí de los discursos tempranos! Kalupahana confirma: «El *Loto* anima a la aquiescencia del *noumenon*, lo cual es conseguido principalmente mediante la fe» (*A History of Buddhist Philosophy*, pág. 175).

266. Kalupahana, *A History of Buddhist Philosophy*, pág. 241.
267. Ibíd., pág. 180.
268. Los cinco sentidos tradicionales –aquí entendidos como "conciencias"–, más la "conciencia mental" (*manoviññāna*), más "la mente" (*mano*) –que antiguamente era tan sólo una facultad (*indriya*) de relacionar las percepciones con los conceptos (*dhammā*)–, y más el mencionado "depósito de la conciencia".
269. Para ello seguiré la «Introducción» que ofrece Thomas Cleary a su traducción: *The Flower Ornament Sūtra*.
270. Cfr. Glosario final, *The Flower Ornament Sūtra*, pág. 1637.
271. *The Holy Teaching of Vimalakīrti*, pág. ix.
272. Thurman traduce por "santos", ejecutando así una conveniente disminución de este concepto en la jerarquía espiritual del budismo. Se trata de otra manera indirecta de desprestigiar lo concebido por el budismo primitivo, que pasa ahora a ser de categoría inferior. El *arhat* era, de acuerdo con el budismo primitivo, la persona libre por antonomasia, igual al Buddha en su comprensión de la originación dependiente y en su vivencia de la libertad. Ahora es sólo "un santo", y uno que queda relegado al papel de simple audiencia, superado por el *bodhisattva* –que en el budismo primitivo era sólo un aspirante a la libertad– y no digamos aún por el genio del laico Vimalakīrti.
273. Cfr. *Sutta Anathapindikovada*, *Nikāya Majjhima* 143.
274. Ibíd., págs. 43-44.
275. Snellgrove, *Indo-Tibetan Buddhism*, pág. 74.
276. Cfr. Thich Nhat Hanh, *Opening the Heart of the Cosmos: Insights on the Lotus Sutra*, Introducción.
277. Ibíd., pág. 2. La cursiva es de Thurman.
278. Ibíd., pág. 3.
279. Este término sólo aparece en la filosofía occidental después de que John Locke lo utilizase en su teoría política. Véase la lección audiovisual de Gustavo Bueno al respecto, en http://www.fgbueno.es/med/2002gb01.htm
280. Snellgrove, *Indo-Tibetan Buddhism*, pág. 59.
281. Las posibles razones para la adopción budista de figuras deísticas son múltiples. De especial interés puede ser la siguiente observación de A.K. Warder al respecto: «En el budismo mahāyāna, la idea central de los bodhisattvas compasivos, empezando con Avalokiteśvara, el "Señor (*īśvara*) Observador" (donde el prefijo *ava* sugiere que este señor mira hacia abajo, con compasión, hacia una humanidad infeliz), puede no carecer de relación con el ideal social de un señor protector que aporta seguridad a individuos desesperados en tiempos de dificultad [...] La sumisión pasiva era posiblemente la única cualificación indispensable para entrar en el servicio a un señor feudal» (*Indian Buddhism*, pág. 375).
282. Rhys Davids, *The History and Literature of Buddhism*, pág. 113.
283. Por ejemplo, se le atribuye al propio Padmasambhava la siguiente formulación: «Mi padre es la atención intrínseca, Samantabhadra. Mi madre es la esfera última de la realidad, Samantabhadri. Pertenezco a la casta de la no dualidad en la esfera de la atención. Me llamo Loto Nacido Glorioso. Soy de la esfera no nacida de todos los fenómenos. Mi dieta consiste en consumir conceptos de dualidad. Actúo del mismo modo que los Buddhas de los tres tiempos».
284. Esta es una traducción común que traiciona parte del espíritu original del *sūtra*. Pues aunque en el *Sūtra del Corazón* hallamos ya los primeros indicios de la disolución metafísica, esta sección sigue la desustancialización de los cinco agregados (*skandha*) típica de los *sutta*. Lo que sucede es que esta traducción toma *rūpa* por "forma", cuando a lo que se

refiere sin duda es a la materia. De este modo, la sentencia «el vacío es forma y la forma vacío» da a entender maravillas metafísicas (después claficadas de "no duales" y demás) que todavía no existían realmente.

285. Considero probable, y bien merecería una investigación, que la noción mahayánica de Vacío como ideal espiritual provenga del cristianismo a través de la idea de *kenosis*, habiendo sido introducida por las mismas vías indo-griegas que tal vez llegaron a la *MMK* –en todo caso a Chandrakīrti– a través del escepticismo griego. Ya San Pablo habla de que «Jesús se hizo nada (*ekénōse*)» o de que «se vació a sí mismo» en su *Carta a los Filipenses* 2, 7; idea que pasó a formar parte de la concepción ortodoxa griega. Por supuesto, una cosa es el ideal espiritual y otra muy distinta la hipostatización filosófica de este, con el consiguiente absolutismo (que, dicho sea de paso, tiene efectos nocivos cuando se ha perdido el hilo de la génesis del concepto en cuestión). La facilidad con que este vaciamiento espiritual se incorporó al budismo se explicaría por la afinidad que tiene con el *nirvāṇa* entendido como extinción o cesación, lo cual, como hemos examinado, se trata de una interpretación literal del término *nirvāṇa* no del todo acorde con la concepción de la libertad esgrimida por el Buddha, pero en todo caso frecuentemente aplicada. Lo que resulta evidente es que la idea de *anatta* en los *sutta* procura confrontar la tentación de sustantificar el yo (y, por extensión, cualquier ente), e, independientemente de la validez de esta otra posible aplicación, no posee el sentido espiritual de comportamiento no egoísta o altruista con que se interpreta a menudo.

286. En un pasaje de *Los hermanos Karamazov* (Primera Parte, Libro I, Cap. 5, óp. cit., pág. 33) que recuerda mucho al desarrollo místico, mágico y de poderes espirituales del *vajrayāna*, Dostoievski pone el dedo en la llaga de lo que se ha denominado "el orgullo *vajra*", aplicable en realidad al elitismo congénito de todas las religiones mistéricas, que ya criticaba San Pablo en sus Cartas: «Es también verdad, con todo, que este método de regeneración espiritual de la esclavitud a la libertad, bien examinado y de mil años de antigüedad, puede ser para algunos hombres un arma de doble filo, pues en lugar de ganar en humildad y auto-maestría última, pueden adquirir el orgullo más satánico, de tal modo que están encadenados en lugar de ser libres».

287. Como veremos en el capítulo próximo, la obra de Ken Wilber adolece aún de este defecto: que los estadios más evolucionados de su sistema están muy marcados aún por la subjetividad, en concreto por los estados de absorción contemplativa, su principal paradigma.

288. Kalupahana, *Nāgārjuna's Moral Philosophy and Sinhala Buddhism*, pág. 5.

289. Cfr., por ejemplo, *Indo-Tibetan Buddhism*, pág. 101.

290. Ibíd., pág. 79. Pasando por alto todos los discursos históricos del Buddha, que ni por asomo reflejan rasgos de manifestacionismo divino, Snellgrove aduce: «Parece claro que las teorías extravagantes de las múltiples manifestaciones de Buddhas y los elaborados detalles acerca de la carrera del *bodhisattva* derivan todos de creencias anteriores que concernían al propio Śākyamuni. Así, nada esencialmente extraño ha producido estos rasgos principales del *mahāyāna*». Una opinión que por suerte no tienen buena parte de los estudiosos del *mahāyāna*.

291. Ibíd., págs. 94-95.

292. Ibíd., pág. 95.

293. Ibíd., pág. 89. También una cita de L. de la Vallée Poussin, en la pág. 91, que Snellgrove cita con aprobación, acerca de lo que "quiso decir" Nāgārjuna.

294. Ibíd., págs. 97-98.

295. Me refiero a la selección y compendio de Herbert V. Guenther, un competente filósofo tanto en tradiciones occidentales como orientales de pensamiento, en su *Buddhist Philosophy in Theory and Practice*.

296. *Buddhist Philosophy in Theory and Practice*, pág. 22.

297. Ibíd., págs. 22-23.

298. Ibíd., págs. 26-27.
299. Ibíd., pág. 30.
300. Para una descripción de los diez *bhūmis* puede consultarse Warder, *Indian Buddhism*, pág. 389.
301. En el curso final de esta investigación he tropezado con el "espacio antropológico" de Gustavo Bueno, que se divide, siguiendo la figura elemental del cono, en tres ejes: el eje radial (*a grosso modo* correspondiente con nuestra esfera objetiva e interobjetiva), el eje circular (esfera intersubjetiva) y el eje angular (esfera subjetiva). Este esquema meta-teórico, tan similar al de Ken Wilber, es de calado tan grande que renunciamos por el momento a tratarlo y utilizarlo con el detenimiento que merece. Las observaciones hechas hasta ahora, y que se encontrarán más adelante, acerca del materialismo filosófico de Bueno parten sobre todo de su obra *Ensayos materialistas* (1972) y apenas tienen en cuenta los desarrollos posteriores de su concepción.
302. Aristóteles en las *Categorías*: «Una definición debe contener una proposición sobre la causa».
303. La traducción de *vipassanā* por el inglés "*insight*", en combinación con una práctica más yóguica que racional (comprensión de causas), ha dado lugar a una interpretación, con su consiguiente traducción –"mirada interior"–, insatisfactoria de este concepto. *Insight*, en inglés, retiene todavía la connotación de "comprensión súbita", si bien, de mano quizá de versiones intuicionistas del budismo como el *zen*, habitualmente se elimina lo fundamental –la comprensión– para abalanzarse sobre lo más trivial –lo súbito–. Lo súbito es algo relativo, es decir, no se entiende sin una preparación previa, por muy inconsciente que fuese. Si lo súbito quiere explicarse por sí mismo, caemos una vez más en el absolutismo. Un concepto filosófico basado en la comprensión, por oposición a un concepto basado en la idea de atención, es, por lo demás, el único capaz de explicar la creatividad. Si el máximum fuese la atención pura –sea esto lo que sea–, *lo nuevo* nunca podría suceder, explicarse o ser lo prioritario.
304. Citado por Kalupahana en *Causality*, pág. 94.
305. «La Energía es la única vida, y pertenece al Cuerpo; la Razón es el límite o la circunferencia exterior de la Energía.» Blake, *Matrimonio el cielo y del infierno*, 4.
306. Es más propio de la metafísica oriental que de la occidental porque en Occidente, a partir del cristianismo, la fe y la revelación siempre supusieron un contrapeso (no sin consecuencias a veces dañinas para el conocimiento) a la ambición absolutista de la razón.
307. Cfr. Stevenson, *Twenty Cases Suggestive of Reincarnation*, University Press of Virginia, 1974.
308. Digo parte y no todo porque la permanencia o destrucción de las disposiciones (*saṅkhārā*) depende también en parte de elementos subjetivos (el esfuerzo personal que conduce a la meta de la libertad) y objetivos (las condiciones materiales).
309. Kalupahana, *The Philosophy of the Middle Way*, pág. 17.
310. Cfr. *Nikāya Saṃyutta* 3.70-73.
311. Cfr. *Nikāya Majjhima* 3.230.
312. Cfr. por ejemplo la Introducción a *La Dialéctica de la Ilustración* de Horkheimer y Adorno.
313. Cfr. Frye, *The Great Code* ("El Gran Código: Una lectura mitológica y literaria de la Biblia"), Parte I, capítulo 1.
314. Cfr. las sugerentes páginas de Levinas, en *De otro modo que Ser o más allá de la esencia*, 65-66; 72-73; 86; 96-97; 99; 100-101 (estas últimas recuerdan a lo investigado por Habermas).
315. *Appearance and Reality*, pág. 1, Oxford University Press, 1969; en *Ensayos materialistas*, pág. 46.
316. Bueno, *Ensayos Materialistas*, pág. 46.

317. Ibíd., pág. 79.
318. En los *Ensayos materialistas*, pág. 327, se habla de una «comunicación parcial» entre los géneros de materialidad (Bueno no desea utilizar aquí el término "esferas" por sus connotaciones metafísicas). La ya mencionada *symploké* alude precisamente a esta relación entre ellas (o especies, géneros y disciplinas relativamente acotadas y cerradas): un mismo fenómeno puede verse desde cada una de ellas. Cfr. también *Ensayos materialistas*, pág. 296.
319. Ibíd., pág. 323: «El Tercer Género de Materialidad reúne a todas las "entidades" que propiamente no caen ni en el espacio ni en el tiempo, en el sentido en que hemos hablado, sin que esto signifique que no deban estar articuladas con los objetos que caen bajo estas individualidades» Y después: «Los contenidos de M3 son invariablemente relaciones —relaciones objetivas. También en M1 y M2 hay relaciones, pero junto a los términos o cosas específicas. Diríamos que M3 sólo contiene relaciones entre términos que no pertenecen únicamente a M3, sino a la vez a M1 y M2».
320. En una de sus múltiples notas al pie de *Sexo, ecología y espiritualidad.*
321. Cfr. Rhys Davids, *The History and Literature Of Buddhism*, pág. 32.
322. *Buddhist Thought in India*, pág. 24.
323. En *A Secular Age* ("Una era secular").
324. Etnocentrismo por partida doble, pues no sólo excluye a Europa, Australia y tantos otros países de influencia occidental, sino porque considera América sólo a los EE.UU. de América.